U0823116

1991 年 12 月 23 日，与阿拉法特在上海机场候机厅内长谈

1995 年 4 月 18 日，在上海浦东与记者、市民们在一起

1996 年 10 月 23 日，在上海浦东接受电视台采访

1997 年 1 月 22 日，接受美国广播公司采访

1997 年 6 月 18 日，陪同美国前国务卿基辛格在上海参观浦东模型

1999年8月31日，会见《国际先驱论坛报》总裁查德·伍尔德里奇

2000年8月23日，在美国华盛顿林肯中心举行的“中华文化美国行”记者招待会上

2000年8月24日，在纽约21街俱乐部与美国著名电视节目《60分钟》主持人麦克·华莱士会晤

2002 年 2 月 6 日，在国务院新春酒会上与各国记者在一起

2003 年 8 月 18 日，在圣彼得堡接受俄国媒体采访

2004 年 9 月 27 日，在北京会见日本记者团

国务院新闻办公室新闻发布会现场

2004 年 12 月 12 日，与原日本内阁官房长官野中广务（右一）在 TBS 录制《时事放谈》节目

在 2005 北京《财富》论坛闭幕式上（左一为《财富》杂志发行人福德利，右一为时代华纳集团高级副总裁傅秉德，左二为北京市副市长张茅）

2005 年 8 月 8 日，在开罗与《金字塔报》主编乌瑟玛 · 萨拉亚（右二）会谈

2008 年 2 月 29 日，接受哥伦比亚广播公司前主持人唐 · 诺泽专访

2008 年 10 月 29 日，在巴塞罗那接受记者采访

2009 年 3 月 2 日，首次担任全国政协新闻发言人

2011 年 6 月 6 日，与《华盛顿邮报》负责人座谈

2011年6月8日，在洛杉矶世界事务委员会演讲并答记者问

2012年3月2日，告别全国政协新闻发言人岗位

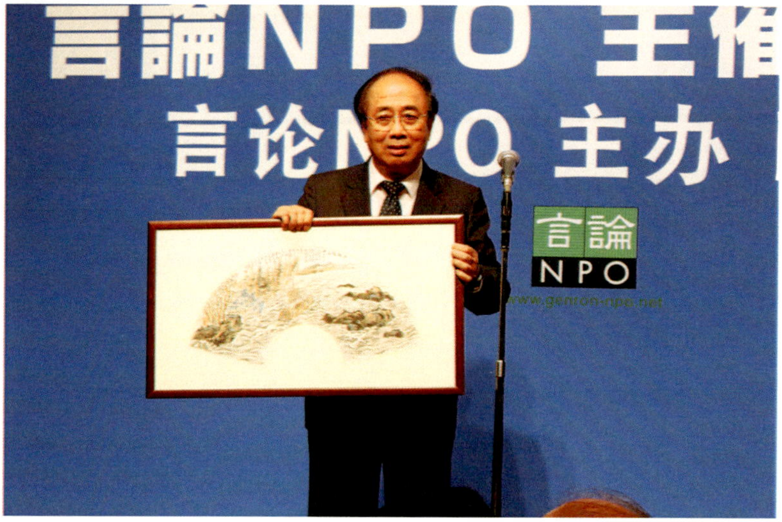

2012年7月2日，在东京第八届北京－东京论坛上展示送给日本前首相福田康夫的国画《风雨同舟》

直面媒体20年

赵启正答中外记者问

新世界出版社

图书在版编目（CIP）数据

直面媒体20年：赵启正答中外记者问／赵启正著.
-- 北京：新世界出版社，2015.7（2019.7重印）
ISBN 978-7-5104-5375-5

Ⅰ.①直… Ⅱ.①赵… Ⅲ.①政治－概况－中国－现代 Ⅳ.①D6

中国版本图书馆CIP数据核字（2015）第158677号

直面媒体20年：赵启正答中外记者问

作　　者：赵启正
责任编辑：钟振奋
装帧设计：贺玉婷
责任印制：王宝根
出版发行：新世界出版社
社　　址：北京市西城区百万庄大街24号（100037）
发行部电话：（010）6899 5968　（010）6899 8705（传真）
总编室电话：（010）6899 5424　（010）6832 6679（传真）
本社中文网址：http://www.nwp.cn
本社英文网址：http://www.newworld-press.com
版权部电话：+8610 6899 0121
版权部电子信箱：18511176663@163.com
印　　刷：北京京华虎彩印刷有限公司
经　　销：新华书店
开　　本：787×1092　1/16
字　　数：330千字
印　　张：27.25
版　　次：2015年8月第1版　2019年7月北京第3次印刷
书　　号：ISBN 978-7-5104-5375-5
定　　价：98.00元

自 序

我大量接触国内外媒体，是从 1993 年 1 月浦东新区管委会成立，我由副市长兼任管委会党工委书记和管委会主任时开始的。其后 20 多年间在几个岗位上，我或接受采访，或参加对话节目，或主持新闻发布会，对于媒体的认识和与媒体互动的体验也在逐步提高。

1993 年，我在上海外滩的和平饭店会见一位美国航空公司的总裁，那里与浦东隔江相望，他问我："由这里去浦东是乘飞机，还是走高速公路？"——其实，岂止外国人，当时许多国人也没有听说过"浦东"。此事提醒了我，因为浦东原本只是一个地方口头称谓，在国内外并不知名，所以在很多人的头脑中浦东并不存在，就更不会知道"浦东开发"这回事了。那么，浦东新区何以吸引国际和国内的合作？为了提升浦东的"存在感"，我理所当然地要花大量时间接待国外和国内的媒体以及重要来访者。

在浦东的那些日子，我一天接待几家媒体的情形并不罕见，其中也有不少香港记者。我知道我有些回答并无精彩语句，但它是如实的回答，它具有新闻性，他们就乐意传播。他们发文时说我是浦东开发的热情"鼓催者"。正是经众多媒体的传播，一起捶响了浦东前进之鼓，催促了浦东前进的步伐。

读者会发现，我那时面对不同特点的媒体说辞虽有所区别，但是对浦东开发的态势和开发政策总是不厌其烦地重述，生怕说得不明白、不透彻，不能感动对方。在《直面媒体 20 年》编辑出版时，考虑到多数读者不会通读全书，就没有删减各篇间有些重复的内容。

1998 年 1 月，我担任了中共中央对外宣传办公室主任和国务院新闻办公室主任。这两牌一体的办公室的主要任务是向世界说明中国——说明中国的内外政策、国家体制和社会进展，并回答世界对中国的不解之处。新闻发布会正是完成这一任务的易行和有效的形式。新闻发布会对内可以沟通公众，争取公众的理解和监督，获取对政府政策的支持。为此，我们大力推动新闻发布会的建设，花大力气培训全国各省市和中央部委的新闻发言人。研究国际舆论和接待媒体采访也是我日常工作之一。这一时期我与媒体的部分对话收录在《向世界说明中国——赵启正演讲谈话录》及其续编《向世界说明中国——赵启正的沟通艺术》中。这两本书出版后曾 7 次重印，但是它们缺少我在上海浦东和在全国政协工作时期面对媒体的记录。

我在 2007 年初担任全国政协常委和外事委员会主任，还兼任了全国政协大会的新闻发言人。全国政协的发布会每年只举办一次，是"两会"期间的第一场发布会，每次都有数百名中外记者参加，他们踊跃提出关于我国政治、经济、文化的种种问题。因为政协是政治协商、民主监督和参政议政的机构，所以没有提问范围的限制，问答内容也就颇为丰富多彩。

整理这20多年的直面媒体的记录，我感触良多。在浦东开发初期，我比较得意地对媒体所列出的上海浦东的社会经济数字，今日看来几乎是“微不足道”的。到今年4月，浦东开发已25年了，这些昔日数字唤醒我们不少已经深藏的记忆，显见国家的突飞猛进。

曾有多位不同机构的发言人问我回答记者提问有何技巧。我认为，直面媒体首先要有责任感，回答问题要真实，不可文过饰非。其次，要说得明白、简约，朴素的语言才容易传播。固然，生动的语言容易受到欢迎，但幽默是逢时而生，刻意追求就会影响语言的严肃性和准确性。过于强调技巧，会导致“巧言令色”，也不尊重记者和受众。发布会的成功不只是发言人的贡献，更有发言人团队的集体贡献；而记者们问题的挑战性和表达的话语也会直接影响发布会的总体效果。

我要感谢对本书有贡献的许多人：在20世纪90年代初期，办公室里电脑不仅是罕见的，其性能也有欠缺，记者采访以及国内外来宾的谈话纸面记录是由严军同志收集的。后来，已故的陈少能同志提出并指导把这些原始记录以基本文本格式录入了“软盘”。1998年以后，刘永鑫同志把所有资料做了分类、编目，同时还附加了检索程序。2011年以后，朱承铭同志继续丰富了内容，才使这些资料得以方便地利用。我还要感谢张东博士、强明博士、聂书江博士帮助收集和整理分散在网上的资料。陈石麟同志、黎自立同志、张海霞同志为本书提供了丰富的图片资料。梁婷婷副教授通读和初校了本书选用的原始记录。新世界出版社编审钟振奋是出版本书的创意者，这本书许多原始记录从未整理过，时间跨度长达20多年，校核内容、时代背景和相关数字，让她花费了过多的时间和精力。

本书承蒙多位新闻传播界的资深领导、学者和年轻的专家对各篇内容给予了点评，他们是：吴寄南、马胜荣、李希光、梁婷婷、黄友义、马为公、静瑞彬、林国本、盛世良、朱灵、孟建、黄燕、陈虹、胡百精、曹景行、柯银斌、王珍，在此一并向他们致以感谢。他们的点评会帮助读者以多种视角对各篇有所分析和了解其中的不足。

直面媒体都是即席回答，尤其是直播的节目，有时刚刚回答完毕，就发现了回答的缺陷或想出了更好的说辞，可是时过境迁，下一个问题已经启动了，就没有矫正或再说的余地了。

本书各篇的不足之处显而易见，我诚心地等待着读者的批评指正。

赵启正

2015年5月12日

目录
CONTENTS

如果地球是平的，就能看见日本

（1995 年 3 月 21 日在上海东方明珠电视塔上接受 NHK 记者采访）

十分有幸今天能通过 NHK 的镜头，同日本朋友们说上几句。

现在，我站在矗立于上海浦东新区的东方明珠电视塔上，在此眺望，黄浦江两岸的景色尽收眼底。上海浦东是距日本最近的地方，如果地球是一个平面体的话，借助望远镜也许能望见美丽的日本。

大家知道，上海曾经是半殖民地，是冒险家的乐园。在这条黄浦江上曾经有过日本的军舰，50 年前结束的那场日本侵华战争，不仅给中国人民，也给日本人民带来了深深的苦难。而现在，经过两国人民和领导人的不断努力，中日两国建立了友好关系。我相信，中国人民和日本人民都十分珍爱和平，都希望中日能长期友好下去。

上海浦东现处于中国改革开放的先行地位，已经吸引了许多国家和日本的投资。日本不仅是中国的近邻，而且在文化上也十分相近，双方的经贸及文化都有很好的合作基础。浦东的开发开放，为发展中日贸易以及各方面的合作，提供了一个十分良好的机遇。希望我们都不要错过这一机遇。

中国有首唐诗说：“欲穷千里目，更上一层楼。”展望未来，我们对中国和平发展充满信心。浦东不仅是中国的浦东，它也是亚洲的浦东，同时还是世界的浦东。它正展开双臂，热情欢迎各方来客，让我们共同创造明天。

点评：

这是面对摄像机镜头的一段言简意赅的即席讲话。作者一上来就点明上海浦东是中国与日本最接近的地方。战争期间，黄浦江上曾有日本的军舰巡弋，而中日邦交正常化特别是改革开放以后，浦东又成为吸引日资、日企的热土。它是两国互利、合作、共赢的象征，也是两国共同为亚洲和世界和平做贡献的起点。NHK是日本受众最多的电视台，也是唯一一家公共电视台。这篇讲话在日本公众中引起了强烈的共鸣是可想而知的。

（上海市日本学会会长、研究员　吴寄南）

我相信开发浦东用不了 50 年[1]

（1996 年 4 月 20 日在上海接受美国全国广播公司亚洲台主持人韩玉花采访）

韩玉花（以下简称韩）：上海将如何达到成为金融、贸易、经济中心这一目标？

赵启正（以下简称赵）：发展上海、开发浦东是中央政府决定的，是要在中国建成一个可与其他国际城市如纽约、伦敦等相媲美的、强有力的、面向世界的经济城市。这一目标是通过浦东的开发来进行的，需要许多年的努力才能完成。可以指望，到 2010 年会有一个可见的新的面貌。上海将成为全国经济的一个火车头或带头羊。

韩：上海同香港相比，其优势在哪里？

赵：亚洲有一个经济发展走廊，它们是东京、汉城、上海、台北、香港、曼谷、新加坡，上海正好处在走廊的中央，地理位置较优越。

韩：上海是中国工业最为发达的城市。有人讲这是得到中央政府关照的结果。您是如何看待这一问题的？

赵：上海从 1840 年开始了现代化进程，在 20 世纪 30 年代初已经

1　按照 1990 年不变价计算，到 2007 年浦东的经济规模相当于 1990 年整个上海经济规模的 1.7 倍，由占上海的 8% 上升到 23%。至此可以认为浦东开发以不到 20 年的时间获得了成功。参见《浦东奇迹》第 17 页。

是中国乃至远东最发达的经济、金融和贸易大城市。中国有两条经济线：长江流域经济带和沿海经济带。上海正好处于这T字形的交接点，这给上海带来许多方便，如物资流通方面。上海的河运和海运发达，国内、国际贸易也随之发达。中央政府对各省、市的态度是公平的，但要求上海要做改革开放的带头羊，因为它有好的基础。

韩：浦东新区的发展战略是什么？

赵：开发浦东的目标是将浦东建设成为上海的一个现代化城区，有工业、金融、贸易、高科技产业等各类功能，从而振兴上海。浦东开发要对外开放与自身的改革并举。1990年，中央政府宣布开发浦东。6年来，已有许多外商投资浦东，协议外资已达100亿美元，实际到位外资有60亿美元。香港地区来浦东的投资额最多，其次是中国的台湾以及美国、日本、英国、德国、新加坡等。

韩：上海对浦东的期望很高。一旦失败，对上海是否有影响？

赵：建设浦东的计划是根据上海的实力和世界的发展趋势而制订的。当然，困难是有的，如缺乏拥有国际经验和高技术的人才。浦东的发展是面向全国、面向世界的。虽然有困难，但战胜困难的过程将是非常快乐的。我对成功有绝对的信心。

韩：浦东不是建设成为一个工业开发区，而是一个综合性城区，这要花50年的时间。你们将怎样实现这一目标？

赵：第一，需有足够的法规来保障消费者、投资者的权益，保障市场的发展。第二，需有良好的规划，尤其是交通道路的规划，我们要给后代留下一个规划良好的城市。第三，广泛吸收全国和世界各地的智慧和技术，这样才有力量。建设和发展浦东，一是要取得经济和社会成果，二是要积累建设社会主义市场经济的经验。我相信完成开发浦东用不了50年！

韩：现在，有些外商抱怨政府机构官僚主义，工作态度欠佳，投资环境尚需改进。您对此有何看法？

赵：如何改善投资环境，是我们的一项重要工作。我们还委托了美国一家公司帮助上海调查投资环境[1]。他们的调查结论是：上海的投资环境在不断改善，不存在严重问题，同时也提出来一些建议，看来是较客气的说法。我们强调廉政是重要的投资环境，提高公务员、工程师的工作效率也是改善投资环境。我们每年都安排浦东政府工作人员到欧洲、美国等地学习。投资环境的提高和改善也需要一个过程。

韩：上海将采取哪些措施来提高改善投资商的利益？

赵：主要从以下三个方面：第一，完善法律；第二，提高政府工作效率；第三，尽力保证外商投资回报率。目前，在上海投资的许多外国大公司都取得了良好的效益。这几年，我们着重进行了基础设施的建设。我们还要修建高尔夫球场、音乐厅、外国人学校，让外国投资商在上海的生活就像在他们自己的国家一样。

韩：如何改善上海的环境污染状况？

赵：新工厂必须符合最新的环境标准，旧工厂要进行改造，超标工厂要停工。破坏绿化的行为将受到惩罚。

韩：上海在政策上有哪些变化，以吸引更多的外资？

赵：为国内国外的公司都享有同样的国民待遇，会取消对外商的某些免税的规定。但是，从今年 4 月 1 日起，进口关税率将降低 30%，这对外商是有利的。另外，中央决定开放外国银行在浦东的分行的非资本项目下的人民币业务，待取得经验后向全国推广；同时还降低了进入浦东条件的门槛。这不是中央对上海的偏爱，是因为上海有金融基础，试

---

1 当时我们委托了上海市长咨询委员会委员、美国大陆谷物公司（Continental Grain Company, 简称 CGC）的董事长斯特里，连续两年做了《在上海投资的障碍因素》。CGC 是一家有着 200 多年历史的农业综合企业，在全球 20 多个国家拥有 14 万名员工和 1 万多家合资企业。

验容易成功。

韩：今年是美国的选举年，您对中美关系有何看法？

赵：上海人民对中美关系是很敏感的（1972年尼克松访华在上海签署了《中美联合公报》），上海人民对中美关系充满希望，中美关系的路是很曲折的。去年是反法西斯战争胜利50周年。中国和美国都是反法西斯战争取得胜利的国家，但是还没有见到两国关系有明显好转。

韩：中美关系恶化，对上海浦东的投资有何影响？

赵：我举个例子来说明。与我讨论过浦东开发的一家美国公司的总裁曾给我写过一封信，信中说："因现在两国关系不好，我得等几年再来投资。"但是，其他国家的投资商没有等待，如德国、日本、澳大利亚的公司，德国总理科尔来访时带来了许多企业家。据说，美国在海外的投资额有6000亿美元，在中国只有其中的1%，这是不正常的。我们希望美国国会议员能多访问中国和上海。只有相互认识，增加了解，两国关系才会改善。

点评：

广播与电视的覆盖面在目前的技术条件下已经没有地域的限制，但是从新闻与信息的传播规律来说，受众依然对发生在较近距离的新闻更感兴趣。

美国全国广播公司亚洲台的目标受众应该是亚洲及周边地区，因此它所报道的许多内容必须与这个地区的关联度比较大。这也是记者在采访时提出的第二个问题就是"上海同香港相比，其优势在哪里"的原因所在。

浦东是上海的一个区，发展的势头很旺。谈论浦东开发离不开投资环境、环境状况、政策因素和外部环境等，记者在采访中所提的问题涵盖了这几个方面，而赵启正先生则利用这个机会阐明了上海的优势、浦东的发展战略、上海吸引外资的政策以及外部因素对上海发展的影响。他用"我相信完成开发浦东用不了50年"向外界表明高速开发浦东的信心，描绘了上海发展的前景。

重要的是，赵启正先生主要是用陈述事实和提供数字阐述观点的，这是信息发布者在发布信息时可以参照的有效方法。

（新华社原副社长兼常务副总编辑、北京外国语大学国际新闻与传播学院院长　马胜荣）

上海是观察中国经济的好地方

（1996 年 7 月 17 日在上海答外国驻沪记者[1]问）

赵启正（以下简称赵）：欢迎大家了解上海以及通过上海了解中国的新进展。

观察中国有两个最好的地点：一是北京，它是观察中国总体形势的好地方；二是上海，它是观察中国经济的好地方。特别是观察中国经济的进展，在上海可能是最方便的。上海也是进行国际经济对话的好地方。上海，从人口来讲，是世界第四大城市，但作为经济力量，与纽约、伦敦、法兰克福、东京相比，它还是弱的。中国的经济如果要继续发展，就必须要有一个经济强大的城市和上述这些大城市从容地对话。因此，中国政府认为需要把上海进一步发展。但是，旧上海太老太累了。说它太老了，是因为它发展得比较早，它的基础设施比较落后，特别是交通并不如人意，工厂过多的在市中心，因而造成了绿地少，空气也不好。所有这些

1 参加这次会见活动的有 22 家新闻机构：日本共同通信社、关西电视台、东京广播公司、《朝日新闻》、《中日新闻》、读卖电视台、《读卖新闻》、日本广播协会；美国《华尔街日报》、美联社、道琼斯金融通讯社、布隆伯格商业新闻社；英国路透社、《南华早报》、《远东经济评论》；荷兰《我们的世界》、自由荷兰；比利时《人民报》；德新社；法新社；新加坡亚太金融新闻社、《联合早报》等。

问题不是很容易改变的。为使上海更快地强盛起来，最好的办法是通过开发浦东，振兴上海，强大的上海才有资格成为中国经济的“带头羊”和“火车头”。

开发浦东，不是上海地方政府的计划，而是中央的决定，但是由上海市政府来执行。上海如何执行，中央也给予了很宽的创新的自由度。所以，浦东开发，近6年来比预期的进展要快。这主要表现在以下几个方面：

第一，基础设施建设进行顺利。桥梁、道路、通信、自来水、电力等方面的建设都比预期的规模要大，质量也很好。

第二，外国的资本投入比预期的要多。截止到今年6月，在浦东的外国企业，包括中外合资、外国独资企业达4000家。合资总的金额是164亿美元，其中境外部分是106亿美元。不仅投资数额大，而且每个工业项目平均达到130万美元以上。目前有60多个跨国公司投资浦东，如美国的杜邦、GE、福特，德国的西门子，比利时的贝尔等。

同时，许多外国银行从1995年开始逐渐地向浦东迁移。外资银行的分行现在有40家，差不多占全国的四分之一。在上海的金融机构，即银行代理处、保险公司，差不多有110家，也占全国的四分之一，但它们总的资本占到全国的二分之一，达到100亿美元。目前，全国的外国金融机构的一半资本在上海。虽然现在已经宣布了在浦东的外资银行大约一年内能率先开展非资本项目的人民币业务，但在中国其他地方暂时还不能实行。

虽然从今年4月1日起，有些政策调整了，比如进入浦东新区的建筑材料和自用设备的免税取消了，但这一点并没有成为一个障碍，阻止住一些大公司来浦东投资。

关于浦东的房地产，浦东在建的楼房每周长一层，每昼夜所用的建筑材料达10万吨以上。浦东现在在建的最大的房子是金茂大厦，这幢楼的总面积是27万平方米，要超过外滩沿江所有办公楼的面积之和。有些新楼一时没有出租出去，但这种富余是继续发展所必需的。如新加坡科技区玉廊有一家宾馆，建成后一年多没有开门，但现在营业非常好。英国伦敦的道格兰兹开发区，楼盖得非常多，一度也是有很多空房。不久前英国第一副首相赫塞尔廷告诉我，这个问题现在已经解决了。所以，解决“空楼”确实需要一个过程。

当然，为了使这些空房得到利用，我们将采取一些很重要的举措。比如，首先把大的交易市场迁到浦东去，如证券交易所。其次欢迎外国公司的中国总部迁到浦东。日本的八佰伴的公司总部已经迁到了浦东。我们欢迎更多的跨国公司中国总部也进入浦东。

《南华早报》胡翠屏：刚才讲外资银行在一年内可以进行人民币业务，您有什么样的情况暗示呢？

赵：首先，我们得准备好浦东的办公大楼，在今年年底可以建成50栋。这样这些银行就有家了。这些大楼里的光缆和电缆也会安排得非常好，很适合EDI（电子数据交换）的运作。其次，上海人民银行得准备好操作人民币的细节，并将得到央行的批准。我觉得一年时间差不多了。

《读卖新闻》山田道明：外国银行进行人民币业务是否有限制？到底什么时候可以开始？

赵：一开始不会是全部的人民币业务，而且是非资本项目下的，在额度上是否有限制尚不知道。目前只待中国人民银行的批准。

法新社刘秀英：在纽约有许多大银行、大公司的总部。在中国，银行总部则在北京。上海是否也希望这些银行总部迁到上海？

赵：以前，银行总部设在北京是必然的，这与中国曾长期实行计划经济有些关系吧。现在交通银行总部已设在上海了。外汇交易中心也在上海。大公司的中国总部会大量地设在上海，这不是一种愿望，而是一种发展的必然。

美联社、道琼斯金融通讯社艾杰珂：上海市政府是否有新的举措来推动股票交易？

赵：上海的证券市场一定要在法律和中国有关规定下进行。我们目前要做的是两件事情：第一，对于已上市的公司要加强管理和监督，它一定要忠实地报道它的数据。第二，对新上市的公司要严格和公正地审查和批准，数量要合理控制。总之，政府行为和市场行为要严格区分，不能人为地去修饰市场。一个孩子每年长多少，你只要给他合理的营养，让他自然生长，但不能规定他每年长多少身高和体重。长多少是孩子自己的事情。

路透社晏格文：浦西持续不断的建筑热潮对浦东的繁荣有何影响？

赵：我认为会影响浦东楼房的出租，但影响是短期的，因为浦西加浦东的办公楼和纽约、伦敦比还是比较少的。有一位德国朋友问我，我是在外滩租房呢，还是在浦东租房呢？有的德国人说，法兰克福不好看，因为二战后受美国影响盖了几座摩天大楼，如果你喜欢古典式的就找浦西的老建筑吧！但是电子化的设计还是新楼好。

《读卖新闻》山田道明：房地产行情在短期内是否会有改变？这个“短期”是指多长时间？

赵：浦东的居民的住房会很快住满，这没有问题。房子暂时空着的原因很简单，就是我们的道路还没有通到那里，那里没有好的学校。上海人跟日本人一样，房子虽然好，但没有好的学校，也是不去的。那么，最好的办法就是要在那里建好的学校，我们正在做这件事，还在招聘优秀教师。至于宾馆，浦东目前在建的有三个，都会住满的。一个是新亚汤臣大酒店，一个是东锦江，还有一个是香格里拉。由于浦东外资企业的增加（现在整个浦东的中外资企业已近 4000 家），那也会帮助改善房地产形势。当第三条过江隧道今年年底通车后，也会促进浦东房地产行情上升。

法新社刘秀英：浦东机场现在进展怎样？是如何融资的？

赵：浦东机场今年将要动工，是法国人设计的方案。第一期工程将在 1999 年完成。第一架飞机将在 1999 年 12 月起飞。最终计划将有 4 条跑道，在最近 5 年内只完成一条。这一条跑道的容量可以达到每年 2000 万人、75 万吨货。新机场启用后，日本太平洋航线将在这里多一次降落机会，这对日本航线将有极大的好处。所以，日本人对这个机场特别关心。日本政府表示要给予这个项目政府贷款。其他经费都是上海自筹的，中央财政可能给予少量支持。

谢谢大家的提问，浦东开发的进展请继续给予关注。

点评：

外国媒体的传播特点和受众的接受习惯与思维方式是中国高层信息发布者需要认真考虑的问题。赵启正先生 1996 年 7 月 17 日在上海会见各国驻沪记者时的谈话，表明他十分了解外国媒体的报道方式和外国受众的特点。面对这样的特定记者群体，提供具体的事实具有无可替代的说服力。因此，赵启正先生不仅在开篇谈话中提供了十分具体的信息，而且在回答几乎所有的问题时都具体而详细，有难以质疑的说服力与权威性。这正是外国记者期望从一位上海市副市长那里得到的信息。详尽而具体本身具有说服力，而这样的事实如果出自权威人士之口，那么信息的权威性就可以使受众感受到其可信性和说服力，传播的效果自然是好的。

（马胜荣）

你对中美关系的理解很客观

（1996 年 9 月 27 日在上海答美国海外新闻俱乐部访华团记者[1]问）

赵启正（以下简称赵）： 徐匡迪市长在北京，很遗憾不能见你。那我们是按照你们原先提出的提纲谈，还是随便谈？

威廉·赫尔斯坦（以下简称赫）： 请先按提纲谈。

赵： 第一个问题是问徐市长本人的（当上海市市长有什么体会？），我不好替他回答。但是我可以说，上海在他的领导下发展迅速，取得了很大进步。

第二个问题，中国经济发展今年表现出和前几年不同的特点。

第一，GDP 保持健康增长，速度略有降低，预计不超过 12%，多数人估计 11%。通货膨胀预计有 7%，低于年初预期的 10%。第二，中国外汇储备达到了 850 亿美元。第三，中国银行的人民币利率下降，对企业的贷款利率也下降。但储蓄率仍保持高水平，使我们有信心在半年内两次降息，在金融领域也没有出现大的困难。事实上中国经济软着陆了。第四，今年多个地方虽有洪水，但很多是一冲而过，没有长期停

1　9 月 27 日，赵启正副市长在浦东新区管委会接受了美国《商业周刊》国际编辑威廉·赫尔斯坦（William J. Holstein）率领的美国海外新闻俱乐部访华团全体记者的采访，就上海的发展、浦东的开发、上海与香港的关系和中美关系等问题回答了记者的提问。

留，因此夏收很好。这个结果和按卫星遥感测量估算的不一致。当前的卫星只测洪水的广度，不测水的深度。在上海附近的浙江，洪水被水库蓄存，杭州市附近的新安江水库 3 天内水位增高了 8 米，8 米深的水意味着 800 百万千瓦小时的电量。这还得感谢周恩来总理，他在 1956 年决策修建了这个水库。

第三个问题，国有企业的问题。

下半年对中国的任务是继续改善国有企业。我个人认为国有企业能否有改革是考验中国经济的着眼点。国有企业是前苏联和东欧社会主义国家没有解决好的问题。理论上说也是马克思留给我们的功课，让后人实践和创新，而中国人正在解决中。在我们实行多种所有制并行的过程中，银行对民营企业的支持不够，应当有所改进。

第四个问题，关于浦东开发的情况以及上海振兴与香港的关系。

作为主管浦东开发的副市长，这是我最愿意谈，也是最能够深谈的题目。我访问英国国会时，有英国议员曾问我：开发上海浦东的目的是否为了取代香港?

从世界范围看，政治对话是通过首都进行的，经济往来是通过最大的经济城市进行的，而世界金融交往是通过伦敦、法兰克福、纽约、东京等城市进行的，而中国已逐步成为世界经济中的一员。1980 年，中国的外贸总额低于 400 亿美元，而 1995 年高达 2800 亿美元，增加了 7 倍，这占中国 GDP 总量的 38%。中国需要一个和世界各大金融城市从容对话的城市，而中国内地最有可能成为这一城市的是上海。

上海由于历史原因，基础设施落后，大量工厂在市区，环境污染严重，所以振兴上海必须先改造上海。这需要很多时间，最好的办法是建一个新市区，同时带动旧市区改造。我们决定开发穿过上海的黄浦江以东的浦东地区。它比新加坡小 100 平方公里。浦东新区和中国许多开发区有大区别，它的目标不是单纯建设一个工业区，而是要建一个现代经济城市的一个新功能区，其中尤其强调金融功能。为此我们规划了一个陆家嘴金融区，类似于纽约的曼哈顿。我们请了许多国家的专家来参与规划。我们想给后代留下一个美好的城市。为此我们规划了 155 栋楼在同时建设，去年完成了 30 栋，今年总共完成了 60 栋。目前最高的是中国人投资、美国人设计的，比你们的 Sears Tower（芝加哥西尔斯大厦）高一点的金茂大厦，今年年底或明年年初就可建成。还会有一幢更高的大厦，由日本人投资。工业上，我们吸引了一些来自美国、日本、欧洲的高科技公司。美国公司在此获得了很大的成功。

赫：我们是否可以得到一份外国公司的名单？

赵：可以。美国最早进入浦东的是杜邦公司、通用汽车（GM）、通用电气（GE）、福特公司等。对欧美人来讲，上海是进入亚洲和中国的双重大门；而日本人原来认为上海只是进入中国的大门之一，他们对中国北方城市投资多，但是近几年他们注意到上海办事效率高，回报率高，对中国的经济影响大，因而迅猛增加了投资。

从亚洲地图看，存在着一条亚洲经济发达地带，我们称之为亚洲经济走廊，上海正好处于这个走廊的中心点。这个走廊上的一系列亚洲明星城市有：东京、汉城、上海、台北、香港、曼谷、新加坡、吉隆坡，就好像是一条高速公路上的路灯，整条路都是光辉的。1997 年之后中国将有两个重要的经济城市：上海和香港。

上海和香港的作用决不是英国人所担心的“取而代之”。上海和香港的距离很远，有 1300 公里，谁也不能代替谁。两个灯比一个灯亮。两地经济结构差异大，经济互补。金融、贸易是香港发达，而工业、科技是上海发达。香港人说，大陆越发达，香港也就越发达。中国的出口有一半是通过香港。在香港的贸易伙伴中第一位是中国大陆。现在，香港和大陆之间每天有 20 列火车，80 个航班，800 艘船，26000 辆卡车往返。上海的浦东新机场建成后，对香港的航班将会进一步增加。上海通讯网发达后，与香港的通信量也大大增加。从金融上讲，这么大的中国，两个金融中心也不多。美国有纽约、芝加哥、洛杉矶。英国很小，但也有伦敦和爱丁堡。况且各个金融中心的性质也不同。法兰克福和伦敦都是金融中心，但类型不一样。伦敦是批发型的，法兰克福是零售型的。粗略地说，上海和香港也类似于这种情况。如果把欧盟看成一个国家，法兰克福与伦敦不是合作得很好吗?

1997 年以后，香港作为中国主权管理的城市，我们希望香港更繁荣。上海和香港会互相帮助，我们会谦让。香港离开祖国大家庭 100 年了，现在要回来了，中央政府将不会要求他们交税。

台北也是经济走廊中的明星城市，我们希望它也继续发展。但台北和香港不同，香港主权明年 7 月就回归。我们主张加强与台湾的贸易往来，直接通航、通邮、通船。1994 年 1 月，台湾发布“亚太营运中心计划”，在台湾的报纸上的讨论，涉及与上海、香港的关系，有些外国学者认为这计划是台湾想在 1997 年后取代香港的部分经济功能，与浦东开发竞争。台湾记者问我对“亚太营运中心计划”怎么看，我说：“三个灯比两个灯亮，请你们也一起发光。”不可否认的是，台湾的发展应以大陆为最大的腹地，否则台湾难以大发展。这不是有了计划就能变成现实的，要看怎么做。美国的麦肯锡咨询公司帮助台湾搞这个计划，他们的忠告是：如果没有大陆经济的支持，实现这个营运中心计划将是很困难的。

赫：上海发展的关键是基础设施的建设。最近几年有了很大进展，但也有些困难，挑战来自两个方面。第一，要加快开发，基础建设投资就要大幅增加。第二，要吸引更多的人口到上海，这对基础设施的压力就更大。

赵：近五年内，我们进行了大量基础设施建设，除了地铁一号线在市区外，其他都和浦东有关。这些设施有许多已顺利建成了，已取得使用效果。像两座大桥，原来预计五年之后达到每座每天通行5万辆车，结果很快就达到了。所以我们不得不建第三、第四座桥。第三座桥年底完成。你说的不错，压力是浦东建设带来的。第三条隧道今年年底要开始使用。今后将至少有7条沟通浦东的通道。现在，浦东的固定资产总投资为850亿人民币。

赫：已经投资了吗?

赵：这是已经投资的。工业项目投资也很成功。大企业运行得比较好，不好的往往是较小的。日本的夏普在三年内收回了投资，所以他们继续投资。有一点暂时问题的是房地产项目，建设得很快，标准很高，出租率只有50%。美国《财富》杂志为此消极地评论浦东，但这位作者没有访问过浦东。

赫：《福布斯》是他们(指《财富》杂志)的对手。我们比他们更聪明。

赵：我为聪明人喝彩。这篇文章的基本事实错了，他说中央政府给了300亿美元，这是错的。刚才说的850亿元人民币的来源有四个：外国直接投资，中国各省市，中国的香港和台湾。其中，有10%是上海市政府、浦东政府和少量中央政府的投资。如果中央政府给了300亿美元，那我们建设浦东还有什么可骄傲的?只是会花钱罢了。他说浦东的投资者失败了是没有道理的。外资企业在上海市是14000家，其中浦东已达4000家；上海的境外直接投资协议额是340亿美元，其中在浦东的为110亿美元。如果能用欺骗的手段使这么多大公司到上海浦东，我看这个手段也是够高明的。

赫：这个作者是一个日本问题专家，他并不了解中国的实际。纽约的编辑在意识形态上是反对社会主义的。

《福布斯》记者大卫·方迪勒：850 亿元人民币是投资在浦东，还是在上海？

赵：是在浦东。

1953 年，马里兰大学一位教授写了一本题为《上海——现代中国的钥匙》（*Shanghai,The Key to Modern China*）的书，这本书很有远见。观察中国的经济，上海是个晴雨表。这本书从上海开埠写到 1952 年，如今还没有外国人续写，你们四位中哪一位愿意写，我支持你。外国人写的东西，外国人容易看懂。离得远，可能看得更清楚。

赫：我第一次到上海时没有外国投资。而上海的投资增长与中国领导层中上海人的增加相对应。请你评论一下这一现象。

赵：他们都有一段时间在上海工作，但不都是上海人。上海是中国经济最发达的城市，上海的工作经验是很宝贵的。很多地区的发展同样也为北京提供优秀人才。

赫：您的意见是并不因为他们是上海人，而是因为他们的政绩，他们又有上海的经验。那么上海方式到底是什么？

赵：上海从 1840 年开埠，以中国固有文化为基础，吸引了外国文化。最早的交响乐、电影，甚至最早穿西装的人都在上海。西方文化传入之后，上海人持欢迎、吸收的态度。中国哲学着重处理社会和人、人与人的关系；西方哲学着重处理事物的内在联系。一个中国领导人应兼有中西哲学的基础。

赫：来自上海的领导人在邓以后是否能很成功地领导中国？

赵：我们相信如此，但中国很大，我们相信其他地方也可以产生领导人。克林顿总统并不是纽约人，他是阿肯色人。

赫：赵先生是哪里人？

赵：我生在北京。上小学在北京，中学在天津，大学是北京，刚开始工作也在北京，在上海工作也有20年了。你可以注意到，我的专业是核物理，做过多年科技工作。现在中国的领导人很多都是理工科出身，和美国不同，他们很多人都是律师。

赫：还有好莱坞的演员。还请谈一谈中美关系。

赵：1972年《中美联合公报》是在上海签署的，中国人更关注美国了，希望中美关系能更加密切，很多中国青年喜欢唱美国歌，但是青年人不能理解为什么中美关系这么复杂。去年7月，我在纽约美中关系委员会的一个会议上说，美国国会经常会有一些遏制中国的提案，他们正在培养中国青年对美国的疏远情绪。一旦这种情绪养成，是很难扭转过来的，这被今年7月出的一本书证实了。这是一本畅销书，书名是《中国可以说不》，是对美国说不。这是几个青年学者写的，反映了相当一部分青年人对中美关系的思考。

赫：上海能买到中文版吗？

赵：买得到。

中美关系到了一个关键时刻，双方政治家必须谨慎。许多美国政治家不谨慎。你们的议长对中国的认识很有限，说要帮助中国人民推翻中国政府。后来解释说“推翻”这个词的定义不是字典中的定义，而是他自己的定义。

美国修太平洋大铁路时，有4万名中国工人参加了，据说其中每4人中有1人被冻死了。前些年，美国伊利诺斯州政府送给上海的一个礼物——一个用3000多枚铁路道钉做的钢铁雕塑就反映了这一历史事实：一个道钉代表一个在他们那里牺牲的中国人。美国人帮助中国的抗日战争，中国人帮美国人修铁路，我们有更多合作的理由。

美国对中国有很大的误解，“中国威胁论”，这是一个很大的泥潭。美国的传媒也在传播这种论调。

赫：金里奇（美国众议院议长）的谈话是不是使青年人对美国的态度产生了影响？

赵：当然青年人自己不喜欢他的话，宣传“中国威胁论”，还有遏制中国的做法。一个美国议会能源委员会的人问我，为什么不买我们的核电站？我们的最好，法国的又很贵。我说你先读一读你们的国会记录。1985 年有《中美和平利用核能合作协定》，你们国会没有通过。而且，中美相互了解不平衡。你们 4 位的访问我很重视，所以超过了预定的时间，谈了 2 个小时。我对你们有很高的期望。

赫：谢谢您花了这么多时间。我们学到了很多东西。您对中美关系的理解是非常客观的。

点评：

记者的问题涉及面非常广，从上海经济发展到全国经济形势，从浦东开发区到即将回归的香港和两岸关系，从中国领导层中的“上海人”到上海人对美国的感觉并谈及中美关系……这些需要极其扎实的业务能力和政治素养。

对于这样高难度的问题，赵启正也没有使用一句空话、套话。他的务实风格常常让我产生错觉，难以相信他是一名政府发言人，赵启正更像是一位大学者，有时还带着一点书生气。他的执着和诚恳有着很强的感染力，往往能够引导记者的问题也更加务实、气氛更加友善。

赵启正的务实表现在他对每一个观点或者结论都使用摆事实、列数据、举例子、打比方等手法，有理有据地说明情况。此外，可以看出他除了对自身业务了如指掌，对国际形势、别国经验、西方文化都有研究，能够做到立足中国，放眼世界。这也为中央为何选任他担当国务院新闻办公室主任找到了答案，尽管仅看赵启正的履历似乎他更应该成为经济或者科技领域的主要管理者。赵启正的转型非常成功，可以说他是当代“向世界说明中国”的第一人。

（清华大学原新闻与传播学院院长、教授　李希光）

外滩代表过去，浦东代表未来

（1996年11月19日在上海接受美国《时代》杂志驻华首席记者吉米·克鲁兹采访）

赵启正（以下简称赵）：为迎接你来，我把你1992年写的文章又读了一遍[1]。“外滩代表过去的上海，而浦东代表未来的上海”，像诗一般的话。我作为分管浦东的副市长，很感谢你的这句话。

吉米·克鲁兹（以下简称克）：我希望我还能写更深一点、更好一点的文章。

赵：浦东的一些事情都按照你的预言发生了。你看浦东这些大楼都起来了（指着新区管委会会客室的背投影大屏幕照片）。

现在，单是在陆家嘴金融地区就有155栋商务大楼在同时建设。到今年年底能封顶的共有60栋。每栋楼的平均面积差不多4万平方米，4乘60等于240万平方米，意味着外滩由苏州河到金陵路的全部古典建筑（一共22万平方米）的10倍。

克：这些是在多长时间内建成的?

赵：实际建设时间不到6年，很多还没有完工。1990年宣布开发浦东，要先规划，然后动手建设。一般来说，每周每个楼“长”一层。

1 1992年8月，《时代》杂志刊登了由吉米·克鲁兹撰写的专题介绍上海特别是浦东的长篇封面文章，当时影响甚大。

建筑队伍熟练了，管理水平越来越高了。

你 4 年前写“带动长江流域乃至整个中国”，那时候浦东还是“儿童时期”。它现在对长江流域的带动应当还表现在它是国际交往的桥梁。他们从这里可以得到大量的国际合作的机会，接触重要的国际人物，和外国大银行交往。你那次来的时候没有什么外资银行，现在有 41 家银行的支行或代表处了。

克：都是外国银行？

赵：我说的是外国银行。比如，日本东京银行、三和银行、富士银行、旭日银行，美国花旗银行、美洲银行，法国国民银行，德意志银行，等等。

克：它们都在浦东吗？

赵：有些在浦西，有的直接进入浦东。中国人民银行（上海分行）在去年年初第一个迁入浦东，我们送它一只很活泼的小羊，洗了澡，喷了香水，表明它是金融带头羊。然后是日本富士银行、香港的招商银行、泰国的泰华银行。现在有 11 家银行正式提出申请由浦西迁入浦东或者在浦东再建一个分行，原因是我们宣布了一项很重要的政策，是中央和国务院同意的，就是随着中国经济的发展、人民币的坚挺、我们外汇储备的增加，我们将在浦东开放外国银行经营部分人民币的业务。中国这样大，不能在全国的城市同时开始，浦东成为了先行者。我们作了预测，到 2010 年，上海金融业的从业人员将达到 15 万—20 万人；银行的存款总额将达到 2 万亿元人民币。

克：这些数字你给我的书里有吗？

赵：书中没有，但你可以把这些数据（大屏幕显示的图片）拍下来。

虽然我们与纽约、伦敦、香港相比还差得很远，但是还是有人对上海很有信心。日本最大的房地产开发商森稔先生确信上海会成为亚洲最重要的国际金融中心，他在浦东的中国最高的摩天大楼已经立项了。八佰伴的和田一夫先生把公司总部迁到浦东了。我们正在思考如何来容纳他们，如何来服务他们。他们到浦东来会提升国际投资者的信心。

克：所以你们欢迎他们！

赵：当然欢迎了！他们来了是个信号，因为在四五年前是不可能来的。那时浦东还是一片农田，你可能搬到农田去办公吗？和田一夫先生给我写了一封信，说："在八佰伴开幕式那一天有107万人参加。我已询问了吉尼斯总部，没有这样的纪录，我要申请世界吉尼斯纪录。"

克：您再说一下，当时有几万人？

赵：107万人，这就是浦东的故事。

现在浦东从某些局部看，已经是个城市区的样子了。杜邦公司的总裁说，上海市没有市鸟，我们建议 crane（英文中鹤和吊车是一个词）作为市鸟。很好的建议！

但是，我也对他说明，美国人在第二次世界大战以前已经把纽约建设好了，我们是在补课。所以美国完全应该心平气和地来接受后发展者，不要认为有"中国威胁论"。中国人历来不是喜欢殖民和打仗的民族。在明朝，郑和下西洋达7次之多，每次25000人，为当时世界上最大的舰队，到东南亚去居然没有留下中国人，全部回来了。澳大利亚、英国最初只送去了800人，现在澳大利亚是英联邦国家。所以说，中国从古代到现在，都没有侵略文化的传统。

克：但是，全球的金融资源毕竟有限，所以你们把大批的资金吸引到浦东、吸引到上海，别的国家可能就少一点。

赵：这在某一时刻看一定是这样的。资本的性格——如果我们把资本看作是一个人，那么资本永远留在它认为最舒服的地方，也就是最能取得利益的地方。这不是浦东，也不是欧洲或美国任何一个地方所能控制的。资本永远留在利润最大的地方，但是，希望这是友善的，没有掠夺性，是一种友善的合作，最终是提高了全世界的经济发展。更何况，浦东终归很小，还在发展阶段——“少年阶段”吃得多一些，到“成人阶段”还要输出呢。钱到这里没有浪费，没有被消费掉，而是变成生产力，它会报答世界。

克：我记得几年前来上海时有很多人说：“搞不好了，搞不好了。”

赵：现在还有人说。最近的《财富》杂志，大约是8月份的一期，有篇文章你可以看一看。他不像你，他完全是想象的，他甚至说，浦东是一种泡沫经济，把投资者都骗来了。他的文章是一篇，你的文章是一篇。你的文章我给90分，总是有些缺点吧；他的文章不及格。

克：他的主要缺点在哪里?

赵：主要缺点是靠猜测，并且数据不准确，有一种随意性。说这些大商人都受骗了，岂不是说杜邦也没有头脑、GE也没有头脑、GM也没有头脑、西门子也没有头脑、贝尔也没有头脑?如果这样一些世界一等的精英都让我们骗，我们岂不是“超级精英”？所以他的Logic is wrong（逻辑是错误的），文章逻辑不通。写出来这样的文章，说明他们这位记者有问题。

克：我可以转告给他，他是我的好朋友，他未必是有意的。

赵：是吗?你告诉他，我没有说他是怀有恶意，但我说他是不负责任。告诉他下次来我可以见他。

克：好的。我听说浦西人有个说法：“宁要浦西一张床，不要浦东一栋房。”

赵：这在几年前是“金科玉律”，说我是浦东人就是说自己是“乡下人”，会受歧视。我讲一个故事，前不久的一个星期日，我在市中心的人民广场，那儿有喷水池，有花园，我带我的小女儿在那里玩。有一些人跟我打招呼说：“赵市长，我们是浦东人啊！”“我们来照相吧！”

今天浦东人已经完全是标准的上海人，甚至是更现代的上海人。

浦东的陆家嘴金融区把破旧的住房拆了，要修街心绿地，当地的居民说绿化对大家有利，就搬了家。你下次来就能看到这个花园了。

你看，这中央绿地，10 公顷值多少钱！这个地方 1 平方米地价是多少钱呢？我们是按楼面积来卖的，按照建筑面积 1 平方米要 300 美元。如果是 10 层，就要乘 10。一般的这里要建 30 层。如果这块绿地盖楼房，价值多少呢？我们就是下了这样的决心。在电视塔不远要修个大水族馆。还计划了音乐厅[1]，有两个厅，一个有 2200 个座位，另一个有 500 个座位。首场演出将邀请德国的德累斯顿乐团，但是奥地利总统来访问时说，应当邀请维也纳爱乐乐团。“宁要浦西一张床，不要浦东一栋房”是忘不掉的历史。

克：上海的流动人口是多少？

赵：350 万人，在 1300 多万人以外。两者加起来等于墨西哥城的人口。

克：太可怕了。这样的话，是不是也面临很多社会问题？

赵：当然。大城市都有城市病，上海也不例外。问题在于我们能尽力把它降低到最低限度。我们从一开始就提出，浦东开发不仅仅是经济开发或项目开发，而是社会的开发，就是争取社会的全面进步。当人们富裕了，要有文明陪伴，要有社会秩序。

克：现在犯罪率高不高？

赵：和其他国际大城市比，这里犯罪率不高。我们和纽约警察局也有一些互相交流的机会。虽然目前上海还没有发现典型的黑社会势力，但我们得防范毒品、赌博和黄色的流通的可能。

克：加强城市管理，要做的事情很多吧？

赵：交通安全是个重点。有的农民先生不知道靠右走，他们很轻松

---

1 后来修订了规划，在陆家嘴之外修建包括音乐厅在内的“东方艺术中心”。

地开着拖拉机在新道路上反方向而行之。不然这么宽的路怎么会屡有车祸？要普及交通法规教育，也是当务之急。

基辛格博士问我，“你开发浦东的困难是什么？”我说关于人的困难有两个：一是缺少有经验的规划家、国际贸易法律专家、高科技人才等。二是大量农民变成城市人，要对他们加以帮助。让农民的子弟受到最好的教育，他们会成为工人、工程师，成为飞机师，成为记者。建好学校，我们舍得花钱。

克：谈起整个上海的问题，是否国有企业面临很大的问题？比如，失业？

赵：有些事情我们做得比较早，就比较主动。一个非常生动的例子：上海牌汽车是中国人自己造的汽车，它能用，便宜，在1988年左右还有很大的市场。浦东开发后我们立刻斩钉截铁地把这个厂停掉了，把这些工人转移到与德国合资的新厂去了，用中国话说就是“壮士断腕”，这在中国是很少见的。上海的国有企业在改革开放以后不断遇到合资和外资的新企业的挑战，就得不断解决问题。

克：这样就有很多的人下岗？

赵：如果工厂没有市场，要下岗的。所谓下岗，不等同于长期失业。原来的企业或者要提供生活的费用，或者要介绍新工作，对较年轻的人员还要给予新专业的培训。

克：有人说，到今年年底大概会有60万人下岗？

赵：一边下岗，一边上新岗位。（旁边人员插话：是这样，近几年一共有87万人员下岗，已经解决了67万人，找到了新的工作。）

这是一池活水，有进的，也有流出的。这样好，有希望。所以当前真正下岗的只有20多万人。

克：你们所说的下岗和失业是否一样？

赵：不完全一样。职工下岗后，原来的工厂还承认他的劳动关系，每月发给他生活费用，他的医疗还有保障，并且一旦生产发展了还要回来，这是下岗和失业的区别。

克：从整个上海的发展可不可以说，10 年中上海已经变成两个上海了？

赵：从 GDP 来说相当于 10 年前的三个上海了；从经济结构上说，新产业比例增加了。

克：上海这些年的发展应该归功于谁？

赵：最重要的是 1979 年以后，中国实行了改革开放的政策。如果不实行改革开放政策，还完全按照计划经济去做，是不可能有这样的发展的。归功于谁？就是你在上篇文章中说的，是邓小平。邓小平说了，上海应当是中国的金融中心，浦东开发不要动摇，一直要坚持好。

克：有人说也归功于在北京的“上海帮”。

赵：不存在“上海帮”。他们在上海当领导时当然为上海的发展贡献巨大。他们到了北京后要为全国讲话，这才是领袖。如果只为上海讲话，那不是领袖。

克：邓小平在他的著作中说，他觉得遗憾没有把上海更早一些开放。

赵：他说这是他的一个“错误”，这是邓小平鼓励我们的话。我解释一下，因为在 20 世纪 80 年代初深圳开发的时候，上海是中央财政最大的贡献者。改革就有风险，如果上海冒这个风险，是对全国不负责任。没有深圳等地的成功，就没有浦东开发的宣布。所以我们要感谢广东那些改革的先驱者。当然我们跟随者也不容易，我们也有很多的创造性。

谢谢你关注上海，关注浦东，希望再来。

点评：

《时代》周刊是一份在西方具有很大影响的杂志。这份杂志属于政治类周刊，刊登的基本上是不受新闻事件消息时效要求的文章或者深度报道。《时代》周刊驻华首席记者吉米·克鲁兹和赵启正先生都是按照这样的基本思路设计问题和回答问题的。

然而，比较有意思的是，赵启正先生几乎主导了这次采访。他将上海发展的近况、发展中遇到的问题以及发展的前景娓娓道来，使整个采访更像是一次朋友间的聚谈。吉米·克鲁兹是一位有相当经验的记者，他看似不经意间的插话，尤其是对“上海帮”的提问和赵启正先生“只为上海讲话，那不是领袖”的回答，使记者获得了吸引外国受众眼球的材料。

从整篇采访稿可以看出，有经验的记者和被采访者都会考虑传播的效果，记者会就受众关注的事实提出问题，被采访者会尽最大可能作出如实和精彩的回答。

（马胜荣）

每当中日关系有进展时就很高兴

（1996 年 11 月 19 日在上海会见日本《读卖新闻》副社长加藤博久的谈话）

赵启正（以下简称赵）：《读卖新闻》是日本有重要影响的报纸。这次你们又来上海举行关于中国发展的讨论会，副社长亲临指挥，足见《读卖新闻》对中日关系的重视。我本人是负责浦东开发和对外事务的副市长，每当中日间关系有进展时就很高兴，出现问题时就很担心。不知加藤先生有何见教?

加藤博久（以下简称加藤）：首先感谢赵市长对我们的欢迎，还要感谢您对我们《读卖新闻》的过奖。谢谢您在百忙之中出席我们的研讨会，并在演讲会上作基调演讲。能在中国发展的龙头城市上海召开会议，我们深感荣幸。21 世纪是中国的世纪，日本各新闻媒体、日本全社会都非常关注以上海为龙头的地区，包括香港回归将给中国社会带来的影响，大家都关注着中国的市场经济怎样继续发展。

刚才我们抽空到市政府前的博物馆去看了，我们可以非常清楚地感受到上海市政府不但重视经济发展，而且也非常重视保存历史文化，我们非常感动。

赵：您会见馆长马承源先生了吗?

加藤： 没有，因为时间非常紧，所以只看了展品。

赵： 像您这样重要的人物，下次来，一定要由馆长亲自关照。他本人是青铜器专家，学识很渊博，他会告诉您很多有意思的事。他也许可以做两件事：一是为《读卖新闻》写些关于中国文化的专稿；二是可以与《读卖新闻》合作，组织青铜器和其他博览品到日本去展览。

加藤： 我们《读卖新闻》非常有兴趣发展这方面的合作，愿意研究一下和中国做文化方面的交流。

赵： 我随时可以帮助促进。请驻沪的山田记者作桥梁。明天我的演讲，上海社科院为我写了文章，我不打算在会上读文章，文章照旧发给大家，而我要讲一讲上海的发展思路：上海为什么要这样发展？上海取得了怎么样的进展？日本人眼中的上海、美国人眼中的上海有什么区别？这样讲可能更有意思。

加藤： 我期待着您的演讲。我也读过赵市长的稿子，里面内容也清楚了。所以，明天还是请赵市长介绍一下上海发展的形势和上海发展的大思路，日本很关注中国的大发展。

赵： 坦率地说，那篇稿子不太符合我的风格，是学者风格。学者的意见非常宝贵，可作为理解上海的资料。我会讲政府是怎么想的和怎么做的，这样互补就完整了。我想我演讲后大家也许有兴趣提提问题吧。

加藤： 我们会有问题的。最近听说市政府来访者特别多，前一阵有德国总统，还有俄罗斯外长，还有克里斯托弗，赵市长能在百忙中抽出时间会见我们《读卖新闻》一行，还特意参加我们的国际研讨会，我们再次表示衷心感谢。

赵： 我也要会见克里斯托弗国务卿，但是不妨碍我明天上午的活动。因为克林顿连任了，美国总要有一点信号传过来。克林顿在第二任期内，他的对华政策将有改善。美国总统有作为多在第二任期内。对美国的要员访华我们很欢迎，这样可以弥补对中国了解的不足。

加藤：我觉得请德国总统还有美国的国务卿亲眼看一看发展中的上海，请他们考虑对中国、对上海的国际关系，也是非常有意义有价值的事情。

赵：德国人忽然发现，他们在亚洲各地的直接投资，只有日本在亚洲各国直接投资的十分之一，因此他们很急于开辟亚洲市场。当然日本作为亚洲国家，对其他亚洲国家的了解就有方便之处，这也是日本的优势。

加藤：从成田机场到上海虹桥，只要两个半小时，比东京到冲绳的距离还短。我1993年来过上海只待了一昼夜，也去浦东看了一下，那时候还都是平地。

赵：对，你说得非常正确，那个时候还看不到高楼。现在你看已经是一个新的市区雏形了。你们的森稔先生，认定上海将是亚洲乃至全球的金融中心之一，他的11万平方米的森茂大厦已经建设了一半，他的第二个30万平方米的大楼也将开工，将是世界最高的大楼之一。上海最近发生了一次地震，虽然没有一间房倒塌，没有一个人受伤，上海人还是受惊了。

加藤：现在在建的大楼是否考虑抗震?

赵：是的，我们都考虑抗七级地震。上海地震很少，这次地震提醒我们要重视抗震设计，我们知道日本抗震设计做得很周到。山田先生那天晚上出来了吗?

山田道明（日本读卖新闻社驻上海记者）：那天晚上有点害怕，所以就跑出来了。在附近转了一圈，看一看高架桥，看到那么细的礅柱子也没有松动，所以就放心了。

加藤：市政府的这幢楼办公自动化非常先进啊。

赵：和改建前的旧楼比是进步了，和日本比，恐怕还是不行。现在互联网络在中国很流行，中国现在有 4 万台计算机上了网，比去年增加了 10 倍。听说日本计算机进入家庭是 25%，上海在中国家庭中的计算机拥有率比较高，也不过接近 10%。NTT（日本电报电话公司）、KDD（国际电信电话公司）都和我们有交流，他们在这方面很有经验。

加藤：的确如此。在日本计算机普及率非常高，但是年纪大的日本人学计算机，由于不会操作，听说买来以后闲置着不用，也是很大的浪费。

赵：但是，年轻一代将来恐怕写不好字了，会提笔忘字，更别说书法了。

加藤：是有这种担心。《读卖新闻》把以前的文字处理器换成了电脑，大家也担心，这样下去，没人会写汉字了。

赵：对中国人这更是严峻的问题。要研究电脑对传统文化有什么影响，以后到银行存款取钱不必用笔填表格、不必说话，朋友间可以不必打电话，也要用电脑，将来口头表达能力都要退化了吧！

加藤：说的是，谢谢您的会见。我们明天见。

点评：

《读卖新闻》对中国的报道时常有所偏颇，但鉴于它是全日本也是全世界发行量最大的报纸，如何抓住各种机会让这家报社的负责人和第一线的记者准确、及时地了解中国正在发生的变化，将一个真实的中国转达给日本和世界，就是一个十分重要的课题。这篇谈话的主题是经济，由于穿插了很多有关文物保护和弘扬传统文化的内容，就使得原本比较枯燥乏味的交谈一下子活跃了起来，气氛也更加融洽。虽然“公共外交”这个专用语是此后 20 年才在中国流行起来，而实际上作者早在 20 世纪 90 年代中期就躬行实践了，这不能不让人们敬佩之至。

（吴寄南）

上海和香港像兄弟一样携手共进

（1997年10月25日在上海会见美国新闻团的谈话）

赵启正（以下简称赵）：欢迎以乔治生先生为首的新闻代表团来访。上海很希望与香港及世界各地的新闻界交往，上海本身也是产生新闻的地方。关于上海的基本情况，给大家的小册子里都有准确的描述，所以今天我们可少谈数字，多讨论你们感兴趣的问题。

袁金浩（香港明天更好基金会首席执行官，以下简称袁）：很荣幸能拜会市政府和您这位参与了浦东规划和建设的著名人士。昨天，我们参观了浦东，看到对于香港和美国都有许多值得借鉴的地方。他们对浦东的发展背景很感兴趣，希望得到第一手的资料。

赵：首先，我来介绍一下浦东开发的背景。现在，中国每年进出口总额为GDP的40%，这是美国的两倍。在经济全球化时代，政治对话由首都进行，经济对话则主要由大经济城市进行，上海是中国最大的经济城市，但同纽约、伦敦和香港相比还很弱。所以，中央政府为了振兴上海，决定开发浦东。那么，中国对外的两大国际经济城市将是上海和一国两制下的香港。我想强调的是，这是中央政府的计划，由上海来执行。

袁：您是在上海工作，还是由中央政府派来上海工作的？

赵：我是在上海被选举为副市长的，我是北京出生的。现在成了浦东人了，基辛格博士总称我为 Mr. Pudong。浦东计划已执行 7 年多，固定投资有 160 亿美元。它将是一个现代经济城市的新市区，将具有金融、贸易、高科技产业，也包括一个自由贸易区。特别要强调的是，上海将成为全中国重要的金融中心。到现在，浦东完成了大量桥梁、道路、自来水厂、发电厂、煤气厂的建设，往后将开始建设浦东国际机场、地铁和扩建港口。

上海和香港将成为中国的两个最重要的经济城市。英国人曾担心我们振兴上海的目的是为了取代香港，这是大大的误解！上海和香港的经济功能不同，不能互相代替，而是互相补充。它们的不同点有三个方面：第一，经济结构不同。香港服务业占 GDP 的 84%，而上海只占 42%，并且服务业结构也不同，金融在香港服务业中占重要地位。而上海，即使在 10 年、20 年之后成为重要金融中心，与香港仍是互补关系。如同在欧洲，法兰克福和伦敦不能互相代替，在美国，纽约和芝加哥也不能相互代替。上海更像零售型金融中心，香港更像批发型金融中心，我这个观点，英国前副首相赫塞尔廷十分欣赏、十分赞同。还有，上海的工业比香港强大，是中国工业的中心，香港则是贸易的中心。第二，地理位置不同。上海腹地是长江流域，香港腹地是广东省。因此，我们两家握手，也强化了这两个区域握手。第三，经济制度不同。香港是自由经济。港币自由兑换，人民币还不行。香港是自由港，也是深水港，港口的效率很高，上海港涨潮时水深只有 9 米，上海与香港的互补是长期的。简单的例子，香港有新机场，上海也有新机场，这只会使两地的航班增加，而不是相互取代。

我接受英国 BBC 采访时曾作过说明，亚洲存在一个经济走廊，从东京开始，至新加坡。上海在中间点，香港偏南。正像公路上的路灯，都亮起来，道路才繁荣。两个灯比一个亮。所以，希望香港繁荣。

刚才说的都是经济理由，政治理由就更明白了，不能让它回归以后萧条。美国在香港的直接投资，不算证券是 120 亿美元。美国很重视香港。克里斯托弗到上海时表现出一丝忧虑，不知香港回归后是否会衰败，我请他放心就是。

袁：我曾在香港政府负责新闻事务，参与开发政府电脑联网的工作，希望能和上海在这方面增加联系，资源共享，也帮助世界各地，希望他们像了解香港一样了解上海。

赵：现在上海约有 10% 的家庭拥有电脑，尚待普及。办公室已普遍使用，但家庭还没达到。一般家庭购买电脑都是奔腾 II，200MB，存储器 16 兆，硬盘 2.2G。目前已开始和 INTERNET 连通。上海本地有一个上海热线，但是信息量还比较低，所以很多人通过 YAHOO 或 INFORSEEK 等检索工具来检索。另外，大陆和美国间传输的频带太窄，AT&T 正在铺设新的电缆，比原有通道扩大 1000 倍，这样就可以加强中国和美国的联系。浦东已在美国服务器上建了网站。中国正在加紧互联网的基础设施建设，您可以期望我们会快速发展的。

美方：听说纺织业中有很多工人下岗，是否再培训之后，又给他们安排了新的工作？

赵：不止纺织业还有其他行业，最近 7 年下岗人数约 120 万人，其中 100 万人已被安排了工作。对那些比较困难的、年纪大的、暂时没有工作的人，由政府发给补贴，也有些工厂不用失业这个办法，而让工人在家等待通知。如果工厂有新的订单，就让他们回来工作。

重要的是改造经济结构，建立新的产业。上海欢迎高科技产业，十分欢迎微电子产业、生物医药及其他的医药业，我们在浦东将建成一个“药谷”。在这里投资的有美国的美敦力（MEDTRONIC）和强生（JOHNSON & JOHNSON）等。另外还有欧洲的罗氏、日本的麒麟等。我对美敦力公司总裁柯林斯说，中国人的心脏和美国人的心脏一样，也会出毛病，因此需要你们的心脏起搏器在浦东生产。AT & T 总裁艾伦先生和我见过多次面，他们的专机，有一次 3 架专机由不同的地方同时飞来，就是为了在浦东建立大的合作项目。基辛格是 GTE（General Telephone and Electronics Corporation，美国通用电话电子公司）的顾问，他介绍我认识他们的总裁 Mr. Lee。美国跨国公司的首脑我们都比较熟。迪士尼的总裁弗兰克·卫尔士曾与我认真讨论过在浦东建造迪士尼乐园，不幸他的飞机失事了，这个项目也耽搁了。

美方：25 年前，我曾会见过纽约市政府官员，他们曾谈到亚洲开始取代欧洲成为美国的贸易伙伴。25 年后，亚洲与美国的贸易额由原来的 20% 升至 80%，而欧洲则由 80% 降至 20%。我的问题是：您说上海与香港是互补的关系，也许这是事实，但双方的地位是否可能互换?

赵：上海作为大陆经济中心，它的优势是与中国各地有千丝万缕的联系。而香港与国际金融联系密切。它们两个地方的差异太大，经济腹地不同，人才组合不同，不可能互换位置。两地的互补必然促进共同繁荣。我相信香港会更繁荣，决不会是英国的利物浦。上海和香港像兄弟一样携手共进。

美方：我对天然气供应很感兴趣。上海城市很大，有些燃料可能会造成城市污染。政府是否考虑发展天然气?

赵：上海以煤发电，上海总发电能力 6600 兆瓦。我们正在沿海勘探天然气，现在有发现。今后上海要购买其他国家的天然气。上海港口的水深涨潮时 9 米，小船运输成本将很高。我们准备建立联通国际的天然气管道。

袁：再次代表香港明天更好基金会和美国新闻代表团感谢赵市长。您是浦东的推动者，我们希望看到浦东、上海、香港有更好的发展。

点评：

面对循着预设矛盾而来的提问者，能否在直面问题的同时占据主动，借机讲出想要对外发布的信息，考验着被访者的智慧和水平。

此次访谈发生在香港回归后不久，“浦东开发后，香港的地位是否会被上海所取代”是香港和美国来宾共同关注的问题。在对方尚未提问前，赵启正先生就在开篇谈话中为关键问题定下了基调。随后，无论对方对相关问题是隐含触及还是穷追不舍，他都无一例外地给出了掷地有声的确凿答案，用详尽的事实阐述原因，并借精彩的“路灯”和“兄弟”之喻告诉对方：上海与香港不仅不会相互取代，而且会携手共进，二者互为补充、相得益彰。访谈过程中，被访者作为权威的信息来源，对敏感问题始终保持主动、清晰的态度，并围绕对方关心的问题及时传递大量正面信息，令提问者的质疑在轻松的气氛中涣然冰释。

（上海理工大学副教授、新闻学博士　梁婷婷）

加强接触对中美关系会大有好处

（1998 年 1 月 12 日在上海会见美国记者交流团的谈话）

赵启正（以下简称赵）：我是赵启正，上海市副市长，负责浦东开发和外事工作。非常高兴在这里和美国记者见面，也感谢香港明天更好基金会多次带重要的记者团到上海。上海的数据都给大家了，1997 年的数据还没出来，大体上是去年的数据加上 10%。我希望大家多提问题。

美国记者（以下简称记）：请先介绍一下美国很关注的浦东开发的背景。

赵：上海是中国最重要的经济城市，需要把它发展成一个重要的国际经济城市。但是，由于历史的原因，上海的基础设施不好。工厂是一种新旧工业的混合。人均马路、绿地、居住面积，在全国大城市中是最少的。中央政府宣布开发浦东，以此来振兴上海。经过深化规划，进入实施已经 7 年了，目前已经初现一个崭新的市区。它将要具有国际贸易，也包括金融、现代高科技产业的功能，将是一个综合性的市区。开发浦东新区的消息刚宣布时，很多媒体都认为这只是一个口号。一位美国经济学家、诺贝尔奖获得者弗里德曼说这将是“波将金村”——俄国的大臣波将金建的一个假村庄，用来欺骗叶卡捷琳娜女皇的。但有一个美国人说这是真正的行动，就是基辛格博士。现在没有这样的争论了，都知道这是真正的行动。

克里斯托弗国务卿隔江看到了浦东到处是吊车，他说世界银行报告称全世界 17% 的吊车集中在上海。我也听说过，但是我没有找到这份报告，我不知道世界上到底有多少吊车。事实上，浦东平均每一天一夜就消耗建筑材料 10 万吨。当然了，不好的评价也有，如《财富》杂志，说上海人很有办法，把世界的钱都骗到一个大“陷阱”里去了，而实际上得不到什么效益。所以，大家直接来看一看，提些问题，是非常有益的，也帮助我们判断。

记：接着您刚才谈到的浦东新区的话题，我想问一下您觉得现在还面临着哪些问题，或者说有哪些忧虑或是障碍？

赵：我们的困难是多方面的。第一，如何在浦东新区建立起市场经济的运行秩序。我们关于经济的法规还不够完善，还需要一些时间来完善。比如说我们已经在推行的股份制，但是相关的法律比较粗糙。第二，基础设施建设任务巨大，如何规划得更好。现在已经建好的两座大桥，都提前达到了原来预期的每天 5 万辆汽车的流量，急需继续建设新的桥梁和过江隧道。但是也有个别道路通行车量比较少的情况。还有，浦东有 250 座大楼在同时建设，它们几乎是同期建设，短期内出租率可能不高。但是并没有根本性的危机，上海的楼房将被全中国和亚太地区共同使用。

记：现在楼房的出租率是多少？

赵：已造好楼房的出租率是 55%。但是其中饭店的营业相当好。还有一个困难是关于人的，它包括两个方面。第一，已经有 12 万名农民转为城市人了，他们需要重新就业，我们必须给他们生活的补偿费用，同时做新的职业训练。第二，我们还缺少拥有国际经验的金融专家、法律专家。这些情况总是在变化中，总是一年比一年好。

记：在洛杉矶有些搞交通的行家认为，从好的方面讲，交通堵塞并不一定是坏事，它说明那里有发展，经济运行状况很好。反之，说明经济运行状况不好。

赵：我很喜欢这种说法。

记：我想就您刚才提到的人力资源再提些问题。您说现在需要更多的金融、贸易、法律方面的人才，以进一步推动上海的经济发展，我想问一下，你们是否也会走香港、新加坡的模式，进一步鼓励学生到海外去学习？在洛杉矶的大学里，就有很多中国留学生。他们有的学成会回来，有的不会，您的看法是什么？

赵：我们鼓励大学生到美国或欧洲去学习。以前，学生去了多数暂不回来，会在那里工作，发展中国家的留学生有这种选择不足为奇。最近回来的开始多了，以后会更多，因为国内也有了他们的用武之地，浦东会为他们施展才华创造条件。

记：我们在其他国家访问的时候，也听到了有很多非常严重的金融方面的问题，比如，香港也曾受到一些影响。我想问一下，上海在这方面受到的影响有多大？上海的金融业受世界金融动荡的脆弱性有多大？

赵：对于亚洲的金融危机，中国24小时都在关注。上海的金融形势和整个中国是一体的，我们尽量避免由上海产生对中国的负面影响。朱镕基副总理已经宣布人民币的汇率不会有什么大的波动。我们有信心保持人民币汇率对美元稳定的根据是：第一，去年一年我们增加了350亿美元的外汇储备，一共达到1400亿美元。1997年中国的对外贸易顺差，还没有最后统计出来，但外汇储备增加的趋势不减，人民币持续受到升值的压力。第二，人民币稳定，对中国和亚洲都好。如果人民币贬值，对东南亚货币会构成新的贬值压力，而且还会增加美国对中国的贸易逆差。亚洲很多国家都表示，人民币不贬值，就是帮助了他们，他们是很高兴的。

记：目前亚洲一些国家有一种说法，就是现在的（金融）问题可能是由西方的阴谋造成的。因为亚洲经济的崛起，引起西方的不满，他们有一种报复的情绪。您对这种说法有何意见？

赵：设计出这样的阴谋也是很不容易的！这好比一个数学问题，有函数本身的性质，还有边界的条件，这两个合起来才能解这个数学题。终归自己身体也不够好，外面寒流一吹就病了。东南亚的金融危机在欧洲、美国、日本引起了不同的评论。欧洲人说东南亚的“奶牛理论”还能继续吗？也就是低工资、低福利而效益高的经济运行模式还能继续吗？日本人还是比较担心本国经济会更不景气，桥本首相说了一个过分的玩笑。他说，如果日元再贬值，就要抛售美国政府的债券。这一句话使美国的债券下了几个百分点。美国已经表示要积极地处理这次危机，可不要传染到美国来。我们不但保持人民币稳定，而且朱镕基副总理说了，如果香港要求中央政府帮助保卫港币，中央政府也会尽量做。

记：我听说这儿的地产价格在下跌，我想问一下这儿的房地产，包括那些商用楼的价格是不是真的在下跌？如果有这种情况，即开发出来的住房有很多空置的话，那些开发商是否真的会破产？你们会不会允许这种情况出现？

赵：这里的土地和建筑成本比香港和东京低许多，粗略地说，目前这里的地价是香港的五分之一到十分之一。对国内外投资者来说，如果他的钱不是由银行借款，出租率暂时低一些，投资回报会慢一点，我看不至于导致破产。现在有很多人还要在这里建新大楼，原因是他确信上海一定会成为亚太地区的一个重要经济城市。这一点他们没有看错！因为亚太经济走廊 4000 公里长，东京、汉城、上海、台北、香港、曼谷、新加坡，上海是在中间点，它的位置太有利了。和东京、纽约相比，上海的办公楼和住房还是太少了，没有房价下降的理由。

记：上海的商用楼房建了很多，民用住宅的问题是如何解决的？因为我一直听说上海人住得很差，住房很拥挤，上海有没有为他们提供公用住宅？另外，由于上海的建设非常多，所以有一些人不得不搬迁，在这方面你们是如何做的？

赵：最近几年，我们每年建设约 1000 万平方米住房。到 2000 年，人均居住面积会达到 10 平方米。我们原来的住房是由国家无偿分配的，现在过渡为个人购买，政府正考虑为收入低的人提高工资，鼓励银行给予贷款，为此还制定了专门的政策。最近几年，我们由市中心区迁出到郊外的家庭，他们所获得的住房面积大约是原来住房面积的两倍。农村的动迁，要为他们解决就业问题。

记：有一些经济学家评论说，当前亚洲金融危机的一个影响就是减少了对中国的投资，另外中国的出口市场也会受到一些损失，中国的贸易顺差额可能会降低，我不知道副市长您是否同意这种说法？您对中国经济的未来走向有什么预测？比如，中国今年的 GDP 增长率大约会降低几个百分点？

赵：你所说的几点都是可能出现的，这次危机不可能对中国一点负面影响也没有。我们对外贸易的增加量比去年要低一些，但是总量不会降低。今年中国的 GDP 增长率预计比去年低两个百分点。即使没有这次金融危机，我们也会降低增长率，因为经济总量增加了，不能总保持那么高的增长率。

记：我想问一个问题。现在有一种说法，美国更多地参与到亚洲的事务中来，包括最近的金融危机，是符合美国自身利益的。所以，当初泰国出现金融危机的时候，美国不应等待过长，应该马上介入。另外，美国总统克林顿也应该更多地参与到这些事情中来，比如说，他上星期和苏哈托总统通了电话。那么，您认为对克林顿个人来讲，能否发挥更大的领导性作用？他应该更多地介入到亚洲的事务中来吗？如果这么做的话，对于亚洲，或从您们的角度来看，帮助到底有多大呢？

赵：这是一个非常复杂的问题，是一个政治和经济混合在一起的问题。因为有的亚洲国家认为，这个IMF[1]的“药方”反映了美国的意志，并且一个国家中不同阶层的反应也不一样。比如说，韩国政府和泰国政府愿意接受IMF的“药方”，但韩国和泰国的企业家和工友却反对它。他们认为IMF所提出的条件实际上干涉了这个国家的经济生命。比如说这些条件中包括：受援国家的金融政策必须改革；必须关闭严重坏账的银行；必须裁减工人；必须降低关税等。韩国人甚至于发动示威，并且称接受IMF“药方”的那一天是韩国的耻辱日。事实上，我们也响应IMF的号召的合理部分，提供了一些对外贷款。

如果说克林顿直接发挥了作用，参与了亚洲金融危机的拯救，也缺少足够的根据。我想现实的办法是IMF要和受援国加强讨论，充分理解受援国的心情，在谈判的条件上有所折衷、有所调和就比较好。泰国一位重要的企业家对我说，每年美国由东南亚国家进口的数额约4000亿美元，如果他们的货币贬值一半的话，他们每年有2000亿美元就白白地浪费光了。这是一个企业家多么鲜明的看法。另外，他还说，我们“小国无货币”，现在他们的货币贬值已经到了完全不合理的数值。听说东南亚有人在看报纸时，血压升高，引发了脑溢血。一位印尼企业家来上海看病，他说因为金融危机可能得了轻度脑血栓。我说你不是，你是心理障碍。他到上海最好的医院检查后，证明我说的话是对的。

记：江主席访问华盛顿时，我们也采访过他。我想问一些江主席访

1 IMF为International Monetary Fund（国际货币基金组织）的英文简称。

问美国的情况。主要想接着您刚才讲的中美关系，问一下您是否对美国现在对中国的态度有些担忧？江主席访美期间，和克林顿举行过一次盛大的记者招待会，会上问到了一些人权问题，当时克林顿总统评论说中国站在了历史错误的一面，您对他的说法有何评价？

赵：我认为克林顿总统在私下场合跟江主席谈得很好。在公开场合，他这样说也是一种 show，因为他必须对美国各种政治势力做一平衡，作为总统，他需要这样做。关于人权问题，中美之间的误解甚大。这里有文化背景的不同，同时也有对中国不了解的方面。也有的美国媒体，如华盛顿的一家不大的报纸，长期有意攻击中国。历史会证明克林顿总统这句话说错了。

美国政界有一种哲学，就是“政治和美国不一样的就是错的”。金里奇（美国众议院前议长）参观了这幢楼里的人大会议厅，他看到很多现代化的设备，包括表决的计算机系统，他很惊奇。他要求提供一盘录像带，看一看我们人民代表大会会议是怎么一个过程。金里奇访问上海只有五六个小时；戈尔副总统访问了 20 个小时。大家都认为加强接触对中美关系会大有好处。

袁金浩（香港明天更好基金会总裁）：我想代表美国媒体和香港明天更好基金会向您表示感谢。感谢您对于亚洲的局势发表了非常坦诚的评论，并且对中美之间不同层次如何进一步加强关系发表了非常独到的见解。谢谢。

点评：

当看到赵启正早年的接受记者采访的实录，我感到十分气馁。自2000年在时任国务院新闻办公室主任赵启正的领导下，我参与到最初的新闻发言人课程设计和培训中，那时我相信优秀的发言人是可以培养出来的，我鼓励发言人通过学习技巧、演练和实践成为对外传播的高手。但是，看完赵启正的这篇谈话记录，我更愿意相信优秀的发言人是天生的。

赵启正答问时态度坦诚直率、思路清晰明确、语言干净利索，而这些和他的早年教育、核物理专业背景、职业经历都有关系，他所形成的发言风格是难以复制的。最为突出的是他的开场白相较同时代的发言人是简之又简，只点一点最重要的，其他以文字形式提供，在有限的与记者交流的时间里给他们更多的提问机会。这也说明赵启正的底气足，他对记者可能提出的问题了然于胸。

赵启正还善于引用数据，一个答问中寥寥两三个关键的数字，把问题解释得清楚到位、有说服力。这里顺便再说一下，优秀发言人大概还需要天生的记忆力好，能够记住大量的数据，需要的时候信手拈来。此外，赵启正还能够很好地使用做类比、讲轶事等方法让答问活泼易懂，用简单的方式回答了复杂的问题。

（李希光）

让世界知道中国的真实情况

（1999 年 7 月 22 日在北京与法新社社长吉伊利的谈话）

赵启正（以下简称赵）： 我作为中国的新闻官员，愿和世界上各重要的通讯社作朋友，所以你应当是我们最重要的朋友之一。你上任三个月，我上任一年零三个月，也就是说我们将有充分的时间来合作。我们也都注意到法新社记者对我们在北京举行的新闻发布会的报道，你的记者每次都去，我们的任务就是使中国的真实情况让世界知道，我们能做的事情很多，但最重要的是两件：一个是不断地把中国的发展情况传递出去，还有一个就是做好与驻在北京的外国记者的联络工作。我不知道你今年 5 月曾在北京，本来我们应该会面的。

吉伊利（以下简称吉）： 我上次来北京是因为我的前任选择在这里召开一个会议，是一个非常重要的会议，表明我们对中国发展前景的重视。我来之前与巴黎的中国大使馆联系过，但他们似乎没有与你取得联系。

赵： 你在今年 3 月 9 日对法国《解放报》记者的谈话表明了你的态度，你的誓言是保持国际性大通讯社的地位，我的誓言是中国的新闻报道要提高水平，要使中国真实的情况让世界知道。你说你要充分地利用多媒体的技术来发展事业，我也期望用多媒体技术来加强中国的新闻报道。在互联网的挑战面前我们不能落伍。

吉：我们不仅要保持而且要发展国际性大通讯社的地位，目前我们的发展战略就是要进一步拓宽国际市场，尤其是亚太地区的市场，我们认为，我们目前在亚太地区已经占有一定的地位，还有很大的发展潜力。中国对于我们来说是一个非常重要的国家，不仅因为它幅员辽阔，而且还有许多其他的原因。目前对于中国信息量的需求非常大，不仅是一些报社，一些企业也需要了解情况，因为法国和欧洲有很多企业在中国投资，他们希望了解中国的发展和变化。作为新闻社，我们应该尽可能提供顾客感兴趣的信息，所以我们希望发展法新社在中国的业务。最近我们提出向北京办事处增加一名记者，目前我们正在等待中国政府的批准。

赵：你对法新社在亚洲和中国的任务规定很清楚。在希拉克总统访问中国之后，中法之间的关系其中包括经济关系有明显的发展。我当时作为上海市副市长陪了他在上海的全过程，我对他的谈话非常直率，我说，法国作为世界第四大经济强国，对中国的贸易和投资却在十名以后。他问我这是什么原因造成的，我说法国的企业，尤其是小企业对于中国投资环境的了解不够，因而不知在中国如何竞争。依我看，准确地、及时地、有深度地报道中国，不仅是我的任务，也是你的任务。最后取得的效益不仅是法新社的，而且是整个法国的。

吉：我完全同意。这次我来北京会见了法国驻中国的大使毛磊先生，他强调说法新社不应该局限于对北京和上海等大城市的报道，也应该报道中国各个省份发展的情况。对于法国的企业来说，中国的各个省都有投资的机会，并不仅仅局限于首都和大城市才能投资。所以我们非常愿意在未来加强我们在北京工作的队伍，我们也与你有同样的希望，希望我们的记者也能更多地报道中国各省的经济发展。

赵：毛磊大使是我们共同的朋友，我是在安排希拉克访问上海时与他有过接触。法新社记者到中国各个地区访问，我的机构可以提供帮助。当然，我也有一些希望和忠告，就是报道要准确，降低意识形态的色彩，比如，他们最近对中国西藏的报道，猜测性和其他来源的错误加在一起，人云亦云，报道了一些不符合实际的内容，对于这样的报道我们不满意。也可能他们对西藏的历史和现状所知太少，才发生这样的错误。

吉：一些记者对消息报道也可能出现错误。工业生产有一个标准，可以对质量进行监督，新闻报道要求可信度非常高，非常准确，同时要求迅速，当然我们会非常注意提高我们报道的质量。法新社这样的新闻社，我们的顾客要求我们是多元化的新闻，要有来自不同方面的消息，所以我们必须反映大家的意见。当然我们的记者应该在时间允许的范围内核实消息的来源，同时更应该注意反映不同来源的意见。

赵：对于记者，我们并不要求他在评论中刻意地赞扬中国，中国不好的地方也可以报道，但是有一条，事实要尽量准确。比如在西藏，藏汉双语教育是最受欢迎的，那里的人如果不接受汉语教育，就不容易接触现代社会和学习科学知识。计算机的说明书，不是英文就是中文，当然我们要帮助他们译成藏文，但是有不少现代的科学词汇藏文中没有，必须创造新的藏文。在那里的许多工程师，也没有能力用藏语来讲授工程技术。你如果以后直接去西藏看看，也许能出个好主意。

吉：我非常高兴，有这样的机会，我将感到非常荣幸。

点评：

这是两人的第一次见面，但谈起话来，如同故人。对于外国来访者，启正是一位细心、周到、热情的主人，会见首次见面的客人之前，启正要认真了解相关背景材料，见面之后，还要把重要的内容制成卡片，下一次见面之前，再将卡片取出来复习一下。这不仅说明他严谨认真的工作态度，更能让客人感到受到尊重，感受到启正的真诚和热情。这一次谈话时启正能轻松引述来访者过去的讲话，显然事先充分备了课。然后他先求同并晓之以理：“准确地、及时地、有深度地报道中国，不仅是我的任务，也是你的任务。最后取得的效益不仅是法新社的，而且是整个法国的”，这又能让法国客人感受到他情真意切。有了这种基础，启正再解释为什么西藏人要学汉语。这时，客人不可能不领悟到，启正是在真诚地帮助他准确报道好中国。

（中国外文局原副局长　黄友义）

有战略眼光的企业家不能不重视中国

（1999年12月5日在北京接受美国之音记者采访）

美国之音记者（以下简称记）：听众朋友您好，这里是美国之音。我们今天在中国北京，应邀参加专题访谈的嘉宾是中国国务院新闻办公室赵启正主任。他是一位由学者和专家转而从政的领导人，是一位改革型的、务实型的政府官员。今天我们要谈一个非常有趣的题目，而且听众朋友们一定会感到这个题目涉及非常广泛，题目是《改革、交流、公关文化和美中关系》。我们知道赵主任在就任中国国务院新闻办公室主任之前的主要工作在上海浦东新区，上海市是整个中国经济的龙头，浦东可以说是上海这个龙头的“龙嘴”。

您曾经是上海市的副市长兼（浦东）新区管委会主任，浦东一系列的改革带动了上海，带动了全国。您认为未来50年的上海，在哪几方面会对整个中国的改革产生推动作用呢？

赵启正（以下简称赵）：上海市是中国最大的城市，它的地理位置十分优越。它是中国两个经济发达带的交叉点。一个是中国沿海的经济发达带，另外一个是长江流域的经济发达带。在浦东开发之后，上海的经济得到了更健康的发展。目前上海GDP的人均值是全国人均值的4倍，而浦东地区的人均 GDP 值是全国的 6 倍。所以说它在人均 GDP 和总税值方面对中国的贡献是很大的。中国已经逐步成为世界经济中的一个重要角色，它的国际贸易量更是国际经济中不可忽略的重要部分。在经济全球化的过程中，中国当然需要加强和世界各地的交往。世界各国政治的交往当然是通过首都进行的，而经济交往往往是通过最重要的经济城市进行的。像美国纽约、芝加哥、洛杉矶都是进行国际经济交往的城市，欧洲是伦敦、巴黎、法兰克福。在中国应当是哪里呢？目前中国进行国际经济交往最重要的城市一个是上海，一个是香港。而香港实行的是“一国两制”，它的制度和上海不同，它们之间在许多方面是互补的。您问未来 50 年上海会对中国的改革产生什么样的推动作用，这是一个很大的题目。我想它首先是中国和国际经济交往最重要的接触点之一，它对于世界、世界的金融流动将有重要意义。当然从长远看，中国不仅引进外国的高科技和资金，今后也会输出中国的高科技和中国的资金。上海的教育、人才积累在中国也是属于名列前茅的城市之一。在这里会产生一些能够懂得世界经济法律和国际操作的人士，这些人在中国内部也是流动的，它会向中国其他地区输出人才。所以可以说，对于整个中国来说，上海也是一个很重要的经济城市，它的这种推动作用对外和对内都是长远的和有力的。

记：是的，我觉得整个上海现在的文明程度从浦东开发以来又得到了新的提升。在上海最近刚刚召开完财富论坛会议，您是负责组织会议的主要负责人。您觉得这次会议有哪些历史性的进展和成果，它会对未来美中的经贸交流和世界的经贸交流有什么样的帮助？

赵：美国《财富》杂志今年在上海举行了“全球财富论坛——上海 1999”，中国方面我是主要的联络人，主办方还是美国《财富》杂志。这样的会议是全球性的，这次选择在中国并选择在浦东，这是经过美国方面深思熟虑的，也征求了世界很多包括外国大公司负责人的意见。这次会议有两个方面很突出：第一个特点是在形式方面，它的规模很大，出席人数超过了前四次全球论坛的总和，仅记者就有600人，其中接近一半是外国记者。第二个特点是讨论的题目十分重要，是“中国未来50年”，这和您刚才所问的问题差不多。世界的跨国公司在选择它的利益时，它的着眼点是看全世界的，是在地球仪旁边来思考问题的。而这20年来中国经济稳定增长，平均GDP的增长率有9.7%，因此有战略眼光的企业家不能不重视中国。而中国觉得自己的经济进步一定要靠坚持改革开放政策，因此对这些跨国公司理所当然地持欢迎的态度。就这样，双方有这种相匹配的见解才促使了这次会议的成功。

记：刚刚通过中美两国政府签订的有关中国加入世贸组织的协议，您认为WTO的通过对中美关系、中国改革，对双方经贸交往会有什么影响？在经济利益互相渗透的前提下，中美两国的关系会有什么样的变化？

赵：中国加入WTO当然会促进中美的经济关系和政治关系的发展，这毫无疑问。双方都认为中美签订双边的WTO协议是重要的，经过13年才取得了这样的成果。13年的经验使我们有这样的见解：就是中美之间不怕存在着什么重大的问题，关键是双方要有决心互相了解，能够加强共识，能够着眼未来，才能够解决中美之间重要的问题。中美双边达成协议之后，中国进入WTO的道路就比较清楚了。中国现在要和欧盟谈，和其他国家谈，中国进入WTO是指日可待了。

记：您觉得WTO协议的达成会促进美中关系的良性发展吗？

赵：我想一定是这样的。

记：我们也关注到，实际上这个WTO协议的形成也是两国的领导人、两国人民、两国经贸界的交流的一个成果。在交流中由于文化的不同，好像也出现一些很有意思的细节。举个例子，当江泽民主席访问美国的时候，因为克林顿是一个大个子，他用的话筒比较高，当江主席讲话时，他就弯下腰来给江泽民主席调整话筒。江泽民和朱镕基他们是一代不同以往的领导人，英语都比较不错，而且江泽民有时候又弹钢琴、朗诵古诗、背名言，他们能以这样的方式来和美国领导人、外国领导人沟通。外边的观察家认为江泽民懂得和西方沟通的一些方式，我们觉得这是一个很大的本事。

赵：江泽民主席访问美国，克林顿总统访问中国，都取得了巨大成功，这是双方的人民和媒体所持的看法，这没有什么异议。克林顿总统亲自为江泽民主席调整话筒和演说台的高度，这一点中国观众的反应很好，认为这是很亲善、很友好的表现。国家交往往往是领袖个人交往来促进的，所以领袖的魅力、风格对于这种交往的作用很大。江泽民主席在他担任国家主席职务之后，中国对外的交往、他对外的访问是很频繁的，也是很见效的。我想这都受到了被访国家和中国人民的支持。至于文化的区别，最近有很多讨论，如美国一位教授的关于东西文化冲突的书也译成了中文，各方面也有不同的反响、不同的见解。我个人认为，文化的多元化是事实，这是不能回避的。那么它是起促进的作用还是起阻力的作用？我想还是起促进作用为主，起阻力作用为次。因为不同的文化好像是不同的圆圈，它们有一部分是重合的、一致的，有一部分是不重合的。不重合部分加起来，比所有的圆圈全部重合起来面积要大，只保留重合的部分，就丢掉了许多人类的财富。

记：我们希望能够避免一些文化上的障碍，推动美中关系的良性交流。最近根据有关的资料统计，海峡两岸间的通婚已经形成了潮流，正式结婚的已经有 5 万多对。从太平洋两岸来看也出现了很新鲜的结婚的现象，20 多年来中国人和美国人以及其他西方人通婚的现象应该是超过 5 万对的一两倍或者两三倍。最有意思的是最近美国前副总统奎尔，大概一两个月前访问上海，参加了他儿子的婚礼，他的儿子娶了一位上海姑娘做太太。从您个人的角度，您认为官方或是民间应该如何看待这种通婚？中国政府是支持？反对？还是很不高兴？我们漂亮的上海女孩儿、中国女孩儿嫁到西方去了，是不是民间的心里有一种失落的感觉？

赵：你说的很有意思。在中国改革开放以前，中国人和西方人通婚的例子很少，有一些早期的留学生和外国人结婚，那都是凤毛麟角，极个别的例子。最近 20 年来，这种现象多起来了。回忆 1977 年，有一位法国小姐和中国小伙子结婚，当时他们去有关部门登记，有关部门不知所措，这是怎么回事呀，觉得不能给他们登记。最后传到邓小平那里，邓小平说这很自然嘛，应该准许登记呀。当时是这样的困难。在民间，很多人认为国际婚姻悲剧多，由于文化的差异也许会发生问题。比如，中国人很喜欢储蓄，中国人的储蓄率在城市几乎是 40% 以上。美国人的储蓄率为 1%，听说最近下降到 0.5%。结婚之后，美国女孩子说咱们把一年的工资都花掉吧，咱们到巴黎玩一下，而中国小伙子会说我们要节省，我们还要买房子。中国政府现在有关于和外国人结婚的一个对婚姻法的补充条款，保证这样的自由。但要让他们严肃，要绝对避免重婚，不许隐瞒自己在本国有夫人或先生。政府是以法律来保证他们有婚姻的自由和质量。民间仁者见仁，智者见智。有人不赞成他的孩子和外国人结婚，当然也有人持无所谓的态度。我认为地球变小了，喷气式飞机变大了，飞得更快了，这种事情恐怕今后会更多。

记：下面换一个话题。听说您也认识基辛格先生。基辛格先生曾经强调过美中关系的个人交流。他认为应该加强民间大规模的交流，应该让西方世界更多地了解改革开放中的中国。如何让美国的政界朝野人士客观地了解中国的改革事业的进步，如何让美国更深入地了解中国，中国是否在考虑应该建立一个民间形式的机制来推动这方面的工作？因为您主管这方面的工作，而新闻办公室主要是让外部世界了解中国，您是不是谈谈这方面的见解？

赵：美国国会和中国全国人民代表大会之间的交流以往是少了点儿，但是近些年有所改善。前两周，中国全国人民代表大会派出了代表团，团长是中国全国人大外事委员会主任曾建徽先生，他带了一个有很多重要人物参加的全国人大代表团访问了美国国会，访问时间将近两周。据我所知，他和美国国会进行了多次座谈，也和媒体进行了接触，也有很激烈的争论。但是，这些争论都是有益的。因为，首先你要知道对方的观点，然后再提出自己的论据和找到共识之处，可以要求对方解释和说明。这里涉及的问题很多，中美关系中最大的障碍是台湾问题。WTO现在已经解决了，贸易逆差问题不能算大问题，还有对中国人权问题的一些指责等，都可以进行广泛的交流。

记：我知道，我也会见了曾建徽先生。他说，交流比不交流要好得多。今后会不会再派遣第二个代表团呢？

赵：我想会不断派遣的，但是我特别希望美国国会的议员先生们，众议院也好参议院也好，也多到中国来。美国国会很多时候对中国内政发表看法，并且不断地通过一些对中国有所指责的提案。但是我想，投票反对中国的议员中，相当多的人对中国的了解是不够的，他们是通过美国媒体来看中国的。而美国媒体绝不像有人以为的是很清楚的平面镜来反映现实。我觉得，这面镜子有时是一个哈哈镜，虚像是变了形的。所以我想，中国问题是重要问题，中美关系又是重要的课题，他们应该到中国来，我们欢迎他们来。不仅中国全国人大欢迎，我们的政府也欢迎。所以中美交往应该有政府交往、国会交往、名人交往、民众交往、学者们的互相往来，还有媒体交往。我觉得媒体交往也很重要。据我个人的经验，凡是来过中国的人在临走的时候他会说一句话："与我原来的想象不同。"是比原来想象的更坏了还是更好了呢？都说比原来的想象要好。

记："百闻不如一见"，正常访问是一个方式。美国国会议员产生的方式实际上和中国大陆还是有相当大不同的。许多议员是由当地人选出来的，有的确实对国际事务了解不多。据我们的资料，大约有50%的国会议员没有护照，就是说他们没有到国外访问的经历。但是，大部分国会议员有时批评中国的人权问题，我觉得其中大部分人是出于一种对人权的维护。主观愿望上是希望中国大陆能够不断地朝着繁荣的、民主的、统一的方向走，老百姓能够不断享受更多的权利。

赵：恐怕我不能够完全同意你对美国国会议员的评价，说他们都希望中国享有民主、自由。我觉得对他们要有所区分，有的议员并非抱着善意和好感，甚至是先有了一个不好的结论，然后勉强地用政治观点来证明他对中国的错误论断。对于这样的议员，我们仍旧是欢迎他到中国来的。这样就可以克服他们的一些偏见。中国全国人大常委也就相当于美国的议员了，可以说几乎百分之百的人都有相当的国际知识和出国的经历。我想，通过交往必能达到新的进步、新的了解，会促进和谐的关系。

记：我大概在去年4月还是3月访问上海的时候，在酒店里遇到了美国国防部部长的两位助理。这两位助理和我聊天，他们说，在我们来上海以前，没有想到上海有这么大变化。我们来了以后觉得，上海的变化使我们感到美国人对中国的了解实在是很少，因此他们说，希望更多的人访问中国。最近，美国各党的总统候选人都坚决地、不断地表达自己对对外政策的一些看法。我们比较关注地注意到美国民主党候选人布莱德利，他是美国NBA球队的一个有名的球星，他自己还是剑桥大学的访问学者。他谈到自己的对外政策时认为，美国民族、美国民众正在经历孤独的感觉，所以在未来的政策中要强化和世界各地的交流，要避免孤立主义[1]。美国前总统乔治·布什曾经在得州大学的一次演讲中反复强调，未来美国对外关系中，美中关系是最重要的关系。今天，我们请您讲一下未来50年美中关系为什么重要？美中关系会发展到怎样的一个状态？您是一位专家和学者，现在又是一个主管新闻部门的领导人，能不能谈谈您的看法？不用官腔讲好不好？（笑声）

赵：美国和孤立主义这两词的联系有两次，一次是1941年“珍珠港事件”[2]爆发前，欧洲和亚洲都已经打起来了，美国置身于战火之外。罗斯福总统说，美国是孤立主义。而“珍珠港事件”爆发之后，美国打破了孤立主义，以后又签署了《大西洋宪章》[3]，这样使美国参加了反法西斯战争。那个孤立主义和现在的孤立主义相比，好像一个影子又回来了。但是这次和那次不同，和60年前的孤立主义不同了。布莱德利说的孤独主义原文我没看过，但我想，美国在处理国际事务的时候，如果以美国自己的主张为主，而不征求联合国和世界各国的意见，这种孤独主义是一种新的孤独主义，无论如何应当避免。如果是指这个含义，我觉得他说的是对的。中美关系多么重要，我觉得可以这样看，美国占全世界财富的27%，并且现在又连续104个月经济呈正增长；中国人口占全世界的21%。也就是说，五分之一的人口在中国，四分之一的财富在美国。这两个国家的关系如何，既影响这两个国家本身，也影响周围的国家。也可以这样说，很多国家是看美国的脸色行事，是跟着美国的。

---

1 孤立主义：20世纪二三十年代美国奉行的外交政策，不卷入与当时的热点地区也就是欧洲地区的任何纠纷。

2 1941年当地时间12月7日（星期天）凌晨，由6艘航空母舰上起飞的日本353架俯冲轰炸机、鱼雷机和战斗机偷袭位于珍珠港的美国太平洋舰队基地以及位于夏威夷欧胡岛其他地方的美国空军基地，美方损失惨重，史称“珍珠港事件”。

3 1941年8月14日，美英两国首脑罗斯福和丘吉尔签订了《大西洋宪章》，其主要内容是：两国不追求领土或其他方面的扩张；不同意未经有关民族同意的领土变更；尊重各民族自由选择政府形式的权利；促成一切国家在经济方面的合作；在纳粹暴政被摧毁后，重建和平，以使人类自由生活，无所恐惧，不虞匮乏；各国必须放弃使用武力。

在欧洲也有，在亚洲也有。但是也可以说，中国也有它的影响，也有很多发展中国家和中国很友好，也参考中国对美国的态度。所以这两个国家的关系如果处理得好，对下一个世纪不仅是50年而且是100年甚至更长都会有影响的。但我们可以回忆一下20世纪以来，在1900年八国联军侵略中国的时候，当时有美国。但是在抗日战争时期，美国确实是帮助了我们。它当时有一个向中国运送武器的计划，中国将之翻译成“驼峰计划”，因为当时的飞行高度超不过喜马拉雅山的高度，因此是很危险的。当时牺牲了上千名飞行员、损失了五六百架飞机。这些贡献中国人并没有忘记。最近又发现了一架当年的美国飞机，中国人冒着生命危险去探险。你们美国之音的一名女记者还滚到了山下，中国农民去救了她。有人问他为什么去救她？这位农民回答说，当初美国人帮助我们，我为什么不去救她呢？对这件事，克林顿总统还有印象，他给中国领导人写了一封信，感谢中国农民的英勇行为。

在中美之间如果找友好的理由比较容易，它是客观存在的。如果找不友好的理由，我觉得比较牵强。比如说贸易逆差问题，这是不友好的理由吗？很多国家有贸易逆差问题，而是不是一有贸易逆差问题就不友好了？能不能解决这个问题？能解决，贸易逆差现在到了什么程度呢？两边的计算都不一样。不一样的很重要的原因就是香港的转口部分有附加值。这个附加值如果算高了，逆差就高；附加值算低了，逆差就少。有学者算过之后得到一个数值正好是美国和中国官方公布的中间值，您也许能够接受吧。我相信对美国的逆差会减少一些，美国高科技的东西，可以多卖给中国呀！当然，也许不是很容易就能把这扇门打通的。

其他问题，人权问题，中国有中国的人权观，美国有美国的人权观，这可以交流，但不能以此作为干涉中国的一个借口。我觉得，中国的人权纪录不断地进步，可以说现在是中国几百年来最好的人权状态。但是，一些美国人特别是美国国会的一些人和美国媒体的某些主笔没有看见，只是道听途说，再发挥他们的观点，确实对中美关系有消极作用。未来的中美关系是很重要的，是占世界人口五分之一和占世界财富四分之一国家之间的关系，怎么说这个重要性都是不过分的。像刚才我们说的，国会加强交往、政府加强交往、人民加强交往、媒体加强交往。我作为中国新闻办公室的负责人，我的责任就是向世界介绍一个真实的中国，特别是中国的现状和中国的进展、中国的政策和中国的明天，并且应该回答外国人看不清楚的问题，来解释他们不理解的方面。因此，我很愿意和美国媒体主动地对话。事实上，我们已有很多交往。美国的一些政界人物我也曾多次接待过，如戈尔副总统、基辛格博士等。和这些人见面的积极效果是非常明显的，我们欢迎这样的交往。我们也加强了互联网的建设，加强英文的内容，请你们也从互联网上多看看中国的情况。

记：是的，这些交流都是很有必要的。我想能不能讨论下一个问题？我来到北京以后看到这里的空气污染很厉害，我相信新闻报道是真实的，是空气压力的关系，使得城市废气不能往外散发。但我想还有很重要的原因，可能和汽车废气管理制度的松散或没有建立有关。这是一个很严峻的问题。就是说，中国面临经济的大发展，同时也带来了污染的大灾害。您当然不是主管污染控制的，但您是对外新闻发布的重要人士。您认为中国政府（应该）如何来处理这个问题？如何看待这样的发展中形成的严重问题呢？

赵：中国的国策是要保持可持续的发展，这有两个含义：一个是不能在本代人中过分地攫取自然宝藏而不给后代留下储备；第二个含义是不能破坏环境或者说不能再加重污染并应该改善污染情况。因为在世界上很多国家在工业发展过程中都出现过污染，但也有很多国家避免了污染，或者有污染以后改进了。伦敦就是一个例子，泰晤士河又有了鱼。

不久前我到伦敦去了一趟，我看见河水的确很清了。“雾都”的名字已经成为历史。据我所知，北京市政府、市长把改善北京的空气质量作为他们最重大目标来衡量他们的工作，他们对北京市民有所许诺，一定要改善北京的空气。措施很多，首先消灭北京居民的煤球炉，尽量减少工厂烧煤的数量。几千万吨煤烧进去，哪怕是万分之一的灰尘，一平方公里一个月落的灰尘是以吨计算的。早上穿的衬衫晚上就黑了。将来应当使用 LNG、LPG，这是液态的天然气或液态的煤气。北京的一些公共汽车已开始用 LPG。当大西北的天然气能够通到北京的时候，污染就会少得多了。在日本东京和大阪，我看到过这种出租车，的确是很干净。虽然不能说指日可待，但是指年可待。就是几年内必有一方蓝天碧水还给北京市人民。我知道北京市政府是肯花钱、肯花力量（做这件事的），市民也很支持。

记：听说北京市郊区的沙化状态很严重，沙漠离北京城只有 70 多公里。这是否是事实?

赵：是有这样的报道。我本人多次参加过植树，在沙化来的方向先植起一片防护林。据我请教，沙化的主要原因是近年来的降水量有所减少所致。从对戈壁滩的考古来看，那里历史上并不是戈壁滩。但是现在那里的蒸发量是降水量的百倍。沙化有扩大的危险，对于保护首都来说是一个重要课题。现在最好的手段或比较现实的手段就是修筑防护林。

记：作为美国之音的节目主持人，我很荣幸能就各方面的话题与您进行讨论。我们很高兴能够和具有改革和务实精神的中国高官进行交流。同时，我们觉得中国已经有了很大的进步，但中国还面临着一个很长的路途需要走。从某种角度来讲，中国共产党是为了救国而去革命，而不是为了革命去救国。今天为了民众福利去改革，因此改革已经到了一个关头，已经面临经济体制、政治体制的各种弊病。我相信中国现在的领导人有眼光、有远见，能够突破历史的局限，展望未来，为中国老百姓谋利。也能够推动美中关系，使美中关系提升到一个新阶段。面向21世纪，让美中两国人民携手为一个和平的、民主的、繁荣的世界而共同奋斗。

谢谢您的收听，谢谢赵主任接受我们的访问。

点评：

这是一次广播访谈，访者是代表美国政府立场的电台——美国之音，被访者是中国政府高官——国务院新闻办公室主任赵启正。而从整个访谈节目来看，与其说是一问一答的访谈，不如说是一场讨论，一次交流。访者从改革、交流、公关文化和美中关系四个方面切入，不仅有问，更有大段大段的观点阐述，或明或隐地带出美国政府立场和美国价值观；被访者接过话题，有问必答，语言平实、坦率、生动，平实中客观地说明着中国，坦率中理性地表达着观点，生动中鲜明地展现着个性。

（中国国际广播电台副总编辑　马为公）

人民之间的友好是非常重要的

（2000 年 8 月 17 日在北京与美国驻华大使普理赫[1]共同举行记者招待会记录）

普理赫（以下简称普）：赵启正先生是一个非常直爽的人，他曾经担任过上海市副市长。他将向我们介绍这次“中华文化美国行”活动的有关情况。

赵启正（以下简称赵）：谢谢大使先生。已经给了大家有关的中、英文介绍材料。这次活动包括三项内容：一是展览，二是演出，三是演讲。举办这样大规模的活动，是为了促进中美两国人民之间的相互了解。不言而喻，大多数美国人没有来过中国，通过这个活动可以使他们速成地了解中国文化。这次在纽约贾维茨展览中心的展览面积就达 8000 平方米，包括微缩的中国景观，参观者可以像旅游一样观赏中国的风光。这不仅对外国人，就是对中国人也很有吸引力，因为没有一个中国人能走那么多地方。在华盛顿有中国摄影艺术展和民族音乐表演。还将在纽约等 9 个城市演出民族舞蹈。最重要的活动是 8 月 24 日在联合国大会堂的中国民族乐团的演出和 9 月 7 日、8 日在林肯艺术中心的演出。他们曾在维也纳演出过，获得了巨大成功，我希望美国人也能喜欢。我建议

1　普理赫（Joseph Prueher）:1999 － 2001 年任美国驻华大使。

他们用中国乐器演奏几首美国歌曲，试试能否成功。

还有三个主题讲演。一个是《21世纪的中国文化》，另一个是《21世纪的中国旅游》，由中国文化部部长孙家正和国家旅游局局长何光暐演讲。我在华盛顿、旧金山和洛杉矶有三场演说，题目是《中国人眼中的美国和美国人》，讲一讲中国人100年来对美国和美国人的看法有什么变化。内容视当地的文化和历史而略有不同。我知道，演讲越短越好，好有更多的时间来回答问题。

举办这样的活动，目的很简单，就是要促进中美两国之间的交流，也表示中国人民对美国人民的友谊，可以克服社会制度和意识形态的障碍。

非常感谢普理赫大使对这件事的支持，他不仅曾经是卓越的军人，现在也是卓越的大使。在我们上次的谈话中我发现，他对数学还很有研究。我们俩讨论过概率论，他能写出概率论的公式。他的才华使我钦佩。他是一位很好的大使，我们合作没有问题。

普：9月7日、8日刚好是千年首脑会议的时间，你们为演出付出了很大的努力。中国人和美国人都有共同的理想。我们可以通过这样的文化交流活动来加强相互了解。我们希望美国媒体有积极的报道，使更多的美国人参加这个活动。

《纽约论坛报》记者：我想问一个问题，你们两位谁回答都行。你对派这样一个文化团去美国的主要看法和态度是什么？两国人民之间要相互了解，而现在两国人民之间是了解得很多，还是了解得不够？两国人民之间还有哪些障碍？

普：我的看法一贯就是这样的。我们两国人民之间缺乏对彼此的认识，相互了解不够，大部分美国人来中国之前，无论他们以前对中国是什么样的看法，但当他们来过中国后，接触过普通的老百姓，他们通常都会改变看法，而且这种改变都是比较积极的。所以，我们看最大的障碍可能是相互了解得不够。我们不仅在地理上距离比较远；在观念上，在对一些问题的看法上也存在差异。但我认为，我们的共同点还是多于我们之间的分歧，沟通不够会带来误解和猜疑。因此，我们要加强交流与沟通。对这个问题，我们过去与媒体、各界人士进行过交流、讨论，他们大致上都同意我这个看法。所以，我们现在要尽量努力来加强我们之间的交流，以增强彼此间的相互了解，使我们能够相互信任，相互支持。

赵：我赞成普里赫大使的话。我想再多说一点。中美之间的误会还表现在美国总统大选的时候，竞选者往往说中国不好的话。在当选总统后对中国的政策就会向正确的方向有所调整。特别是在第二个任期内。因此，我认为正是美国选民对中国有误解，才会出现这样的现象。所以，人民之间的相互了解是最重要的基础。我希望多少年后，美国总统竞选的时候，要多说中国的好话才能多得选票。因此，我们想提供给美国人了解中国更多的机会。

中国在美国的留学生很多，大概是美国在中国留学生的几十倍以上。在美国有不少中国血统的美国人，他们也自然地成为中美沟通的桥梁。我认为总体上，美国人对中国人的了解要比中国人对美国人的了解少得多。在这种情况下，我们就有必要把一个小的“中国”搬到美国去让美国人看看，这也是节省美国人旅费的办法。（众笑）

普：赵主任曾经跟我说过，以前你们看美国的竞选和美国的行政当局，还有立法单位，你们认为是演戏给人看的，但现在你们知道了这种均衡的作用十分复杂。所以，这个看法我认为是非常有意思的。

赵：中国的政府和人民代表大会的关系是和谐的。以美国的政府和议会的关系来理解中国政府和人民代表大会的和谐性也很困难，用自己固有的想法去想对方就容易误解。

记者：最近有一个美籍华人被中国有关方面逮捕。中国最近打击的贪污腐败中，逮捕了一些异己分子和练“法轮功”的人，是不是下一步要对付文化界的人？

赵：我没有听说这件事。但是我可以告诉你，中国政府决不会对付文化界的人。如果一个农民因犯罪而被逮捕，就意味着下一步要对付农民了吗？一个文化界的人被捕，不能说下一步就要对付文化界的人。

记者：你认为“中华文化美国行”这种活动今后会经常搞，还是一年搞一次？

赵：主要是经费问题。在法国的活动以后，我们驻日和驻德大使馆都提出希望在所在国搞这样的活动。明年这种活动可能会在德国举办，但是各种形式的文化活动还是会经常在美国举行的。

普：美国也希望带文化团来中国表演，加强交流。

赵：有的中国企业家知道了这个活动后，表示支持，并给予了赞助。美国的企业界也给予了支持和赞助。

记者：（问普理赫）刚才提到被抓的人，美国大使馆能否知道被关押在哪里？这样的事件会对中、美文化活动有什么影响？

普：我们官方表示对这个事件的关注。美国有人权法，在美国人看来，很严重的事情就是人权问题。这也是美国和中国之间存在很大分歧的一个问题。但中国对人权问题的态度还是有所改变的。

这个事件对两国之间有一定的影响。但是我也发现，这样的事件不是政府有计划的行为，而是个人行为，在很短的时间里就会得到解决。

记者：有一个持有美国绿卡的中国人，他出版了一本杂志，里面有一些文章，遭到批评和禁止。

赵：中国人的创作是自由的，用一句中国话说，就是“百花齐放”。只要是花，都可以开放的。

对艺术品的判断是很难的，特别是不容易用政治的观点判断。比如，人们对毕加索的画可能会有不同的看法，有很多人说它好，但的确有很多人不欣赏它。

记者：（问普理赫）大使先生最近两年看过不少中国的演出和展览，就中国文化表达方面，你认为中国是更开放了，还是更封闭了？

普：某些事情是视情况而言的。总的来说是渐向开放的，而且在谈话方面也是更加自由的。

我第一次到中国是 1996 年的秋天，而且那个时候接触的对象是中国人民解放军和外交部，跟企业界和文化界没有很多的交流。

现在我的工作能够让我和中国不同阶层的人有更多的接触。我认为学术界越来越开放。中国人民解放军和外交部方面也是渐向开放。赵部长这个人就是非常开放和坦率的，我认为他在回答问题和会谈方面都很公开、坦率。

但是在某些领域，比方说政治方面，我们感到有些起伏不定，有时候向前迈几步，又退几步。在这方面，我们应尽力地来解决我们之间的分歧。

总的来说，政治、经济、文化或安全方面肯定是往更开放的方向努力。我可以举个例子，我想这种情形在美国可能也是一样的，就是一个地方跟北京或是华盛顿的距离有多远呢，就要看你怎么做，不能完全看距离。比方说我最近去了云南的丽江一带，遇到了那里的一些少数民族，白族、纳西族……那是个非常漂亮的地方，让我想起美国的黄石公园那一带。

赵：我遗忘了一件重要的事情。中国残疾人联合会委托我告诉各位记者，他们将有一个非常好的残疾人舞蹈团到美国去。这个残疾人联合会的主席就是邓小平先生的儿子邓朴方先生，他在“文化大革命”中受到迫害，成了残疾人。

舞蹈团是应美国卡西尼基金会、肯尼迪艺术中心和卡尼金音乐厅的邀请。美国副总统戈尔有一封信欢迎他们。

完全失聪的人能够按舞蹈节奏跳舞，这样的表演是令人感动的。弱智人能够指挥交响乐，失掉一条腿的人能够跳芭蕾舞。我没见过，也难以想像。一定很感人，我替残疾人联合会传达这个信息。

另外，前天下午，CBS 的华莱士先生[1]采访了江泽民主席，他们谈了四个小时，从下午三点到晚上七点。谈话将在 CBS 9 月 3 日 19 点的《60 分钟》节目中播出。由于内容很丰富，还可能会在 CSPAN 中播出更长时间的纪录片。

我相信这样的评价：他们的谈话很友好，但也很尖锐。像打网球一样，华莱士不断发出 smash 球[2]，但江泽民主席可以轻松地拨回。（众笑）我事后对华莱士说，你有的话过分了，甚至失礼了。他说，为了美国的观众看得热闹，我必须这样做，我告诉你一个秘密，事实上我很喜欢江泽民主席。

我认为，中美之间的分歧通过交流是一定可以减少的。美国人对中国的事情看不懂的原因很多。一个没有到过寒带的热带人会说："你们穿得太多啦！"但寒带的人会说热带人："你们穿得那么少？"

我希望有机会和你们经常见面，我将鼓励我办的人员能有更多机会和你们一起喝咖啡。只喝咖啡，不是行贿，也不是"政治献金"。（众笑）

---

1 CBS 为美国哥伦比亚广播公司的英文简称。华莱士为该公司著名记者，他主持《60 分钟》节目。1986 年曾采访邓小平。

2 smash 球：网球中的抽球。

点评：

这次的答记者问再次展示了赵启正同志谈话风趣的风格，又体现了在原则上不模糊、回答铿锵有力的作风。他可以把要到美国办的文化展形容成“把一个小的‘中国’搬到美国去让美国人看看”，在表示要请美国记者会面时说“只喝咖啡，不是行贿，也不是‘政治献金’”（当时美国政坛上正在炒作克林顿总统接受政治献金问题），又毫不犹豫地回击故意挑衅的记者。外国记者提出中国“下一步要对付文化界的人”。启正告诉他，“中国政府决不会对付文化界的人”，同时反问：“如果一个农民因犯罪而被逮捕，就意味着下一步要对付农民了吗？”以此揭示提问的荒唐。

在这个谈话中，我们看到启正刚柔并举，游刃有余；张弛结合，恰到好处，而这正是贴近美国人的思维习惯的谈话方式。

（黄友义）

中国人对美国的了解远远超过美国人对中国的了解

（2000 年 8 月 30 日在华盛顿全美新闻俱乐部[1]演讲后答听众问）

希克曼（全美新闻俱乐部主持人，以下简称希）：谢谢部长先生的演讲。要提问的人请分别站在台下两边两个话筒后边。我不点名，由左边那个话筒开始。

问：去年七月我在中国访问，我们的行程沿着长江进行，当然也去了对中国的发展很重要的三峡大坝。我很吃惊地发现，大多数和我交谈的中国人都很了解中国同美国的关系，他们知道三峡大坝的由来可以追溯到第二次世界大战时期，设计过 Coolie 大坝、Boulder 大坝和其他众多美国大坝的著名工程师 John Lucien Savage。当时他作为顾问，最早提出应该在长江上建一座像田纳西流域管理局那样可以控制汛情的多功能大坝。而许多美国人甚至都不知道 John Savage，中国人对美国的了解远远超过美国人对中国的了解。这是为什么呢？您刚才的演说帮我解决了疑问。如您所说，在美国的中国人要远远超过在中国的美国人。

中国有没有什么长期的计划，如让在美国的中国人对其他人介绍一些中国历史和当代中国政策？我认为您在本月里在美国所做的一系列工

1 华盛顿的全美新闻俱乐部是世界有名的发表演说的地方，发表演说的多数是各国首脑及政要，在这里发问者提出的问题往往刁钻刻薄。

作能够继续进行下去是很有必要的。谢谢。

赵启正（以下简称赵）：感谢您的提问。您所描述的中国和美国之间相互了解的例子很生动。但双方了解不对称的原因是多方面的。例如，我刚才提到中国人能够读到许多被译成中文的美国文学和科学著作，而被译成英文的中国作品却不多。同时，美国人对中国的了解并不是直接的，他们通常是通过美国描写中国的电影、电视和美国报刊了解中国。

现在，如您所说，许多中国移民和他们的后代在美国生活，他们会很自然地成为两国沟通的桥梁，并不需要我们请他们这样做。遗憾的是，中国和美国距离太远，许多美国人没有机会到中国去看看。

您的建议非常好，我们需要持续地、长期地向美国人介绍中国，以促进我们双方的了解。

我也愿意在这里指出，美国电影中关于中国和中国人的描写很陈旧，甚至很不准确，而中国的电影往往由于想象力不够，也不够浪漫，所以在美国不是很有市场。我们需要更好的剧本、导演和投入更大的成本。

问：首先，我要恭喜部长先生在上海成功举办了《财富》论坛。您为我们这些美国人提供了一个机会，看到中国的城市取得的超乎想象的进步，也为美国在线公司总裁和时代华纳公司总裁见面并且“联姻”提供了契机，这些都始于上海。我想问的是，部长先生，在您看来，中国人对互联网在中国的发展的看法如何？您是赞同，还是有所保留和限制？

赵：中国对互联网的发展抱以很大的热情。在众多的技术发展上，中国是落后的。无论是内燃机、电力，还是其他种类的技术，中国的起步总是较晚。这一次，我们——政府和人民决定不再落在后面，要把互联网本身以及和传统行业的结合列入发展重点。确切地讲，从应用的角度看，中国已经进入互联网时代。但是，中国在网络的核心技术——硬件和软件方面还很落后，还远没有进入到创造自己的网络技术的时代。

去年中国使用互联网的用户比前年增长了 4 倍。去年，我们有 890 万网民，而今年 6 月底，我们已经有 1690 万网民了。

但我们也面临着一些问题。今年 6 月，我应邀到位于华盛顿郊外的美国在线 AOL 的数据中心参观。我发现，整个中国的服务器容量还不及美国在线这个服务器集群（Server Farm），我们还得长期努力。

另一个问题是，我们必须加快丰富网上的中文内容，目前它只占世界上网站内容总量的 3.8%。

另外，从全世界看，大众对网络的理解比较狭隘，也比较浮浅。在纳斯达克显示巨大潜力的时候才引起人们的广泛关注，但期望又似乎过高。

就在刚刚过去的这个春天，在北京流传着这样一个笑话（也许是从外国传来的）：在街头有个乞丐，他前面放着一张写有 beggar（乞丐）的牌子，但是没人给他钱。他就重写了一张 www.beggar.com（乞丐网站），人们就开始给他钱了。（*笑声*）

这个笑话表明人们是多么急于投资网络业，然而，他们对网络股票的风险认识实在不足。这个夏天，一些人开始怀疑网络经济是否只是泡沫经济。但我要说，网络技术绝不是泡沫，正如啤酒有泡沫，但啤酒（本身）不是泡沫。

问：我来自中央电视台。今年 9 月，美国参议院将就给予中国永久性正常贸易关系（PNTR）进行投票。与此同时，中国将在美国举行文化活动。这样的时间安排有什么特别意义吗？

赵：人们会很自然地认为这两者有什么联系。但实际上，这个活动是去年就开始筹划了，而你知道，参议院就此问题投票的时间那时还未确定。

我们的这次展览，是不可以随便改期的，而且在纽约预订好的贾维茨展览中心的使用时间也是不能更改的。但我还是很高兴参议院将投票改到 9 月，这一时间上的巧合看上去我们很像是会“神机妙算”。

问：我早年曾学习过中国历史，从工作至今我一直都在思考您今天讨论的中美关系这个话题。我和 Sasser[1] 大使也多次交换过意见，并且还写过很多篇文章专门探讨，就在这个星期，我还把其中一篇分别提交给了两位总统候选人。

本来，我更愿意私下交流，但是，既然您今天的谈话如此坦率、直接，令人耳目一新，我想把我的想法当着媒体的面说出来是值得的。

我们在华盛顿工作时，讨论到中美关系，多次碰到一份声明，这份声明出自经常激烈抨击中国的人之手。声明的内容是说中国在近 25 年里，甚至是近 50 年里没有改变过。我可以从一些政治文章中引述这样的例子，他们讨论是否给予中国永久性正常贸易关系问题时，写出的就是（这份）声明那样的文章。许多今天在这里的人也都明白这份声明是很荒唐的。

我快满 58 岁了。我这个年纪的许多人在成长过程中都有这样的印象，就是在“文化大革命”期间，美国被中国视为强大的敌人。我们这些人对 20 世纪 60 年代的中国的印象非常深刻。当然，指导中国如何解释它自己的历史不是我们的任务，但是您作为中国的发言人，今天我很愿意与您如此直接地交谈，我只想告诉您，我们认识到处理这件事情的困难程度和我们对这件事的关注。

赵：您提醒我了，也就是说，美国人目前还没有忘记他们在“文化大革命”时期对中国形成的印象。实际上中国政府已经彻底否定了“文化大革命”，并且发布了正式的文件。不幸的是，这些文件发布的时候，

1 James R. Sasser，中文名尚慕杰，美国前驻华大使。

中美关系正处于尚未建交和刚建交的初期，当时美国驻京记者很少，大部分美国人甚至一点都没有察觉到中国在粉碎“四人帮”后的大变化。

我的年纪大致与您相仿，“文化大革命”期间我在中国，所以我有极为深刻的记忆。“文化大革命”开始的时候，我刚刚大学毕业不久，被下放到农村“劳动锻炼”。就在那个时候，我从收音机里听到美国人乘坐“阿波罗”号飞船成功登月了，我和我的同事们心情都很复杂。我目睹了“文化大革命”如何阻碍了中国的社会进步。

中国人民从中得到的更为深刻的教训是，我们必须健全法律，不让类似“文化大革命”的事情再次发生。现在的问题是我们如何让美国人改变旧有的印象？好像我们应该再写一些文章或者通过其他的表述方式，让你们知道中国现在对“文化大革命”是如何评价的。在您提问之前，我没有认识到美国人对“文化大革命”有如此固有的印象。感谢您提醒我。

问：我想接着上个问题提问。先生，我很同意您的观点。1975年我在中国制作了我的第一部纪录片，是与受邓小平邀请的美国国会女议员一起拍摄的。周恩来逝世的时候我们还在中国。在1976年4月，影片拍摄结束的时候，中国联络官员却通知我们，只有将涉及邓小平的全部图像及讲话都删除掉，他们才会去看。两年后，邓小平“摘掉帽子”，重返北京。我有幸代表美中国家委员会在美国接待中央电视台台长。我给了他一份该纪录片的拷贝。我说：“现在邓先生已经回到北京，我认为您可以看了。”现在我想说的是，您的诚实以及您今天谈到的中美关系的起起落落给我留下了深刻的印象。我非常赞同您的观点，我们应该往前看，要努力加强联系。

我曾经在您工作过的城市上海工作过，那是个很棒的城市，我在那里有很多朋友。我亲眼目睹了浦东新区矗立起一座座摩天大厦。您应该谈到更多，部长先生。

希：（问刚才发言的先生）您需要让他对您所说的进行评论吗？我们下面还有很多其他问题等待回答呢。

问：很抱歉，下面才是问题，我刚才是想给他解释一下我的问题的背景。再有一个就是天安门印象。

不幸的是，每当中美之间有峰会或出现任何情况的时候，我们美国的媒体都会播放旧片子提醒人们曾经发生过的事情。世界上的其他国家的确了解，这是你们历史上的一部分，对于中国人来说至今依旧是很难处理的棘手问题。

上周，我帮助上海的一个电视摄制组拍摄节目。我把他们带到越战纪念碑那里，问他们是否认为有必要在你们国家建一个类似的纪念碑，纪念在当时的受害人，纪念那些士兵、学生和普通北京市民。我想知道您是怎么认为的。

赵：您花了相当时间才把关心的事情表述清楚了。您提出的事情发生在 11 年前。随着中国法制的进展和中国大学生的日益成熟，这样的事情不会再次发生了。

如您所说，这是历史事件，并且您也知道，中国政府对此已有结论。

当我们回顾任何一个国家的历史的时候，往往会发现有一些孤立的事件。1932 年，胡佛总统任期内，两万多名退伍军人和他们的家属搭建了帐篷，进行示威游行。就在我们这个大厦外，在宾夕法尼亚大街附近，麦克阿瑟将军在当时还只是少校的艾森豪威尔的协助下，动用了骑兵和坦克，冲击了示威队伍。帐篷被烧毁，打死了许多人，儿童也被刺刀刺中。美国并没有为这段历史建纪念碑。

（此时座位上的许多人开始议论，似乎不知道这件事情。一位老者站起来发言）

老者：这个事件确实发生过，是第一次世界大战的老兵由全国各地来到华盛顿，要求政府救济，当时叫“补偿金远征军”事件。

希：我刚刚收到提醒时间的信号。那边那位，您还有问题吗？

问：部长先生，我有两个问题。您能解释一下中国是如何与美国一起减少巨大的贸易赤字的吗？还有，关于非法向美国移民的问题，您和哪个部门一起解决这个问题？

赵：美国政府最近公布上个月的赤字是70亿美元。但是中美两国在贸易赤字的统计数据上经常有些差距。中国的数据低一些，美国的数据高一些。原因是双方有不同的界定方式和计算方法。例如，在中国制造的产品，从香港转口到美国，关于商品的附加值，美国方面估计得比中国方面高。另外一个问题是，中国想从美国买更多高科技设备，但是美方禁止这些高科技产品出口到中国。最近，美国在某种程度上放松了对中国出口计算机设备，但允许卖到中国的计算机仍属中等水平以下的产品。

贸易不平衡还有另外一个原因，美国的公司在中国生产产品，再运回美国出售，也算中国是原产地了。

关于如何禁止中国人非法向美国和其他国家移民，这是一个有些麻烦的事情。中国政府想和美国政府加强合作，最终制止这样的事情。这种事情大多发生在中国东南沿海的省份，那里的一些人似乎认为在美国赚钱十分容易。有一些中国人，也包括一些美国人，专门从事这类人口偷渡活动。双方要加强对这类人口偷渡活动的打击。在中国方面，我们不仅要加强边境管理，更要加强教育。这些措施齐头并进，就会有明显的效果。

希：很抱歉，时间到了，我们不得不结束了。还有很多问题没有机会提出，你们也许可以在场外同部长交流。

谢谢部长，感谢各位光临。

点评：

赵启正善于抓住“定义权”，对敏感问题重新定义，接着顺畅地按自己的理念回答下去。作为优秀的外交家赵启正不仅具备亲善的形象更始终保持坚定的立场。他在答问时总是有意识地把对方的提问转化为有利于传递我方信息的机会，这是他在回答敏感问题时的一大特点。

在华盛顿全美新闻俱乐部演讲后答问时，一位听众花了冗长的时间陈述自己的观点，谈到“文化大革命”、邓小平的复出、越战……绕了一大圈，最后说到有关天安门印象，问是否有必要在中国建一个纪念碑，纪念当时的受害人。

赵启正没有直接回答这个问题，而是重新定义了这个问题，他说这个事件为一个“历史事件”、“孤立的事件”。他说，“您提出的事情发生在11年前。随着中国法制的进展和中国大学生的日益成熟，这样的事情不会再次发生了。”接着他话锋一转，提到美国历史上同样发生过这样的“孤立事件”：“当我们回顾任何一个国家的历史的时候，往往会发现有一些孤立的事件。”于是他提到胡佛总统时期的“补偿金远征军事件”，最后说美国也并没有为这段历史建纪念碑。赵启正的回答引起了听众的反响，最终变被动为主动。

（李希光）

美国媒体对中国的报道往往不准确

（2000 年 9 月 14 日在旧金山接受《旧金山纪事报》记者采访）

《旧金山纪事报》记者（以下简称记）：中国政府现在对台湾的态度是怎样的?

赵启正（以下简称赵）：中国对台湾问题的政策是“一国两制，和平统一”，台湾是中国领土的一部分，这就好比一个人的胳膊和大腿与身体不可分割一样。

记：如果胳膊大腿不愿作为身体的一部分怎么办?

赵：这样身体就残废了，而且断肢也不能存活，因此身体决不答应。

记：如果统一，对台湾怎样?

赵：你如果接触在大陆和台湾生活的中国人，你会发现他们的生活方式没有多大的区别。你不要看在很多场合斗争很激烈，可是台湾人和北京人、上海人见面都很亲切。语言的幽默都是相同的。统一后台湾将会有广泛的市场和资源，将和整个国家一起享有崇高的国际地位。事实上，台湾现在对大陆的直接投资就在迅速增加，两岸关系日益密切。

记：是不是愿意就统一，不愿意就不统一?

赵：愿意，热烈欢迎，不愿意，则同绝大部分中国人的意志相悖。

很明显，必须统一，但尽量争取和平统一。

记：您在演讲中提到美国媒体对中国的报道有很多不准确，能否详细说明这一点？

赵：美国报纸经常对中国的内政有很多评论，并且这些评论往往不正确。例如：《纽约时报》的一篇社论坚决反对世界银行贷款给中国开发西部，说我们实行汉化，实际上这完全不符合实际，我们正是为了改善那里的生活。

记：这是真的吗？

赵：我们不需要汉化任何民族。如果认为学习汉语就是汉化，那么学习英语就是美化和欧化吗？我们学了英语，也不会美国化的。在中国藏区的学校，可以用藏语教物理、数学、化学，但在美国能用少数民族语言教这些课程吗？

记：可能美国个别学校可以，但很多人反对。还有别的媒体歪曲的例子吗？

赵：很多，比如对西藏的报道就有重大歪曲。

记：你认为法轮功的报道也不全面吗？

赵：法轮功是邪教，起初一些美国媒体也是这样报道的，但当中国政府宣布它是邪教后，他们就不这样报道了。

记：现在美国媒体把它当做宗教报道，或认为它是邪教。主要是中国政府把他们抓起来了。

赵：只是逮捕了极少数违法的组织者，都是经过法律程序的。美国有些报纸对中国的用词也不太友善。（柯亚莎参赞提到，历史上美国曾经塑造了一个名叫 Doctor Fumanchu 的被丑化了的中国人的形象，拖着长辫，在美国广为人知。）

记：你认为《华盛顿邮报》驻京记者的报道如何？

赵：我们经常阅读他们的报道，有的准确，有的不准确。

记：刚才你提到中国媒体的新闻主要靠他们自我管制？

赵：是的，给它原则，而不审稿。

记：今天演讲会上有那么多的人在向你提问题时宣传自己的公司，你感到意外吗？

赵：都不是大公司。大公司不这样发言，他们不必这样做。

记：以上主要提了三个敏感问题，一个台湾问题，一个法轮功，一个新闻自由。您回答得很好，您讲的是汉语，但说的是美国话。

赵：这样美国人才能听得懂。内容是中国的，表达是美国的，美国人能明白。

记：您觉得美国人对中国不懂是哪一方面？

赵：美国人不太懂中国的文化传统。中国文化讲究人与人如何相处：如何对朋友、父母、家庭，是从和气来组织家庭的，也以和气对待邻居。从本质上说中华民族不具侵略性。在中国汉族人占主要成分，满族人曾经统治过中国，但满族文化后来大部分与汉族文化融合了。

记：你是不是间接地告诉我，美国人应该更好地了解中国文化？

赵：美国人大多是通过美国人写的书和电影了解中国的，难以避免曲解中国，甚至丑化中国。应该更直接地了解真实的中国。

记：你认为美国轰炸中国使馆是故意的吗？

赵：美国应该诚实地交待这个过程。现在的说法中国人很难接受。美方说是几次使用了错误的地图造成的，但 NIMA[1] 很快就说他们没有提供过错误的地图。

记：他们认为自己的地图从来没错。两个星期后，美国给各国送地图，确认使馆的位置。中国人觉得 CIA（美国中央情报局）什么都该做

1 NIMA 为 National Imagery and Map Agency（国家图形局）的英文简称。

对，不出错，美国人认为它什么都做得不对。

赵：我曾经负责上海浦东的开发，我都用卫星地图。难道作战还用旅游地图吗？

记：我知道这是很荒唐的。

赵：你会掷骰子吗？三次都一样，概率有多大？

记：我同意。但不同意中国坚持认为美国是故意的。

赵：我现在不能相信这是误炸，美国起码应该交待清楚。

记：我理解。你认为5分钟内可以改善中美关系吗？

赵：美国政府首先要恪守中美三个联合公报，不售台武器。但5分钟内做不到。

记：什么是三个联合公报？

赵：这是中美之间曾经达成的有关台湾问题的三个联合公报：美国承认中华人民共和国政府是代表中国的唯一合法政府，世界上只有一个中国，台湾是中国的一部分，等等。

记：是把台湾作为一个省吗？

赵：是一个省，中国的一部分。

记：如果美国这样做，对台湾有什么后果？

赵：会使台湾感到与大陆统一是势在必行。

记：需要马上统一吗？

赵：当然越快越好，但要有一个过程。

记：如果台湾现在就同意要统一，怎么办？

赵：那就马上开始谈判。

记：假设美国真的不插手干涉了，是不是说解放军就登陆了？

赵：不是。两岸要好好在一国两制的前提下进行具体商谈。

记：这样对整个中国是不是更好？

赵：是的。台湾甚至还可以保留自己的军队。

记：干什么用呢？

赵：可以让它自己担负起台湾的防务。

记：台湾为什么要有自己的军队？

赵：这是一个历史过程。这比对香港的政策还要宽，香港没有自己地区的军队。

记：台湾会有什么变化？

赵：首先减少了军费，和大陆加强了全面联系，台湾人可以到中央政府任职。普通民众也会和大陆民众一起受到国际的尊重。

记：台湾老百姓对自己的政府也有意见，你们可能会高兴。

赵：台湾是我们的兄弟，我们希望两岸关系能发展得更好。

记：今天您讲得非常好，问题答得应付自如，看得出来听众很感兴趣。我们有个网站 www.sfgate.com，也请您有空看看。

点评：

这是赵启正主任在作了《中国人眼中的美国和美国人》长篇演讲和回答听众问题后又接受了《旧金山纪事报》记者的采访记录。所以，长段的话语不多，回答多数简练、干脆，回答中还向记者提了五个问题，其中三次是以反问的方式强调自己的观点，使得回答更加清晰有力，掷地有声。特别是启正熟练掌握美国人所习惯的表达方式，令提问的记者不禁称赞刚刚听到的讲演说："你讲的是汉语，但说的是美国话。"从向启正所提的问题看到，美国记者竟然不知道中美关系的三个联合公报，也更令人思量对外宣传的重要性！

（黄友义）

地位越高的人可能说话越谨慎

（2000 年 11 月 2 日在北京日本驻华记者茶话会上的谈话）

赵启正（以下简称赵）：日本驻华记者最多，很多是老朋友。今天因为人比较多，希望每个人一次只谈一个问题，随便说任何问题，从天气到交通，到中日关系。

在大家提问前我先表达一个谢意：朱镕基总理在日本访问期间，承蒙日本各通讯社大力报道，在 TBS[1] 有很成功的对话，我们从互联网上和电视上都看到了，也请各位将我们的谢意转达给参与报道的其他记者朋友和各个新闻机构的领导人。

古森义久（《产经新闻》记者，以下简称古森）：日本记者到中国赴任前在东京办签证，往往给我们一个指定的地方，一个小窗口。据我所知，到中国的许多日本记者对这个事情很恼火，为什么要采取这样一种方式给我们办签证呢？

赵：不知道一个什么样的小窗口会让你们这样不满意。我也会向陈健大使表达大家的心情。

古森：谢谢您。

1 TBS：日本东京放送的简称，为日本四大广播公司之一。

竹冈伦示（日本经济新闻）：您如何看美国总统大选？你们希望谁当选？

赵：预测美国总统大选的结果是很危险的，因为两位候选人当选的可能性几乎相等。这次两位候选人的竞选演说并未以中国为焦点，我们不好判断谁会对中国更好或者更坏一些。不论谁当选美国总统，他都应该维护中美关系的大局，因为这符合中美两国的共同利益。我本人只接触过老布什和戈尔副总统。我在上海任副市长期间，向到访的布什先生介绍浦东开发的模型时，用了一个激光指示器，他说他很熟悉这个指示器，鲍威尔将军曾用这个指示器向他介绍海湾战争的打法。我告诉他说，我和鲍威尔有很大的区别，我的笔指到哪个楼，哪个楼就要长起来，鲍威尔的笔指向哪个楼，哪个楼就要被炸掉。（笑声）老布什对中国有一定的了解，小布什是否有遗传因素，希望答案是肯定的。（笑声）戈尔副总统访问上海时，我知道他曾大力提倡信息高速公路，我说中国要发展互联网，他表示愿意帮助我们，但他现在选举很忙，我们也不能打搅他。（笑声）

清水美和（东京新闻）：中国市场经济的发展越来越多元化，但思想意识形态方面还是一元化。

赵：中国是由中国共产党领导的。这是由中国的历史和中国社会发展决定的。这也是人民的选择。我们在学术思想方面是多元化的，百花齐放的。不能说中国实行社会主义，思想意识就是一元化。

原来我想我们谈话轻松一些，现在看来变得沉重了。如果大家愿意以记者招待会的答问形式，我们可以专门组织一次，那个时候就不放咖啡了。（笑声）

我希望今天下午欢乐、轻松一些。因为日本和中国的关系太重要了，有太多的话要说。我去过很多国家，但去日本最多，粗略地算一下大概有十二三次。TBS 这次与朱总理对话节目取得了很大的成就，难道 TBS 没有人想讲话吗？

日下部正树（TBS）：这次我们与朱总理进行了直接对话，这是一个很重要的任务，我们公司从上到下都很重视。在中方的支持和配合下取得了圆满的成功，对此我们表示感谢。

赵：你们的砂原社长最近有两封信给我，主要是表达朱总理访日的过程和高兴的心情。TBS 的准备非常认真，体现了日本人的细致和周到。曾经有人告诉我，TBS 不太重要，但我发现 TBS 很重要，和 NHK 一样重要。（笑声）我对 NHK 有点感情。他们一个摄制组曾用了 10 天的时间拍摄我在浦东的活动，叫做“赵启正的一天”。后来日本另一个大电视台告诉我，下次的拍摄让我们做吧，因为 NHK 不是民间的电视台，还是我们更好一些。（笑声）

服部健司（时事社，以下简称服部）：我又回到严肃的话题。（笑声）朱总理访日时坐了高速列车，什么都没有讲。如果您听到他有何感想的话，是否可以透露一点？

赵：我听说朱总理坐法国的高速列车时也未说话。（笑声）因为日本方面说目前磁悬浮列车尚不够成熟，未来如何？日本的工程师都不作最后的判断，他作为中国的总理就更不便评价。地位越高的人可能说话越谨慎，这也是理所当然的。大概你担心德国的高速列车与日本竞争吧。（笑声）

服部：不是我担心，是日本政府担心。（笑声）

赵：这是同日本有关的事，你一定也担心。（笑声）我乘过日本的高速列车，我的印象是很好的，磁悬浮我还没有乘过。

古森：我提一个轻松的问题。（笑声）我们通过外交人员服务公司雇用了一个北京的服务人员，他很优秀，我们很满意。我想问一下，雇用当地人员只有外交人员服务公司这一个渠道吗?

赵：这个问题外国人已经问了我20年了。（笑声）他们不知道是否有某种垄断的经济上的意义，这似乎使外国的机构减少了选择性。就要进入WTO了，这个问题也许会有进展，我们一起观察吧。（笑声）

我不知道在座的10～20年前是否在中国生活、学习过。那时候中国许多地方还是很落后的。1981年我去美国看到高速公路和超市，我很惊奇。当时中国是没有的。1991年我去东京，看到东京的超市我也赞叹不已。现在中国也有了这些东西。希望大家看到中国落后的方面不要着急，中国的变化是很快的。

胁田哲志（NHK，以下简称胁田）：按照规定，我们的签证每半年就得续签一次，我们感到很不方便，这种状况是否能够有所改善。

赵：半年一次是很不方便，我愿意转达你的意见。中国的记者在日本也是半年续签一次吗?

胁田：不知道，可能是对等的。

中川茂（西日本新闻）：中国记者可以在中国报纸上发表对日本的意见。但据我了解中国记者不能在其他国家的报纸上发表对其他国家的意见。中国有这方面的规定吗?

赵：中国没有这方面的规定。也许日本有这方面的规定，如果你碰到这方面的困难，请你告诉我，我去帮助你做你的社长的工作。（笑声）记者能不能发表意见，社长要负责任，这不是哪个国家的问题。我刚刚买到一本书，叫做《被禁止的新闻》，美国人写的，中国的翻译版。中国的、外国的报社社长都有权管他的报纸。如果他的记者在外国报纸发表对某一个国家很不适当的言论，无论登在自己的或其他的报纸上，就有可能被社长禁止。

某记者：如果我们给您发信您亲自看吗?

赵：我都能看到。我觉得今天的会见很愉快。希望我们保持联络。你们有问题可打我们记者联络室的电话询问，也可以写信或发电子邮件来。

谢谢大家。

点评：

如何同记者打交道在哪儿都会是一个难题。在这次茶话会上，日本的驻华记者就从他们的工作环境到中国的政治体制、从两国关系到美国大选提了很多问题，几乎每个问题都可能是一个陷阱。在觥筹交错（这里是茶杯和咖啡杯）之中，启正应付自如，虽然智慧地拒绝了预测哪个候选人当选美国总统，但是提供了不少轻松的背景；既没有简单地回绝记者要改善工作环境的要求，也引导他们承认，许多条件是双方对等的，而不是中国自己一方的责任。几个回合下来，原则得到了坚持，误会得以化解，问题得到澄清，如饥似渴的记者也得到了满足（据说他们喝了不少咖啡）。

（黄友义）

保护知识产权既符合外国的利益也符合中国的利益

（2001年9月8日在伯尔尼会见瑞士《商业金融日报》总编辑皮埃尔·维亚[1]的谈话）

瑞士信贷第一波士顿银行，因为与台湾政治领导人保持着特别紧密的政治关系，其作为中国联通股票海外上市承销商的资格被取消。这件事引起了广泛重视，普遍感到惊讶。美国财政部长Paul O’Neill（保罗·奥尼尔）正式提出抗议。中国则摆出在敏感政治问题上决不退让的姿态。国务院新闻办公室赵启正造访瑞士，接受本报独家专访。对上述事件，他非常明确地表示：瑞士信贷银行缺乏政治辨别力。可以和台湾做生意，但中国对一个银行为一个不被承认的政府搞政治牵线，看法非常不好。现在，中国自我感觉已足够强大可以教训一个国际银行。这是件新鲜事。另一方面同样可以发现，这个国家不否认问题，并愿意承认自己缺乏经验。（本段文字为原《商业金融日报》的编者按）

皮埃尔·维亚（以下简称维）：部长先生，今年内中国能加入世贸组织吗？

赵启正（以下简称赵）：当然能够加入。正如您所知道的，谈判已经结束。中国加入世界贸易组织，在今年11月份卡塔尔多哈会议上将获得通过。对中国来说，这无疑是一个重大事件。我们已开始整理相应的法律。这是一个巨大的任务，因为这涉及到所有经济部门。

维：具体说，中国加入世贸有很多好处，但也要付出重大代价，都有哪些？

赵：根据我们的分析，较多的冲击会在农业方面。对中国来说，这

1 皮埃尔·维亚（Pierre Veya）：瑞士最大的法语财经日报——《商业金融日报》总编辑。

是一个真正的挑战。不要忘记，只有 36% 的人居住在城市。生产成本高，竞争力就低，一旦大量外国农产品进入中国，农民的就业就会有问题。中国政府要采取措施帮助农民，不是用向他们提供补贴的方式，而是要改进整个农业生产机制，提高质量，增加附加值。同时还要创造条件接受更多的农民到城市来，也就是说，要创造居住和就业条件。对来自农村的年轻人来说，就意味着要更多付出，要努力学习知识，以便未来能到城市的各行各业中去工作。

维：中国的工业将同样受到影响？

赵：当然要受到影响，比如汽车工业。目前汽车工业受到保护，有很高的进口关税。目前在中国，平均每千人有 5 辆汽车，市场潜力是很大的。如果按更接近西方的标准平均每 10 人有一辆汽车计算，那就意味着存在一个能容纳 1.3 亿辆汽车的大市场！市场开放是有挑战，但要和市场的潜力联系起来看问题。

维：知识产权保护，这是市场经济的关键问题，对中国来说也是一个挑战，您怎么看？

赵：您说得对。这是一个非常重要的问题。我曾是上海市的副市长并负责浦东开发区的工作。对这个问题，我是特别重视的，也是我的重点工作之一。另外，我本人是搞科学的并拥有几项专利。在浦东，我们建立了中国第一家知识产权法庭。我们正确地处理了许多问题，在上海的大的国际公司都没有什么抱怨。我们有决心对各种形式的侵权行为给予严厉的打击。毫无疑问，保护知识产权既符合外国的利益也符合中国的利益。

维：日本经济衰退，美国经济大大萎缩。中国经济是否有危险？

赵：日本是中国的第一大贸易伙伴，去年的贸易额在 830 亿美元，我们和美国的贸易额是 740 亿美元，和欧洲的贸易额是 690 亿美元。显然，这三个贸易伙伴的经济走向如何，对中国的经济增长会有影响。今年前6个月的数字显示，中国的外贸增长在10%以上，但近几周以来，没有增长。但我们并不担心，因为中国经济首先决定于国内市场。

维：您不担心日本、新加坡对华投资会发生大幅度下降吗？

赵：我不担心。这些国家对中国投资有好处，可以降低生产成本，找到市场。但整体上看，即使世界经济对中国产生影响，也要与中国的国内市场性质相对来看。另外，我们有数量可观的外汇储备，可以减少这种影响。当然我们希望美、日的减缓投资是短期的。

维：人民币何时可以自由兑换？

赵：没有确切的时间表。当中国经济实力及其财政体制能够达到承受的水平时，人民币就可以自由兑换。我感到自豪的是，浦东新区第一个被允许外国银行进行非资本项目的人民币业务。这个做法后来在全国各地推广。可兑换性，主要取决于财政体制的成熟和中国经济的发展水平。在这个问题上要谨慎。我们分析了1997年的亚洲金融危机，很明显，中国经济能顶住这次危机，主要有两个重要因素：中国的股票市场没有国际化；人民币不自由兑换。再强调一下，决不要忘记中国是一个发展中国家，人均年收入在800美元。这个情况经常被人忘记。

维：具体说，沿海地区有很大的发展，北部和中部地区没有多大发展，怎么改变这种情况？

赵：政府实行大幅度的税收再分配。像上海这样的地区，向中央上缴的税收占64%。不发达地区需要发展基础建设以便能够吸引投资。另外，还要向这类地区提供优惠条件。

维：中国为什么取缔法轮功？

赵：法轮功在中国是一个突然出现的严重问题。其教主利用一些人的无知，散布世界末日论，唆使信徒拒绝就医，夹带着许多明显的反人道、反文明的意图，造成社会的不安定。我们对少数极端分子采取了法律的手段，但对绝大多数信众，我们则主要采取说理和说服的方法，帮助他们从中解脱出来。在处理邪教问题上我们没有经验，我们要研究法国国民议会对邪教的定义[1]，研究如何防止邪教对社会造成危害。

维：您怎么看中美关系的恶化？

赵：回顾历史可以看出，美国和中国的关系自 1972 年以来尽管有波折，但一直在向前发展。美国和中国的关系紧张都和台湾问题联系在一起。美国在台湾问题上干涉中国的内政。另一方面，我们有共同的利益。美国是中国的第二大贸易伙伴，中国是美国的第四大贸易伙伴，即使中国对美国的贸易有一定的出超，也还应当承认，进口中国商品有利于美国的低膨胀。另外，在军事和安全方面，中美有着共同的利益，如在反核扩散、反走私方面等。最后，我要指出，布什总统将去中国访问，也会有新的成果。总之，对中美关系的发展，我持乐观态度。

维：瑞士信贷第一波士顿银行因为和台湾当局的关系而被取消作为中国联通股票海外上市承销商的资格，是这样吗？

赵：（笑）和您一样，关于这个问题，我也看了许多东西。选择哪一家银行一般都是在最后一刻才决定的，一些自以为被选中的公司未必就是选择对象，这是经常发生的事情。中国认为，瑞士信贷是一个非常有名的银行。显然您对这个回答并不满意。坦率地说，瑞士信贷第一波士顿银行参与了最敏感、最复杂的问题。从某种意义上说，它脱离了做生意的轨道。中国对此不满，那是自然的。

维：中国和俄国都反对美国的导弹防御计划，您认为该计划有什么妨害？

1　法国“国会邪教调查委员会”对邪教的 10 个参考标准：1. 使人精神不稳定；2. 具有财政上过分索求的性质；3. 教徒与原来环境决裂；4. 妨害身体完整；5. 隔离儿童；6. 言论或多或少反社会；7. 扰乱公众秩序；8. 招惹司法诉讼；9. 侵吞传统的经济流通；10. 企图渗透公营权力机构。

赵：美国的导弹防御计划会使世界力量对比失去均衡。因为这个计划会使美国在保证其安全的旗号下，大大增加它的军事能力，而国际社会所签订的条约、协定的目的则是稳定甚至削减军事力量。很清楚，这样一个导弹防御计划会引起新一轮的军备竞赛，对谁都没有好处。

维：再回到国内政策上。江泽民主席把共产党的大门向企业主开放，为什么？

赵：江泽民主席在他的7月1日讲话中没有像有些人所说的那样，把党的大门向私人企业主大大开放。他只是说，党应当代表最广大的中国人民的根本利益，在这个意义上，私人企业主、合资企业中的职工，只要他们遵守党章，愿意承担党员的义务，就可以加入共产党。事实上，一些企业主原来已经是共产党员。江泽民主席的讲话在中国和国外都受到普遍的重视。

维：那还是要承认企业主在现代中国发展中的作用？

赵：当然承认。私人企业对中国的发展有贡献。共产党应当代表社会先进生产力和它的发展方向。承认这一点不会损害党的性质。请注意，恩格斯本人就是资本家。

维：北京赢得奥林匹克运动会的承办权，中国取得了卓越的胜利，但在人权方面也将受到更大的关注。您怎么看？

赵：在中国，人权事业的发展完全符合中国政府和中国人民的利益。正如您所了解的，中国有一个很长的封建历史。在封建社会里皇帝有绝对权威，包括决定人的生死。1911年，在中国发生了一场革命，推翻了封建王朝。但由于内战和第二次世界大战，革命没能进行到底。新中国的历史是很短的，刚刚50年，其中还有10年“文化大革命”。世界上没有任何一个国家不是用100年到200年的时间才建立起民主政体的，世界上也还没有一个适合各国民主发展的统一模式。

中国人大重视修订法律和修改已不适用的法律规定，这是它的任务。但人民也要培养具有法律观念。例如婚姻法，在城市就得到很好的执行，但在一些农村就有问题。这需要一个很长的过程。在西方，经常有人批评在中国发生的一些事情。但我也要指出，进步也是实实在在的。例如，有人批评建设电站迁移长江三峡居民。我刚刚去那里看过，我可以对您说，搬迁农民能获得更好的土地和帮助，对迁移到新的地方，他们是高兴、满意的。

点评：

赵启正主任就“世界经济”、“加入世贸”、“知识产权”、“人权问题”、“法轮功”、“新党章”、“瑞士银行”等当时瑞士舆论乃至世界舆论最关注的“热点问题”发表了意见，态度诚恳，观点鲜明，语言简练，内容精确。既正面阐明观点又不回避问题，既有很强的针对性又有突出的新闻性，既有高度又有深度。谈话受到采访者的高度评价。总编辑亲自撰写社论《中国从未如此强大》，配合这篇报道。

《商业金融日报》是瑞士最大的法语财经日报，不但在瑞士畅销，在法国、比利时等国也有许多读者，在金融财经界有相当广泛的影响。赵主任的这篇谈话在瑞士政治界、外交界、新闻界、财经界以及友好人士中引起了广泛的重视和好评。

读这篇谈话，可以学习到许多东西。例如，在面对面的情况下，答西方记者问的思路原则和语言技巧等。

（中国前驻瑞士大使馆新闻参赞　静瑞彬）

文化的理解是最重要的基础

（2001 年 9 月 14 日在柏林亚太周记者招待会上答记者问）

赵启正（以下简称赵）：我们这次来柏林的主要任务是参加“亚太周”活动，它包括许多内容，其中大量的节目都是文化类的，也有一些经济座谈会。德国是中国在欧洲最大的贸易伙伴，我们希望利用这次机会加强两国的相互了解，而文化的理解是最重要的基础。

德国是一个历史文化悠久的国家，产生过许多伟大的哲学家、思想家、音乐家、文学家、科学家。对这样的国家，我们从哪个角度来介绍中国都是个新的课题。有一位日本老人告诉我：他总觉得每个中国人都像是他的文字老师。从这个意义上来讲，中国人总觉得每个德国人都像是哲学家。（笑声）现在我愿意回答大家的问题。

德国记者：目前有一个现实的问题是美国遭到恐怖分子的袭击，世界上许多国家都表示了对美国的同情与支持。据说，中国年轻人则表现出幸灾乐祸的情绪，请问是否有这种现象？

赵：事件发生之后，我也在思考，这次恐怖事件对我们会带来什么样的影响？可能我比其他中国人感觉更敏感之处在于，我本人在上海工作时，在那里建造了一座与纽约的世贸中心几乎一样高的大楼——金茂大厦，属世界第三高度。金茂大厦在设计、管理等方面与世贸中心有着良好的关系，现在它失去了一个好姐妹。由此我想到，这样的恐怖活动不仅对美国，事实上对所有国家都具有威胁性。

至于你刚才所说的中国某些年轻人的反应，我相信是有的。但中国人口很多，光是在校大学生就有 1000 多万人。而真正在网上表达这种情绪的人，在 1000 人中不会超过 1 人。他们显然联系到了中国驻南斯拉夫大使馆被炸和中美撞机这样的事件，因此这只是他们一时的感情表达，而不是哲学的思考。（笑声、掌声）在东方和西方一样，成年人需要和年轻人交朋友，经常交流思想。

事件发生之后，江泽民主席很快给布什总统发了电报，又与他通了电话，充分表达了中国政府和中国人民的立场。中国人民和德国人民一样，强烈谴责这种恐怖活动，并提出愿意提供援助。

“德国之声”电台记者：我们注意到，江主席向美国表达了深切的哀悼，并表示予以援助。中国是否认为这次恐怖事件是伊斯兰极端恐怖分子所为？另外，中亚五国合作机制也有共同遏制伊斯兰原教旨主义[1]的责任，因为它们对中国的西北也是一个威胁。请问中国是不是也面临着伊斯兰原教旨主义挑战和扩张的问题？中国将如何与之斗争？

赵：这次恐怖活动是不是伊斯兰原教旨主义者所为，应该由美国的中央情报局和联邦调查局回答。似乎他们已发现了很多线索，我相信美国会很快将真相公之于众。

上海五国组织，实际上已有六国，明确提出共同打击恐怖活动，不管来自何方，包括极端的宗教主义派别的恐怖活动，都要坚决打击。对危害中国西北地区的恐怖活动，中国政府当然将严厉打击。我认为打击

---

1 伊斯兰原教旨主义主张复兴伊斯兰教义，使其回到最初的原始教义，履行先知穆罕默德的遗训，恢复《古兰经》，……他们认为今天阿拉伯人之所以受欺侮、贫穷，就是因为没有按伊斯兰原旨教义去办。

国际恐怖主义活动更应加强国际间的合作。

德国记者：我有两个问题：中国将在哪些方面给美国以支持，包括在具体打击恐怖活动方面？美中两国贸易已经受到美国国内经济疲软的影响，是否会受这次恐怖袭击事件的影响？

赵：第一个问题我没法具体回答你，这要看美国的要求。顺便说一下，中国的医疗水平和生产药品的能力比一般人估计的要好。（笑声）至于在打击恐怖活动方面的国际合作，具体内容需要细致讨论才能决定。中国政府的意愿是明确的。

美国是中国第二大贸易伙伴，去年双边贸易额为740亿美元。美国经济的不景气对中美贸易会有影响，在这次事件之前中国已进行了多方面的研究和应对。今年前几个月，中美贸易还是有所增长，但和去年相比，增长得较少。顺便说一下，中国在美国的贸易公司有18家在纽约的世贸中心设有办公室。我们对他们的生命安危非常关注。

《法兰克福快报》记者：现在已确定中美双边贸易额将低于去年，中国有没有考虑在此情况下提前启动“经济景气计划”或扩大建设规模？

赵：我们的具体措施就是加强基础设施建设和政府投资；加强西部开发建设；进一步开发国内市场，对于东部发达城市促进消费，如以银行贷款方式鼓励购买住房等。

欧盟是中国第三大贸易伙伴，去年对华贸易额为690亿美元，和美国、日本差距不大，加强和欧盟的贸易也是促进国内经济发展的一条重要渠道。

《光明日报》记者：赵部长，刚才您坦率、全面地回答了有关WTC[1]事件的相关问题。我的问题是有关这次“亚太周”活动的，中国政府组织了这样一个庞大的代表团来柏林，是想给德国人带来什么？是以经济为主，还是以文化为主，或者是文化搭台、经济唱戏？

1 WTC为世界贸易中心（World Trade Center）的英文简称。WTC事件即“9·11”事件。

赵：主要是文化的内容，包括传统的和现代的，其中有刚刚出现的先锋派艺术，它能否长久生存下去，还需要时间的考验，现在想请德国人也看看，不知他们有什么见解。另外，中国民间的社火、腰鼓、戏剧也都是最具传统和最朴素的。

在经济方面，我们组织了中欧经济论坛，中德双方都有不少重要人物出席。希望以此来帮助那些还没有和中国建立联系的欧洲公司能够明白中国市场的潜力。去年欧盟 15 国对中国投资只有 44.7 亿美元，只相当于欧盟对世界各地投资的1%。在德国的对外贸易中，对华贸易只占 2%。而中国是一个有 13 亿人口的大国，美国人会计算，如果每人每天喝一瓶可口可乐，这是多大的数量。柯达公司和富士公司曾计算过，中国有 3 亿家庭，如果每个家庭每年用一盒胶卷，一年销量将达 3 亿卷。而爱克发（Agfa）没有计算过，所以丢掉了中国这块市场。（笑声）

德国《经济周刊》记者：这次在柏林举办的文化活动规模很大，选择德国是偶然的，还是另有深意？中国通过这次活动有什么样的愿望？对中德经济关系有什么期望？

赵：选择德国当然不是偶然的。世界上国家很多，排排顺序，德国是排在中国人的视线前列的。中国人知道德国是欧洲最大的经济发动机，德国在中国的投资项目都取得了成功。听一位德国朋友说，世界上吊车最多的城市是上海、北京和柏林，但大众轿车最多的城市是上海，（笑声）它的成功是众所周知的事实。此外，西门子、德国电信也都很成功。上海磁悬浮列车工程已经开工，这也是德国地铁在中国的成功的延续结果。还有很多案例可以留待晚上的经济研讨会继续讨论。

《金融时报》记者：中国政府是否纵容和包庇阿富汗和巴基斯坦政府？与他们之间有何联系和接触，比如和塔利班政权？

赵：中国政府已于 1993 年撤走了驻阿富汗大使馆，因此目前和阿富汗处于非正常的外交关系，更谈不上与塔利班政权有什么联系。巴基斯坦是中国的友好邻邦，两国关系正常。

在和各国的接触中，我们坚决反对恐怖主义的立场在许多方面是一致的，也是一贯的。和其他国家一样，我们对各种形式的恐怖活动也怀有警惕。

凤凰卫视记者：美国遭受恐怖分子袭击已成为全世界的焦点所在，对世界造成了巨大的影响，这次“亚太周”活动可以说是“天时不利”。赵部长，您如何评价这次活动的意义与效果？另外，是否可以透露一下中德两国领导人的题词？

赵：这次“亚太周”活动筹划了近一年，不幸赶上了恐怖分子袭击美国的事件。所以经过研究，我们取消了少量过于有热烈喜庆色彩的活动，有一部名叫《紧急迫降》的电影也被取消了。但总体来说，对这次活动的影响不会太大，日程目前没有什么大的变化。

此次“亚太周”活动的意义之一在于促进中德乃至亚欧的联系，增加相互间的了解和友谊。我想这样的活动符合贝多芬《第九交响曲》最后合唱《欢乐颂》的主题，（笑声）应当提倡全人类相互团结，亲如兄弟姐妹。（掌声）

在活动的开幕式上，我们会表达对美国遭受恐怖袭击的同情和慰问。既然恐怖主义已成为全人类的公害，我们就应该坚决地反对它，并把它从地球上驱逐掉。

中德两国领导人对“亚太周”活动写了富有感情的贺信，都表达了对对方文化的敬意。例如，江主席在贺词中说：中德两国都具有悠久的文化传统。中国人民为中华民族古老而辉煌的文明骄傲，也对产生了举世闻名的伟大音乐家、科学家、文学家、哲学家的德国人民怀有敬意。

德国记者：据最近的统计说，中国艾滋病人数大增。部长先生，您对此有何看法?

赵：你说的是艾滋病在中国蔓延的情况，中国政府非常重视。目前这种情况多集中在云南边境的吸毒地区，还有河南省的一个村庄，那里有人从事非法血液买卖活动。中国感染艾滋病的实际人数有多少，像许多国家一样，很难统计准确，尽管卫生部门公布了统计数字。当然我们会争取尽量准确。

在东方文化中，对涉及性的话题以前往往不愿公开讨论。有人如果患了性病，就不愿去医院。现在这种情况有所改变，政府也拨出一定的费用用于医疗补贴和全民防病教育。许多村庄、学校和居民区都加强了预防艾滋病的宣传，在北京街头可以看到预防艾滋病的宣传画。

中央电视台记者：这次柏林“亚太周”活动将耗资多少？和1999年巴黎“中国文化周”以及去年的“中华文化美国行”相比，最大的不同点是什么?

赵：这次活动的成本是600万马克，其中包括柏林市政府的投入。（问身边的柏林市政府代表）不知德方是否愿意公布？（柏林市政府代表说：这次德国对整个文化活动将花费300万马克，目前德方投入的精确数字不好估算，大概还有40万马克。除此之外，柏林还提供了一些博物馆、剧院等场地，以及其他人力物力上的投入。）

这次“亚太周”比前两次在法国和美国的活动的内容与种类有所不同。德方选择节目的标准很高，要求也十分细致。有时幽默很难翻译，让我试一试：德国人在文化艺术上是很挑剔的，不好伺候。（笑声）换句话说，我们的交响乐队就不能来，因为德国人的耳朵早已被（德国的乐队）惯坏了。（笑声）

点评：

在美国刚刚发生了“9·11”事件之后回答记者问题，既要对美国人民表示同情，又要对我国一些青年人的不成熟表现作出合理的解释，化解外国人的误会，在这两点上赵主任都拿出了具体的实例，做到敢于触及敏感问题，着眼以理服人。他说纽约世贸中心的倒塌使上海浦东的金茂大厦“失去了一个好姐妹”，形象生动，令人印象极为深刻。他谈到中国驻南斯拉夫大使馆被炸和中美撞机，合理地解释了一些中国年轻人的反应。他说“这只是他们一时的感情表达，而不是哲学的思考”引发了笑声，获得了理解。然而，中德文化交流和经济合作才是招待会的主题。赵主任在十分严峻的国际条件下，从容不迫，机智幽默，以德国盛产思想家、音乐家、文学家和科学家开头，以德国人的耳朵对音乐最有鉴赏能力结尾，首尾呼应，始终紧紧抓住主题不放。

（黄友义）

战略性伙伴的合作

（2002 年 2 月 22 日在北京会见美国在线时代华纳集团首席执行官李文的谈话）

赵启正（以下简称赵）： 很高兴再次与你见面。这几天是媒体关注美国的日子。布什总统刚在清华大学演讲完，与学生问答的结果是 1 比 1 平。

李文（以下简称李）： 目前美中关系十分重要。其中也包括我的公司和你以及你的同事有着深厚的友情，在过去许多项目上都对我们有帮助。我想借此机会向您介绍美国在线时代华纳公司在中国的业务进展，我们明天将举行一个庆祝华娱电视重播的活动，该台要提高文化层次，请你还要不断指出需改进之处。我们在纽约已经提前使 CCTV-9 落地，从今天起，该节目也开始在休斯敦落地。我们上次见面后，中国加入了 WTO，我们与联想的合作也有了很大的发展。我们为联想提供咨询服务，同时也要为他们在网络服务方面提供帮助。在电影方面，华纳兄弟公司在帮助中国的影片走向世界。另外，我们还准备在中国发展多厅影院。当然，我们也要向中国输入电影。《哈利·波特与魔法石》在华发行很成功，下一步就是《指环王》。在技术方面，我们也乐于涉足，如互联网、视频点播等。还有我们要与中方合作制作动画片。明天我要去我们在华的各个公司的办事处。这些都表明我们与中国的关系十分紧密。

现在，我要谈谈我退休后的承诺。1999 年我率时代华纳代表团访问中国两周，从西部开始旅行和考察，最后在上海举行财富论坛。当时我们之所以来华就是要较全面地了解中国对我们是多么重要。我们的团队中就有我们未来的 CEO Mr. Parsons。你知道我们参加了中国建国 50 周年的大庆，其中凯斯（Mr. Case）先生也参加了。而美国在线与时代华纳合并的想法就是在那时在中国形成的。我 4 月份再访华时会把我们的首席运营官带来。我们英语中有这样一个说法，就是中国已经植根于我们的 DNA 之中了。我现在很健康，退休后会担任公司的顾问，我希望见到美中关系健康发展，同时也希望不久能在美国见到你。

赵：你高度概括了你在中美关系中的作用。现在评价你也许早了一点，最好是 4 月份你访华时再评价你。中国媒体很注意你，有很多关于你和你的公司的文章，其中说到你当年还见到了邓小平。我想起了一位美国企业界人物，AT&T（美国电话电报公司）的总裁 Mr. Alen，他没有你幸运。他想与我们在浦东合作通信项目。他退休前来中国，希望在他在任的最后日子里看到合作的开始，可是没能看到。直到 1998 年朱总理访美时此项目才得到批准。你是比较幸运的，AT&T 在他手中一分为三，而你却实现了与美国在线的合并。你在中国有许多合作项目，比起他人来，你是先行者。我们每次谈话都要讨论到中国市场的机会，今天我再告诉你一些数据：中国加入 WTO 后，允许外资进入增值电信领域，包括 ISP、ICP、传呼等。现在中国有 4400 家增值电信公司，其中 ISP 有 980 家，ICP 有 1200 家，传呼公司有 1200 家。你也许认为这方面没有市场了。其实不是，这些企业大多数都太小了，竞争力较弱，所以你们还有很多机会。美国在线与时代华纳的合并使你们具备了这样的力量。5 年前，我与美国的 Medtronic 公司（该公司发明并生产心脏起搏器）

谈到，中国占世界人口的21%，而使用起搏器的人只占世界的1%。如果不是上帝赐予中国人的心脏特别与众不同的话，中国市场就一定需要起搏器。他们在中国投资了，获得了巨大成功。中国与世界航母型大公司的合作是战略性伙伴的合作。

李：现在对我的评价就已经太好了。我同意你的看法，我们是战略性伙伴。中国市场潜力巨大。在网络方面，我认为在整个世界范围都处于初级阶段。在中国加入WTO之前，我们只能给联想提供咨询服务，现在我们不仅可以投资，而且可以主动发挥作用了。在网络方面，我们可以利用美国在线的经验帮助中国，为你们提供服务和信息。这也符合我对两国关系的看法。我们在此方面的潜力很大，我们决心以我们的经验帮助中国跨越发达国家曾经历过的发展阶段。目前英语还是网络的主要语言，但我认为中国将会成为网络的主要用户，中文也会成为主要语言。布什总统访华的主题是文化交流，除了交换学生、文化活动之外，更重要的就是通过网络交流。在去年香港的财富论坛上，江主席就说过，他孙子就常使用互联网与美国的朋友交流。我们与您的友谊地久天长，您对我们帮助很大。

赵：上海财富论坛之后，在中国举行的一些国际论坛都希望能像财富论坛那样成功。财富论坛现在已经成为一个标准了。另外一件事就是今年在海南岛的博鳌论坛，主要是亚太地区的国家首脑的聚会，我们也希望时代华纳参加。

李：你说的事情非常重要。在这次会议上，人们既可以谈中国，也可以讨论亚洲事务。在你的协助下，我们的上海财富论坛很成功，同时也显示了中国的成就。从那以后，我们不仅宣传中国，而且在许多具体业务上与中方有合作。中国加入WTO后，更是如此。正如你所说，要想模仿上海财富论坛获得成功是不容易的，就像在APEC期间，有人曾想组织一个CEO的高峰会，也没有成功。但如果是新闻办邀请我参加的会议，我一定尽力参加。

点评：

李文曾长期领导美国时代华纳集团。他曾率领庞大的时代华纳代表团深入中国西部考察，他曾率先提出在中国举办财富论坛。1999年我国50周年大庆时，我曾看见他乘坐着高级轿车，领着长长的车队，在北京参加国庆活动，场面颇为壮观。有趣的是，在这次中国之行期间，他与美国在线的创始人凯斯达成了合并的协议，而他这位媒体老帅将新公司首席执行官的位置让给了年轻人凯斯。

也还是他，协助中央电视台的CCTV-9套节目在美国纽约等地落地，并将中国电影推向世界影院。实践证明，与这种能够在美国传媒界呼风唤雨的人物领衔的大公司建立战略性伙伴关系是将中国文化产品推向发达国家的有效途径。

启正多次会见李文及其他官员，推动中国传媒界与时代华纳集团全面、多层的合作，在中美两地频频掀起中国热潮，是有着战略考虑的。小布什当选总统后宣称中美两国不是战略伙伴关系，他的班子成员也公开将中国定位于美国的潜在对手。而启正对李文说，“中国与世界航母型大公司的合作是战略性伙伴的合作。”可见启正对加强中美关系、营造有利的国际环境的良苦用心和坚定信念。

当然，与外国大公司建立合作是需要诚意的，而诚意不是空谈，需要落实到工作关系上，有了真诚的合作关系，才有可能取得相互的信任。在本次谈话中，启正的这种诚意不仅体现在对李文的肯定和赞赏上，更体现在他向李文仔细分析和展示中国电信市场以及博鳌论坛为其提供的机会上。从这篇谈话中我们完全可以想象到，在日常工作中，启正作了多少的努力，不懈地促进这种战略性合作。

（黄友义）

中国人为民主奋斗了一百多年

（2002 年 3 月 29 日在北京会见瑞士新闻代表团[1]的谈话）

问：瑞士企业在上海的投资有多少？你认为瑞士的中小企业是否适合到上海投资？

赵启正（以下简称赵）：我手头没有瑞士企业在上海投资的最新数据，但可以询问上海有关方面，然后答复你。瑞士，包括其他国家的中小企业来中国投资的比较少，主要困难在于他们没有足够的力量在中国作市场调查，需要瑞士商会和其他咨询公司的帮助。瑞士罗氏（Roch）制药厂是在华投资比较成功的例子，它们来到中国的时间较早。我当时用了一个例子来说服他们：1994 年，世界医药品市场价值 2200 多亿美元，中国只占其中的 3%，但中国的人口占世界人口的 21%，可以预见中国的医药市场潜力很大。

瑞士生产的产品质量好，但价格高。以前中国人的购买力低，但现在情况不同了，相当一部人已经富裕起来，可以更多地购买瑞士产品了。像瑞士传统的机械手表曾一度被忘记，但现在又开始走入中国人的生活，一些讲究品位的中国人又开始选择瑞士手表了。

1　瑞士新闻代表团由瑞士《时报》、《商业金融日报》、《自由报》等媒体的总编辑及副总编辑一行 7 人组成，瑞士新闻俱乐部执行主席吉·麦当先生任团长。

中国媒体对瑞士的高科技产品报道较少，主要是缺少信息来源，如果你们能提供更多的信息，中国的媒体会很愿意报道的。

（在会谈当中，赵主任将向上海方面了解到的有关数据当场通报给对方：到2000年年底，瑞士在上海的投资为：合同外资13.42亿美元，占上海外资的2.47%，共有98个合同项目，占外资项目的0.39%。瑞士是中国在西欧除欧盟以外最大的贸易伙伴，2000年，中瑞贸易额达22.09亿美元。记者们对如此快的回答十分惊讶）

问：部长先生是主管新闻的官员，你对中国对外公布数字的透明度问题怎么看？许多人认为中国公布的数字与实际数字有不小的差距。

赵：我个人认为，中国政府在对外公布数字时，绝没有有意地公布虚假数字来欺骗公众和媒体，但中国全民受教育水平还比较低，受过高等教育的人只占总人口的3.5%，与西方发达国家相差10倍左右。由于各地统计工作者素质的差异，有些地方做不到准确地统计数字。个别地方基层官员，为显示政绩弄虚作假的现象也存在，这种情况一经发现，这些官员会受到惩处。另外，中国在统计方法上也有与国际惯例不一致的地方。如工厂未售出的库存商品会按生产时的价格，而不是当前的市场价格计算。有些企业所在地和注册地不一致，可能其产值被重复计算。

观察中国经济运行情况可以参考如能源消费指数等其他数据指数来印证，我现在送给各位一本在德国出版的德文版的有关中国经济的书，你们可以通过这本书详细了解中国经济发展情况，其中第八章有关中国互联网发展情况是我撰写的。

问：按美国的说法，美国对华贸易逆差达40%。美国现在实行严厉的贸易保护政策，如近期采取的限制钢铁进口的措施，你对此有何看法？

赵：布什总统上台以后，强调美国利益，实行色彩很浓的保护主义。我们称之为单边主义，有的亚洲朋友称之为美国主义。有关美国对华贸易赤字问题，我们与美国的计算方法有所不同，如美国将从香港转口的货物增值也包括进去，这是不合理的。在美国，像我身上穿的这件衬衫只卖 8 美元，但在纽约的旅店里洗一件衬衫就需要 18 美元，可见中国产品对稳定美国的物价是做了贡献的。另外，美国在卖给我们计算机时，只卖低档货，高档的不卖，这说明美国自身对贸易逆差也是负有很大责任的。

问：近几年中国经济增长速度很快，在经济增长的同时，中国面临哪些挑战？

赵：中国在很多方面都面临挑战。经济结构需要调整，生产效率需要提高，农业人口过剩，应该创造新的就业机会。中国加入 WTO 以后，国外廉价的农产品会对国内的农业产生很大冲击；工业方面要增加高科技产业的比重；国有企业需加速改革，以现代企业制度进行管理；国有银行要进一步商业化。中国银行商业化水平不高，关于这一点，早在 1994 年，我就和瑞士联合银行的先生们讨论过。

问：一些国家反对全球化，西雅图会议[1]期间曾发生了大规模抗议全球化的活动，请问中国会不会对全球化发生类似的抵触，这种抵触会不会引发社会问题？

赵：中国对经济全球化已引起的和可能引起的问题，一直在仔细观察。全球化的势头是不可阻挡的，因此要积极迎接挑战。对外开放对中国是有利的，中国不会出现像发生在西雅图那样的激烈抗议。中国经济发达的东部对加入 WTO 持欢迎态度，但西部地区有些担心。中国政府会帮助西部的。

问：你认为中国同瑞士目前关系如何？两年前江主席访瑞时曾出现过一些不愉快……

1　1999 年 11 月底至 12 月初，世界贸易组织（WTO）的部长级会议在美国西雅图召开，因内部缺乏信任基础，立场严重分歧，外部又遭到当地工会和环保组织的抗议示威而宣告破裂。

赵：你说的是一些人捣乱的事吧？都已随风而逝了，我们大脑硬盘的容量是有限的，要用来记录最重要的东西。目前，中瑞关系良好。

问：国际社会经常指责中国不尊重人权，你如何看待这种指责以及西方舆论？

赵：西方对中国的人权状况所知不多，且有很大的误解，这就需要讨论和交流，像你们这样来中国访问就是最好的方法。看中国的人权，应先将中国的昨天与今天相比较。瑞士人对西藏问题误解最多，这是我们之间最需要沟通的问题。因为住在你们国家的一些西藏人对中国人权状态散布了许多不实之词，你们接触他们多，听他们的观点太多，而对真正生活在西藏的人的话听得又太少。

问：感谢你回答这个问题，你的介绍很全面。现在互联网越来越普及，使用英语也越来越多，这会对中国的本国文化造成什么影响？你们是否有这方面的担心？

赵：整个互联网上中文的内容大约只占 4%。为了中国的发展，我们也必须去学习英语，由于英语的逐渐普及，西方文化也更多地进入中国。我们会对西方文化加以区分，吸收其中的精华部分。截止到 2001 年 12 月份，中国人自己建立的中文网站大约有 45 万个，中国互联网用户已达到 3300 万。我们保护和发展中国传统文化的对策，一是要加强中文网站的内容建设，二是对优秀的网站充分推荐。

问：中国的互联网用户越来越多，据称，到 2008 年，北京的每个家庭都会接入互联网。如果这样，用户会很容易从互联网上看到他们想看的信息，这种新闻自由化的趋势对中国的新闻控制有何影响？

赵：中国人通过阅读国际新闻可以进行比较，会更清楚中国在世界上的地位，更好地为自己的国家服务。记者和编辑也要正确理解什么是新闻自由，主动承担对社会的责任，要避免虚假新闻。中国政府鼓励媒体揭发官员腐败问题，中央电视台有一个栏目叫“焦点访谈”，揭露出来的问题有关部门都会予以处理。中国新闻自由的着眼点是能否符合人民利益。中国公开发行的报纸有 2200 种，有近 400 家电视台 2000 多个频道，政府没有，也不可能控制这么多的媒体。

问：我们看到中国的经济正在发展，中国的这种经济发展与资本主义有何区别，中国最终的政治目标是什么？

赵：我们的目标是建设中国特色的社会主义。中国共产党和中国政府代表的是人民的根本利益，而非某一阶层的利益。在经济上实行混合经济，以公有制为主，对那些关系到国计民生的重点企业实行国有控股。外交政策方面，维护世界和平，谋求各国共同发展。

问：你认为市场经济的发展与民主是否有联系？

赵：有联系。中国经济越发达，中国的社会主义民主也会越发达，民主首先是一种思想，只有人民有了这种民主思想，才能有民主的操作。中国人向往民主，为民主奋斗了 100 多年，没有民主的国家不会成为一个强大的国家。中国人拥护现在的执政党，这也是历史的选择。对此你们理解起来可能会很困难。我现在送你们一本书：《外国人镜头下的八国联军》，书中描写的 100 年前的屠杀场面令人恐怖。结论就是没有共产党的领导就没有站起来的新中国。

点评：

2001年9月7日至10日，赵启正主任访问瑞士，会见了瑞士联邦外交国务秘书弗兰茨·冯丹尼克，双方就加强两国间的新闻、文化交流等问题交换了意见并达成共识。这次会谈对开展两国新闻界的互访和交流有较大的促进作用。

在我方积极推动下，应中国记协的邀请，瑞士半官方新闻机构“瑞士新闻俱乐部”执行主席吉·麦当，率瑞士新闻代表团于2002年3月访华。这标志着自1989年后中断了13年的两国新闻界的正式来往又重新起步。2002年6月，中国记协主席邵华泽率中国新闻代表团回访瑞士。自此，中国和瑞士两国新闻界的互访和交流完全恢复并步入正常轨道。

2002年3月29日，赵启正主任接见瑞士新闻代表团，很有说服力地回答了代表团成员提出的各种问题，让这些总编们的笔记本里记满了回国后可以报道的题材和内容。在对外宣传中要“抓住机会积极利用外国主流媒体宣传介绍中国”，这就是一个范例。

（静瑞彬）

媒体要在中日关系间起稳压器的作用

（2002 年 5 月 13 日在东京中日媒体研讨会上答记者问）

《每日新闻》记者：2001 年 11 月，中国出台了关于互联网管理的条例，由政府对互联网进行控制，这对信息交流和媒体发展会产生什么影响？

赵启正（以下简称赵）：中国对互联网的内容有一些规则，这些规则是比较宏观和原则性的。我们也问过日本、美国、法国等一些国家，似乎他们就是把传统媒体的一些规则视为对互联网也有效，所以不能说他们对互联网就不管理。互联网的任意性比传统媒体广泛得多，一个没有经过专业训练的人也可以非常容易地在网上发表新闻或表达自己的看法，这是一种方便，也就是说大家对话和交流更轻松和自由。但是全体国民的素质并不是整齐的，有的比较优秀，也有的素质比较差。在中国就出了一些私人的网站，刊载了大量的黄色图片，这当然要禁止。还有一些人不负责任地发布假消息。有的例子，甚至涉及国际间的关系。这些管理条文虽然有几页，如果概括起来就是一句话，就是它要有利于社会发展，它应当是健康的，更具体地说，它不能违反中国的宪法。除此之外并没有更多的规定。与其说是控制，不如说是管理。目前对几十万个网站进行管理谈何容易，控制更不可能。没有一个机构能够做到。管理有两个内容：网站如果有新闻栏目，我们要求它必须注册，要审查它有没有合格的新闻专业人员。

共同社记者：中国在两国网络媒体合作相互发出对方文字方面会不会更加开放？能否在对方设立镜像网站？

赵：互联网本身和传统媒体相比，它的特点是开放性和互动性，我们觉得应该充分发挥它的这个特点。在中国能够看到日本大使馆的中文网页，我们的电脑大都没有阅读日文的软件。至于日本媒体要求在中国建立镜像网站，这不是我这个部门管理的范围，这要由中国信息产业部来批准，到现在还没有遇到过申请的例子。

共同社记者：关于5个朝鲜人闯日本驻沈阳领事馆之事，您有何评论和看法？

赵：昨天晚上，我看了电视，虽然我不懂日语，但大体知道日本媒体对这个问题如何渲染。这类事情的交涉应该是日本的外务省和中国的外交部的事，他们正在进行调查。就这个事件，我们是否可以讨论一下媒体和民众、政府间的关系，这三者间是相互刺激和推动的，媒体在其中是最活跃的。这个事件本身并不复杂，也是刚刚发生，并且还有人事前安排拍了电视，要以电视为证。不清楚的是细节，比如，日本副领事到底说了什么？但事实很清楚，就是有人闯进了领事馆，中国警察阻拦了，但没有成功，又进去把他们拉出来。

中国武警的任务就是保卫大使馆的安全，这是最重要的，其他都要服从这个任务。美国“9·11”事件后，中国武警的反恐教育和训练得到加强。这些武警的头脑中总有红灯在闪烁，总担心恐怖分子会进来。“秘鲁事件”[1]就是恐怖分子闯进了日本大使馆。有人往沈阳日本领事

---

1 1996年12月，秘鲁反政府游击队组织图帕克阿马鲁革命运动，趁日本驻秘鲁使馆举行庆祝活动之机劫持了在场的400多人为人质，其中包括很多国家驻秘鲁的大使和外交官。这一事件持续了126天，最后秘鲁军警人员采取行动击毙了全部恐怖分子才结束了整个事件。

馆里闯的时候，武警在很短的时间里作出反应，拦住并把他们拉出来。假如闯入者身上带着炸弹怎么办？那样日本是否要感谢中国武警？我对中国的武警十分钦佩，他们18岁应征入伍，都是高中毕业生，要他们在一瞬间作很复杂的政治判断很困难。但是他们忠于职守，也许冒着同归于尽被炸死的危险，这不是危言耸听，因为从前北京发生过这样的事，当时我们的武警战士牺牲了。请想一想，在可能会牺牲的背景下，我们的战士英勇地冲上去，对他们是否应该表示敬意？为什么把它歪曲成了敌意？为什么电视台要反复播放这样的镜头？为什么要画漫画讽刺两国的领导人？好吧，我们反过来说，今后中国武警再也不硬性阻拦闯入者，日本使领馆是否欢迎新的闯入者？是准备接纳50人、500人，还是5000人？你们的报纸说在中国这种人很多很多呀。日本使领馆很大，如果没有日方引导，中国武警也不知道从哪个房间把闯入者找出来。这是显而易见的道理。

随着调查的深入，事情会更清楚，中国方面是否怀有恶意，也请各位给予公正的评论。我认为，媒体要在中日关系间起稳压器的作用。这个事件很快，或者两三天，或者一周就会弄个明白。我希望这个事情不应伤害中日关系。

谢谢大家！

点评：

一些日本记者热衷于对中日之间的矛盾炒作是有目共睹的，当年朝鲜人闯入日本驻沈阳领事馆后，一些日本媒体的处理方式就是最典型的例子。联想到近两年中日关系的困难，媒体的炒作往往起着加剧而不是化解的作用。特别是一些日本右翼媒体混淆视听，推波助澜，作用极坏。要媒体“在政府和民众间起稳压器的作用”，至今具有现实意义。据了解，这次答记者问在日本被广泛报道，欧洲也有媒体转载，过了几天，日本媒体对此事的渲染大幅下降了。

（黄友义）

中国人眼中的日本和日本人

（2002年10月13日、2006年6月27日在东京、北京接受日本著名电视时政节目主持人田原总一朗[1]采访）

2002年10月13日，日本东京，朝日电视直播间

（直播节目前半小时，先播出的一段预告）

日本朝日电视《周日论坛》节目主播： 首先介绍一下中国来的尊贵客人。我们为制作日中邦交正常化30年专题节目，特别邀请了中国国务院新闻办公室主任赵启正先生。赵主任早晨好，请多关照。田原先生，您和赵主任在中国已经进行过会谈了吧？

田原总一朗（以下简称田原）： 前一段时间，我们在北京的人民大会堂会谈了3个小时。

主播： 虽然田原先生在8月份已经就会谈作了报道，但我想有很多观众还是特别希望知道他们会谈的具体内容。所以为了将他们的精彩对话呈现给电视观众，我们制作了这期特别节目：赵启正与田原总一朗的对话——朝日电视《周日论坛》现场直播节目，播出时间：2002年10月13日10时30分。

1 田原总一朗是日本著名的电视时政节目主持人。他主持的《周日论坛》节目以采访日本和世界政要为主，在日本具有较高的收视率。

田原：赵主任，您好，请多关照。在谈话之前，我想先送您一件东西，就是这本书。我在这本书里写了田中角荣[1]的事情，谈到洛克希德事件[2]和田中角荣的一些事，其中一些是大家关心的有疑问的事情。我把此事作为作业来做，现在终于完成了。我从田中角荣的去世，一直写到今天，书很厚。从这本书上可以了解到日本的政治，日中邦交正常化至今已有30年，他是日中友好的开创人，希望赵主任能够看一看。

今年是日中邦交正常化30周年，中国和日本都想搞好关系，但是发生了北朝鲜事件，大家把目光都集中到那里去了。北朝鲜承认了绑架事件，金正日总书记对此表示了道歉，在日本引起了很大的反响。我想问的是，北朝鲜是要改变现状呢？还是只是做做样子呢？赵主任是怎么看的呢？

赵启正（以下简称赵）：我没有比你更多的资料，我只知道金正日总书记到中国访问过，他去了上海浦东新区。据上海的朋友告诉我，他很仔细地参观了浦东开发区，提了很多问题，最后对浦东开发给予了肯定。当然他们要根据朝鲜的国情发展自己的经济，无论哪个国家，人民都希望和平地生活，希望富裕地生活，我想朝鲜也不例外，他们会走上经济发展的道路。

田原：中国的改革开放获得了巨大成功，那是因为有邓小平这样的伟人出现的结果。北朝鲜会不会有可能有像邓小平这样的人物出现呢？

赵：我想时代可以造就英雄，英雄可以推动时代前进。我们期待着朝鲜能很快地繁荣，很快地富强。

1　田中角荣（1918—1993）：1972年7月任自由民主党总裁、日本首相，同年9月访问中国，签署中日联合声明，实现了中日邦交正常化。

2　洛克希德事件：1976年2月5日，日本国会正在召开例行会议。三木武夫内阁因经济萧条而面临困境，国会审议的各项议题也因在野党和执政党的意见分歧而无结果。与此同时，美国参议院跨国公司小组委员会主席、民主党人丘奇揭发了洛克希德公司为了推销飞机向日本首相田中角荣行贿5亿日元的丑闻，最终确定涉嫌者有包括首相田中角荣在内的政界高层人士共16人。田中角荣因此辞去首相职务。

田原：另外一个问题是，中国的毛泽东主席，还有他以后的主席，都没有让自己的后代接班。但是北朝鲜这样做了，问题是不是出在这里？

赵：各国的国情不一样。

田原：今后的北朝鲜是要变的，可以这样考虑吗？

赵：我觉得从最近的动向来看，比如和韩国之间，铁路也要开通了，公路也要开通了，小泉首相的访问也获得了一定的积极成果。除了小泉首相的努力之外，朝鲜的金正日总书记也是努力对待朝日关系的。这些迹象前8年并不明显。

田原：今天赵主任来到我们的演播现场，为此我们《周日论坛》做了民意调查。调查显示，日本人喜欢中国的为38.6%，讨厌中国的为22.8%，喜欢中国的人比讨厌的人多。朝日新闻社和中国（中国社会科学院）做了民意调查：1997年喜欢日本的占10%，讨厌日本的占34%；2002年的调查结果是，喜欢日本的10%，讨厌日本的一下子升为53%，讨厌日本的一下子增多了，这是为什么呢？

赵：我注意到这个调查是说喜欢不喜欢日本，而不是说喜欢不喜欢日本人，这有很大的区别。两国朋友之间的交往在增多，中日之间的航线也在增加。最近全日空和日航的日中航班比原来也增加了一倍。这个民意调查要看是什么时候做的。如果是在小泉参拜靖国神社后，或是教科书一类事情发生之后做的，就对日本印象坏一些，但这不表明中国人就那么讨厌日本人。一些日本政要去靖国神社参拜；或者有的时候极少数人，也许是日本人的千分之一或者更少，认为那场战争不是侵略，是从白种人手里解放亚洲人。这个时候做民意调查，效果会差一些。我觉得中国媒体也需注意，在报道日本问题时，应该把极少数人的思维方法和大多数人的思维方法更明确地分别开来。我希望下次（调查）能够有大的改变，这也是我的愿望。

田原：这个调查确实是在今年 8 月 26 日至 9 月 2 日之间做的。结果也许是和参拜靖国神社有关系。接下来，我想谈谈靖国神社问题。小泉首相去年 8 月和今年 4 月参拜了靖国神社，给中国政府带来了很大的不愉快。我想直截了当地说，这实际上是一个误会。如果他选择 12 月 8 日[1]去参拜靖国神社的话，也许有继续战争的含义。而他之所以在 8 月去参拜靖国神社，因为这一天是战败日，他是抱着发誓不再战的想法，为了安魂才去的，为了再不发动那样的战争才去的。在自民党集体参拜的 30 年里，小泉一次也没有去过。他反对日本军国主义，他是为不再战而去的，这一点我希望得到你们的理解。

赵：涉及靖国神社问题，中国人和中国政府的判断是综合的，对于普通战死者的家属，到靖国神社进行一般的参拜可以理解。我本人也知道像当年“神风队”[2]的十七八岁的孩子写给母亲的信是多么凄惨，他们也是受欺骗而去的，当了炮灰。我们对这样的人是很同情的。但是，政界要人去参拜，性质就不同了。东条英机等甲级战犯是日本当年军国主义的主要负责人。因此，中国对此进行批评。有人说这是日本的内政，中国人不应当批评。中国人认为东条英机不是一个纯日本的政治人物，他是国际人物，他曾是关东军的司令，在中国有罪行，所以中国人对供奉日本甲级战犯的靖国神社是有反感的。小泉首相曾经去过中国的卢沟桥抗日战争纪念馆，讲了一些很不错的话，中国人也是非常理解的。此后，在海南的博鳌亚洲论坛上，他也谈到，中国经济发展和日本经济是互补的，并不对日本构成威胁。当时我也在场，他是这个会议上外国首脑中风头最足的人物。但是，很难想象 10 天后他突然参拜靖国神社。

1　12 月 8 日日本偷袭珍珠港，太平洋战争爆发，珍珠港当地时间为 12 月 7 日。

2　“神风特攻队”是太平洋战争后期日军以飞机撞击敌舰的特种航空部队。1944 年日军在太平洋战场连遭惨败，为阻滞美军的海上进攻，决心使用潜艇、快艇和飞机撞击敌舰以挽回败局。自 1944 年 10 月起，日本海军先后组建了 8 个“神风特攻队”。这些飞机只携带单程汽油，有去无回。

因此我们觉得，言行要一致的话，中国人才能理解。

田原：有关靖国神社，取而代之的是，准备建一处新的墓地，或者是把靖国神社的战犯分祭。关于这些，在日本国内也有很多议论，所以小泉首相才会去参拜，请理解这一点。

赵：不论怎么解释，小泉参拜靖国神社都是对受到战争伤害的民族的再次伤害。关于分头祭祀的问题，这完全是由日本自己讨论的问题。我从日本舆论中看到的，也许不是很简单就能分开的。在日本也有人反对，也有人说，分开以后能够如何如何，我觉得，这是将来的事情。

田原：我知道中国人很在乎这个问题，我特别能理解。但是，在很在意这些的同时，还在搞中日友好。小泉说，我一点儿也没有想搞军国主义，我想和中国搞友好。我觉得应该欢迎他去中国，你认为怎么样？

赵：你为小泉首相说了很多话，我也充分理解你的好意。小泉首相到中国访问的事，日本外务省和中国外交部，一直都没有停止进行协商。有些重要的事处理好了，就能实现。我想中日间高层领导人的交往，无论如何都是重要的，一定要长期保持高层交往。

田原：现在日本觉得中国对日本构成威胁，中国的经济发展很快，日本的工厂、公司都迁移到中国。假如今后中国经济迅速发展，日本企业变得空洞化，日本越来越不行，日本会感到很不安，到底该怎么办好呢？这一点您怎么看呢？

赵：这个担心我觉得有些过分。确实日本的许多工厂到中国来生产，但是不是会引起日本企业空洞化，我觉得需要分析。因为美国在中国的直接投资和日本是差不多的。但是，美国关于空洞化的说法就比较少。中国现在大体上相当于日本20世纪70年代初期的水平，说中国是世界工厂，可能是贬义，也可能是褒义。但是中国确实距离世界工厂还有很大距离。不要说GDP，就是说工业产值，中国只占世界工业产值的5%。

日本占 15% 以上，美国是 20%。但是，大家谁也没有害怕美国和日本。何况中国的生产大量地使用日本材料，虽然说中国空调机占世界产量的一半，中国电视机占三分之一，洗衣机占四分之一，但是其中的重要材料，很多是从日本进口的，包括冷却器的铜管，都是从日本进口的。所以中国出口越多，购买日本产品越多。大约中国进口的一半是购买了原材料。

田原：中国的 GDP 的顺序已经上升到第 7 位，超过了加拿大成为经济大国之一。认为 5 年后中国对日本构成威胁的日本人占 73.8%。此外，2008 年奥运会将在北京举办。因此，许多日本人认为，对中国的 ODA 援助[1]应该停止，或者应该减少。您是怎么想的？

赵：先说一个哲学问题。某一个国家经济发展了，不能就说是威胁，充其量是有竞争了。如果说是威胁的话，那么有威胁的国家就太多了。至于日本对华 ODA 援助，中国一向给予足够的评价，在中国的建设中起到很大作用。以我本人经历过的说，在浦东国际机场的建设中，就有 ODA 资金，大约 4 亿美元。那个机场对中日乃至于亚洲的航线都起到了重要作用。正好我手头有一张照片，这是上海浦东国际机场的开工典礼。（*打开一本画册，展示给观众*）当时日本驻上海总领事桥本逸男也在现场。

日本方面说，中国的报纸报道 ODA 太少了。但据我所知，有这方面的报道，但是可以更多。就最近几年，《光明日报》、《人民日报》都对 ODA 进行过整版报道，说到中国感谢 ODA 的援助。至于说中国经济发展了，或者说日本经济有些困难，ODA 数字要有些变化，这应该由日本自己决定。至于中国的经济是不是威胁，我认为目前中国的经济大体是日本的四分之一，按人均来说，只有四十分之一，人均 GDP

---

1 ODA 的全称是 Official Development Assistance，意为“政府开发援助基金”。日本给中国提供的 ODA 分两个部分：即有偿援助和无偿资金援助。有偿援助是指日元贷款，这在 ODA 项目中占了绝大部分，而无偿资金援助主要是指技术援助和智力援助。

追上日本，50年的时间都不够。

财部诚一（经济评论家）：我每半年去中国采访一次，最近给我印象最深的一次，是采访了一位成功的中国企业家。他说，日本公司的经验我们不能借鉴，其中一个主要理由，就是日本的公司对变化的对应太慢。另外，对中国投资时，日本企业的投资方式总是半途而废，这点和欧美不一样。您是否给我们指点一下，与欧美相比，日本做得好的地方、做得不好的地方以及应该改进的地方是什么？

赵：跟你谈话的这个中国企业家我不知道是谁，我不觉得他谈的都正确。对日本和欧美在中国的投资，我有着直接的经验。我在浦东新区时，在10年内吸引了中国国内和国外的总投资达到300亿美元。日本和美国在浦东的投资额大体相同。他们的投资领域有些区别。对房地产美国人就不投资，日本的房地产在中国就搞得很成功，管理方面各有特点。也许在周密性、在质量管理方面，日本人是独特的。当然有些领域日本显得慢一点，如汽车和手机。

田原：现在，我们迎来了日中邦交正常化30周年，恕我直率地说，在这30年里，大家都一直在说友好。或许正因为不友好，所以才总说友好。日中关系走过了30年，我们应该将友好深入下去。我觉得我们相互之间该说的话还是要说出来。中国的经济是自由化，而中国的政治是共产主义，我认为这是一对矛盾，这种矛盾中国今后将如何解决？

赵：中国经济的改善是大家都肯定的。它确确实实是中国共产党制定的政策，并领导执行的。这就证明了中国共产党制定的政策是符合中国社会发展方向的，它代表了中国人民的要求。我想说一句，我们的制度是在中国共产党领导下的多党合作制。

田原：经济自由地发展，就是要承认各种各样人的想法，政治也是这样。可不可以这样说，中国允许有各种党派存在？

赵：现在，除了中国共产党以外，还有8个民主党派，或称参政党派。这里有两个制度，一个是人民代表大会制度，一个是政治协商制度，这和日本有些区别。

田原：我希望下次我有机会去采访中国的民主党派，请您一定欢迎我。关于美国把一些国家确定为邪恶轴心国家，计划要打击伊朗、伊拉克以及北朝鲜，美国要统治世界，这是毫无道理的。作为亚洲安全保障体系，远东地区的安全保障应该由远东地区自己来考虑。中国、韩国、日本、俄罗斯，美国加入进去也可以，以这些国家为中心。亚洲安全保障当然需要军事力量，在亚洲的安全保障中，如果日本的自卫队加入到里面去，中国是赞成还是反对呢？我认为这是一个关键的问题。

赵：美国把一些国家定为邪恶轴心国家，我不赞成。这样不利于解决问题，反而会使问题恶化。至于亚洲的安全，当然由亚洲人自己来负主要责任。美国作为亚洲以外的国家，也应该起积极的作用。但是，亚洲的和平还是要靠自己。至于和日本合作，有很多方面可以进行。

田原：日本可以和中国、韩国一起共同承担亚洲的安全保障责任，是吗？

赵：现在亚洲的安全在“9·11”事件之后，有了许多新的含义。如反恐怖问题，还有非法移民问题、走私问题、跨国界刑事犯罪问题，甚至于海盗问题，这些都是可以合作的。

田原：我想问的是，中国到那时，可以借助日本的力量吗？

赵：这个问题十分敏感，不可含糊。一定要说清楚，在什么情况下行使武力，在什么情况下不能行使武力，这一点需要法律明确地限定，之后才能进行。

田原：那就是说，要向前看，可以这样考虑吗？

赵：要看是什么样的问题，要看什么样的范围。因为这里涉及到《美日安保条约》的新指针问题。这其中关于周边事态的表达是暧昧的，中国对此是不放心的。

田原：即使担心，也希望能够考虑。

赵：那么我希望日本方面把这个问题明确地表达出来，明确地表达才能换来积极的看待。

2006年6月27日，北京亚洲大酒店

田原总一朗（以下简称田原）：很高兴见到您，每次和您见面都觉得很亲切，就像在家里一样。

赵启正（以下简称赵）：我也一样。

田原：相信一定能和你谈得很愉快。

赵：去年您送我一本您的关于田中角荣首相的新作，现在我送您两本我的书，这里面还收录了上次我们谈话的内容。

田原：您这本书主要针对哪些读者群?

赵：读者主要是那些受教育程度在大学以上，从事外交、外贸、新闻主持人等工作的人群。

田原：谢谢，非常高兴中国的大学生也会读到这本书，你曾经担任中国国务院新闻办公室主任一职，您认为中日关系中最困难的是什么?

赵：在我任期的8年里，中日关系是让我最操心、最费心的。我总认为中日关系不应如此糟糕，应该好起来。

田原：您担任国务院新闻办主任期间，曾多次访问日本，去年在日本举办摄影展，非常成功。

赵：我是想让日本观众能全面了解中日两国间的历史，以期对改变中日间的现状有所帮助。

田原：中日关系方面，您一定为小泉首相参拜靖国神社操了很多心，今年 9 月，小泉任期将满，现在日本国内都在讨论谁会是下一届的首相，普遍认为最有可能从以下四位中产生：福田康夫、安倍晋三、谷垣祯一、麻生太郎，您与他们见过面吗？

赵：和福田先生见过，并有较长的交谈，安倍先生见过，但没有多聊，另外两位虽然没有见过，也通过各种渠道有一定了解。

田原：您和福田康夫长时间交谈过，您对他的印象如何？

赵：他是一位很成熟的政治家，对中日关系很关注，也对改善中日关系有强烈的愿望。

田原：福田康夫的父亲福田赳夫也为中日两国恢复邦交做了很多工作。

赵：我知道福田赳夫先生曾提出加强亚洲国家间联系的“福田主张”，给我留下很深的印象。

田原：福田康夫刚刚访问了印度尼西亚，继承了其父的主张，努力与亚洲国家友好相处。

赵：我们已经从报纸上知道了，看起来亚洲人都很欢迎他。

田原：您对安倍晋三的印象如何？

赵：他最近的言论比较谨慎，之前也是说话很多的人，（笑）看来他对美国也非常了解。

田原：是不是中国不是特别欢迎安倍继任？

赵：随着他的竞选，他的政治表达也在不断变化中，竞选者由于竞选的大环境影响而改变平时的形象，在世界范围内也是很常见的。

田原：另外，现在日本国内人们都非常关注小泉是否会在 8 月 15 日前往参拜靖国神社，假如他真的去了，中国方面会有什么样的反应？

赵：他已经参拜 5 次了，每次中方都会有相应的反应，这次相信也不会例外。问题是日本民众如何评价小泉参拜，这倒是个有趣的问题。

田原：请问，到时候中国国民会对小泉有何看法？

赵：一年前，小泉曾说会对参拜一事做出适当的考虑，然而他还是坚持参拜，在他任期内，中日关系经历了一场大倒退，可能在历史上，这段时期可以被称为“小泉倒退”。

田原：换一个话题。请问，您长期担任国务院新闻办公室主任，对日本媒体的看法如何？

赵：我接触日本媒体很多，他们并不都一样。有些媒体在报道中国时负面新闻多，正面新闻少，这对中日关系的发展是不利的。不同时期，不同媒体有不同的侧重，很难说哪家媒体一贯很好，哪家一贯不好，日本媒体对中国的表达是复杂的。我想说，没到过中国，只在国内写评论的日本记者报道更消极一点，在中国生活的日本记者报道更正面一些。让我印象深刻的是当年的沈阳领事馆事件，日本媒体将一件友好的事件当作一件不好的事件来报道，当时我很不满意。

田原：我想进一步请教，您是中国政府部级领导中最了解日本媒体的，您刚才说到沈阳领事馆事件，您对日本媒体哪些方面不满？

赵：中国的武警战士都是十八九岁的孩子，受的教育是要保卫使馆安全，“9·11”之后又接受反恐教育。即使袭击者怀抱炸弹，他们也要阻拦。他们冒着生命危险第一时间将闯入者抱住，却被日本媒体炒作成那样，还要中方道歉，恐怕这是很不合适的。

田原：您刚才介绍的情况，我也非常理解。这些年来，多次发生日本人被北朝鲜人绑架的事件，在日本国民中引起很大的关注，日本人对北朝鲜很愤怒，日本人认为应该对从北朝鲜逃出的人给予帮助，因此，在沈阳领事馆事件上，日本人批评的矛头并不是仅仅指向中国的武警，更多的是针对北朝鲜。

赵：日本对投奔者也并没有接纳，都是由第三国来接纳。况且，将针对朝鲜的问题变成针对中国的问题，这是一种混乱，一种逻辑的混乱。当然，对于被绑架的日本人，中国人也很同情。

田原：沈阳领事馆事件在日本也引起很大轰动，日本报纸、电视台的很多报道都对日本驻沈阳领事馆进行了谴责。下一个问题想请问您，您和日本媒体交往很多，在与日本人交流过程中，有没有觉得在哪些问题上很难说服日本人？

赵：我有很多日本朋友，交往久了彼此都受到对方影响，很多都能够说说心里话。问题是没有途径向更多的日本人说明一些问题，比如，我很不明白为什么有那么多的"厌中情绪"，我想更多的是因为日本人不太了解中国的对日政策。

田原：无论是从政治上还是经济上，对日本来说，发展对华关系都是不可或缺的，尽管存在"厌中情绪"，但多数日本人都深切感到日中必须友好相处。那么，中国方面认为日中关系必须发展的人是多数还是少数？

赵：绝大多数中国人认为中日关系很重要，中国人对日本人的感情很复杂。一方面，对日本人很敬佩。日本人能够吸收外来文化，也能保留本民族的传统，是个很了不起的民族。但另一方面，在中日两国两三千年的友好历史中有50年的不友好史，这50年对中日关系有很大影响。

田原：您说是50年的不友好历史，但在日本人看来，这段不好关系应该是从"九一八"事变到1945年的12年间。战争结束后60年，日中关系恢复良好，相对这60年的友好发展，中国朋友是否将12年的战争历史看得太重了？

赵：去年我们在日本的六本木举办了中日关系60年图片展，本意也就是让人们重视这60年的友好历史。我所谓的中日间的50年不友好史，是从甲午战争清政府向日本赔款2亿两白银起，这个数目超出当时中国两年的全部财政收入，这之后，中国陷入极端贫困，而日本用这些钱发展教育、工业，因此我说是50年。其实，随着时光流逝，战争史应该被友好史所代替，这也是中国人的心愿。而日本少数领导人屡次参拜靖国神社等行为反复刺激中国人民回想起那段痛苦历史，这也是中国人对日本首相参拜靖国神社如此难以接受的思想背景。

田原：小泉首相当政以来，日美同盟关系得到进一步发展，日本将自卫队派到了伊拉克战场，之后又涉足阿富汗问题，日美同盟是不是不受中国欢迎？

赵：当然。在亚洲是否需要布置这么大规模的兵力，在全世界看来都是个问题，特别是在靖国神社问题和否定东京审判的背景下，让人怀疑少数日本领导人的历史观和世界普遍认同的历史观是否有所不同，这让人不能放心，因此我们对这种军事同盟是不欣赏的。去年2月，美日2+2会议上，美日军方发表言论，称台海地区也在他们关注的范围内，对于这点中国人民不能接受，不存在这样的道理。

田原：克林顿访问中国时曾与江泽民主席会晤，会晤时克林顿提到，美中两国是从未交战过的。最近，胡锦涛主席访美，和布什进行了良好的会谈，中美关系得到提升。我想，很多日本人心里都会想，美中加强关系，是否意味着日本将被遗弃？

赵：中、美、日都是世界上的重要国家，之间的关系最理想的是等边三角形，不要两个很近，和另一个很远。中国人认为，现在中美之间的关系要远于日美关系。中国和美国发展关系，并非针对日本，当然，中国也关注自己的事情，尤其是台湾问题，希望美国对此有明确的立场。

田原：最后一个问题，据我所知，日本民主党代表小泽一郎即将访华，可能会与胡锦涛主席会晤，民主党和自民党是反对党关系，在这种改选临近的情况下，中国邀请小泽访华用意何在？

赵：我不是外交部官员，因此只能说说我的个人观点。小泽先生 10 年前有本书叫《日本改革论》，但是政治家的想法会随着时代的变化而变化的，我想小泽先生是有些新的见解想向中国说明，中日都是历史悠久、富有智慧的民族，从长远看，中日关系会好起来的，这是我的信念。

田原：我非常坦率地说，一部分日本人猜测中国此次邀请小泽访华，意味着中国方面的一种愿望：觉得日本执政党不一定是自民党，也可能是民主党。

赵：中国与日本各党派都有来往，政治不能押宝，不能预测，如果要预测 9 月的日本选举结果将比预报 9 月的天气还难。因此，我们不押宝，而要和所有政治家保持交往，增进往来。

田原：赵先生和小泽见过面吗？

赵：没有，只读过他的书。中国翻译了很多日本政治家的书，有空您不妨去书店看看。不像日本书店里有大量“中国威胁论”的书，我们这儿没有“日本威胁论”，没有画日本人的漫画，没有专门攻击日本人的杂志。（笑）

田原：您说读过小泽的书，您对他印象如何？

赵：他有强烈的希望日本强盛的愿望，是一位有主见的政治家，但那本书是 10 年前的了，用那本书来评论他已经不全面了。一个政治家，最重要的是信念，对国家和人民负责的信念，在这信念下的主张随着时代而发展是可以理解的。

田原：您认为小泽先生具有这种信念？

赵：过多地谈论他就失礼了。（笑）

席间，双方的交谈仍在继续，并逐步深入。

田原：我估计小泉的继任者也不会像小泉那么固执，情况会好转的。

赵：我也有这种预感，小泉参拜时的神态可以用四个字来形容："色厉内荏"，来去匆匆的。

田原：他总有犹豫，也很烦恼。

赵：8月15日是他的机会，如果届时反省参拜，可算是很伟大的转变，但他不会那么做。

田原：他可能还是会去，对他来说，要画上一个完美的句号。

赵：那么我们将之定义为中日关系的"小泉倒退时代"。

田原：估计这次小泉还是会去参拜，中国也一定会批判他。但我认为，更重要的是如何更好地发展两国关系。对于后小泉时代，中国有何期望？

赵：希望小泉的继任者首先为了日本也不要再去参拜了，为了邻居的心情也不要去参拜了。日本人常说："给你带来麻烦了，请谅解。"日本领导人坚持参拜是真的给邻居带了"大麻烦"了。

田原：关于甲级战犯，一些被处死的甲级战犯的遗族有这样的说法："我父亲是甲级战犯被处死了，但有的人却未被处死，相反战后还成了大臣，还被授予了天皇勋章，真的很不公平。"对此我个人不是很同意，却也难以反驳。

赵：家属说这样的话也可以理解，但对中国人来说，甲级战犯被处死并不委屈，像重光葵这样的人东山再起是一种"逆历史"现象。

田原：我也经常对日本政府提出意见，我认为东京审判缺乏客观性，它完全是由战胜国对战败国的审判，美国向日本投下原子弹，遇难者人数超过南京大屠杀，但美国作为战胜国却没被审判。苏联之前与日本有和平条约，但违反了条约也没受到批评。我认为，战后日本应靠自己的力量总结战争，对此我也很遗憾。

赵：1945 年你只有 11 岁，当然当时也不能理解这些大人才能理解的事。我说句话你可能不赞成，日本是没有力量自己处理战争问题的。如果能自己处理当然最好，但在长期军国主义教育的背景下，在当时日本能对战争判断、有正义感的人数太少，形不成多数。

田原：因为现在不是正式采访，还因为是和您在一起，我才想说也敢说一些心里话。大多数日本人认为“九一八”事变、中日战争确实是日本侵略中国，但太平洋战争就不是侵略战争，那是因为美国当年将对钢铁、石油等日本赖以生存的物资施行禁运，麦克阿瑟在参议院听证会上曾说：太平洋战争是日本在不得已情况下，为寻求生存途径而引起的战争。

赵：最近《朝日新闻》刊登了一些美国重要人物的讲话，他们认为，如果小泉在美国访问，如果在国会发表演说，就应承诺不再参拜靖国神社。如果继续参拜，将是对美国人民的一种侮辱。麦克阿瑟不仅说过那句话，他还说过：我想把靖国神社烧掉。

田原：我想说，“九一八”事变、中日战争和太平洋战争在性质上是不同的，我写过一本书《日本的战争》，对此有所论述。关于太平洋战争，当时日本大臣，包括天皇，没有人有信心能战胜，当年，日本海军司令山本五十六说：如果以一年为限，还可以放手一搏，时间再长恐怕就不行了。他也明知不会战胜，既然如此，就更谈不上想去侵略了。东条英机是负有战争责任的，如果他当年能拼命阻止军队去发动这场战争，情况可能会不同，如果当年天皇有勇气拼命阻止战争，也不会有那场战争。

赵：即使没有东条英机，也会有“西条英机”，因为当时日本人受的教育就是日本太狭小了，只有侵略才能生存。

田原：这是误解！当年日本确实有侵略中国的计划，构筑“东亚共同体”，想把朝鲜、蒙古、满洲作为自己的殖民地，日本确实存在这种构想，但并没有想要攻击美国或登陆美国的计划。我很愤怒的是，当年东条英机等军方人士为了保护自己的生命而发动战争，而大多数老百姓都是反对战争的。

赵：你的话对我很有启示，对战争，日本人的心情比中国人更复杂，更多样。

田原：当时，日本平民百姓会接到征兵通知书的红色条子，我小时候知道这么一件事，我的村子有 25 个人被征兵征走了，其中有 20 个人没有回来。出征时家属都是流着泪的，日本老百姓还是反对战争的，说日本人喜欢战争纯属谬误。日本决不会成为发动战争的国家。

玲木（制片人）：如果真的打仗了，起码在座的我的同事们一定会拼出性命来阻止。我们做这一系列节目的目的也是为了日中友好。

赵：你的这种心情我们会让更多的中国人知道。

田原：多数日本人绝没有想过为了保护台湾而攻打大陆。

赵：《美日安保条约》可不是这样写的，条约认为对美日任何一方的战争行为就是对两方的。如果中国真的不得已而用武力收复台湾，美国武力干涉，日本也会被卷入其中，百姓不愿意、政府愿意的情况将再次出现。到时候需要玲木小姐这样有正义感的人出来阻止。

田原：不会的，日本是民主国家，政府不会违背人民的意愿。万一日本政府采取违背人民意愿的政策，在野党、日本人民都不会答应。自负一点说，我已经凭我的力量将 3 个首相炒了鱿鱼，这就是媒体的力量。

赵：我相信日本人民的力量。

田原：今天因为是和您谈话才说了这些话，谢谢。

点评：

田原是个很厉害的主持人，他身上集中了中国中央电视台王志、白岩松、水均益、崔永元等主持人的特色，而且又是以善于提出“怪问题”、“刁话题”而往往使受访者束手无策而出名的人。

田原在开场白中谈到了他写的有关田中角荣的书。这可以说是导播和他设计的“热身”活动。然后，田原就突然提出有关朝鲜的问题。在国外媒体对一千多万受众去谈邻国的事，这显然是一个敏感的问题。特别在现在东北亚地区的复杂的国际关系中更是如此。赵主任灵活地从另一个角度阐述了自己的看法。关于中国人如何看待日本的问题，这在日本也是受人关注的问题。赵主任也非常客观地回答了这个问题。谈到当年日本“神风特攻队”的问题，赵主任说：“我本人也知道像当年‘神风队’的十七八岁的孩子写给母亲的信是多么凄惨，他们也是受欺骗而去的，当了炮灰。我们对这样的人是很同情的。”一席话说得入情入理，打动人心，一下子就拉近了和受众的距离。

这天的现场直播，因突发股市暴跌，时间大大压缩，在那么短的时间里，每一个问题只能谈三言两语（这也许是电视媒体的特点），还要插播广告。但赵主任充分利用了国外主流媒体的大舞台，以一个政治家的姿态，运用准确精练且受众能够接受的语言，巧妙地回答了田原的“怪问题”、“刁问题”，表达了中国政府的原则立场，说明中日关系问题的本质，完成了对外传播的大任务。

（《北京周报》日文专家　林国本）

北京是产生世界新闻的地方

（2002年11月5日在北京会见加拿大广播公司总裁兼首席执行官罗宾诺维奇[1]的谈话）

赵启正（以下简称赵）：欢迎你来新闻办公室做客。现在是中国非常重要的时刻，中国共产党第十六次全国代表大会即将召开，因而，广播与电视博物馆国际理事会年会在北京召开就更加引人注目。6日晚上江主席会见你们的时间会延长，他会回答你们的问题。会见之后江主席还将参加欢迎宴会。

我注意到，这几年中国人对加拿大的兴趣在不断增加，中国人对加拿大人有好印象，原因之一是白求恩的关系。所以来到中国你就说"我是从白求恩故乡来的"，你就一定会受到中国人的欢迎。（笑声）中国改革开放后，加拿大与中国的经济合作与其他国家相比落后了，这并不是说加拿大的经济不发达，而是相对于美国人而言你们过于谨慎。加拿大在中国的投资也很少，会丧失在中国市场的一些机会。你作为加拿大广播界的权威与我们开展合作，可能会带动整个加拿大与中国的经济合作。

罗宾诺维奇（以下简称罗）：现在我还清楚地记得19年前我来上

1　罗宾诺维奇（Robert Robinovitch）：加拿大广播公司总裁兼首席执行官。

海与江泽民主席谈卫星合作的事情，当时我们与中国的卫星无线合作项目做得很好。我很想告诉您，加拿大广播公司在中国已运作了多年，我们把报道中国作为重头任务。加拿大广播公司是非常大的机构，共有4个电视台，每个台都有英文、法文频道，还有两家新闻台，在美国就有2400万用户，所以我希望您把加拿大广播公司看成是北美的一家媒体。

加拿大面积很大，但只有3000多万人口，是一个小国，所以在中国的投资就少了一些。加拿大在电信和核能方面是非常先进的，我们在欧洲有很多合作。

赵：加拿大与中国合作的CANDU核电站[1]一直进展顺利，一定会成功，中国的核电业有很好的前景。

罗：我不是技术专家，但我知道核反应堆的安全性和技术含量都很高。中国的发展潜力有多大，作为加拿大广播公司愿意把中国发展的信息告诉加拿大人，告诉他们中国的发展有多么的激动人心。

赵：希望你与我们保持联系。我们可以先合作小的项目，比如举办一个“中国文化周”。

罗：这很重要，我们驻北京的办事处与你们配合。我们也可以互相交换实习生，我们互相学习，不过我们向你们学得更多。我想我们在电台、电视台方面有很多合作机遇。在网络技术发展迅猛的今天，人类相处越来越友善，也越来越紧密，也许我们还能一起共事。

赵：我们保持热线联系。

罗：这太妙了！我们在京已有25年历史，在外国新闻社当中是驻京时间最长的。25年来我们一直保持与中国的联系，去年中国电视代表团访问加拿大，我们还讨论了合作的可行性。

赵：你们的驻京记者的任务很重要，北京是产生世界新闻的地方。

1　中国秦山第三核电站采用加拿大CANDU6（坎杜6型）重水反应堆，总装机容量为2×728兆瓦，投资28.8亿美元，2002年11月19日并网发电，同年12月31日商业运行。

中国共产党的十六大你们一定会采访，江主席的报告，会议中就能出英文版。

罗：我希望能在第一时间拿到江主席的报告。

赵：我能看出来你是一个尊重历史的人，我送你一本介绍中国经济的书，这是美国人写的，也是从美国买回来的书，不过，送给你就又出口了，应该退税。（*笑声*）我这里有很多关于中国的书，你可以随便选。

我只去过加拿大一次。

罗：我非常愿意在加拿大接待您，但您最好不要在冬天来。加拿大的气候与北京相似，春季是最好的。

赵：加拿大的空气比北京好，以后北京冬季取暖将取消用煤，家庭取暖改用电暖或气暖。我们没有加拿大那么多的水力发电。

罗：我注意到了你们三峡工程的发电设施，我住在蒙特利尔，都是用水力发电。

赵：我很羡慕，加拿大水利资源很丰富，上帝恩赐加拿大，对加拿大非常友好。（*笑声*）

罗：但我要说，中华民族是一个勤劳勇敢值得自豪的民族。这次我来北京参加年会，非常感谢您能接见我。

赵：不知大家注意到没有，现在有很多中国人去加拿大留学，这是因为除了能学到加拿大的文化和高科技以外，学费比较便宜，与到美国留学相比，生活费比美国低。

罗：我想告诉您，我是麦基尔大学的董事会主席，在麦基尔大学留学的中国学生很多。

赵：江主席会见时，你可以告诉他这件事。

罗：我想江主席对客人的提问一定会答得非常好，只是我怕自己提得不得体。

赵：江主席的会见是在钓鱼台，钓鱼台非常漂亮，西方记者都知道。

罗：19 年前我在人民大会堂参加宴会印象非常深，现在我期待另一个好地方。

点评：

面对加拿大首屈一指的广电媒体总裁，赵主任以一句“北京是产生世界新闻的地方”，并指出党的十六大就是有世界影响的新闻，一下子紧紧抓住了对方的注意力。媒体是追逐新闻、报道新闻的工具，没有比哪里出了新闻更能刺激媒体领导人神经的了。罗宾诺维奇肯定知道这一点。而我们，从启正这句话感受到的是他在外国人面前的自信和作为一位主管国际交流的中国高官的自豪。这句话让外国人听了集中精力，让中国人听了感到痛快、激动！

（黄友义）

中国的社会制度有无可替代的优越性

（2002年11月22日在北京会见日本主要新闻媒体评论员访华团[1]的谈话）

（刚一落座，赵主任就将日文版的“十六大报告”送到了每一位客人的手中，客人们惊喜之余连声道谢。）

赵启正（以下简称赵）：十六大后，诸位都在各自的报纸上发表了评论，我们也看到了一些。例如，你们的社论称“以江泽民为核心的中国共产党第三代领导集体领导中国发展成为世界第六大经济实体”；评价“中国共产党领导集体顺利实现新老交替的历史意义”；认为“年轻、务实和高学历是中国共产党新一届领导集体的重要特征”；认为“中国共产党新一届领导集体将坚持以经济建设为中心”等等。

以上判断我认为是准确的。

加藤千洋（《朝日新闻》编委、访华团团长，以下简称加藤）：新的中央领导对日中关系会产生什么样的影响，这是日本老百姓很关心的一个问题。

赵：十六大报告明确了中国的内政外交政策都是要继承和发展的。总的原则、方向不会改变，在具体的思路方面，随着时间的进展，会有

1 该团成员是《朝日新闻》、《读卖新闻》等日本7家主要媒体负责撰写社论的资深记者，对十六大后我国的内外政策十分关注。

开拓和创新。这一点，请大家放心，中国决不会走回头路。

新的中央领导人在当选之前，他们在各自的领导岗位上，已经有了20多年对外交往的经验。他们在担任了中央领导人的职务后，就会继续发挥这些经验。

据我所知，有几位这一届中央领导人在日本也有很多朋友，因此，日本国民可以期望在老一代中央领导人奠定的中日友好关系的基础上，中日关系可以很好地继续发展。

冈本充（共同社编委）：和上次比起来，北京街头发生了很大的变化，给我留下深刻的印象。“中国特色的社会主义”可以理解为“中国特色的资本主义”吗?

赵：中国特色的社会主义就是与其他的社会主义有所不同，更不用说与资本主义社会不同了。十六大报告中的10条经验，可以理解为“中国特色的社会主义”的特点。日本的资本主义，与欧洲和美国也有很大的不同，可以认为有日本特色。虽然说中国的所有制是混合型的，但是中国仍然强调以公有制为主，在这一点上与资本主义是完全不同的。中国共产党领导的多党合作制，日本人可能不太理解，但是中国人不仅接受这个制度，而且认为它有无可替代的优越性。这也是“中国特色的社会主义”重要内容之一。

（在回答了“怎样防止政府腐败”和“新一届常委排序如何产生”等问题后）

赵：从你们提出的问题可以看出，你们对中国的问题很用心，很有研究。最后，我也有一个问题，希望你们回答。

上个月，我在日本同朝日电视的田原总一朗对话，节目是直播的，由于问题多，时间短，没有能够充分表达我的思想。我接受他采访的初衷是认为这是一个可以与日本国民直接对话的好机会。我的问题是：我那样回答问题，日本一般观众能否接受？是可以接受其中一部分呢？还是完全不能接受？

清水美和（《东京新闻》）：总的感觉是那档节目时间太短，问题的游动性很强。在那么短的时间里，让日本国民完全理解谈到的所有问题确实有难度。所以，说“日本国民完全理解”有点言过其实。但是中国的部长来日本参加这个节目本身，它的意义是积极的。

加藤：第二天我到办公室，同事们都说，中国的官员接受日本电视的采访，问题回答得适度，感觉不错。一位负责欧洲方向的记者特意向我称赞：“中国政府里还有这样的官员！”

赵：如果我们今天下午的谈话做成电视节目的话，可能日本观众也有兴趣。

点评：

早就听说，赵启正主任及其助手特别注意收集材料，做好与外国人谈话的准备工作。据说，他手上有数千张卡片，记录着会见过的外国人的基本情况和谈话主要内容。这次会见日本记者，他显然事先又做好了“家庭作业”，一开场他就说出了日本媒体社论的内容。有了这种背景，来采访的记者当然要认真倾听他的每一句话了。

（黄友义）

圣彼得堡人很懂文化艺术

（2003年8月19日在圣彼得堡接受俄罗斯电视台、俄《消息报》采访）

一、 俄罗斯电视台的采访

问： 部长先生，请您简要介绍一下“中国周”的基本情况，包括你们要向圣彼得堡人民介绍哪些项目，其中有一些什么样的文化项目？

赵启正（以下简称赵）： 我们知道，圣彼得堡人很懂文化艺术，所以我们在选取项目时就格外注意。我们的想法是，一定要把最优秀的节目带给圣彼得堡人民。这次我们带来的表演项目有：

第一，中国民乐演出。这次来的是中国最优秀的民乐团，他们将用中国的民族乐器演奏传统中国民乐，也包括俄罗斯名曲。

第二，广东杂技团演出。该团是中国最优秀的杂技团之一，他们曾多次在国外演出，获得过许多国际大奖。他们的演出还吸收了一些芭蕾舞技巧，相信圣彼得堡观众一定会在欣赏他们的演出时体会到这一结合的精妙之处。记得1956年我上中学时，曾在中国观看过俄罗斯的马戏团演出，那是很精彩的，而中国的杂技也很有特点。

第三，大型历史及民族服饰展示表演。这一表演将向圣彼得堡人民展示2000多年来中国历朝历代的服饰，以及中国56个民族的传统服装。

此外，我们还带来一个展览，主题是经联合国认定的在中国的世界文化和自然遗产。这些景观不能运到圣彼得堡来，只能以图片的形式展出。但我希望，通过这些图片展示，能激起圣彼得堡观众到中国去亲身领略这些自然风光的愿望，同时我对有此愿望的圣彼得堡人表示我们真诚的欢迎。

问：这次圣彼得堡市庆祝建城300周年，世界各国许多城市向圣彼得堡市赠送了不同的礼品，其中既有实物，也有精神文化方面的。请问部长先生，中国的礼物有哪些？

赵：我刚才介绍的所有由中国国务院新闻办公室在圣彼得堡举办的"中国周"项目，都是我们赠给圣彼得堡城的精神文化方面的礼物。作为姐妹城市，上海市将在这里建一个中国花园。顺便说一句，我以前担任上海市副市长时，就曾负责推动与圣彼得堡的友好城市的工作。中国驻圣彼得堡总领事馆向圣彼得堡市赠送了一对瓷瓶，它们代表了中国的制瓷工艺水准。我们这次来，还给圣彼得堡市政府带来了一件礼品——一件精美的京剧人物造型工艺品。人物的原型叫包拯，人们都称他为包公，是历史上一位有名的清官，历朝历代的贪官都怕他。（第二天，当地电视台和报纸对此事作了广泛报道，报纸的标题是：《中国的礼品——一位永不被收买的清官》——编者注）此外，我还将就中俄文化交流和媒体交流发表两次演讲。

问：部长先生，您以前是否访问过圣彼得堡？您对这座城市有何印象？

赵：我以前没有来过。我早就想来，但一直未能如愿。这几天，我看了一些地方，感到圣彼得堡这座历史名城不仅属于俄罗斯，而且也属于世界。这次来，使我感到应该复习一下多年前学过的俄语了。

二、俄《消息报》的采访

问：作为部长，您是如何看待中俄文化交流的？

赵：我认为，我们双方都应该多派高水平的艺术团组互访。我在上海和北京都看过俄罗斯的艺术团组的表演。不过从近几年交流的情况看，俄罗斯到中国的艺术团组多，中国来的少。这种不平衡应该逐步改变。中国应多派艺术团组过来，希望圣彼得堡市可以提供帮助。

在电影方面，中国人对俄罗斯电影的印象是主题严肃，接近生活，充满幽默，艺术水准高。中国人对列宁格勒电影制片厂过去的作品就很熟悉。近几年少了，还是应该多交流。中国有很好的电影译制厂，我们可以高水准地译制俄罗斯电影。当然，你们也应引入更多的中国电影。

俄罗斯的音乐非常优秀，柴可夫斯基、肖斯塔科维奇和鲍罗丁的作品都很受中国人民的喜爱。但是在中国市场上出售的这些俄罗斯音乐作品的 CD，大多是由柏林或费城的交响乐团演奏的。应该把正宗的俄罗斯乐团演奏的作品介绍到中国去。

中俄两国的交流，除了文化领域外，政府间高层交流和互访是不可或缺的。中国国家主席胡锦涛前不久访问了圣彼得堡。俄罗斯总理卡西亚诺夫不久也将访问中国。这对于双边关系的发展都是十分重要的。我们期待着卡西亚诺夫总理访问的成功。

问：中国方面有没有在圣彼得堡建立一个中国中心或上海中心的计划？

赵：我知道有一个上海公司致力于此事，已经历了十几年，进展还可以快一些。但这只是一个较小的设计，并不是"中国城"那样的大计划。

问：我想问部长先生一个与"中国周"无关的问题。我想知道中国的人口政策现在有无变化？

赵：我们的人口政策叫做计划生育，也就是 Family Planning，这一政策就是鼓励只生一个孩子。这样做是因为我们有13亿人口，我们的耕地只占世界的7%，但人口占21%以上，这就给我们造成了极大的压力。计划生育政策就是教育公民自觉少生，这在大多数年轻人中没有问题。同时我们的计划生育政策也不是一律的，如对少数民族，我们就有更宽松的政策。

问：请问这一政策仍然存在吗？

赵：是的，这已成为中国社会文化的一部分。在大城市，受过教育的年轻人都不愿多生。请问你们这里是否也是如此？（记者答：是的。）

点评：

称赞对方（俄罗斯的电影和音乐）是一种自信的表现，这种自信的背后是“一定要把最优秀的节目带给圣彼得堡人民”这一更大的自信。而这一切来源于一个决心：“俄罗斯到中国的艺术团组多，中国来的少。这种不平衡应该改变。”作为中国外宣事业的主管，启正的这种信念令国人感到鼓舞。

（黄友义）

让媒体架起中俄友谊的桥梁

（2003 年 8 月 22 日在莫斯科俄罗斯国际文传电讯社的演讲及答问）

尊敬的各位同行，女士们、先生们，朋友们：

我很荣幸有机会在这里向大家介绍近几年中国媒体发展的现状，并表达愿意与贵国传媒界加强交流的愿望。还希望大家能提出问题，我尽力回答。

随着现代化步伐的加快和信息社会的到来，世界日益走向开放、交流与合作。世界各国相互联系、相互依赖更加紧密，跨越文化、寻求共赢成为时代的主流。大众媒体在当代时代潮流中扮演着重要角色。

传媒不仅具有传统意义上的信息功能、教育功能、娱乐功能、广告功能等，还特别具有为了国家或某些集团的利益制造舆论的强大力量。21 世纪的信息技术革命，使发达国家利用经济、技术优势进一步扩大了新闻传播优势，而经济、技术力量薄弱的较不发达国家让世界听到自己的声音变得更加困难。东西方传媒实力存在相当大的差距，西方发达国家的传媒在数量、覆盖面、信息量、社会影响等方面，均居主导地位。西方传媒仍控制着国际舆论。现在互联网上占主导地位的文种是英文，俄文似乎也没有达到它应具有的比例。有资料表明，世界上有三分之二的消息来源于只占世界人口七分之一的西方发达国家。世界上每天传播的国际新闻绝大多数来自西方各大通讯社。西方发达国家流向发展中国家的信息量，是发展中国家流向发达国家信息量的100倍。

一些西方媒体利用信息优势对中国负面情况进行放大，致使对中国报道严重失实。在他们的放大镜下，中国好像充满了天灾人祸，这是在信息不对称情况下，新闻传播中本身难以完全克服的难题。对中国的负面报道中频繁使用“专制的”、“没有人权的”等词汇，不是宣称“中国即将崩溃”，就是宣称“中国威胁”，使中国形象失真、严重受损，不利于国际社会真正了解中国。

自1978年实行改革开放以来，中国的传媒业取得了长足的发展。不论是在丰富新闻信息量，还是在传媒的经营管理等方面都积累了一定的经验，也在相互竞争中增强了实力。中国传媒业利税已成为继电子信息、制造业、烟草业之后的第四利税产业。目前，中国新闻从业人员有55万人，随着经济发展整体推进，传媒业吸纳就业人员的潜力更会凸显出来。

随着对外开放的不断深入和中国传媒业的蓬勃发展，中国的外文媒体也得到很大发展，初步形成了CCTV-9、中国国际广播电台、《中国日报》、中国外文局等几个专门对外国介绍中国的机构。中国有几本俄文期刊，如《伙伴》、《大陆桥》，但把它们提供到俄罗斯主流社会的路途不畅，当然其质量也需进一步提高。

改革开放后，中国媒体在报道内容上也日益自由、开放、独立，媒体对政府的监督作用越来越大。类似中国中央电视台一个经常批评政府部门的节目“焦点访谈”和就热点问题追踪报道的节目越来越多，社会影响越来越大。由于媒体参与，政府的行政权力受到监督和制约，提高了政府决策的透明度和科学性。

近年来，网络技术的发展使得信息传播更方便、更快捷、更普遍，我们突出加强了新闻网站建设，丰富了内容，提高了新闻时效性和可读性，使网站页面访问量有很大提高，中国前十名知名网站日页面浏览量已经由几年前的几十万提高到今天的几千万，最高达 2 亿。其中一个叫“中国网”的已成为有 9 个文种的对外介绍中国的专门网站。我顺便提及几个有俄文内容的网址：www.china.org.cn，www.peopledaily.com.cn，www.xinhuanet.com，www.cri.com.cn。中国还在美国建立了带宽 100M 的镜像网站，使境外访问量提高了 2 ～ 3 倍，用户访问速度提高 10 倍以上。

中国在社会主义市场经济条件下，使媒体获得了新的发展动力。一些媒体原来由财政供给，不做广告，不搞经营，而现在媒体按照产业概念运行，使其传播能力得到加强。

加入 WTO 后，标志着中国的对外开放进入了一个新的发展阶段，给中国传媒业带来了良好的发展机遇。不仅传媒业的物质材料的成本将大幅度降低，同时，入世也有利于我们开阔视野，站在全球化、现代化的高度，以比较的眼光审视中国传媒业的发展。外资参与互联网站经营和出版物的分销服务，有助于中国了解国外媒体的先进技术和经营管理手段。由于世界对中国的政治经济、社会发展信息有更多的需求，中国传媒报道的内容必须更丰富、更及时、更准确、更能为外界所理解。

但是，与世界上大媒体集团相比，中国媒体集团的产品发行量及影响力还相差很多。中国不同媒体仍缺乏有效融合，报刊、广播、电视、电影、网络等生产信息产品的产业，各自经营的局面还没有改变，中国跨媒体集团还有待形成。传媒产业依托的信息技术的发展仍然缓慢。中国媒体品种数量不少，但是人均值较低，特别是在世界市场所占的发行销售份额较低。图书、报纸、期刊、音像制品、电子出版物的国际贸易中国的逆差很大，不利于世界了解中国。中国对世界的了解比世界对中国的了解要多得多。

中国媒体以积极的姿态应对入世。中国的媒体在注重社会效益的前提下，开始注重经济效益，开始面向市场，注重受众多样化的需求。中国传媒的内容日益丰富，更为人们喜闻乐见。媒体的社会效益和经济效益也会有不一致的方面，我们当然会提醒媒体注意承担社会责任，不能经济效益至上。但两种效益在许多情况下又是互相促进的。中国媒体要多创造出“社会、经济效益双丰收”的“产品”。在推动中国媒体市场化的过程中，中国政府积极进行媒体产业的结构调整，推动大型集团跨地区经营。在北京、上海、广州、成都等大城市，大力推进各种媒体集团的建设。在推进集团化时，我们希望媒体企业把内容建设作为核心战略，以优秀的内容吸引更多受众，作为媒体创新的动力。

中国人口占世界人口的21%，电视观众超过9亿人，预计每年还会以1000万户的速度增加。据预测，到2005年，中国潜在的文化消费能力将达到5000多亿元人民币。美国时代华纳、新闻集团、迪士尼公司和广播与电视博物馆国际理事会（MT & R）等一些著名的传媒机构都与中国有交流和合作。我们期待俄罗斯同行与中国媒体有更多的交流与合作。

俄罗斯是中国的友好近邻，与中国有很长的边界线接壤。不仅中国中央政府，中国地方政府也与俄国有交流的热情。中国与俄罗斯交界的省份与俄罗斯的交往更加密切。中国的北方省份黑龙江和新疆有俄语电视台、俄语广播、俄文期刊，为俄罗斯了解中国提供了方便。我们也乐意听取俄罗斯同行们对这些俄文产品的意见，改进我们的工作，中国媒体愿意成为中俄友好的桥梁，愿意更多地报道俄国的文化和社会进展。

2001年，中国前国家主席江泽民与俄罗斯总统普京成功实现了两国元首互访；前不久，中国国家主席胡锦涛对俄罗斯进行了首次国事访问，中俄友好合作关系进入了新的阶段。我相信通过两国媒体和两国人民的共同努力，中俄两国关系必将迎来更加美好的未来。

（答问部分）

问：我是国际论坛社记者，提两个问题。第一个问题是你们是如何选择“中国周”内容的，地点为什么选在圣彼得堡，而不是莫斯科？第二个问题是您对非法移民持什么样的看法？

赵启正（以下简称赵）：圣彼得堡“中国周”刚刚开幕就取得了很大的成功，得到圣彼得堡人的喜欢。我知道，俄罗斯人的教育程度和文化修养都很高，所以在选择“中国周”的内容时，我们十分小心。最先的两个项目：中国广东杂技团的表演和“中国的世界遗产”展览，观众都很踊跃。这样我就放心了，看来“中国周”是能够成功的。

接下来还有两个项目：一个是中国民乐团的民乐演出，另一个是中国模特的表演。

选择在圣彼得堡举行“中国周”的原因是那里正在庆祝建城300周年。下一次选择理所当然的应该是在莫斯科。

在历史上，中俄的文化交流是非常丰富的。中国几乎翻译了俄国的全部名著，中国放映的电影多以俄国电影为主。但是眼前不是这样的了。现在的俄国文学作品，有哪些应该翻译成中文的，我们不太了解，而且我们很少能看到中国人曾经很喜欢的俄国电影。中国流行的俄国古典音乐，往往不是俄国交响乐队演奏的，而是柏林爱乐乐团和费城交响乐团演奏的。这些都是需要尽快改变的，也是能够改变的。

关于第二个问题，近几年来中俄两国公民往来有很好的发展势头。2002年俄国公民来华人数达到120万人，而中国公民到俄国的有69万人。

中俄之间有三个关于旅游和互相往来的协定。

问题是现在出现了非法移民的问题。这个问题中俄两国政府都很关注，到底有多少中国的非法移民到俄国，报纸以及俄国各个部门所说的数字不一致，这是完全可以理解的：因为他是非法移民，没有登记。

出现非法移民有极其复杂的背景原因，需要从这些原因上进行分析并采取有力的措施。中国一贯反对非法移民活动，长期以来中国不断加强出入境管理，完善有关法律和规定，加大执法的力度，加强反对偷渡的教育，在制止和打击非法移民方面已经取得了很大进展。在遣返非法移民的问题上，中国方面一直采取和俄方合作的态度，对于经过核实，证实确实是非法移民的中国公民，中国接受遣返。

事实上，中国的某些邻国也有非法移民到中国，有的数量也很大，因此我们对这个问题的理解不会和你们有很大的不同。谢谢。

问：我是法新社记者。关于在北京举行的朝核六方会谈，您是否知道朝鲜会采取什么样的立场，中俄将采取什么样的措施？

赵：这次六方会谈能够举行，是朝核问题的一个进展。

中国在朝核问题上的态度是明朗的，就是主张维护半岛的和平，主张半岛无核化，主张以对话的方式解决问题，同时也主张理解朝鲜对其本身安全的担心。

中国和俄国都是朝鲜半岛的近邻，中国和俄国对朝核问题的观点和立场，完全一致。不久前，中国戴秉国副外长与俄国洛休科夫副外长就此问题做了进一步的磋商。

你问我朝鲜在这次会议会持什么态度，以我的智慧很难预计。如果一定要我猜测的话，那是很危险的，因为会猜错。

问：我还想再问一下，大家都知道，美国现在没有准备好向朝方提供安全保证。那么在这种情况下，中国怎样在谈判时使双方立场尽量接近?

赵：我们多次向美国说明朝鲜对自己安全的关切程度。因为朝鲜和美国都坚持自己的立场，我们只有看在谈判中能不能取得进展。

问：我是俄罗斯电视台记者，今年美国国务院再次提到了中国严重干涉人权。请您解释一下这个问题。

赵：中国是一个重视人权的国家，并且还在不断改善中国的人权状况。美国和中国之间关于人权的争论，总是美国发球，中国接球。美国每年 3 月有一份《国别人权报告》，涉及到 130 多个国家和地区，也包括贵国。《报告》对这 130 多个国家和地区进行攻击性的评论，但是没有评论它自己。我们每年出版一份《美国人权记录》。在他们发表之后，我们才发表。

《国别人权报告》中的语言很不友好，并不是要善意地指出我们的人权问题。如果是，我们是愿意参考的。《报告》关于中国和俄罗斯的篇幅都很长。不知道诸位读过没有？我希望你们有时间读一读。

问：美国是否向联合国建议调查中国的人权？

赵：美国每次在日内瓦联合国人权委员会提出的报告都被否定，没有一次成功。这不只是中国不赞成，是很多国家都不赞成。美国想调查哪个国家，哪个国家就接受它的调查吗？

问：我是俄中新闻社记者，想请问您中国政府对使用外国技术发展本国的电信事业持何种态度？还有，会不会用俄罗斯的卫星技术来发展中国的电信技术，特别是提高中国的电信效率？

赵：中国对外国的先进技术都抱着欢迎的态度。途径很多：大学和研究所的学术交流，外国的高科技公司到中国作演说和产品演示，还有许多合资的或者是外国投资的高科技产业在中国生产他们的产品，都是比较成功的例子。比如，美国摩托罗拉在中国生产的手机，又如法国贝尔公司在中国生产的电话交换机。俄罗斯前总统叶利钦参观过贝尔在上海的工厂，他告诉我俄国的产品更好，我说我们很有兴趣，希望他介绍给我们，可是他后来忘了。

我们知道俄国有高科技，我们有能力买更多俄国的高科技产品，包括你所提到的卫星通信技术。

问：我是哈巴罗夫斯克（伯力）电视台记者。您刚才说中方愿意加强两国边境地区传媒的联系，那么您对加强我们和哈尔滨电视台的合作有什么看法？

赵：我去年到哈尔滨电视台看过他们的俄语节目。他们的节目做得很好，但是广播时间短了一点，也许是在人员和经济方面还需要加强。我愿意给予他们支持，你有什么建议也请告诉我。

问：我想请问，您怎样看待俄国的文艺团体访华数量大大超出中国访俄文艺团体数，如何解决这个问题？

赵：我在圣彼得堡和他们讨论过这个问题。据我们精确的统计，过去4年俄罗斯赴中国演出的文艺团体是285个，而中国赴俄罗斯的文艺团体是30个，有将近10倍之差。

造成这种不平衡的原因有很多。如中国的文艺团体到俄罗斯来演出票价定得很低，完全不够他们的支出，需要政府大量补贴。俄国到中国的演出票价很高，如圣彼得堡的芭蕾舞在北京、上海的票价高达200美元，这对于工薪阶层来说，几乎是他们一个月的工资，这是因为中国人喜欢俄国的艺术。至于中国团体演出的票价定得很低是什么原因，我没有作过深入考察，至少在预先宣传方面做得不够，甚至几乎没有宣传，不能使俄罗斯观众下决心购买表演票。我们的杂技团在圣彼得堡的演出，观众掌声热烈，久久不肯退场，这使我相信中国的文化节目在俄罗斯是有观众的。至于如何推销，也需要俄罗斯的演出公司发挥作用。

问：我是中国《光明日报》的记者。中俄两国政府关系发展得很好，经济关系发展很顺利，但中俄媒体关系发展显然大大落后了。根据现有的信息，俄罗斯老百姓很难了解中国。我的问题是：您这次除了访问俄罗斯国际文传电讯社外，是不是还访问其他媒体单位？另外，就两国之间互相客观地进行报道是否达成了协议？

赵：这也是我们很关心的问题。俄罗斯的媒体表现不完全一样，像国际文传电讯社就非常积极。刚才社长告诉我，他们在上海就有15个人。据我所知，这也包括雇用的当地雇员，他们可以协助写关于中国的英文和其他文种的稿件。报道中国已经成为国际文传的一个特色。今天上午我和俄国新闻部的官员谈了政府如何促进媒体之间的交往。

我也许可以做两件事：一是推动中国媒体更多的记者常驻俄国，组织短期的访问团到俄国；二是我们也欢迎俄国媒体组织访问团到中国去。我的办公室有一个新闻局，专门帮助外国记者，它的负责人是钱先生，坐在第一排的中间，是一个很愿意帮助人的局长。

问：中国怎样看待俄罗斯关于西伯利亚的原油管线走向的讨论？哪一条管线应该是俄罗斯的优先方向？

赵：（举起了一张彩色的原油管线地图。众大笑）这条管线对于俄罗斯、对于中国、对于日本都很重要。中国将成为俄罗斯长期、稳定的石油购买者。中国GDP增长率平均每年9%，能源消耗的增长率应达到6%～7%。去年中国大概消耗了石油2.4亿吨，大约有7000万吨是进口的，其中二分之一来自中东。从长远看，进口比例还会进一步增加，这个需求是长期的、稳定增长的。

任何国家在考虑经济合同的时候，首先考虑本国的利益，然后要理解对方的利益。我想中俄的谈判也是这样的历程。俄国需要稳定的有支付能力的购买者，中国需要能稳定提供石油的提供者。中国的支付能力也请你们放心。我希望双方都获得利益，这样才是最好的朋友关系。

点评：

选择俄罗斯国际文传电讯社发表演讲，介绍中国传媒业的现状，传达同俄罗斯传媒界加强交流的愿望，可谓找准了对象。

成立于20世纪90年代末的这家非官方私营通讯社，虽然在中国的知名度远远比不上俄罗斯的两家国家通讯社俄通社－塔斯社和俄新社，但是，由于记者编辑阵容强、条条框框少、时效快，它在俄罗斯政界和报界的声誉比起那两家国家通讯社来，有过之而无不及。从报道的风格和取舍来说，国际文传电讯社却比较接近于西方四大通讯社，有关中国的报道虽不至于歪曲丑化，但也难免报忧多于报喜。演讲中提到的“中国好像充满了天灾人祸”、对中国的负面报道大于正面报道等西方通讯社的毛病，国际文传电讯社可以说也“咸与有荣焉”。

由于这是与同行和行家交流，所以演讲人的功夫不下在文采和可读性上，而是放在事实充分、数字翔实和论据有力上。演讲人不是用抽象的褒扬，而是用一组颇具说服力的数字，展示了中国传媒业在改革开放中的长足进步，同时也毫不讳言中国传媒业的不足之处，让听众感到演讲人把他当成朋友，推心置腹，平等交流。

（新华社世界问题研究中心研究员、译审　盛世良）

我们应该尊重别人的信仰

（2003 年 9 月 12 日在北京会见伊朗通讯社社长纳塞利[1]的谈话）

赵启正（以下简称赵）： 我们国务院新闻办公室的职责之一就是加强与外国通讯社的交流，把中国真实的情况和真实的想法告诉世界，或许在这一方面我们有很多共同话题。

纳塞利（以下简称纳）： 很高兴与您会见。我们相信，只有东方国家与发展中国家拥有了强大的媒体，才能不受西方国家媒体的影响。西方媒体，尤其是美国媒体，不光对中国有偏见，如对中国人权横加指责，同时也对伊朗有偏见。因此，希望伊中两国能够通过媒体不断地说明真相。哈塔米总统最近建立了信息委员会，目的就是保卫人民的权利，我是该委员会委员之一，该会职能与贵办相似。布什追求霸权主义和单边主义，会影响人类的命运。我们应现实地看待问题，正视危机。很久以前，伊中两国就通过丝绸之路联系，丝绸之路是两国友好的古老见证。此次访问期间，我们和新华社签订了合作协议，决定加强交流，相信在新的时期，两国友好会有新的发展。

赵： 今年受伊拉克战争的影响，我们以为美国不再发表《国别人权

1　纳塞利（Abdollah Naseri）：伊朗通讯社社长。

报告》了，但他们终于在4月又发表了。尽管美国对中国的报道不好，我们还是欢迎美国记者来中国采访，因为我相信不是所有的美国记者都看不到中国的好。美国对中国了解得越多，对待中国的政策就会越正确。所以，我们愿意与美国媒体交流，越是不交流，对中国的误会就越深。

纳：正因为美国不愿意看到强大的中国和伊朗，才对我们进行负面报道。我们也愿意与美国开展交流，比如，我们在华盛顿、纽约都设有分支机构，但美国竟然将我们在纽约的财务办公室关闭了。我很奇怪，像美国这样的民主国家为什么不容别国媒体存在？

赵：不管舆论如何，我们都要将改善人民生活当作首要任务。至于宗教，都应当尊重别国宗教，不要干涉，因为宗教问题太复杂了。别人信奉某种宗教，必然有他自己的道理，自己可以不信，但应该尊重别人的信仰。在宗教问题上互相尊重是世界和平的重要因素。

纳：的确是这样。伊中两国领导人提倡文明对话解决文明冲突。有少数极端主义者不奇怪，原因很复杂。我不反对美国打击基地组织、塔利班组织，因为这两个组织都是制造混乱，反对和平的。希望东西方国家都能和平相处。非常感谢您的接见。

赵：欢迎您再来北京访问。

点评：

在这次谈话中，赵启正说，“尽管美国对中国的报道不好，我还是欢迎美国记者来中国采访，因为我相信不是所有的美国记者都看不到中国的好”；“不管舆论如何，我们都要将改善人民生活当作首要任务”。从这些文字中，我们不仅看到国务院新闻办公室建设有利于中国的国际舆论环境的责任心，还感受到了赵启正从容不迫地面对各种舆论且带有浪漫色彩的自信。

（黄友义）

中日关系的发展令人忧虑

（2003年10月24日在北京会见日本《产经新闻》主笔住田良能[1]的谈话）

赵启正（以下简称赵）：我们上次见面是在去年10月27日，正好一年没有见面了。

住田良能（以下简称住田）：听说您刚从美国回来，感谢您在百忙之中安排和我见面。我很想先听听您关于近来日中关系的见解。

赵：我对目前中日关系的发展十分忧虑。近一年来，在中国民间，对日不满情绪有所增长。这种情绪针对性很强。它和侵华战争时不同，不是针对整个日本，而是针对某些问题。究其原因，小泉首相多次参拜靖国神社的负面影响越来越严重；另外还有日军二战时期遗弃的化学武器伤害事件。20世纪70年代以前，日本政府不承认在华遗弃了化学武器。后来承认了，但是承认的数量与实际数字还相差很远。有些中国民众由此反对引进日本的新干线。国土交通大臣扇千景女士访华的本意是好的。她说："先有求婚者才能谈婚嫁。"她说这番话，也许"幽默"，但让人难以接受。如何向中国民众，尤其是中国青年表达自己的愿望，要注意方式。

1 住田良能现已升任《产经新闻》社长。

住田：有个问题让我很难理解，采用日本的新干线为什么会激起反日情绪呢？我们看待这个问题，注重的是经济价值，完全是从买卖行为来判断的。

赵：你的看法也许是有一定道理的。但是小泉首相不顾来自各方面的反对，执意参拜靖国神社，还有遗弃化学武器致人死伤事件的背景，一些中国民众会问："为什么要和对我们如此态度的国家谈生意呢？"当然，中国民众对日本也有友好的表示，这一点，却被日本方面忽视了。比如，要求日方赔偿的中国民间诉讼、化学武器致人死伤案、福冈事件等，得到了日本友好人士的声援，中国中央电视台作了采访报道，引起了积极反响：中国民众对日本民族的尊重感便自然增加。这些日本人士是爱国者，也是国际正义的声援者。东京地方法院裁定日本政府应对遗弃化学武器伤害事件负责并予以赔偿，也可以说明中国民众对日看法的多样性的原因。

住田：您刚才提到了一连串的问题，为什么要把它们联系到一起呢？在日本人看来，每个问题都是独立的，新干线就是新干线。新干线这个问题很有典型意义。扇大臣来华和中国政府交换意见，是好的。但是，恐怕她还有自己的目的吧。最好请中国政府的决策者听一听日本东海铁路公司总裁葛西先生的意见。他已经明确表明了向海外转让新干线技术的原则。

赵：我在浦东工作的时候，曾经引进了大量日本企业。和日本企业合作要注意的问题，我们都妥善地处理了。有些事情，处理好了，就是故事，处理不好，就会酿成事件。日本政府给中国政府提供了约 1480 万美元的援助，帮助中国人民战胜 SARS，居各国援助额之首。这些，中国也都表示了谢意。

住田：日本政府提供资金帮助中国抗击 SARS，首先是出于道义上的考虑。另外，SARS在当时虽然只是中国的问题，但是，如果早控制，对日本也有利。二战已经过去了50多年，还有一些遗留问题。中国政府早在20世纪70年代就放弃了战争赔款的要求，日本政府的做法按照法律是妥当的。历史的遗留问题，引起了民间的反日情绪。日本方面对中国的支援和赔偿，具有道义上的意义，如何从根本上解决问题才是关键。如果中国民间诉讼败诉，日本政府和人民也不是什么都不做，感情上还是觉得有责任，应该作出表示。在齐齐哈尔发生了遗弃化学武器伤害事件，日本政府赔了3亿日元。这只是开始。

赵：放弃赔款是事实，但是可能谁也不会想到50多年前遗弃的化学武器今天还能造成伤亡。二战留下的炸弹“定时”了50多年，甚至更久。难怪有人说，战争已经过去，伤亡还在继续，日本政府应该重新考虑这一问题给中日友好带来的不利影响。不要认为受害人只是要钱，钱是买不来生命的。日本政府如果能主动搜寻当时日军档案，寻访老兵，为中方寻找化学武器提供有价值的线索，也是为求得中国民众的谅解作出的积极的姿态。

佳田：您的提议很好。两国政府间的接触应该提出这个问题。

赵：日本媒体对这件事的报道也太少了，只要拿出报道“沈阳领事馆”事件十分之一的版面，也会对中日关系带来有利的影响。在报道中日关系时，日本媒体，还有中国媒体也是一样的，要遵循两条准则：一是爱国，二是公正。两个准则同时存在，互为前提，缺一不可。不能只是一味强调本国立场，把国际公理和正义放在一边。小泉首相执意参拜靖国神社，还说是“取得了中国方面的理解”。这样做很难理解！

佳田：为了追悼明治维新以来，包括在第二次世界大战中，为国殉难的人，首相去参拜靖国神社是应该的。但是，这一次小泉首相的言行不够谨慎，不该说那些话。这个问题处理不好，对日中两国的实际利益都没有好处，尽管它可以刺激日本的民族精神。围绕着靖国神社，两国产生的对立是非建设性的，无益的。中国政府对此采取了克制态度，明确地表明了立场。日本一些媒体借机炒作，被别有用心的人利用了，扩大了负面影响，激起了中国民众的愤怒。

赵：日本人大概不了解，中国的网民大多数是年轻人，尽管他们的观点不代表中国舆论的主流，也不能代表政府的观点，但确实是反映了一部分人的看法和情绪。了解一下网民的年龄、学历、职业、爱好等方面的构成情况，有利于我们作出较为客观的判断。最近我在大学里给研究生讲课，交流了对日本问题的看法，他们的观点还是较客观和从大局看的。

住田：新干线的问题很重要，对双方都很重要。最好的办法是葛西先生访华拜见赵部长，或者请赵部长和助手到日本实地考察一下。

赵：铁路项目不是我的工作领域，也就是说我是无关紧要的人物，我乘过新干线，不过我也很有兴趣参观一下新干线的控制部分。我在德国参观过 AEG 列车。在法国，一位工程师陪我在高速列车的驾驶舱度过了 20 分钟，听他的介绍，观看驾驶。有机会的话，可以在日本拜会葛西先生。

住田：我很想听听您对朝鲜的看法。

赵：我从没有去过朝鲜，我很想去看看。我认为它有担心被孤立和封锁的感觉。越恐吓它，它会越表现出独特的反抗方式。美国过分相信它的威慑力，说明美国不懂东方人的哲学。日本可以多通过公开的和私下的接触，与朝鲜加强交流，消除隔阂。不要过分纠缠过去的事情。采取强硬办法，只能适得其反。不过这只是我个人的想法。

住田：感谢赵部长安排了今天的会见，希望有机会还能和赵部长见面。

点评：

中日关系中，参拜靖国神社几乎成了死结，还有不断出现的新问题，如日军遗弃的化学武器连续伤人事件等，其间日本媒体总体上起了消极的作用。应该让更多的日本人听到赵主任对媒体的要求：媒体“起码要遵循两条准则，一是爱国，二是公正。两个准则同时存在，互为前提，缺一不可。不能只是一味强调本国立场，把国际公理和正义放到一边”。

（黄友义）

德国人崇尚哲学，中国人也一样

（2003年10月29日在北京会见德国《时代周报》经济部主编霍伊斯尔的谈话）

霍伊斯尔（以下简称霍）：非常感谢您能够抽出时间接待我们。国务院新闻办为我安排的日程内容很丰富，这几天我看到了许多，了解到不少情况。前总理施密特先生是《时代周报》的发行人之一。我们的报纸十分关心中国的事情。这次访问可以使我们了解到更多的有价值的资料。这几天我们去了一些地方，有了一些初步的认识。

我有一个问题，请问：有多少中国人经常读报、看电视?

赵启正（以下简称赵）：13亿人口中经常看电视的有9亿多人。报纸发行也很普遍。自20世纪90年代中期以来，中国开始发展互联网。根据今年6月份的统计，经常上网的人数大约6800万人。近十几年来，媒体对政府的监督作用越来越强了。有些腐败现象、有些有意瞒报伤亡事故真相的消息，是媒体最先曝光的。政府制定法律法规，媒体也参加讨论。在全国人大讨论通过《道路交通安全法》之前，媒体吸引了很多人参与意见。中国高速公路限速每小时110公里，有人提议增加到120公里，还有人说不要限速，像德国那样。

霍：我们很愿意理解中国的做法。不过德国不限速的规定不好。（笑）

赵：中国政府鼓励媒体批评现实生活中存在的不道德行为、不负责任的政府机构和工作人员失误，要求舆论以正确的导向引导读者。所谓正确，就是客观公正，维护人民利益。

霍：中国的读者群数量大，生活背景和文化程度也有差别，媒体的定位也很重要。比如，发达地区和偏远地区、城市和乡村的差别都是存在的。

赵：各地媒体的差异，有时有所表现。对于中国加入世界贸易组织的看法有时也会有差别，以农业为主的地区希望中国晚些加入世贸组织，沿海地区则会认为及时加入对中国有利。不同地区经济社会发展的不平衡，是中国的国情。

霍：我同意您的观点。在欧盟国家，农民也反对加入世贸组织。

赵：国家每出台一项重大决定，都要交全国人民代表大会讨论，时机不成熟的话，就要缓行或者试行。时机成熟后再全面推开。政府曾计划，机动车用户缴纳的养路费等费用应并入燃料费用，用提高燃料价格的做法取消收取其他费用。有人提出意见，尤其是农村机动车用户，如拖拉机上路很少，而油费增加。所以，暂时没有全面推行，只是在海南省试行。人大制定法律法规，要广泛征求意见。一方面，广泛听取各方面的意见；另一方面，政府部门还要积极引导。改革开放以前，中国几乎没有私营企业，人们接受的教育也主要是计划经济的观念。从不允许、允许到鼓励私有企业的发展，经历了一个从理论到实践不断摸索创新的过程。这是认识论，也是一个哲学问题。德国人崇尚哲学，中国人也一样。现在，认识和实践都有了突破，要与时俱进地认识马克思主义，把马克思主义中国化。

花久志（《时代周报》驻京记者，以下简称花）：邓小平先生说，要让一部分人先富起来。根据西方现代化国家的教训，贫富差距的扩大会带来许多社会问题。而且，贫富差距一旦形成，便成了痼疾，很难去除。中国开始出现了这个问题，一部分人有失落感。如何解决这个问题呢？

赵：邓小平先生提出让一部分人先富起来，最终实现共同富裕。前者是过程，后者是目的。先富起来的人，具有影响力和带动作用，他们可以影响带动其他人实现共同富裕。这是邓小平先生的本意。从理论上讲，同时富起来是不能成立的，实践中也行不通。贫富差距在中国出现，引起了政府的关注，采取了一些措施。比如说，通过税收手段转移支付，扶持欠发达地区和弱势群体；发展教育事业，尤其是发展欠发达地区的教育，也是一条重要途径。通过改善教育状况，提高贫困人群的生产技能，可以使他们增加收入，摆脱贫困。国家鼓励东部人才向西部流动，西部培养的人才留在西部工作。在中国，平均每百人中只有不足 4 人接受过高等教育。

霍：新一届中国领导人上任以来，出现了许多变化。比如说，媒体监督的作用强化了，中央政治局向中央委员会汇报工作，这是一种新的民主形式。媒体起了积极的作用。

赵：你的观察很敏锐。现阶段的中国，经济上处于发展中，法律体系尚不完备。我们举办新闻发布会的做法和美欧不同，不仅仅是简单解答几个问题。我们邀请政府的部长们在新闻发布会上介绍本部门、本领域的发展情况，通过媒体向人民汇报。新闻发布会可以在电视上直播，中央电视台对外播出的第 4、第 9 套节目，中央电视台新闻频道和香港的凤凰卫视上都可以看到。

花：最近，胡锦涛主席在曼谷的讲演在电视上很快可以看到。直播是个好办法。好多中国人都认识我，他们在电视上的发布会看到我。发布会不呆板，很活跃，很有特点，不是每个国家都办得到的，当然也还需要改进。

赵： 国务院新闻办公室的任务是向世界说明中国，回答各国对中国的疑问。我们会努力增加新闻发布会的次数并丰富其内容。

花： 我经常参加你们的新闻发布会，你们的工作做得很好，我有亲身感受。

赵： 谢谢你的支持。

霍： 您刚才提到美国。美国是世界上最强大的国家，但它也存在许多问题，比如贫富差距。中国是发展中国家，应该避免现代化国家走过的弯路。

赵： 确实如此，学习西方，要学习优秀文化、先进的科技，摒弃落后的、没落的东西。中国坚持社会主义道路，坚持公正公平，避免出现严重的社会不均现象。问题的解决，要靠发展，在发展中找到解决问题的办法。中国是多种经济并存，公有制占主导地位，特别是涉及能源、交通、金融等关乎国计民生的重要行业。中国的私营企业发展较快，但远远还没有达到形成垄断的程度，尽管我们已经注意到了这个可能发生的问题。国家关注农村贫困人群和城镇困难职工，帮助他们提高就业能力和就业机会，努力为他们提供最低生活保障，提供基本的医疗教育保障。中国还不发达，不可能像欧洲一些高福利国家做得那样好，但还是争取做得更好一些。

在外交上，中国政府坚持互相尊重主权和领土完整、互不侵犯、互不干涉内政、平等互利、和平共处五项原则，赞成世界多极化，反对在处理国际事务中的霸权主义和强权政治。欧盟可以起到一种制衡作用，遏制单极世界。

霍： 我们赞赏欧盟的作用，也是施密特先生历来倡导的。

赵： 欧盟应该取消对中国的武器禁运，这首先是个政治歧视问题，更不用说中国购买武器不是用来对付欧洲的，更不是用来威胁世界和平的。德国是欧洲国家中同中国的交往最密切的国家之一。德国是伟大的国家，有巴赫、伦琴、黑格尔、马克思。德国的汽车成功地开拓了中国市场。磁悬浮列车的前途还在不确定之中。在中国的成功与失败，可能意味着它在全世界的命运。

霍：德国领导人要说服中国政府引进磁悬浮列车。

赵：我看，首先要说服德国人自己。

霍：这是极智慧的说法。

赵：德国政府要着眼于长远的全局的利益，也就是要有勇气能在中国以较低的成本进行这个项目。

点评：

本篇谈话涉及范围甚广。从中国媒体的监督作用到国务院新闻办公室举办的新闻发布会的特色，从重大国家政策的制定到共同语言和协调发展，从国内到外交，启正坦诚、耐心地回答了来访者每一个问题，侃侃而谈介绍了中国的各项基本国策，宣传起中国来如数家珍，同时还不忘对德国做出恰当的评价，他作为对外宣传领导干部为如何开展外宣作出了极好的示范。

今天，对外宣传中的两个重要主题是构建和谐社会和中国的和平发展。如何让外国人在这两个问题上加深对我们的理解，启正做了清晰的回答。从外国客人的话中也可以发现，赵主任的谈话效果极佳。

（黄友义）

全面观察，才能对中国经济有一个比较全面的认识

（2004 年 4 月 19 日在北京会见香港《南华早报》[1] 财经采访主任陈宜宁的谈话）

陈宜宁（以下简称陈）： 首先对赵主任接见表示感谢。我有意撰写一篇关于中国经济的分析文章，但感到对中国经济学习越深，越觉得深奥，此次主要是希望听听赵主任对中国经济的看法和认识。

赵启正（以下简称赵）： 我也有这样的感觉，虽然一直生活在中国，但仍感需要了解的事情太多。中国太大了，不同地方之间的差异是很大的，中国两个最大的城市北京和上海就有很大不同。上海是观察中国经济在市场上表现的最佳位置，而北京则是观察中国政治和宏观经济政策的最佳位置，全面观察，才能对中国经济有一个比较全面的认识。

陈： 与赵主任第一次见面是在 1994 年，当时您介绍浦东开发的意义，之后在 1998 年又见了面，当时赵主任刚刚接手国务院新闻办公室的工作，通过这些年的工作，现在，国外对中国的看法是否有所改变?

赵： 外国对中国的观点这些年确实发生了很大变化，比如，日本一些人一直认为中国与之有经济摩擦，并造成了日本国内产业的空洞化，但最近半年这种声音已经变弱了，日本媒体普遍认识到中国的发展有利

1 《南华早报》是香港一份有影响的英文报纸。

于日本经济的复苏。2002年，我在日本做客田原总一朗的“对话”节目，他的问题很尖锐，说中国造成了日本经济的空洞化，我回答道：如果没有投资中国，日本经济如何实现资本增值？中国是能实现日本经济增值的良好空间。现在这种观点，日本许多媒体也多次表达了。

陈：中国近年来在网络方面发展迅速，网络言论促进了中国民主的发展。

赵：网络言论在中国扮演着越来越重要的角色，中国网络言论的发展促进了社会主义民主的发展，但从亚洲一些国家和地区的经验来看，民主的发展不仅受到教育程度的影响，而且受多种因素影响。台湾选举“民主”就是我骂你，你骂我，彼此攻击，不择手段，对国计民生反倒无人关心。中国拥有13亿人口，要发展民主，但决不能发展这种对人民不利的“民主”。

任何国家都既有好消息，也有坏消息，新闻报道要在客观的基础上，给受众以正确的印象。当然，这需要媒体具有高度的责任感和深厚的业务功底。比如，证明汽车业的发展对中国社会有利可以找到很多论据，同时也能找到很多证据证明相反的观点。媒体则不能主观地偏向一端。我办的新闻发布会，以前两周一次，现在一周都不止两次，而且每场发布会都有中央台、凤凰台等现场直播。可以说，我办的新闻发布会在全面性、公开性方面都做得不错。就内容而言，除了外交事务，其他重要事务也多在我办发布，可以是中国政策的发布，也可以是突发事件的新闻发布。现在各个省市政府也都有了新闻发布会，我们为此对各个省市的新闻发布官员进行了培训。

陈：请问中国两届政府领导政策有何不同？

赵：新政府领导人都曾长期在中央或地方工作过，这有利于保持重大政策的继承性，在中国的各项政策不会有大变化，但会有小调整，主要是更加侧重以人为本，这使得政府与人民更加亲密。在经济上进一步强调可持续性发展，而不单纯强调 GDP 增长，更注重对教育、环境等领域的投资。另外，中国的贫富差距从某种意义上看是较大的，但消灭贫富差距很难在短期内做到。事实上，贫富差距加大也是经济大发展初期的产物，我们将在发展经济的基础上努力缩小贫富差距。

陈：请您谈谈关于西部大开发的优势在哪里？

赵：中国东部沿海地区富裕，而西部贫穷，西部大开发战略实施 4 年来，中央对西部给予了很大的财政倾斜，西部在交通、电力等基础建设方面均取得了明显的进步，但全面进步还有待时日。西部劳动力便宜，但现在随着人员自由流动的加大，东部普通劳动力也并不太贵，因此，和劳动力优势相比，西部的优势更在资源。投资西部与资源相关的领域有利可图，以前中国对这些领域的外国投资有些限制，现在限制少了。

陈：SARS 以后香港经济一直不景气，CEPA[1] 协定的签署对香港的帮助是巨大的。

赵：事实上，香港人民的生活可能除了住房外，其他都比内地的主要城市强。近几年，国家对香港经济的支持十分尽力，香港说缺什么，国家就支援什么。

陈：上海和香港的发展中的竞争性是不是很大？

赵：香港与上海各有优势，互为补充，就像欧洲的法兰克福和伦敦，都是金融中心，但是缺一不可。“一国两制”，上海、香港各在一制，加之经济结构、地理位置不同，其互补性很强是显而易见的。

陈：我们希望能采访一些分管经济的部长，请予帮助。

赵：我们也希望《南华早报》能对中国的实际情况多加报道。

---

1 CEPA 即英文 Closer Economic Partnership Arrangement（更紧密经贸关系安排）的简称。其内涵主要包括三个范畴：一是货物贸易，香港产品可以以零关税形式进入大陆市场；二是提早对香港开放大陆服务业，香港专业人士未来可以在大陆执业；三是投资便利化，减少投资限制。

点评：

如何引导境外媒体客观地报道中国，的确是个难题。所以，我们多次听到启正以“七处鲜花、三处垃圾”的比喻来阐述他的观点。在这篇谈话中，他再次谈到：“新闻报道关键要在客观的基础上，给受众以正确的印象。”他总能以出主意的方式对媒体加以引导。

（黄友义）

我们之间开展网络与出版方面的合作不谋而合

（2004 年 9 月 7 日在北京会见英国《金融时报》亚洲版总裁李尔庭[1]的谈话）

李尔庭（以下简称李）： 我们十分感谢赵主任以往给我们的建议，这些建议对我们报纸和培生集团[2]都非常有益。有两个例证可以说明。一是《金融时报》与北大的合作培训项目进展顺利，11 月开始下一期财经记者培训班。二是推广中国文化，如1421项目（1421年郑和航海开始），与企鹅电视合作在美国播出关于郑和的电视节目，很成功，很快要在英国播出。其他如合作召开国际新闻出版会议等事项也都在积极推进。今年 5 月，《金融时报》总裁欧利华先生拜会了赵主任，我们根据赵主任的建议，加强了与中国《经济日报》的合作。双方已有几轮谈判，建立了很好的合作关系，商讨了共同举办出版会议、互相交换人员和信息等问题。总裁先生昨天在伦敦会见了《经济日报》副总编辑庹震先生，就双方合作作进一步磋商。

赵启正（以下简称赵）： 培生集团与中方合作进展顺利，可喜可贺！

李： 《金融时报》总裁欧利华先生在给赵主任的信中对外国报纸在

---

1 李尔庭（John Ridding）：英国《金融时报》亚洲版总裁。

2 培生集团（PEARSON）是《金融时报》的母公司，拥有英国《金融时报》、法国《回声报》等多家报纸，还有朗文、企鹅等多家出版社。

中国国内印刷有限制表示理解。中国国内读者和商务人员得到《金融时报》的时间比香港晚些。我们希望能在中国印刷，使中国读者能尽早读到我们的报纸，请赵主任继续给予帮助。

赵： 国务院新闻办在中国各主要报纸与国外合作方面负责给予指导，我们不希望他们经常更换合作对象。《经济日报》与你们的合作已列为长期合作项目，我们鼓励他们与你们的合作。关于欧利华总裁提出的《金融时报》在中国印刷问题，我与我国的新闻出版总署多次沟通，今天会见前不久与石宗源署长又通了电话。我对他说，金融和经济信息要争取时间，有关信息晚得到一天都会对中国的企业造成影响和损失，时间就是金钱。他非常理解你们的要求的理由，但是要更改某些规则需要时间。我建议他将报纸按内容分类区别对待，经济和金融的可以作第一类，其他作第二、第三类。他是我的好朋友，会认真考虑我们的建议。

我办系统的外文出版发行事业局有3500多名员工，有十余家出版社和杂志社，一个规模很大的印刷厂，可以出版多种语言的书刊。与培生集团开展图书出版方面合作，可以使我们更好地了解外国读者对中国图书的需求，有利于中国图书在世界上的发行。英国对推广英语很重视，有很多英语教学节目，我国也有一个庞大的推广汉语教学项目。外文局多年来编辑出版了大量供外国人学汉语的教材，现有打算建立网上汉语学院，用英语、日语、朝鲜语讲课，还有互动式学习。因此，也有与你们开展网络方面合作的可能。合作的内容包括教学方法，不断地更新教材，在英国建立镜像站点等。我们已经有了外国人学汉语考试标准HSK，是中国的“托福”考试，也可以在伦敦与你们一起开设培训中心。

李： 赵主任关于开展网络和出版方面的合作与我们培生集团的目标不谋而合。我们集团是世界上最大的英语培训集团。我同中国驻伦敦的赵大使谈过，中文教育全球化需求在增长，以网络作为第一平台，是未来学习中文的好方式。图书出版是双向合作，培生集团希望扩大在中国的业务，我们也可以把中国的图书推广到海外。我将把上述合作意向分别转达给本集团内负责网络教育的部门以及企鹅、朗文等出版社。

点评：

启正利用一切机会，全面、积极地促进我国媒体与国外大公司的合作，力图通过外方的渠道，将我国的文化产品推广到国际市场。这篇谈话篇幅不长，但却充分反映了他的这种坚定主张。英国《金融时报》是培生集团下属的重要媒体。从几个月之前会见《金融时报》总裁欧利华，推进了我国《经济日报》与其合作，到这次会见《金融时报》亚洲版总裁李尔庭的谈话，启正把报纸、图书、网络全面合作的愿望一一摆在了培生集团这一英国传媒航空母舰的负责人面前，全力推动中国的文化产品借船出海。当然，国际战略性合作不可能是单行道。我们要走出去，也要适度对外开放国内市场，只有双赢，合作才能有生命力。从这篇谈话，我们也可以看到启正同志在真诚地、乐此不疲地铺设一条通往双赢的双行道。

（黄友义）

我们不能忘记历史

（2004年11月22日在北京会见日本主流媒体论说委员访华团[1]的谈话）

日方：今天早上胡锦涛主席和小泉首相的会晤在一定程度上是成功的，您觉得这该作何理解？

赵启正（以下简称赵）：这次是两国最重要人物相隔3年后的第一次会晤，至少非常具有象征意义，中日之间终于又迈出一步，让人感到高兴。实际意义上也一定有所收获。虽然现在不知道双方究竟谈了什么，但一定是双方都感兴趣的问题，肯定表达了对当今存在于两国之间一些问题的最新的见解。我本人也希望由此往后中日两国间的关系能更加协调。

日方：前不久的中国核潜艇进入日本领海事件，中方没有任何报道，国民甚至不知发生了什么，这样如何使两国国民能够互相理解？

赵：不是没有报道，中国互联网上相关新闻很多。这是一个非常特殊、偶然的事件。

日方：我有种预感，今天和赵主任将会有一段非常好的对话。刚才谈到核潜艇的问题，中国外交部用到“遗憾”一词，但我认为还是应该

1 日本主流媒体论说委员访华团成员包括：《朝日新闻》、朝日电视台、共同通讯社、《产经新闻》、日本放送、东京放送、《读卖新闻》和《日本经济新闻》。

说得更明确一些。另一个是关于靖国神社的问题。战争问题双方已经解决，但中国政府和国民始终不能接受日本首相参拜靖国神社。文化上，日本人又不能同意中国的看法，日本人注重对死者的拜祭和尊敬。中国政府是否能从文化角度上对此予以了解和理解。

赵：“遗憾”应看是和什么问题一起谈的，中方潜艇进入日本领海，是由于技术上的失误引起的，本不应该发生，中方认为此事有一定的偶然性，而不是必然事件。“遗憾”在这里表示不该发生的事情发生了，是对此事的态度的表达。

关于第二个问题，我也注意到了两国宗教文化上的差异，日本有多神信仰，人死即成神，不追究生前做了什么。中国也有敬人为神的，人死后为其建立祠堂、神庙，《三国》中刘、关、张都有庙。一般来说，在中国，英雄或有贡献的人才会被敬为神，中国有句话叫“盖棺定论”。大家如去过西湖，会看到两尊像，岳飞和秦桧。岳飞是民族英雄，而秦桧是出卖他的叛徒，因而永世跪在英雄面前。我想你们也许在杭州岳飞墓前看到过一副对联：“青山有幸埋忠骨，白铁无辜铸佞臣”[1]（说着写在纸上给大家看。谈话结束后，在场的一位日本记者索要了写有对联的那张纸）。说的就是岳飞和秦桧。中日对于逝者如何评价不同，这是上千年的传统，很难让中国人的观点变成日本人那样，反之也同样不易。禅宗在日本也很流行，“放下屠刀，立地成佛”的意思就是说允许改过。日本也有一些老兵承认杀过人，但他们悔过了，对于这样的人，中国人也给予了宽恕，但东条英机没有放下屠刀。中国人对贵国首相参拜供有甲级战犯的神社表示不满和愤怒，这是明白又单纯的感情。东条英机在中国东北的 731 部队实验室中不用麻醉剂解剖活人。被害人的家属和他们的同胞无论如何也不能接受东条英机被参拜，这是应当容易理解的。

1　清代松江（今属上海）徐氏女题杭州岳飞墓联。

对当代日本人，我们并没有追究历史责任的意思，“江户的账不能让长崎来还”。但不能由此否认历史，日本方面有人一再触动旧伤，中国人是很痛的。

日方：您说如果您去东京肯定不去靖国神社，两年前有位中国演员去过，回国后受到很多的批评，对此日本的看法多种多样，为何中国人对此只有一种看法，一种理解？

赵：中国人对那次战争历史记忆犹新，只是为了警示今天和未来。中国人在别的问题上看法也许多样，但在战争历史上的观点应该说是一致的。中国人在战时命运一样，理解也就一样。

日方：我曾在北京常驻了三年半，1995 年中国有段时间兴起了爱国主义教育的高潮，我在香港也看到报道，放映的许多片子所展示的战争是否有必要反复被提起？在日本，很多人都已经忘记了或者希望去忘记那场战争，中国是不是也应该少涉及一些？

赵：中国在近代约有 100 多年的时间在世界上是非常贫穷、虚弱和受欺凌的。1840 年，英国人挑起鸦片战争，中国战败之后被迫签订了《南京条约》，赔了 2000 万银元（当时在中国流行的一种外国银元）。1894 年被迫签订《马关条约》，中国赔偿日本 2 亿两白银，相当于中国两年、日本三年多的财政收入。这样，中国人怎么能活下去？日本人用赔款发展了工业，改进了教育，正是日本孩子的教育普及了，中国孩子却失学了。1900 年，中国和八国联军作战，完全失败，赔偿 4.5 亿两白银，中国一时拿不出那么多钱，就一年一年分期付，后来，除日本以外的其他国家提出放弃其中一部分钱，培养中国留学生。对中国来说，这 100 多年实在是太可怕了，太悲惨了。我们自己要记住历史上人民的贫弱和政府的腐败，不能忘记历史，关于那段历史的影片也是同样的意义。

日方：今天中国的政治家都很善谈。说日本国民没有以史为鉴，这点我是不能同意的。所谓军国主义的复活，战后60年里从未出现，日本对此也非常注意，如果军国主义真的有所抬头，《产经新闻》第一个不同意，日本民众中很少有人有再战的想法，中国能否给予我们更多的信任？

赵：我相信日本人确实是很爱和平的，中国官方没有说过日本国民没有以史为鉴。我参观过广岛和长崎的原子弹纪念馆，里面的一句话让我印象深刻："日本人早晨醒来了，怎么长崎没有了？"最近美国有本叫《飞行员》的书中说，战争中死于燃烧弹的日本人要比死于原子弹的还要多，其中有些照片惨不忍睹。一位82岁的日本老妇人回忆：她的妹妹喊"姐姐，等等我"，当她转过头去，她的妹妹已经燃烧起来；一位妇女背着孩子逃跑，孩子烧着了，她还不知道。尽管是日本军国主义发动战争，但日本人民受到如此惩罚，也让人很痛心。所以，我相信，日本人民是信仰和平的。

日方：今天听您一番话，其中一些是我们过去所不曾了解的，非常感谢您。我想问的是，近期两国间的一些事情甚至影响到日中关系，我认为，优秀的政治家能决定两国关系的走向，周恩来总理"求同存异"、邓小平先生"搁置争议"的思想都让人敬佩，现在中国似乎有不同的政策，您认为如何？

赵：中国的政策是有继承性的，周总理和邓小平先生的理念我们这一代还要理解和坚持。随着时代的发展，有不同的情况出现。1990年日本出现泡沫经济，相对的，中国发展得顺利一点，但其实比日本还落后很多，这时就出现了"中国经济威胁"的论调。但小泉首相没有这么说，他说中国的发展对日本来说同样也是机遇，中日经济是互补的。过去的政治家和有识之士为两国的关系做出了很大的贡献。我相信，两国人民一起努力，中日关系一定会往前走。

中日媒体方面的交流也应更广泛。日本记者到中国来的很多，他们对中国采访的热情，就是对中日友好的热情，我们非常欢迎。为了本国的利益，两国也应该友好。

点评：

这场回答日本主流媒体评论员的提问，实际上是一场零距离的直率的对话。在访谈接近结束时，一位日本评论员说：“今天听您一番话，其中一些是我们过去所不曾了解的，非常感谢您。”可见，这次访谈是成功的，让日本媒体了解了中国的观点和历史事实，这就达到了目的。为什么能取得这样的效果，相信看了这篇访谈大家会有自己的结论。我觉得，敢于硬碰硬，遇到问题不回避，不绕着走，更不空谈“世世代代友好”的策略是奏效的；善于拿八国联军的不同表现说明问题是有震撼力的；巧妙地比较中国、日本的文化传统含义是深远的。

（黄友义）

新闻发言人的热线电话

（2005 年 1 月 10 日在北京接受中央电视台新闻会客厅专访）

主持人白岩松（以下简称主持人）：观众朋友，欢迎收看新闻频道的特别节目。年关岁末的时候，我们该关注的是什么呢？有人说这个时候人们关注的不是新闻了，应该关注开心的事情。今天我们不关注“新闻”，而是关注“如何发布新闻”，因此请来国务院新闻办主任赵启正。（观众鼓掌）

大家可能都注意到了一件事情，一年以来，国务院新闻办主办的发布会很多，但是 12 月 28 日这一天很特殊，国务院新闻办自己举办了一场关于新闻的新闻发布会，是实在找不到国务院其他部门在年底发布新闻了，还是“压轴的事还得自己干”呢？

赵启正（以下简称赵）：这是应中外记者的要求举行的。他们认为今年的新闻发布进展很好，对明年有更大的期望，是在这样的背景下举行的。

主持人：那天发布了很轰动的新闻，第二天几乎走进了所有报纸的重要版面，就是你们把国务院 62 个部委的 75 名新闻发言人的电话公布了。事先征得他们的同意了吗？为什么公布电话？

赵：新闻发言人是一个非常重要的政府工作岗位，他们需要和新闻界保持密切的联系，如果联系不密切，就会影响效率。所以，这也是根据记者们的要求公布的。

主持人：假如我是一个需要用这些电话的记者，我应该怎么用这些电话呢？

赵：当你在采访中遇到困难的时候，比如，你不知道这个问题应该由哪个部门回答；或者听到一个消息不知道是正确还是不正确，需要核实，那么都可以用这些电话来询问。也可以询问“下一周的新闻发布会有什么内容呢？”，都可以的。

主持人：我在现实生活中采集了几个案例，我们一起听听。《新京报》的记者，你这几天一直在试着打这些电话，结果怎么样？

郭晓军（《新京报》记者，以下简称郭）：国务院各部委新闻发言人的电话和名单公布之后，我们做了跟踪。从我们打电话的情况看，应该说情况不是特别的乐观。

主持人：有没有具体的数字？

郭：第二天我们打了 14 个部委的电话，有 4 个电话没有人接。

主持人：没有人接，不止打了一次吧？

郭：不止。

主持人：你可以公布一到两个人的名字吗？

郭：可以。据我所知，今天到现场的发言人中没有不接电话部门的人。

主持人：你说完之后我放心了一点。（观众笑）

赵：我们新闻局的记者联络员也做了调查，她也来了，请把调查的情况说一说。

主持人：您也是有备而来。

赵：今天的内容与她有关，让她说一说。

龚艳春（国务院新闻办公室工作人员）：在注意到媒体的报道后，我们立刻向媒体提到的四个部委进行了核实，其中有一个部门的电话确实是传真，第二天就更正了，另外三家当时没有人接听，原因是新闻办的工作人员当时在开会或者出差。情况就是这样。

赵：这里有一个工作职业的习惯问题。因为制度刚刚建立，比如说发言人有事开会去了，他可能没有想到请另外的同志替他一下。刚才大家一说就明白了，不需要我再多说了。你的节目播出去之后，也等于促进我们的工作——再打电话试试！都有人接了。（观众笑）

主持人：我也请来了香港《文汇报》的同行。他有另外一个感受。

杨帆（香港《文汇报》记者，以下简称杨）：在海啸发生之后的第三天，我们下午就联系到了国家有关部门的新闻发言人，而且当天就完成了采访，澄清了外电一些不符合事实的报道。但是这里有些插曲：在我们记者联系采访的时候，有几次电话不是这位新闻发言人接的，是另外的工作人员接的。可能他当时手头事比较多，比较忙，所以对记者的采访有点不耐烦，甚至两次挂了我们的电话。吃闭门羹对我们境外记者是家常便饭，但是这次我们的记者不知道哪来的一股勇气，在电话里对工作人员说，"国务院新闻办刚刚公布了……"（众笑）

主持人：这都是赵主任惹的祸。

杨："国务院新闻办刚刚公布了这个事，你们就敢这样？！"当时的工作人员就愣了，给噎住了，接下来他态度缓和了下来。我在这儿想说，新闻发言人制度公布以后，我们记者把它当回事，我们也希望新闻官把它当回事，而且这个制度应该有点威慑力。

主持人：好，非常感谢你。赵主任您可能发现了一点，这出乎您的想象，很多记者开始拿您当招牌去要求人家。

赵：我知道这个情况，也感谢各个媒体对热线电话进行测试，因为这本身就是推动，比我们上下级的检查要生动，更能够让人记住。

主持人：赵主任，咱们得听听公布电话以后几个新闻发言人的感受。公布了电话之后，咱们卫生部的日子该怎么过呀？

毛群安（卫生部新闻发言人）：这个电话设在我们新闻办，当我第二天发现电话打不通的时候，我提醒我们新闻办保证这个电话不要长时间占线。我觉得这个电话的公布，对我们的工作是一个促进。它要求我们保持一个绿色的通道，也就是通过媒体和社会大众沟通的渠道。

主持人：广电总局的发言人朱虹，您生活的很多方面都会为此改变吗？

朱虹（广电总局新闻发言人）：有一天上午我接到 16 个电话，其中有 8 个电话是商量外国人和中国人共同制作电视节目的。打来的电话确实很多，但是新闻发言人不是专职的，我们都有大量的日常工作，比如说我是办公厅主任、法规司司长、中国广播影视集团秘书长，事情很多，不可能每一个问题都亲自回答。

主持人：我特别感谢您，您真的给赵主任提出来一个应该提出的问题。我们现在的新闻发言人的确是刚刚起步，有很多人都是兼职，有很多繁重的工作。但是以后会不会设专职？现在不设专职又怎么办？

赵：随着事情的发展，随着发言人任务的加重，有一些部门会率先设专职的。这么大一个部门，有几个专职的新闻发言人不算奢侈。

主持人：归根到底，公布了新闻发言人的电话是为了让大家觉得形式上又前进了一步，在信息公告方面、信息透明度方面变得有用。我想咨询一下吉米先生，赵主任公布这件事的时候，你的第一反应是什么？你用没用过（这些）电话？

吉米（CNN 驻京记者，以下简称吉）：最近没有用。但是，我的第一个反应是：这比20世纪80年代我刚开始当驻京记者的时候好多了！我回忆80年代，那时候根本谈不上什么发言人，也根本找不到电话，连找一个说“无可奉告”的人也找不到，就好像什么都是保密的。因此，这是一个很好的、应该肯定的进步。问题是执行，总会有这样那样的问题，这也是不可避免的。但是，我想最重要的一个进步表现在理念上，就是发言人应该知道他的职责和任务，主要不是代表自己部门的利益，而是通过媒体和公众沟通，提供信息，提供说法，这样才能解决问题。

主持人：赵主任您看大家对这个问题的关注，可能是永远没有止境的。您刚提供完电话马上新的要求就出来了，接下来我们关心的是我们究竟需要什么样的发言人。赵主任，请先说说您最欣赏的新闻发言人是什么样的？

赵：新闻发言人应该有正确的立场和目的，所谓正确，就是应当透明地和真实地传递信息。他的立场是：政府想要表达什么，要主动说，而不是被动地等着被询问。这样说了还不够，发言人还得充分地掌握他们部门工作的进展和政策，这个领域内，中外有什么比较研究也需要了解。所以，回答是中国的问题，但是，发言人表达的方式却是国内外记者都能够接受的方式。正确、简洁、明了、及时。

主持人：很有意思，其实从2003年国务院新闻办公室就开展了新闻发言人培训工作。我们希望培训出来的是什么样的新闻发言人？我曾经开玩笑说，是不是像江姐一样，“上面的情况我也知道，下面的情况我也知道，就是不告诉你”？

赵：恰恰相反，我们培训的目的是“如何告诉大家”。新闻发言人和记者的关系是个接力棒的关系，发言人是政府信息的第一棒，而记者是传递的第二棒。所以，不是“如何不告诉人家”，而是“如何告诉人家”，并且要告诉得清楚、准确。

主持人：您来之前特意准备了一个题板，我们先拿出来看看您准备的题板是什么。

赵：这是一张新闻发布工作大体程序的图解，有很多人问我们，发言人怎么工作？这一个方框说，发言人要列席他们部门的决策会议，不列席他不知道会议内容，他就无法选择有新闻性的信息来公布。

主持人：这儿大家容易误解："新闻加工"是不是尽挑对自己有利的讲，不一定是讲事实，但是说出来对自己有利，然后加工一下？

赵："新闻加工"指的是从很多政府工作的头绪中找出有新闻价值的信息，用新闻语言来表达出来，这叫"加工"，不是"编造"的意思。另外，还要根据国内外的舆情，哪些是重要信息？怎么选择？发言人得了解人家对什么有兴趣。通过对舆情进行分析，这时新闻发言人不是自己凭空确定"新闻"，而是把已经发生的与公众想知道的这两者结合起来才能在发布会上有的放矢。书面材料也好，回答问题也好，才能比较准确、比较简洁。

主持人：但是，有两个问题大家比较关心。第一个是"相关口径"，是不是可以理解为上级领导给发言人一个口径？它是中国特色？其他的国家有没有？另外一个问题是：上级告诉发言人只许说到这儿，别的不能说？

赵：我们国务院新闻办与部委发言人是各负其责："口径"不是说哪些许说，哪些不许说，第一是要说得准确。第二对有的超过你的工作领域范围的问题，你必须得先向相关部门请教，还得记住。口径是个工业术语，应该是"回答纲要"或者是"回答要点"。工业上讲"口径"指直径是多少。（观众笑）

主持人：接下来是"收集舆情"。很多记者很害怕，会不会开完一个新闻发布会之后，我的报道被认为"报道不力"，以后给我穿小鞋？

赵： 本办和我的新闻发言人都不会做小鞋，因此也不出售小鞋。（观众笑）我们对记者的要求是“事实要准确”。“评论”当然是根据你的立场。同一件事情，欧洲人和美国人评论不一样，都是北美，加拿大人和美国人也不一样。我觉得这也很好。但是事实是一个，评论是多样的，这符合新闻规律。了解舆情，工作才有针对性。

主持人： 赵主任，您刚才讲得非常清晰，讲的是一次新闻发布会的准备过程。可是，不要说全国各地政府了，就是这次公布的国务院62个部委的75位发言人中有多少是严格按照这套程序准备新闻发布会的呢？

赵： 如果他们自己独立举行新闻发布会的话，这个程序一点不能少，问题只是做到家和做不到家。尽量不要发生“无可奉告”的情况，“无可奉告”就是说你没有准备，发言人不能随便回答人家“无可奉告”。去年我们组织的60场新闻发布会，基本没有发生“无可奉告”的情况。

主持人： 还要问您，新闻发言人和记者到底该是什么样的关系？这恐怕是针对新闻发布制度问得最多的问题吧？

赵： 新闻发言人和记者的目的都是传播新的信息，这是一致的。在工作关系上，一个是新闻的发布，一个是新闻的传递。政府部门和记者的关系不是上下级的关系，我不能说你们应该怎么做，你们不该做什么。发言人对记者也不是老师对学生，不能像在大学讲课，先说ABC，ABC下面还有1、2、3，这样记者不知道哪句话重要。另外，记住记者是有一定的素养的，因此不能给他们讲定义、作过多的解释，他不是你的学生。记者也不是你的挑衅者，专门与你作对，不是的。记者为了报道好才发问尖锐，因此有时候话就很厉害，但是它是职业需要。对发布会上的记者，我觉得最好的描述是“挑战者”，问题问得好，回答得更好，就叫双赢。

主持人：“挑战者”、“双赢”，这是赵主任认为的两者之间的关系。吉米先生对记者和新闻发言人的关系，如何用简单的语言概括？

吉：我觉得这是一个很好的解释，虽然我们记者本身对政府的发言是天生怀疑的。

主持人：怀疑是一种方法和态度？

吉：但是我也同意说是挑战者和被挑战者的关系。主要的目的、共同的目的是把信息拿出去，就是透明度。

主持人：山田先生呢？给一个关键词？

山田之雄（日本朝日电视台记者）：我觉得是“对手关系”。

主持人：我不知道您是否同意我的判断：我一直有这样的说法，新闻发言人和记者的关系就是“刺猬和刺猬的关系”，离得太远就太冷，离得太近扎得慌，所以保持一个合适的距离是两者特好的关系。

赵：你经常被扎吗？

主持人：有的时候，当回答不够准确时，或者老百姓想知道他又不能提供信息时。

赵：那你扎人家（指发言人）？（全场笑）

主持人：因为大家都是刺猬。我想听听新闻发言人的回答。铁道部发言人，你认为两者的关系是什么？

王勇平（铁道部新闻发言人）：两者应该是有挑战性的朋友的关系。我记得刚刚当新闻发言人的时候，有一位老师告诉我，“记者不是你的朋友，是你的敌人，你应该警惕。”我始终不敢把这个理念付诸我组织的新闻采访活动之中，因为那样我的处境会非常糟糕。我在把记者当朋友的过程中体现我们互相尊重，即便是有一些东西有不同观点，我们也能够达成一致，或者他说服我，或者我引导他。所以记者对我非常的友善。正因为这一点，我觉得铁道部应该说有一个良好的舆论环境。

主持人：接下来听听现场的观众朋友的观点。针对新闻发言人的形象和要求，有哪位有问题要问赵主任，或者问现场的新闻发言人的？

观众：我想问的问题与新闻发言人和记者的关系有关，刚才赵主任提到接力棒的关系，但是我知道还有一种说法是守门员和球员之间的关系。记者总是想射进一些漂亮的球，而新闻发言人有的时候就像守门员扑出一些险球。所以我想问您，新闻发言人会不会扑出一些对政府不利的信息？这对我们公众的知情权有影响吗？

赵：发言人至少不是在全部时间充当守门员，否则发言人就十分被动了。从世界的角度来看，发言人有做守门员的时候。如伊拉克战争，伊拉克的政府发言人萨哈夫就是守门员，当机场已经被占领，他还说："没有占领，不信下午带你们去看看。"他是这么说的。

清华大学研究生：我感觉在发布会有些时候，新闻发言人回答问题在绕圈子，不直面问题，我觉得老百姓肯定觉得不解渴，想知道的内容没有得到完全的解释，应该怎么解决这个问题？

赵：去年，我们在北京办了两期培训班，在西北、东北、西南办了12期培训班，接受培训的是2000人。在培训班中，你说的这个问题是我们训练的一个重点。有的人在镜头面前实在是很紧张——镜头病，有的人不紧张，但是他说话兜圈子，实际上这个人肯定在平常也有说话不简洁的毛病。发言人思想要清晰，表述才能简练、精确，这需要略加训练，一点即明。

主持人：你看我们一环一环地向前走，公布电话号码是为了有更好的新闻发言人制度，有更好的新闻发言人制度需要培训，归根到底是要让新闻发布会举行得更好。您又准备了一个题板给观众看？您为什么一定要带这个题板，这里面蕴藏的东西是什么？

赵：这是告诉大家新闻发布会前的一些细节是怎么做的。这也说明我们向大家讲的话或者发给大家的材料是很负责任的。一要确定发布时间：这里有两个时间，哪一天是“时间”，发布会多长也是“时间”。确定发言人要视内容而定，确定发言人和主题，就是要选择最重要的、最受关注的、有新闻性的，如果是平淡的、大家没兴趣的，记者会惩罚你，他不来。所以，我们一定要数一数有多少个摄像机、多少个记者。

主持人：刚才看题板的时候我有一个疑问，第二条是确定发言人，第三条确定主题，我觉得应该倒过来才对，应该是先确定大家关注的主题，然后才决定发言人。

赵：你说得对，这是一个疏忽，应该倒过来。我刚才回答说，如果错了怎么办？就立刻纠正。（观众笑）

主持人：您回答得太诚实了，我反而不知道下面该问什么了。

赵：如果我修饰的话，那你就可能继续进攻！

主持人：我们在2004年举行了60场新闻发布会，这是创纪录的。但是，大家不仅期待那种固定的、预料的，而且还希望在突发事件到来的时候，政府迅速地针对突发事件来举办新闻发布会。2005年是不是要开一个很好的头？

赵：关于突发事件，大家也知道我们中央政府、中央领导人在多次讲话中提到要加强报道。问题是如何加强，以及目前为什么做得还不够理想。我们作了很多的案例分析。刚才有位先生说，是不是“家丑不可外扬”。“丑事”和“突发事件”是两个概念，有些突发事件不一定是丑事，但却是令人痛苦的或者造成很大损失的，比如海啸，比如地震。当然，一些突发事件里头也许夹杂着官僚主义或腐败的内幕。矿井管得不好，一氧化碳的探测仪坏了，指示器显示得不对，没有及时修理，结果大家下坑道作业去了，这也是丑事。可是因为这样就不告诉公众，不告诉家属吗？还是要告诉的，这里有几个问题：一是突发事件有复杂性；

二是的确需要对突发事件的报道做特别的训练，才能迅速、准确；三是效率问题。边远的矿山连我们得到准确的信息都很难，真是不知道找谁去问情况，找省政府，省政府也在向下问，问到地区、问到县，地区、县还是向下问，问到张家庄、李家庄去了，没有一个贯通的报告线索，所以，要想报道突发事件，必须首先建立起责任系统。这个网络要极其高效才行。刚才大家说中央、国务院各部委发言人的热线电话总体上还可以信赖，只是不太理想。我们想举办突发事件的新闻发布就更困难，因为有时不知道实情。这是2005年要研究和改善的方面。

主持人：我正好想问一下新闻局的副局长。在2004年的时候，有没有遇到媒体非常强烈要求——我知道国内外媒体有要求都反馈到你们那里——希望你们迅速召开新闻发布会，而你们尝试了，但是却碰了壁。有没有你们也很为难的？

杨扬（国务院新闻办公室新闻局副局长）：我觉得更多的是通过我们的组织促成了发布会的，更多的是做成事情的例子。譬如，遇到禽流感，我们组织了中外记者到禽流感现场去采访。记得一次发布会上一个外国记者提出要采访现场，新闻发布会的主持人说，这件事情我们马上组织，于是就组织了。另外还有一些比较突发的事件，我们也很快就组织成了发布会。有一次矿难是早晨4点钟，我们10点钟的新闻发布会就公布了初步调查结果，当然这件事情有一定的偶然性，正好是当天有一场发布会。

主持人：您刚才讲的案例非常有意思，那是一个巧合，因为原定在10月份召开安全生产监督管理局一个新闻发布会，没有想到恰巧就在当天凌晨4点发生矿难。结果例行的新闻发布会就演变成突发事件的新闻发布会了。我不知道今天现场的记者有没有人在那天的新闻发布会上？

马宁（《北京青年报》记者，以下简称马）：我是很早知道这个新闻发布会的，因为安监局的发布会是例行的，基本是每个季度都有一场，我那天早上去新闻发布会的时候还不知道发生了矿难，因为我早上没有来得及看新闻。但是当我坐到会场之后，马上听到周围的记者唧唧喳喳议论，说新闻稿上称安全生产状况比上一季度有明显好转，今天却又发生矿难等等。当时这种急迫的心情让大家感觉到气氛和以往不一样。10点钟，安监局的新闻发言人还有国新办的副局长准时走进了发布厅，在我印象中很少有记者关注他原先打算发布的内容，几乎80%以上的问题都是围绕凌晨矿难的。

主持人：刚刚发生的矿难？

马：对，围绕刚刚发生的矿难提问。我感觉发言人和副局长的回答基本满足了媒体的需要，虽然提供的一些数字可能是统计截止时间的数字，但还是澄清了外界的传闻，这是一个很好的范例。

主持人：好，谢谢你。你看，一个偶然的事件反而制造了一个很好的范例，它反映了记者的需求。赵主任，2005年能不能在70场或80场的新闻发布会中，有10场或15场也许是完全不在你们的预料之中，而是根据事件临时召开的？

赵：我觉得有这样的可能性，我们努力吧。以前有一种新闻观，就是当事的机构和地方觉得处理好了突发事件后再发布新闻。处理一半怎么说呀？！其实错了没关系，发言人只要说这是我目前掌握的信息，说错了再纠正，大家能够谅解，比不说要好得多。另外他又担心，我如果一说记者蜂拥而来对付不了怎么办，因此要晚点说。通过讨论，通过对比，我们认识到，越早发布越主动。你如果不讲，别人会讲，而别人不是新闻记者，会讲得很不准。我们小时候有一个游戏：排一个队，第一个人说一句话告诉第二个人，第二个人告诉第三个人，到最后一个人，原话不知道变成什么样了。这样不行。公开地一喊，就都明白了。

主持人：我想，2005年我们为此又多了一份期待。我们现场来的朋友，从一开始到现在，涉及新闻发言人的方方面面都谈到了，但是依然有许多问题，你们现在遗留的问题是什么？

观众：赵主任，新闻发布会中漂亮的女记者，是不是有更多的机会抢到话筒？

主持人：你也问出我的心里话了。（笑）

赵：至少有意识地不会，下意识地则因人而异，像他（指白岩松）就有可能。（全场笑）

主持人：我其实经常是为此而失去了提问机会的人。

赵：是吗？

主持人：对。大家还有问题吗？问题还挺多。但是，赵主任，我实在没有办法照顾性别，因为今天来的女性偏多。

观众：我没有参加过新闻发布会，但是我想知道那些国内记者的提问都是安排好的吗？是"托儿"吗？尤其是在刚开始的10分钟或者前几个问题，是不是有所安排？

赵：多数情况下没有，少数情况下有。为什么？因为我们安排发言人的开场白不能超过8分钟，他讲不完，又觉得这些话太重要了，还是想说。这个"托儿"不多，一个、两个而已，第三个绝对不是。如果找"托儿"，说明有的发言人的概括能力低，是不是？统计局就不要"托儿"。

郑京平（国家统计局新闻发言人）：今年我们举行了三场发布会，没有一场有"托儿"。新闻局的人都清楚。

赵：大家都清楚。

观众：大家知道，去年国务院新闻发布会在"政务公开"方面做了重要的工作。那么今年是否要进一步搞好"党务公开"？

赵：我觉得大家对此完全可以抱有希望，因为这件事情，不是你提了意见我接受你的意见，而是党的十六届四中全会决议中已有这样的决定了。我做了卡片，我拿出来给大家看看："党的十六届四中全会通过的《中共中央关于加强党的执政能力建设的决定》，强调要'发展党内民主'，'逐步推进党务公开、增强党组织工作的透明度'。'重视对社会热点问题的引导，积极开展舆论监督，完善新闻发布制度和重大突发事件新闻报道快速反应机制。'"这是多么重要的决定。我们当然都拥护，拥护的表现就是去实践。所以，我觉得大家的期望能够实现。

主持人：好，最后，我们在赵主任总结发言之前，先听几位发言人今年的打算。我得先问一下我们的部门广电总局的新闻发言人朱虹，请谈一下明年的打算是什么。

朱虹：我们明年准备到国务院新闻办举行这样一场发布会。一方面是想把一些重要的信息传播出去；另一方面，对于有些媒体不实的报道，我们也有更正的义务。比如最近有报道说广电总局批了一个神州电台。我们规定必须是政府机构才有权力办电台、电视台，所以这完全是一条假新闻。还有的说我们批准了一个叫"口罩"的节目。实际上做这个节目的单位根本没有权力制作这个节目，我们从来没有批过。所以，我们一方面要公布正面的信息，另一方面对假新闻我们将予以公开的批评。

主持人：您坐在卫生部发言人后面就想到"口罩"，其实叫"面罩"。（全场笑）这实在是您的影响，请卫生部发言人讲讲。

毛群安：有一个事得说说，卫生宣传工作今年破天荒地被列入了"2005年全国卫生工作计划要点"中，从这点就可以看出来，整个卫生系统树立了新闻宣传的意识，卫生部领导层就非常重视。

赵：这句话录播时可别删。

主持人：刚才我从侧面看赵主任，他一听到您说列入"全国卫生工作计划要点"，马上就笑了，还说坚决不能删。

赵：而且心花怒放。（全场笑）

主持人：赵主任，就像一个好的新闻发布会一定有一个好的开场白，中间经历你来我往的问答过程，终于要到发布会结束的时候，也该有一个结束语吧？

赵：我们的新闻发布事业是国家的事业、人民关心的事业，也是外国朋友关心的事业，绝不是靠我们新闻办公室一家能做好的，拜托诸位共同努力！

主持人：非常感谢您。

点评：

2004 年 12 月 28 日，国务院新闻办公室首次公开了 62 个部委 75 名新闻发言人的联系方式，这标志着中国政府与媒体的关系开始发生质的转变：从新闻宣传走向新闻营销。

政府的新闻营销就是变政策为新闻，变宣传为新闻，实施新闻执政的媒体战略。正如赵启正接受白岩松访问时说的，在确定发布的主题时，“要选择最重要的、最受关注的、有新闻性的，如果是平淡的、大家没兴趣的，记者会惩罚你，他不来。”

中国媒体的市场化给政府带来挑战，媒体作为政府喉舌的作用被急遽削弱。这使得政府更加依赖于新闻发言人，新闻发言人为政府设计信息，使政府能够把握舆论。正如美国政府的一位发言人说的，“总统和他的助理们要向国会和公众兜售政策，就必须……在今天以及明天……进行媒体渗透。”

在这样一种新的媒介环境中，政府要学会由传统的宣传控制者变成信息提供者，从过去对媒体的直接控制逐渐演变为政府对媒体的操纵，同时向媒体“推销”自己。

在接受中央电视台主持人白岩松的这场访谈中，赵启正自始至终都在运用“营销”的理念。“新闻营销”应该成为政府发言人影响媒体的指导思想。

作为新闻的资深营销官，赵启正对记者的要求很简单，但是，却是对今天许多记者的挑战：“我们对记者的要求是‘事实要准确’，‘评论’当然是根据你的立场。同一件事情，欧洲人和美国人评论不一样，都是北美，加拿大人和美国人也不一样。……但是事实是一个，评论是多样的，这符合新闻规律。”

（李希光）

回望浦东十五年

（2005 年 4 月 18 日在北京接受《第一财经日报》记者采访）

《第一财经日报》记者（以下简称记）：您曾是中共上海浦东新区工委第一任书记，也曾是上海浦东新区管委会第一任主任，亲身经历了浦东新区开发的最初历程。您能否介绍一下，浦东开发的战略决策是在怎样的历史背景下作出的？

赵启正（以下简称赵）：上海浦西的开发和建设，至今已有 150 余年的历史。当浦西已经发展成繁荣的著名大都市，享有“十里洋场”、“东方巴黎”之称时，与之一江之隔的浦东却依旧是一派荒凉景象。顺便说一下，浦东开发前，并无“浦西”这一称呼，那时说“上海”主要是指现在的浦西。虽然至 20 世纪 30 年代，上海的局部景象颇近国际名城，但其功能却相距伦敦、巴黎、纽约甚远。

在世界上，建立在河流两岸的国际大都市不少，如纽约、伦敦、巴黎、布达佩斯，皆有一河穿越，但都是两岸兴旺。像上海浦江两岸经济文化发展的差别如此巨大，可以说是罕见的。面对这种强烈的反差，中国近百年来都曾有人筹划开发浦东。20 世纪 20 年代，我国民主革命的先行者孙中山先生曾亲自到浦东考察，他在著名的《建国方略》中曾叙述了在浦东建设一个"东方大港"的设想。但是由于"革命尚未成功"，这一开发计划，如同辛亥革命后他的铁路开发计划一样，皆成泡影。

曾经致力于浦东开发的还有著名的民主人士黄炎培先生。20世纪20年代初，黄炎培等浦东同乡以发售股票的办法筹集资本金20万银两，在浦东铺设由庆宁寺到川沙城的铁路，后又延长至南汇祝桥镇，全长33公里。这条铁路一直运行到20世纪60年代。但是，由于财力、物力所限，虽然这种小规模的开发在当时也是一个成就，但对于浦东和整个上海面貌的改观，影响甚微。

在上海解放前，国民党政府中一些有识之士也曾酝酿、制订了一个"大上海都市计划"，包括在浦东建立一个大港区及在陆家嘴建设一个新市区等。国民党政府还在由我国著名桥梁专家茅以升、赵祖康主持的"都市计划委员会"下专设越江工程委员会，拟订了三种越江方案。国民党政府还拨款2亿元，作为设计费用。但当时的恶性通货膨胀使这2亿元迅速贬值，这个计划再次成为泡影。

记：如果这些历史上的计划能够实现，现在的开发会不会更容易一些呢？

赵：不一定。有些事情，看起来是坏事，但仔细一想，实际上是一件好事。假设（其实是不可能的）浦东在半个多世纪以前就开发了，在那时腐败的政府领导下，它就会像浦西一些地区一样，建设得杂乱无章。那么，现在浦西面临的任务，首先就不是开发，而是旧城改造。旧城改造，比建一座新城要困难得多，有的问题子孙几代都改不过来。

日本前首相田中角荣在《日本列岛改造论》中说：改造旧的东京，比在平地上建设一个新的东京要多花九倍的价钱。他所估算的数字未必准确，但这个观点是很有道理的。要拆多少旧房？道路怎么打通？公园怎么找地方安排？由此看来，我们倒是应该感谢前人，在上海的浦东宝贵地域给我们留下了一张白纸，好画最新的图画。浦东开发是邓小平战略构想的伟大实践。

记：提到邓小平关于浦东开发的论述，人们最熟悉的恐怕就是他说的，“回过头看，我的一个大失误就是搞四个经济特区时没有加上上海。要不然，现在长江三角洲，整个长江流域，乃至全国改革开放的局面，都会不一样。”小平同志在这里感慨浦东开发还是晚了些。他这样讲，究竟有什么含义？

赵：这的确曾是一个引起人们纷纷探究的话题。1995 年我访问日本，一家大报记者采访我，他只问了两个问题：为什么邓小平每年过春节都在上海？为什么邓小平说浦东开发晚了是他的失误？当时我回答说：第一，邓小平他老人家过冬的时候在上海，是因为上海的气候比较适合他，他也比较习惯。他到上海过春节，不单是休养，还要研究中国的经济。上海是研究中国经济的好地方。第二，深圳是 1980 年开始开发的，浦东是 1990 年宣布开发的。我们也许可以问：浦东为什么不可以早两年开发，或者早三年开发？但是不可以问：为什么不可以早 10 年开发？上海和深圳毕竟不同。在开发之前，深圳不过是一个小渔村，以它为试点，即使遇到重大困难，甚至失败了，对于整个国民经济来讲，影响甚小。

记：即使如此，邓小平还讲要“杀出一条血路来”，可见也是有风险的。

赵：而上海则完全是另一种情况。在改革开放之前，上海就是中国最大的工商业城市，这个城市所提供的税收，曾占到全国的六分之一或七分之一。以此为试点，一旦失败，整个国民经济都会受到严重影响。再则，是在深圳开发积累了 10 年经验的基础上才开始浦东开发的，披荆斩棘的是深圳，而不是浦东。深圳开发时我们有多少观念是落后的，如土地不能批租，如不能实行股份制，如担心与外商合作是不是让他们占了便宜，如质疑能不能让一部分人先富起来，等等，都是一个个问号。这些问题都由深圳开发解决了。所以，在改革开放历时 10 年之后，在深圳开发已经获得基本成功之后，中央才下决心开始浦东开发。这实际上是邓小平对中国的责任心所致，浦东开发可以说是恰逢其时。那么，为什么邓小平要说浦东开发晚了？我理解，这无外乎是邓小平对我们的激励，鼓励我们后来居上。他本人也确实讲过：“浦东开发比深圳晚，但起点可以更高，我相信可以后来居上。”听了我的回答，日本记者很满意，表示能够理解和接受，第二天就见报了。

记：这个解释确实有道理。那么，您能否进一步解释一下，为什么说是“恰逢其时”呢？

赵：首先，必将兴起的经济全球化的浪潮，迫切要求中国有几个能够与世界经济对话的国际大都市。国际上的交往需要对话，而对话有两种：一种是政治对话，一种是经济对话。政治对话是在首都间进行的，比如北京怎么说，华盛顿怎么说；而经济对话则不同，是具有世界经济、金融、贸易中心地位的大都市代表国家和地区进行的，当然，世界上有不少国家的首都同时也是世界经济中心城市。一个国家，特别是大的国家，没有这种世界级的大都市参与国际经济对话，参与所谓经济全球化就十分困难。在 20 世纪 80 年代末 90 年代初，还在英国治理下的香港虽然国际贸易、国际金融比较发达，但也不能代表中国进行国际经济对话，中国大陆实在还没有一个城市具有这种地位。

记：在我的印象中，当时人们还很少提“全球化”这个词，后来有些人还很反感和排斥这个词。

赵：是这样，当时，“全球化”这个词至少在媒体上还使用得较少，但小平同志是有中国如何面对“经济全球化”思想的。比如他说：“世界各国的经济发展都要搞开放，西方国家在资金和技术上就是互相融合、交流的。”“现在世界发生大转折，就是个机遇。人们都在说‘亚洲太平洋世纪’，我们站的是什么位置？”

正是基于在经济全球化浪潮中站在一个有利位置这一战略思考，邓小平才提出：“现在有一个香港，我们在内地还要造几个‘香港’，就是说，为了实现我们的发展战略目标，要更加开放。”当时我们对这段话不是很懂，有的同志问：造几个“香港”是什么意思？20世纪80年代后期，香港还在英国的治理下，是个自由港，简单地说是不是造几个自由港？我的理解是：小平同志的话是有深意的，其实就是说，在国际经济发展格局中，中国需要有几个具有国际影响的经济中心城市，这样的城市在全世界是屈指可数的。中国有一个香港，它是一个国际经济中心城市，但是它在回归以后是“一国两制”下资本主义制度下的国际经济中心城市，当然我们还需要“一国两制”下社会主义制度下的国际中心城市，与香港形成互补之势，面对全球。

当时中国哪一个城市最具有这种潜力呢？首先是上海。邓小平在1990年3月初就指出：“比如抓上海，就算一个大措施。上海是我们的王牌，把上海搞起来是一条捷径。”1991年初，他更加明确地说：“上海过去是金融中心，是货币自由兑换的地方，今后也要这样搞。中国在金融方面取得国际地位，首先要靠上海。这个要好多年以后，但现在就要做起来。”因此，浦东开发一开始所确定的战略目标就是建设一个国际经济中心城市。

记：小平同志的这个思考，确实是远见卓识。我曾看到一篇报道，说江泽民同志在任时，十年中曾十下浦东，平均每年一次。江泽民同志如此关心浦东的建设，可能也与这一战略思考有关吧？

赵：是的。江泽民同志在上海主持工作时，直接领导制订了浦东开发的计划。1992年10月，他在党的十四大报告中专门提到了浦东开发，

“以上海浦东开发开放为龙头，进一步开放长江沿岸城市，尽快把上海建成国际经济、金融、贸易中心之一，带动长江三角洲和整个长江流域地区经济的新飞跃。”这实际上是在党的代表大会上确定了浦东开发的战略目标。在党的代表大会报告中具体部署一个城市的经济建设，这还是第一次。此后，江泽民同志对于浦东开发的进展非常关心。1996年4月，他视察浦东，在审阅陆家嘴中央商务区规划图时，看得非常认真。他问我们，这些规划的高楼，到香港回归时都能建成吗？我们回答，现在已经在建的，到明年大多数都可以封顶，陆家嘴的中央商务区可见雏形。他听了非常满意。一年多以后，党的十五大闭幕不久，江泽民同志再次来到浦东，见到中央商务区初步形成规模，高兴地说：“浦东开发不容易，每年都有大变化。”他还为陆家嘴金融贸易区题词：“努力把陆家嘴建设成为面向国际的现代化金融贸易区。”

我曾经把浦东开发比喻为一支交响乐。乐曲的总谱是邓小平写的，乐队指挥是江泽民同志，而我们则是有幸参加，成为演奏员。

记：邓小平所说的浦东开发可以起点更高，是否也是指要把目标定在国际经济中心上？

赵：这也体现了他的同一战略思考。在这一思想的指导下，我常说这样一句话：“要站在地球仪旁来思考浦东的开发。”后来我们的宣传部长把这个口号写在了我们的机关食堂里。浦东人应该时刻明确这样一个目标：要使外国人到了浦东，能够感觉到国际市场的气息。

记：现在已经跨入了新的世纪，当年小平同志的战略思考，江泽民同志提出的具体战略目标，是否实现了？

赵：从计划的日程表看，阶段性目标应该说已经达到了。但和世界几个经济大城市相比，还有许多路要走。据最新统计，世界500强跨国公司中，目前已有150家在浦东投资了200余个项目，26家跨国公司将其地区（亚太）总部设在浦东，160多家中外金融机构聚集浦东，使浦东初步呈现了国际金融中心、资源配置中心、创新创业中心、大企业决策管理中心这样一种面貌。中国各省市在浦东的机构都有置身国际经济社会中的感觉，从而帮助他们本省市缩短了和世界的距离。

如今，我国已经加入了WTO，国际间的经济对话日益增多、日显重要，上海的经济中心作用也日益突出。如果没有当年浦东开发的战略决策，我们今天面临的形势，肯定要严峻、困难得多。

基辛格博士有一段话，很能说明浦东所形成或将要形成的世界性意义。他多次访问过浦东，面对陆家嘴风格各异的摩天大楼，他激动不已。当他了解到这一地区规划的三幢超高层楼宇中，两幢已分别由中国和日本投资，他风趣而又不失深刻地对我说："第三幢高楼最好由美国人投资，以体现世界格局，如果另一个亚洲国家投资这一幢高楼，就体现亚洲的格局了。"为此，他还真的介绍过一位美国投资家来见过我，可惜这位投资家被我们要求的规模吓退了。

还有，小平同志曾嘱咐说：我们的机会不多，要抓住这个世纪的尾巴。当1997年发生亚洲金融危机之后，我们庆幸：浦东开发已经开始了7年，我们抓住了这个世纪的尾巴。倘若再晚几年，就一定会遇到国际经济环境的巨大困难。

记：20世纪80年代末90年代初，正是我国改革开放和经济建设遇到一定困难的时刻。对于改革开放，是继续前进，还是知难而退？浦东开放，是否与这一背景也有密切关系？

赵：在当时，我国的改革开放确实遇到了严重困难。这些困难主要有如下几个方面：其一，1988年的经济过热和价格闯关导致罕见的抢购风潮，为防止许多国家曾发生的经济失控局面，中央不得不作出对国民经济实行"治理整顿"的决策；其二，对国民经济的治理整顿，制止了经济过热现象，但同时也出现了改革开放以来第一次 GDP 增长速度放缓；其三，1989 年春夏之交的政治风波，以美国为首的西方国家借机挑起了一场对中国的“制裁”风潮。这样，在 20 世纪 80 年代末，我国在改革开放、经济建设、国内稳定以及国际关系方面同时遭遇严重困难。这种“三碰头”的最严重局面，是共和国成立以来所仅见的。正是在这样的历史背景下，改革开放的总设计师邓小平与以江泽民为核心的党中央作出了慎重稳妥而又高瞻远瞩的浦东开发决策，上海也由此走进了改革开放的新阶段。

记：当时，国内一些人对改革开放这个基本点产生了怀疑。而国际社会则对中国能否坚持改革开放政策也持观望和怀疑态度，由此在 1989 年导致改革开放以来实际利用外资的第一次负增长。显然，不克服国内的思想阻力和国际上的疑虑，我国的改革开放事业很可能会半途而废。

赵：所以，邓小平在 1989 年 6 月 16 日就提出：“要把进一步开放的旗帜打出去，要有点勇气。现在国际上担心我们会收，我们就要做几件事情，表明我们改革开放的政策不变，而且要进一步地改革开放。”由此可见，浦东开发实际上也是向全世界宣布：改革开放作为中国的基本国策不会改变。20 世纪 80 年代作为改革开放重点的地区一般都在边境前沿及经济不甚发达的地区，其原因就是前面所讲的，尽量减轻改革的风险。而浦东的开发则具有更深刻的含义，它意味着中国共产党和中国政府拿出中国最发达、最富庶的区域来继续改革开放的试点工作。这一重大举措足以证明中国把改革开放推进到新阶段的义无反顾的决心和信心。

记：在浦东开发刚刚起步时，国际社会有什么反响？

赵：当然，一开始有人还是持怀疑态度的。1990 年我们宣布开发浦东时，有许多西方报纸说：“这只是政治口号，而不是行动。”但是随着浦东开发的进展，越来越多的西方政治家和企业家被浦东所吸引和感染。后来基辛格博士来访，他很自豪地对我说：“当时我就认为，浦东开发不是口号，而是行动。”基辛格博士还说，你们这些大楼和高科技工厂都很成功、很宝贵，但更宝贵的是你们的国际信誉，使你们建立了良好的国际公共关系。面对当初那样偏僻的浦东，人家敢来投资，是对你们的信任，这比这些大楼和工厂更宝贵。基辛格博士的这段话很能说明问题。从国际社会对中国的误解，到对中国政府的信任，在促使这一转折的关键环节中，浦东开发的决策和行动是很起作用的。

记：据说浦东的开发还吸引了世界闻名的迪士尼公司？

赵：那是在 1994 年我访问美国时，在迪士尼公司洛杉矶总部，迪士尼总裁福兰克·韦尔斯在听了我对浦东开发及上海发展的介绍之后表示，“迪士尼若要进入中国，最好的地点是上海。”这次会谈是在 3 月 1 日。随即，韦尔斯先生就派出先遣小组到浦东考察。不幸的是，4 月 3 日，韦尔斯总裁因飞机失事而丧生。由于突发事件，韦尔斯先生把迪士尼建在浦东的愿望没能及时实现，但他对浦东的热情和向往，却令人难以忘怀。浦东开发是向社会主义市场经济体制转换的成功实验。

记：前面您谈了对外开放方面的情况。浦东开发对已经进行了十余年的经济体制改革起到了什么作用？

赵：当改革进入第 10 年的时候，一方面，一系列改革措施大体上消除了长期困扰传统计划经济的许多障碍，使人民群众的生活水平有了显著的提高，其效果十分突出；另一方面，“有计划的商品经济”的体制改革目标又束缚了改革进一步深化的步伐，并产生了一系列新的突出问题。当时比较突出的问题有：容易出现经济过热和通胀现象；生产资料的价格“双轨制”带来生产、流通领域的秩序混乱和权钱交易的腐败现象；土地、房屋、资金、外汇、产权等要素领域仍是高度集中的计划主导，导致这些方面的供给仍然处于瓶颈状态，与整体的改革趋势严重背离，这些都不适应经济发展的要求。改革何去何从？可以说到了一个十字路口。当时有两种改革的思路可以选择：第一种思路是放慢速度求稳定，推迟与减轻改革开放的进程与力度；第二种思路主张抓住机遇，加快发展，深化改革。第二种思路，实际上就是小平同志的思路，即“大胆地试，大胆地闯”的思路。当时，在“有计划商品经济”体制改革目标基础上再跨越一步，就进入了“社会主义市场经济”体制改革目标阶段。浦东开发其实就扮演了在我国率先建立社会主义市场经济运行体制和机制的区域经济试点角色，由此也拉开了我国 20 世纪 90 年代更高层次、更大范围的改革开放的序幕。

记：是不是可以这么说，浦东开发的成功，也就是社会主义市场经济的成功?

赵：浦东开发是以市场经济为基础的开放，而不是以计划经济为基础的开发。按照市场经济的规律去开发，就形成了一些显著特点。例如，浦东开发，政府是创造一个宏观条件，提供规划和服务，引导开发，而不是像计划经济那样由政府直接投资和安排所有项目。两种开发，会导致两种不同的结果。

现在，我们站在黄浦江边眺望浦东，都会为那一幢幢大楼的精美形态所折服，更为那众多楼宇错落有致的组合而击掌。浦东向人们展示了现代国际城区所应有的整体建筑风貌。这正是我们按照市场经济法则，在开发过程中十分注重城市整体功能目标而要求现代形态规划的结果。为了在陆家嘴地区建世界一流的金融贸易区，我们利用了世界智慧对它进行整体规划。有 5 个国家的著名设计专家参加了规划工作，最后由中国专家统筹诸方意见，提出整体规划方案，然后呈报上海市人大常委会审定。浦东的土地批租遂由着重看租金的“被动批租”变为严格要求单位面积上的投资项目强度的“主动批租”。投资者需要土地，必须严格按照规划进行选择，而不能随意变动规划。在严格控制整体规划和个体主要参量，保持政府主动性、避免被动性的同时，我们对投资者的每一单体设计不随意干预。在建筑风格上，我们不表现出对某一建筑风格或类型的特别偏好，以免造成建筑风格的趋同；在具体的建筑工程设计上，尤其是美学上我们更不加以干涉。事实证明，这是一个明智的管理方法。错落有致的城市整体形态证明了这一点，争奇斗艳、风格各异的建筑单体也证明了这一点。

以市场经济为基础的开发，还有一个显著的特点，即浦东开发以功能为出发点，而不是以形态为出发点。什么叫形态？就是有多少路，有多少楼，有多少居民区，就是看得见、摸得着的东西，就像计算机的硬件。而功能就是这些形态是拿来做什么用的。没有软件或没有先进软件的计算机，只是一件摆设。所以，1992年末，我们就提出了要搞“功能开发”，反复强调形态规划必须服从功能规划。就好比要建一个足球场，就要先行决定它是用于公众玩球还是市级赛球，或者是用于“世界杯”？它的形态设计就有不同的要求。当我们请5国专家规划陆家嘴金融贸易区时，给他们5张地图，5张说明书，说明这个地方将来是一个金融中心，是外国商社的中国总部所在地，不仅是一个与浦西连接的区域，还是与世界的交接面，我们预定总的建筑面积是400万平方米。这些简约的说明，实际上就是功能的说明，以功能带动形态规划和建设。

注重功能开发的一个明显例证就是浦东“绿色工程”的建设。当时，东南亚一位很有名的企业家劝我：陆家嘴中心区的地价这么高，沿江边和在中心位置搞绿地太可惜了，不能这样做。当时我回答：从城市的功能考虑，必须这样做。因为城市需要呼吸，需要“肺”，需要绿色。再说，这里全盖大楼，一下班，到处是人，到处是车，交通非阻塞不可。外地报纸有一篇文章说："上海人气魄大，7 亿元修个大花园。"潜台词就是说我们有些奢侈了，其实7亿元是10公顷土地上的3500户动迁的成本。从城市功能来考虑，这个大花园的价值就远远不止 7 个亿，当有了这个绿地的规划时，周围的地价就已大幅度上涨了。实践证明，这样考虑问题，既符合市场经济的法则，又符合环境保护要求。将来这绿地之下会修建停车场，就更能取得最佳的社会效益和经济效益了。

记：浦东开发的过程，实际上也就是社会主义市场经济体制可行性的论证和实践过程。这也可以说是浦东开发的一个突出贡献。

赵：社会主义市场经济体制一经产生，就显示了强大的生命力和竞争优势。这里有一个对比。20 世纪 90 年代初，在浦东开始开发后，台湾地区也搞了一个与浦东开发决策相仿的"亚太营运中心"计划。这个计划是著名的美国麦肯锡公司替台湾做的，论证相当完备。1994 年，台湾地区公布了这个计划，也轰动一时。当时在召开全国人大时，有一位台湾大报的记者问我：浦东开发如何呼应这项计划？我告诉她："浦东开发已经起步了，'亚太营运中心'计划则刚刚宣布，应该问后者如何呼应前者，然后再互相呼应。我希望这个计划能够成功。"没想到几年过去，"亚太营运中心"计划消失了，胎死腹中了；而浦东新区则崛起在东海之滨。两个看起来似乎有些类似的计划，竟有如此不同的结局，确实令人深思。这一对比充分说明了社会主义市场经济体制的可行性和生命力。同时也说明，台湾地区"亚太营运中心"的规划看似完备，但忽略了大的前置条件，没有两岸的互动是不行的。而我们实行的是社会主义市场经济，在建设开发区时就充分体现了它的优越性。

记：感谢您接受我们的采访！

点评：

这是一篇时间跨度达15年的采访记录，整篇文稿体现了记者与赵启正先生之间的默契，随着采访的逐步深入，话题不断扩大，信息量不断增加，展现了浦东开发的历史轮廓。

《第一财经日报》是一家专业的财经类报纸，受众群主要是关心中国经济发展与存在问题的人士，就这次采访而言，是关心浦东发展现状与历史的人士。如何针对这样的受众群去回顾和认识浦东开发15年，这是赵启正先生和《第一财经日报》记者考虑的重点。

《回望浦东十五年》正是针对这样的受众群展开的。整个访谈通过对浦东开发各个阶段的回顾及其对中国经济与世界经济的影响，传递了浦东开发是中国社会主义市场经济体制可行性的论证和实践过程的信息，增强了对中国经济发展未来的认识与信心。

（马胜荣）

文化是财富，友谊也是财富

（2005年5月15日在北京参加中央电视台《高端访问》节目——2005《财富》对话）

嘉宾：

赵启正，中华人民共和国国务院新闻办公室主任

理查德·D. 帕森思（Richard D. Parsons），时代华纳公司[1]董事长兼首席执行官

主持人：

水均益，中央电视台（CCTV）节目主持人

主持人：我们今天请到的两位嘉宾是这次《财富》全球论坛的两位顶级人物，一位是时代华纳的董事长帕森思先生，另一位是我们作为东道主的代表——中华人民共和国国务院新闻办公室主任赵启正先生。

首先介绍一下帕森思先生，帕森思先生是在2003年5月16日被任命为时代华纳董事长和首席执行官的。赵启正先生，观众们应该对他非常熟悉，但我在这儿不妨给大家抖一点爆料：赵先生1963年毕业于中国科技大学现代物理系，他一度是上海市最年轻的高级工程师。20世纪

1 时代华纳是世界最大的跨国传媒公司之一，旗下有《财富》杂志、《时代》杂志、华纳电影公司、CNN等，拥有美国电影、电视、杂志及互联网各20%的份额。

90年代，赵先生出任第一任浦东新区管理委员会主任，当时外国人送他一个绰号叫“浦东赵”。从20世纪90年代末开始，他的名字又和中国的外宣工作联系在了一起，成为中国名副其实的第一新闻官。特别需要提一句，赵先生和全球《财富》论坛有着密切的关系，因为1999年是他第一次把《财富》论坛引到了中国的上海，所以，有人给他起了另一个绰号，那就是Forum Zhao（“论坛赵”）。

今天对话的主题是“财富与文化互动”，请两位先做开场白。当然，赵先生作为东道主一方，按照我们中国的传统，请先说。

赵启正（以下简称赵）：热烈欢迎帕森思先生又来北京，我们多次在北京和纽约见面，每次交流都有新的见解，这次我要听您的最新见解。

财富和文化，应当从广义上去理解。财富不只是指金钱或经济实力，作为一种价值观，文化是一种财富，友谊也是一种财富。而从广义上来看，文化不只是书刊、报纸、电影，而是一种民族特性。国家与国家、民族与民族之间的沟通，文化沟通是基础，是最重要的沟通。文化沟通了，财富就能沟通，也就是说，能促进各国的经济和其他方面的社会发展。

主持人：这是一个简短而精辟的论述，也请帕森思先生先就这个问题来一个开场白。

帕森思（以下简称帕）：首先，我要感谢我的朋友赵启正先生。我们以前在上海、北京、纽约见过很多次面。他一直都是向世界宣传中国的一个最好的大使，他向我们所有人宣传介绍中国文化的深层因素是什么。我也非常同意他的看法——财富不光指金钱。论坛的主旨之一就是不仅仅让商人聚集在一起，探讨我们如何更好地发展世界经济，探讨世界和中国经济如何才能更好地联系起来。同时，我们也可以更好地增加对彼此的了解，了解相互的文化和相互的预期。所以，当我们谈到财富与文化的时候，我们是把它们作为一个整体来看待的，对于全世界各个国家都是如此。

主持人：现在，我想给帕森思先生展示一本书，书名用英文讲应该是 Explain China to the World（《向世界说明中国》）。这本书里至少有两处提到了赵先生与《财富》论坛和时代华纳的关系，其中第 245 页有一段话里还提到了帕森思先生。赵先生提到了上次他和您的前任李文先生的一次谈话，李文先生向赵先生隆重地介绍了您。而且，李文先生当时说了这样一句话："中国已经植根于我们的 DNA 之中了。"

赵：李文先生说，帕森思先生接任之后会一脉相承地对中国友好，在文化产品交流方面，会和中国成为战略伙伴。帕森思先生继任后，对中国倾注了热情，多次到中国访问，不断提出新的建议。《财富》论坛多次在中国举行，这也需要他的坚持才能实现。在这里，我向帕森思先生表示敬意。

主持人：这次《财富》全球论坛得以在北京举行，是不是由于你们俩的私交特别好，所以才来到中国？

帕：尽管我们是非常好的朋友，但《财富》论坛在中国召开是因为这里有头号的新闻。中国很显然已经是世界上最重要的经济实体之一，而且每一个来自其他国家的商界领袖都很愿意来中国，了解这里正在发生的情况，了解如何才能利用这些机遇，同时也因为中国张开了双臂，欢迎更多的外来人士参与中国的经济发展，并进行一种国际经济的互动。这是我们选择中国的原因之一。当然赵先生和我是朋友，可以说是锦上添花了。

主持人：《财富》论坛已经是第三次来到中国了。赵先生，您认为把这样一个全球性的带有经济风向标意义的论坛引到中国，能给中国带来什么样实际的东西？

赵：《财富》做了世界 500 强的评定工作，500 强能在它的号召下参加这个论坛。在经济全球化过程中，跨国公司的重要性是突出的。根据一般统计，50%的生产、60%的贸易、70%的技术转让、80%的直接投资是由大约60万个跨国公司完成的。之所以在这里召开《财富》论坛，是因为跨国公司要不断了解中国的发展，它要观察每时每刻的中国。

帕：我们都明白，在一个较短的时间里，也许就20年吧，中国会形成一个很强劲的经济体，这会影响到世界上其他国家。事实上，这种情况已经发生了。帮助中国经济进一步增长，就是让世界上的其他国家都参与进来。我们欢迎这样的21世纪，中国和亚洲的崛起，会对全球经济发展带来很大的影响，同时中国也会成为世界最强大的经济体。

主持人：帕森思先生，很多观众可能会这样想，《财富》论坛每隔两年到中国来举办一次，他们到底图什么，是不是想来挣点钱？

帕：简洁地说，答案是"是的"。我们是一家商务性公司，我们存在的目的就是要为我们的股东挣钱。但从整体上说，我们更高的目的并不仅仅是为了挣钱，而是为全世界做一些事情。我经常对我的员工说，我们做任何事都要尽可能实现三个目的：第一，要使得投资得到回报；第二，要为世界做些好的事情；第三，要能从中获得乐趣。所以，当我们召开这些论坛的时候，我们要尽力使它盈利，当然必须要挣钱。但我们选择北京，就是为了让世界了解中国正在发生什么。世界想要了解中国的活力。刚才赵先生也谈到了世界需要了解中国的经济和文化，了解中国是如何迅猛地改变和发展，而做到这点的最好途径就是让他们到中国来。在这里召开论坛，同时满足了这三个目的。

赵：我觉得任何一个集团都要考虑盈利，没有盈利就不能维持。但是获得利益有各种不同的方法，赚钱有光明磊落地赚钱，也有不择手段地赚钱，那么时代华纳呢，是通过文化服务来获得利益。这是正当的，因此也是我们欢迎的，欢迎它分享中国的机会。我们因此也加强了沟通，想分享美国的机会，所以我们是相互帮助的。

主持人：今天我想请你们分别问对方两个问题，我在中间做主持。帕森思先生，在明天《财富》论坛就要开幕之前，您有什么问题问您的老朋友赵先生？

帕：我想这并不是一种交锋，而是一种对话和交流。我们刚才私下里谈论了中国的电影、图书及其他文化产品，这些可能在中国卖得很不错，但是在国外不行，反之也有这样的情况。我们公司特别感兴趣的是寻找更多的合作伙伴，来实现一种文化的表达，比如说图书、影视、音乐等。但这在今天的中国是非常困难的，因为尽管中国是一个法治国家，也有保护知识产权的法律，但中国的现实是，有一些知识产权被盗用了。所以，我要问赵先生的第一个问题就是，您是如何看待这个问题的？您认为政府应该作出怎样的回应，才能维护一个良性的环境？

赵：中国政府坚决打击盗窃知识产权的犯罪行为，并采取了一些法律措施及奖赏。在中国广东，检举一个非法复制 CD 的生产线，奖励 50 万元人民币，超过一个普通人一生的全部积蓄。我本人曾做了 21 年的工程师，也有几项专利，也出过书，我就不希望人家盗窃我的知识产权，因为这并不是我个人利益的问题。如果一个科学发明被盗窃了知识产权，就会影响这个实验室或者这个人去研究第二个题目，实际上是阻碍了社会的进步，这并不只是个人损失。可以说，中国目前存在盗版的现象是由于中国原来的法律不够健全。现在中国在不断加强这方面的法制建设，并成立了知识产权局。所以，可以告诉帕森思先生和各位朋友的是，中国的知识产权保护一定会一天比一天好。

帕：我受到了鼓舞。我相信政府正朝着正确的方向努力。在我看来，这个问题不仅可以保护中国人民的创造力，而且能够使创造性的文化行业得到解放，提供更多的就业机会，而且可以把中国更好地宣传到外部世界去。我要问赵先生的第二个问题是，您如何看待媒体市场的开放进程？

赵： 中国在与美国和其他国家关于对外开放的谈判中，并没有涉及媒体开放，这是新提出的问题。中国的媒体开放，也要参考各国的经验。比如，美国媒体的开放也有相当的限制，不是美国国籍的人在美国办媒体，就会受到极大的限制而不能展开，因此，默多克先生放弃了澳大利亚国籍变成美国人了。中国在这方面还没有完整的法律，但有开放的迹象，就是在互联网方面，如ICP（互联网内容提供商）、ISP（互联网服务提供商），现在允许有50%的外国股份。这种开放的姿态，也许超过了世界上其他一些国家，并且效果较好，外国投资者也很积极。所以，纳斯达克上中国网络的股份的股票倒是很坚挺。帕森思先生，您可以买一点儿！

帕： 如果赵先生买我的股票，我就买那些股票。

赵： 那我就买时代华纳的，你买新浪、搜狐的。当然您也不能买太多，也有风险。

主持人： 赵先生，现在您可以向帕森思先生提两个问题。

赵： 时代华纳是一个跨媒体集团，这一集团的好处是可以节省成本共享资源。中国现在开始有媒体集团了，但是跨媒体的很少，像英国的BBC，日本的NHK，美国的几个大广播网，就是电视和广播同一个集团。您认为，媒体集团是不是都应该是跨媒体的？

帕： 这是一个非常好的问题，这个问题在美国现在也是在辩论之中，几个比较大的媒体公司正在考虑是否要向比较小的组织分化。我个人的观点是，要做到在全球富有效率，就要有规模，这样才能不仅在当地市场，而且在全球市场推广产品。为了追求那样的规模，我们就必须有投资的实力，要有好产品并进行正确的包装，然后销售。

媒体行业起码有一部分是需要合并的，也就是说需要有跨媒体的公司和集团，但并不是所有的媒体都是这样的。在美国也有一些非常好的独立电影公司、独立出版商和独立电视制片公司，但他们不能在全球范围内和时代华纳或者新闻集团、迪士尼这样的公司竞争，因为它们的规模还不够。它们是垂直一体化的，并没有跨行业的趋势，所以不能够和比较大的跨行业公司竞争。因此，对赵先生刚才提出的问题，我认为至少中国媒体产业的一部分应该成为一种跨媒体的集团化实体，或者叫“综合性集团”，这样你们才能够在全球范围内竞争。

主持人：在采访中，我插入一个与两位嘉宾有关的小故事，其中反映了美国的媒体集团公司在中国市场上也有非常激烈的竞争。2002 年赵先生去美国访问时，从华盛顿到纽约去见您，但他下了火车之后被人接走了，等到了地方，您的竞争对手默多克先生在那儿等他。这样，在他再回来见您的时候，已经迟到了 10 分钟。我想替赵先生问您一个问题：美国媒体看重中国市场的哪些方面？

帕：事实上，在美国的每一个人，不只是媒体公司，都在关注着中国，都意识到中国会在未来 20 年里崛起成为经济强国，而且都意识到必须伸开双臂去拥抱这样一个国家。作为媒体公司，我们每一个人都想更好地了解，如何能够和中国的业界、政府以及人民进行合作，来帮助中国的媒体事业发展。因为这不仅符合中国的利益，也符合全世界的利益。而且坦率地说，我们在这儿也是要赚钱的。在我们的帮助下，中国人也可以赚钱，因为他们的行业可以发展得越来越好。不管是默多克还是其他的公司，所有美国媒体公司都希望跟中国的伙伴合作，在政府的相关体制下进行协作。

主持人：接下来我向二位分别提一些问题，先从赵先生开始。我们都知道赵先生在中国常年从事外宣工作，您在很多场合强调一个概念叫

“国缘”。您强调国缘的原因是什么呢？

赵：“国缘”是个比较形象的说法，我想说国家的形象人人有责。美国的每个人，从总统到清洁工都对美国的形象负有责任。在中国也是一样，从国家主席到我们普通人，都对国家的形象负有责任。目的就是要使外国人、使世界对中国有一个好的印象和评价。有一些国家在贸易中不讲信用，货到了不付款，它的“国缘”就不好。如果一个国家“国缘”不好，那么在国际交往中付出的成本就会增加，甚至有的事情做不成。我们有些事本来挺好的，但由于我们对外表达得不够，人家不了解我们，也不行呀。所以，我觉得要向世界说明中国，说明中国的社会进展和政策，回答外国人对中国不明白的问题，这样使中国的国际形象得到一个真实的表达。而真实的中国是很伟大的，也是很可爱的，也就是说中国有好的“国缘”。

主持人：请问帕森思先生，时代华纳在中国的发展对哪些方面特别感兴趣？

帕：首先从世界范围来看，我们在美国已经是一个很大的集团了，我们拥有美国电影、电视、杂志出版以及网络各20%的份额。所以，当我们要寻求增长的时候，就必须寻找美国以外的市场。我们在欧洲占有一定的份额，但那里已经很发达了，所以我们看重的是世界上一些主要的发展中国家。中国、印度、俄罗斯和巴西是我们看好的四个主要市场。目前，拉美国家的经济还在恢复过程中，还没有准备好，所以机会很有限；而俄罗斯现在还比较动荡，所以，对于我们来说国际扩展的领域就是中国和印度了，而中国显然是位居榜首的。为了扩展业务，我们在中国已经有所发展了。比如，华纳兄弟公司在中国电影事业方面已经有了合作，我们同样也对杂志出版业、电视和网络很感兴趣，这就是我们在中国关注的四大焦点。

赵：很多美国大片进入中国很成功，但是中国的片子进入美国的较少，其中有经济的原因，也有文化的原因。据我所知，美国拍一部大片，大约平均需要 8000 万美元，更贵的需要几亿美元。中国的片子，一般大概 500 万元人民币就够了，好片子大约 1000 万元人民币（个别的上亿人民币），从成本上看，双方相差几十倍。在文化方面，是如何把中国的故事让美国人看得懂。很惭愧，"花木兰"是中国故事，让美国拍成（动画）电影了，并且成绩不错。我的问题是，你们的电影业很成功，那么你们能否给中国的电影业提出些忠告？您能不能帮中国每年在美国放映几部电影？

帕：这是现实情况。在西方，大家都知道中国的文化是世界最古老的文化之一，有非常丰富的故事。我们行业的主旨就是要给人们讲故事。电影、电视甚至是报道都是这样，当然说的是真实的故事。世界上再也找不出第二个像中国一样拥有如此丰富的文化的国家。我想反映中国文化的电影要在全球包括美国取得成功，需要两个条件：

第一个条件是制作的质量问题。电影制作有很高的技术含量，这里涉及技术转让的问题，我们非常愿意和中国建立合作伙伴关系，进一步改善中国电影制作的质量。我以前谈过两个重要的原则：一是要建立公平、公开的竞争平台，以形成更开放的市场；二是加强法治，以保护知识产权，这样才能使得更多的美国技术进入中国。

第二个条件是规模。我刚才也谈到了，像时代华纳、默多克和迪士尼这样的大公司，都有自己的规模，有雄厚的经济实力，因此他们有能力把自己的电影向全球推销和发行。我们非常愿意帮助中国电影业的发展，通过与中国建立合作伙伴关系的方式，投入技术和资金，利用我们的技术力量和财力，在全球进一步推销中国的电影。这对双方来说都是双赢的合作，因为我们可以加速这方面的工作以创造更多的就业机会。

同时，也可以使中国的故事在世界上更广为人知，并且更具竞争力。

主持人：非常精彩的回答。

赵：最后我有一件小礼物，是一条领带。领带本来是西式的，但图案是中式的。帕森思先生能说出领带上的图案是什么意思吗？

帕：一个奥林匹克花环，另一个是中国式的图形？

赵：能认出是中国式的，就说明您已是中国通了，这是一个奔跑的运动员和“京”字巧妙的结合。咱们两人的领带图案一样，只是颜色不一样，是“求同存异”吧。

帕：很漂亮的！颜色也和衣服相配，谢谢！

主持人：谢谢两位嘉宾，谢谢大家！

点评：

本篇文字记载的既是一次高端人物的对话，更是一次高端思想的交流。

在本次对话中，启正同志首先通过对财富概念的精辟阐释赢得对方的高度共识，为彼此共享人类文明的成果奠定了沟通的基调，也使双方能够沿着一个既定的思路寻求合作中各自的机会；同时，又以坦诚的态度求教于对方，使之毫无保留地谈出自己的真实看法和深层次经验。整个交流过程都十分自然地融会着他的真诚与智慧。

通过这种高端对话所实现的思想和文化经验的引进，在一定意义上说，毫不逊色于直接的资金和技术引进，因为这种引进更具有共享的特质。

（中国日报社总编辑　朱灵）

与世界媒体同行

（2005 年 5 月 16 日在 2005 北京《财富》论坛文化圆桌会议上的对话）

主持人：

理查德·D. 帕森思（Richard D. Parsons），美国时代华纳公司董事长兼首席执行官

发言人：

赵启正，中国国务院新闻办公室主任

蒲思鼎（Norman Pearlstine），美国《时代》杂志总编辑

主持人：今天非常荣幸地请到国务院新闻办公室主任赵启正先生，跟我们一起讨论媒体在中国日益重要的角色。我们要感谢赵主任多年来在与中外媒体打交道中所表现的职业精神、平等对待各个媒体的公平精神。感谢他在向全世界传播中国的丰富文化和传统方面所作出的不懈努力。同时，我们还请到了时代公司总编辑蒲思鼎先生。首先我们请赵启正主任发言，之后他们二人会进行一番对话。

赵启正（以下简称赵）：谢谢帕森思先生。20 世纪末，英国布拉顿

第18届世界哲学大会提出了“新的世纪是文化世纪”，而我们这次《财富》论坛的主题是“中国与新的亚洲世纪”。这两个命题结合起来，就是今天圆桌会议的内容。

由于互联网、卫星电视等现代通信方式的发展，媒体越来越重要了，文化也越来越重要了。文化可以促进政治、经济和社会各领域的发展，但如果处理不好，也可能成为发展的障碍。亨廷顿教授在他的著作《文明的冲突与世界秩序的重建》中谈到了这些制约因素。而中国在新旧世纪交替之际提出了一个全国的战略方向，就是要发展先进文化。我们要继承传统的优秀文化，克服不适应时代的落后文化。这在中国是一个很响亮的命题。

中国在快速发展，特别是近20年，中国健康、稳定的发展引起世界各国的关注。中国发展得如此之快，可以说“每天一个新中国”。在中国，不论是想积极推动这种变化，还是仅仅享受、适应这种变化，都需要了解每天发生的信息，这包括国际的和中国的信息，因为它不仅影响社会，也影响每一个社会成员的命运，影响每一个企业的前途。特别是中国加入WTO之后，中国对世界的信息要求和世界对中国的信息要求，双向剧烈地增加。这种需求不仅是经济方面的，也包括社会发展的各个方面。

在这种快速的发展中，中国的媒体也得到了快速发展的机会。不仅媒体的数量迅速增加，内容也更加丰富，国际新闻和国际报道的篇幅也增加了。中国媒体能够向国际提供及时、全面和客观的中国信息。但中国还需要国际媒体的合作，需要各大通讯社、各大电视网的信息。

中国政府鼓励媒体更多地报道中国的社会发展、中国的政策，并且回答国际舆论对中国提出的问题。因此，我们要提供最好的信息源。中国国务院新闻办公室推动了新闻发布会的发展。去年，中国中央政府和地方政府共举行新闻发布会九百多场。特别是在我的办公室举行的发布会，美联社、法新社、路透社、CNN（美国有线新闻网）、中国中央电视台的三个频道和香港凤凰电视台都进行了及时的报道或转播，中国的互联网还在现场进行文字直播。据了解，我们发布的信息有80%都被中外媒体列为当天或当周最重要的新闻。

但与国际同行相比，中国传媒在资本、经营网络、经营理念、管理体制和人才素质等方面还有较大的差距，特别是文化产品贸易存在着严重的逆差。

因为中文的不普及，中国要对外表达就必须开办外文的报纸、杂志和网页。我们的英文报纸只有几家，在北京的就是《中国日报》（*China Daily*），这是一个非常严肃、正规的报纸。地方也有几家英文报纸，如《上海日报》（*Shanghai Daily*）。中国有多种外文杂志，我们每个边疆省都有一两种邻国文字的杂志。北京也出版几种英文、日文杂志。但是传播仍旧有困难，在外国的书店里很难见到。

总体来说，在国际上，中国的表达还较弱。因此，重大的国际新闻，中国难得有独家报道，也难得在现场直接采访，往往都要购买外国的新闻，加以综合分析再变成我们的报道。这样在时效性和准确性上都会出现一些问题。

我们需要和外国媒体合作，并且已经进行了一些合作，比如和时代华纳、新闻集团以及日本的富士电视台等，他们帮助我们把CCTV-4和CCTV-9在美国、欧洲、日本落地。当然，这些节目的内容如何改进和改善还有讨论的余地。我们希望能够在今天这个会上表达我们和世界媒体同行、和文化界进一步交流的愿望。谢谢！

蒲思鼎（以下简称蒲）：赵主任，您能不能从中国人的角度来解释一下什么是“宣传”，什么是“说明”？这两者有什么区别？

赵：中文中的“宣传”找不到英文的对应词，它包括表达、描述、说明等诸多含义。以前往往被错误地翻译成 propaganda，这个翻译流传已久，反倒干扰了中文“宣传”这个词本来的正确意义。所以，我们现在对世界表达中国就用“说明”（description）、公布（publicity）、推介（present），或者“传播”、“交流”（communicate）这样的英文。我们愿意介绍一个真实的中国，愿意说明中国的进步，也愿意说明中国的不足。我们之所以进步，是因为改正了缺点或发展了新的优点，那就是一个崭新的面貌。所以，中国政府鼓励媒体说明中国的进步和不足，鼓励中国媒体对外要多讲事实，让读者自己去判断。

蒲：海外媒体关于中国的哪些报道会让您不开心？

赵：从总体上说，外国媒体，特别是西方媒体主导了国际新闻。全世界重大新闻有 80% 来源于西方几个主流媒体。关于中国的新闻，新华社的报道是比较准确的。我们不满意的地方是，（西方媒体）有时候报道不全面，夸大中国某些方面的缺点，或者有时把谣传的消息作为正确消息报道，而产生这种误解的原因很难得到解释。（西方媒体）曾经一度过分宣扬中国的成长，以至于提出中国威胁论。这种评论性文章比新闻更有偏差。甚至有一篇文章说，中国的男人超过女人，中国男人就会出去侵略他国。这样荒谬的话也出现了！外国媒体可以说中国的不足和阴暗面，就怕先下了结论，认为中国不那么好，然后去找所谓的“事实”，而事实又不准确。这是我不满意的。

蒲：您觉得中国的主要媒体，如 CCTV、新华社，什么时候能够像 CNN、FOX（福克斯）、BBC（英国广播公司）一样，在美国、欧洲和亚洲其他国家也成为主流媒体？

赵：世界的主流媒体不仅规模大，而且要对全世界的新闻传播有主导性的影响。中国媒体要成为世界主流媒体还需要很长时间，可能需要

10 年、20 年，甚至更长的时间。这其中除了经济实力不够之外很重要的原因是中国文化和外国文化的差异。中国是世界文化发源地之一，但它是很特殊的文化，思维方式也是独特的，也受中国儒学思想影响，而欧美的思维方式则属西方文化。难的是“文化的翻译”。对同一件事情的表达，当面对外国读者时要考虑用什么样的方式表达，才符合他们的文化背景和思维习惯。

蒲：过去几年中，中国的互联网不断发展，中国人开始用互联网进行交流。过去几个月里，互联网上有很多中国青年不断讨论中日关系。您认为利用互联网进行传播和交流对中国的信息传播是积极的事情，还是让您很担忧呢?

赵：中国政府对建设互联网持十分积极的态度，发达的互联网提供了廉价和高效的沟通机会。当然，人们在读互联网新闻和读严肃报纸的时候，需要有不同的判断。因为在互联网上，个人也都可以发表信息，因此就有不准确的时候。

在积极发展互联网的过程当中，我们尽量防止传播不良信息，比如，暴力、色情和假消息。此外，还有垃圾信息。我知道，你问的是政治方面的考虑。政治方面我们要求遵守中国宪法，如果是发表分裂国家的主张，我们坚决予以禁止。在维护国家的根本利益这一点上，我们的态度与美国没有不同，当然两国的国家利益是不同的。

蒲：互联网上有很多表达民族主义或者爱国情绪的，也有谈到跟美国的贸易关系或中日关系，以及和台湾的关系的。几个星期前，台湾的两个反对派领导人也刚来中国大陆访问过。所以，除了互联网可能带来的风险，您认为互联网是不是一个有价值的信息和民间舆论来源呢?

赵：中国有将近一亿互联网用户，其中以年轻人为主。互联网所反映的情绪不是全体中国人的情绪，主要是一部分年轻人的情绪。所以根据它来判断整个中国的民间舆论是不全面的。前一段时间，互联网上对台湾两政党领导人来访的报道比报纸要多得多，图片、花絮趣闻更多，网民对他们的来访作了评价，总体上是热情积极的。

你刚才两次引导我，想让我谈中国对日本的态度。但这里没有日本来宾，我们背后说人家不太好吧。（众笑）中日在二战中是敌人，中国人民受到了巨大的伤害，这样的伤害，中国人不会忘掉。当然，我们并没有让日本现在的年轻人承担责任，可是日本政府某些人物有对于战争历史的错误言行，如参拜靖国神社等，使中国人民回忆起了战争中的痛苦。但是，中日友好是两国人民的共识，我们愿意以史为鉴，发展未来，要铭记历史，启示未来。请你们放心的是，中日关系还将有很好的发展。我们是近邻，谁也不会搬家。（众笑）

蒲：请您谈一谈中国媒体应该如何报道美国政府要求中国做的一些事情，比如，要求中国在朝鲜问题上扮演重要调解人的角色，要求中国重估人民币，指责中国对美国贸易顺差过大，以及美国反对欧洲解除对华武器禁运的问题。在这些要求和压力出现的时候，您是如何应对的呢？

赵：你的确有很强的职业特征，在一分钟之内就把所有的敏感问题都提出来了。（众笑）如果我全部回答，需要10分钟，所以我只能简单地说。

蒲：我的提问让您吃惊吗？（众笑）

赵：我觉得很好，就跟打网球一样，你给我一个扣球，我就要给你一个反手球，打回去。（众笑）

蒲：实际上我觉得更像垒球。我投出一个慢速球，你把它打出场外。（众笑）

赵：我们一定要考虑观众的需求，要把球打得硬一点。（众笑）

蒲：我跟大家说过，你是一个直率的人。

赵：我会尽量接住你的球，不要让它打到外面。美国报纸反映的问题在于美国记者和编辑的偏好和选择。在美国发生的很多事情，在中国也有很多不同于你们的舆论。但是你们首先选择什么，这是你们《时代》杂志、CNN 和《纽约时报》的责任。希望你们能够选择那些重要的、真实的、相对公道的报道，如贸易逆差、解除军售禁令问题，等等。当然，这些报道的偏差也不完全是媒体造成的，所以还需要美国政府和议会采取更积极的态度。

中国人觉得美国人直率、乐观，甚至美国人和中国人的某些幽默都比较相近。但是说到国会，中国人不像喜欢美国人那么喜欢它，因为它不断通过一些法案指责中国，有些是没有道理的。既然球打过来了，而且是另一种球，也不得不打回去。比如，美国国会每年接受美国国务院的一个报告，叫做《国别人权报告》。少的时候包含 130 个国家和地区，多的时候有 190 个国家和地区，但总是忘了美国自己。其中针对中国的篇幅很多，因为不符合事实，中国当然不能接受。为了表示我们的态度，于是我们每年出版一本《美国人权纪录》，作为美国《国别人权报告》的补充。这不是我们发球，只是接球而已。这个球实在是不能不接了。

至于贸易逆差问题，不是想象中的那么复杂。没有美国发布的数据那么大，也可能没有中国发布的数据那么小，原因是统计标准有很大差异。美国希望中国多买波音飞机。但是中国要 5 架、10 架地买，不能上百架地买，所以还不能平衡。中国如果少买空中客车，希拉克总统也会有意见的。（众笑）美国应该多卖给中国一些东西，但是美国总是不能给我们一个很像样的货单。高级的科技产品卖给许多国家，不卖给中国，还假设了很多理由，如美国的安全等等。另外，美国从中国进口的产品如服装、鞋子、厨房用具都是美国自己不生产的，美国不买中国的，也要买其他国家的。美国的通货膨胀率很低，应当感谢中国。美国老年人领退休金的时候也要感谢中国。在座的人现在虽然年轻，将来退休的时

候，你们会体会到与中国贸易的好处。（众笑）

点评：

这是一场与世界顶级媒体领袖的对话。在这场对话中，赵启正先生体现出的大度、坦诚、睿智、幽默等，堪称与国际媒体交流甚至交锋的典范。他在向世界顶级媒体全面、深刻、生动介绍中国媒体发展时的坦诚态度和旁征博引的“气场”，上来就给这场对话奠定了良好的基调：“我们愿意介绍一个真实的中国，愿意说明中国的进步，也愿意说明中国的不足。我们之所以进步，是因为改正了缺点或发展了新的优点，那就是一个崭新的面貌。”当主持人欲借互联网问题“将”一下赵时，赵十分敏锐但又睿智地说出了“互联网所反映的情绪不是全体中国人的情绪，主要是一部分年轻人的情绪。所以根据它来判断整个中国的民间舆论是不全面的”。至于面对日本问题的提问，赵更是以极其风趣幽默的“我们是近邻，谁也不会搬家”的揶揄回答，令人叫绝。

（复旦大学国际公共关系中心主任　孟建）

品牌中国[1]

（2005 年 7 月 15 日在北京接受美国《领袖》杂志中国专刊首席代表杨红采访）

2005 年 7 月 15 日，赵启正主任在国务院新闻办公室接受美国《领袖》杂志中国专刊首席代表杨红（Elizabeth H. Yang）女士的采访。《领袖》杂志是一本针对世界各国 3 万多名政要和企业领袖的直投杂志，1978 年在纽约创刊。该杂志曾采访过邓小平、江泽民等中国党和国家领导人。

杨红（以下简称杨）：很高兴能和您第三次握手，并谢谢您接受我们“品牌中国”首刊的采访。由您领导的国务院新闻办，在外人眼里好似中国的国家公关公司，您认同这种说法吗？您怎么看国务院新闻办的角色？

赵启正（以下简称赵）：我认同这个说法。我们这儿就叫 Information Office。Information 意思就很广，就是说明中国，给世界中国的信息。说明的方法有很多：新闻发布会、白皮书、外文的书刊报纸、外文的网站、在美国或其他国家举行文化活动等。说明的目的就是让世界对中国有一个正确的认识，也就是说有一个良好的舆论。我们愿意介

1　本专访已在美国著名刊物 *Leaders*（《领袖》）2005 年 10 月号上刊登。

绍一个真实的中国，愿意说明中国的进步，也愿意说明中国的不足。我们每天都在讲中国的故事，但是要用国际的方式表达。不能够让外国人听不懂，要注意他们的教育、他们的文化程度、他们的宗教信仰，与我们有很大不同。概括地说，就是中国立场，国际表达。中国的故事，国际的叙述。

因此，我们的确像是一个国家的公共关系公司，任务就是把中国的事情说明白，为中国缔结良好的“国缘”。真实的中国是很伟大的，也是很可爱的。

杨：这么多年中，新闻办的角色都有哪些变化？这些转变都反映了中国社会的哪些变革？

赵：我们这几年角色的转换就是把较单纯地注重文字的和影视产品的交往，扩大到了包括互动的面对面的交往。这个互动很重要，可以做很多的沟通，可以消除误解，建立友谊。

交流有很多层面，与政府之间的交流，是一个层面；民间的交流包括与企业的交流是另外一个层面。文化层面和经济层面上的交流，对政治交流更是一种基础性的交流，是最好的一种对政治交流的公信度的推动。

杨：您觉得什么是最好的宣传中国的方式？

赵：首要就是要说真话。我相信：你不讲故事，别人讲故事，你不讲真故事，假故事就流行。所以我们促进改善国内的突发事件的报道系统，一定要快而准确。你注意我们现在大有进步，报道比以前快多了。

我们促成的一个很值得一提的变革就是我们新闻发布会的进步。以前新闻发布会没有十分明确的制度，发布的内容也是有限的。但我们2003年做到了60场新闻发布会，今年争取做到90场。我们每场发布会几乎都有部长出来，既增加了透明度和准确性，又体现了责任感。而且新闻发布会都是4个电视台同时向国内外直播。这在国外都是极少见的。

中国的事情要用外国人容易理解的方式，也就是“对方的语言”（不是指语种）来表达。我们首先要承认文化间的差异并尊重这种差异，然后才能从不同方面充分交流。

杨：您觉得世界对中国的了解处于一个什么样的阶段？还存在哪些主要的误解和偏差？

赵：总体来说，在国际上，中国的表达还较弱，这也导致了国外对于中国了解有限。我在维也纳金色大厅门口碰到发小广告的年轻人，见了我就比划“功夫、功夫”，从武打片中了解中国，自然很片面。另外，西方媒体主导了国际新闻。全世界重大新闻有80%来源于西方几个主流媒体。他们对中国消息的报道不够全面，夸大中国某些方面的缺点，或者有时把谣传的消息作为正规消息报道，而这种误解很难得到补充的解释。西方媒体过分宣扬中国的成长，以至于提出“中国威胁论”。这很荒唐，中国没有侵略性。这种评论性文章比新闻更有偏差。外国媒体可以说中国的不足，哪怕是严重的问题也没有关系。就怕先下了结论，认为中国不那么好，然后去找所谓的“事实”，而“事实”又不准确。另外有些人对中国的理解还有冷战思维的残余就更不可取。

杨：您作为中国“第一新闻官”，在您的眼中，中国这个国家品牌的核心是什么？中国这个品牌应该向世界传达什么样的信息？

赵：中国既是一个世界上人口最多的国家，也是一个正在发展中的社会主义国家。它的品牌核心有两个：它是一个中国共产党领导的国家，走的是有中国特色的社会主义道路。因此，它要把进口的马克思主义去适合中国的国情，所以，一定要根据中国今天的政策和进展来衡量今天的中国。另外，中国是一个在不断变化、不断进步的国家。它不完美，很多地方都需要改进。比如说，我们有非常好的传统文化，但是今天对世界文化传播的影响还较少。中国的经济在变化，中国的法制和民主正在发展中，还在不断地颁布新法律。为什么？因为随着社会的进步发现了原来的法律不够完备，当前没有哪个国家像中国这样每年都出台新的法律。外国有人总是说中国不民主，有很多指责，那是因为他们没见到中国的基础，中国没经过资本主义社会，没有经过法制社会的训练，由半封建半殖民地社会一下子进入社会主义社会。我们必须承认中国的公民需要法律的培训和教育，我们的法律需要健全，但是中国不拒绝民主，中国恰恰是要建设民主，但这需要过程。我们正视自己在发展过程中的问题，并在不断解决它们。变化与发展正是中国的朝气与活力所在。所以大家看到的是“一天一个新中国”。

杨：我们“品牌中国”首刊将从金融银行业、区域经济和传媒的角度来关注中国。从您的角度，您希望国外的政治及企业领袖们对我们首刊聚焦的这几个行业有一些什么样的了解？

赵：如果讲中国的区域经济，大家要把中国看成比欧洲还复杂的市场，因为中国区域间的差异非常大。你能在中国看到跟最发达国家相仿的区域，也能看到非常落后的地方，它们都共同存在于中国。

另外，中国和世界的经济对话应该由不同形态的经济中心城市来承担，也就是要研究中国区域经济的互补性，发展区域经济要避免趋同性。

区域经济的开发分为形态开发和功能开发两个阶段。打个比方说，我们建一个国际水准的足球场，又平，又有绿茵，又有好看台，这是形态开发。功能开发则是：一年国际比赛有几次，国内比赛有几次，什么队伍来参加，比赛规则是不是国际规则，裁判是不是国际水准，是不是全世界电视转播，这些功能开发最重要。否则你的球场就白建了。上海浦东现在已经进入了功能开发阶段，而天津滨海新区务必是功能开发与形态开发并举，滨海新区也应该是属于世界的。

说到中国的金融银行业，在改革开放前银行是一个大储蓄所，没有什么金融产品。中国银行的国际化是指两种：一是国际业务，一是国际资本的投入。国际业务没有完全展开，但是一天比一天多了。至于外国银行参股，这也是势在必行。因此，如果中国的银行和外国的银行连通的话，会增加中国银行的稳定性和操作水平。

至于说到中国的媒体，实际是在发展中的。对政府的宣言、政策应该表达准确，在其他方面的内容要表现出对社会的责任感。另外，媒体在 10 年前对经济效益是不太重视的，但现在我们的观点是讲求媒体的社会效果和商业效果的一致性。我们要把准确的新闻和健康的思想，通过商业渠道推广出去，不要把商业利益和社会利益视作矛盾。

杨：一直以来，您坦率、真诚、务实的风格，一直被国际社会高度赞扬。秉承您的一贯风格，您怎样形容中国新一代国家领导人的一些主要特点?

赵：首先，中国新一代领导人的教育背景都是比较好的，都受过完整的教育。其次，他们任官员的时间较长，在不同的位置都有充分的实践和成长，因此他们担任今天的职务是很顺理成章的，也是当之无愧的。大家对他们也有信心。他们会很妥当地领导国家和处理对外关系。中国的政策只会向前发展，不会突然有方向性的变化。我觉得他们是值得世界信任的一代领袖。

杨：您现在是国家的形象大使、最高新闻发言人。之前，您作为“浦东赵”是浦东的形象代表。我们想知道的是，假如把这些工作头衔都拿掉，只剩下您的名字“赵启正”，您的这个个人品牌传达的精神内涵是什么?

赵：作为赵启正这个人，他是一个对自己有要求的人：比如说对家庭要有责任、对朋友要忠诚、对社会要有正面贡献，在周围人当中，人家因为有你而愉快。也有朋友说我是个理性的理想主义者。

杨：最后，我想请您就我们在国外主流高端媒体上打造“品牌中国”的努力提一些您的建议。

赵：因为中国是世界舞台上一个日益重要的角色，它的存在对世界是有影响的。外国如果想把这个影响尽量发挥为对自己是正面的，包括分享它带来的机会，就必须了解它，和它对话。《领袖》做这个“品牌中国”，就是把变化中的中国，从深层次展现给各位读者，这有助于帮助他们了解中国和正确地对待中国，分享中国的机会。我觉得《领袖》的这个做法是非常中肯、有见地的。中国既然已经是一个世界角色了，就应该是《领袖》的一员，希望这不是一次性的报道中国，而是经常的。

点评：

故事因情节取胜。我们在对世界讲中国故事的时候，当然要重视情节。这还牵涉到一个宣传的平衡性原则：如果我们的故事一味说中国的好，而回避中国面临的问题，就好像缺少了起伏跌宕的情节，故事的吸引力也会因此打些折扣。

赵启正显然深谙此道。在回答《领袖》关于世界对中国的了解存在哪些主要的误解与偏差的问题时，他坦率地说，中国的表达比较弱，这也导致了国外对中国的了解有限。此外，主导国际新闻的西方媒体对中国的报道不够全面，要么夸大中国某些方面的缺点，要么过分宣扬中国的成长。他接着列举这方面的一些事例，不是“论战式”的，而是摆事实，这样讲道理当然更容易为人所接受。

在谈到媒体的话题时，赵启正没有使用面向国内读者的提法，而是从媒体的社会责任谈起，提出要将准确的新闻和健康的思想，通过商业渠道推广出去，要让社会义务与商业利益兼容，等等。

这样的解释性语言，对海外读者而言是比较容易理解并接受的。实际上，这就是对我们政策的诠释，却没有生硬、强行推销和灌输之嫌。如此，当赵启正说“我们愿意介绍一个真实的中国，愿意说明中国的进步，也愿意说明中国的不足”时，读者可以感受到他的真诚。

（新华社中国国际传播研究中心常务副主任　黄燕）

一份报纸可能影响 100 万读者

（2005 年 8 月 8 日在开罗与埃及《金字塔报》[1] 主编乌萨玛・萨拉亚的谈话）

乌萨玛・萨拉亚（Osama Saraya，以下简称萨）： 欢迎赵主任来金字塔报社做客。

赵启正（以下简称赵）：《金字塔报》与中国关系密切，我曾在北京多次会见过贵报的负责人和记者。这是我第一次访问埃及，在参观了金字塔和卡尔纳克神庙之后，对埃及悠久的历史文化有了新的认识。几千年前，中埃同为人类文明的发源地之一，而现在两国又都是发展中国家，如何重振文明古国的风采，是摆在我们面前的一个重要课题。

萨： 我一直十分关注中国的发展变化。中国正在大力推进现代化进程，将崛起为一个世界大国。埃中友谊源远流长，两国文化基因相似，埃及人民对中国怀有亲近感，愿学习和借鉴中国发展的经验。

赵： 对于传统文化，我们要继承其精华，摈弃其糟粕，中国传统文化中也有保守的一面。邓小平先生提出解放思想，才使中国的活力得以发挥出来。当时中国围绕检验真理的标准在媒体上展开了辩论，最终全社会形成共识，即实践是检验真理的唯一标准。解放思想不能一蹴而就，

1 《金字塔报》（al-Ahram），1875 年创刊，现为阿拉伯世界影响最大的报纸，日发行量 50 万份。

而是需要与时俱进，不断解放思想。值得我们思考的是，为什么作为人类文化发源地的古国，今天多是发展中国家。中国和埃及能分别建起长城和金字塔，可以相信今天两国拥有着巨大潜力。两国的政治家和媒体人士有责任激发人民把各自国家的潜力发挥出来。《金字塔报》在激发埃及人民活力方面承担着历史责任，祝愿您在这个新职位上领导贵报实现一次新的飞跃。

萨：谢谢。在一个拥有古老文明的社会里激发活力并非易事。建议埃中成立一个古老文明联合研究中心，就有关课题共同开展研究，以促进埃中等文明古国在现代条件下重新焕发活力。我们有必要充分发掘和利用蕴含于古老文化中的精华，在谋求现代化的同时根植传统。

赵：您提出了一个很好的建议，要分别各找一个合适的合作单位。传统与现代存在冲突，如何协调两者的关系是一个挑战。在社会改革进程中，舆论环境的影响力很大。与10年、20年前相比，媒体的作用更显重要。如果说一名教师可以影响100名学生，那么一份报纸则可能影响100万名读者。不同年龄段的人每天都在看报纸，报纸的影响力不可低估。

萨：埃及愿借鉴中国进行现代化建设的思路和经验。那种认为现代化进程会使中国与阿拉伯国家渐行渐远的想法是没有根据的，事实上，埃中和阿中关系将焕发出新的光彩。《金字塔报》愿在加强埃及人民对中国的了解方面发挥积极作用。

赵：金字塔文化和长城文化同样辉煌，两者交相辉映，相信两个文明古国能够重振昔日风采。国务院新闻办公室愿向《金字塔报》派驻北京的记者提供必要帮助，也期待主编本人尽早访华。

点评：

在历史与现状中寻求共同点，拉近两国关系。在这篇谈话中，赵启正老师首先对埃及悠久的历史表达了赞美，然后以两国都是“人类文明的发源地之一”和“发展中国家”，寻找到了两国的共同点，在相似性寻求过程中不仅拉近了两国之间的距离，而且说明了摆在两国面前的同样的问题，即如何重振文明古国，历史和现状的相似性为两国寻求未来合作的可能奠定了基础。

正反两面剖析问题，既展现我国的谦和与对自身问题的正视，也说明了未来努力的方向。在回答乌萨玛·萨拉亚提出的“中国发展经验”问题中，赵启正老师对于我国的传统文化进行了剖析，明确表示中国传统文化有其保守一面的缺陷，但是我们依然冲破藩篱，解放思想，这说明了我们民族勇于摒弃糟粕，继承精华，也间接说明了解放思想对于国家发展的重要性。

采用数字对比说明策略强调反差，形象说明问题。在谈到媒体在社会改革中的作用时，赵启正老师用教师对学生的影响范围衬托了媒体的影响范围，教师影响 100 人，而报纸影响 100 万人，强烈的反差结果，用数字强调了媒体所承担的重要社会责任，简单且客观。

（华东师范大学新闻与传播学院副院长　陈虹）

中国已经进入了“公共外交”的时代

（2007年9月21日在北京接受《南方都市报》记者采访）

《南方都市报》记者（以下简称记）：中国越来越深地裹挟进全球化的浪潮中去，地球变得扁平。您在国新办主任任内，被西方媒体称为中国的“形象大师”，或者我们也可以称您为中国的“公关大师”。中国现在越来越在意自己在国际舆论中的形象，为什么？

赵启正（以下简称赵）：人有“人缘”，国则有“国缘”。“国缘”好的国家，在世界上影响力就大，被信任程度高，所进行的国际运作，付出的成本就低。

我在做国新办主任的时候，曾经有不少国内外人士问我：“国务院新闻办公室的任务是什么？”我说：“向世界说明中国。”向世界说明什么呢？说明中国的政策、说明中国的社会发展、说明中国的历史、回答对中国的问题、澄清对中国的误解。条目就这么简单，但内容是极其丰富的，表达形式是多种多样的。也许可以说，我们所做的工作是外交部之外的“外交”，也就是“公共外交”和“媒体外交”。一个国家的形象或是一个政府的形象的传播，涉及国家和民族的利益，具有特别重大的意义。“多做少说”或“只做不说”，对于新闻工作者来说就不太适合，那好比“衣锦夜行”。

向世界表达一个真实的中国，才能使世界人民能够准确地认识中国，正确地对待她。当然，中国也需要更多地认识世界，才能正确地对待世界。

记：关于“公共外交”和“媒体外交”您能否多说几句？

赵：“公共外交”是指面对外国公众的一种国际交往。它的主体不只是政府的外交部门，而更包括非政府组织，包括大学、研究所、媒体和各种人民团体等。它们都可以而且有义务承担对外国公众表达中国进展和中国政策的责任。通过公共外交可以更直接地面对外国公众，可以减少西方媒体传播中对中国形象的扭曲和片面性。公共外交是一种广泛的、长期的、基础性的国际工作。“媒体外交”是指媒体对外表达本国的国情和外交政策，是“公共外交”的重要组成部分。

今天我还想提出和强调另一种公共外交，也不妨说是“公众外交”，英文是一个词。奥运会和世博会临近了，从各种准备工作来看，我们有较强的基建能力，经过努力，对场馆等硬件建设很有把握。担心的还是组织工作和中国公众的文明表现。为奥运会来中国的外国的注册记者、专门来报道奥运会的，约2万多人；非注册的、以旅行者身份来的，大约1万多人。据对以往奥运会的调查，因为电视报道迅速而且广泛，大多数记者的兴趣竟是在体育赛事之外，北京奥运会也是如此。还有因为奥运会增加的大量外国观众，直接接触中国公众将有怎样的体会？北京市正在开展市民文明的教育，希望人人都能以一种文明、有修养的面貌，来表达中国。可以说，今天我们已经进入了公共外交的时代。

记：您强调向世界表达一个真实的中国，是因为中国呈现在世界上的形象还不够真实么？

赵：对中国的旧印象和受冷战影响的错误观点，还在一些外国人头脑中挥之不去，一些国家的民众对中国的了解仍然很少，有些是片面的，有些甚至是误解。与以前相比，中国称得上是日新月异的国家，我们必须随时向外界说明中国的发展变化，并表明中国愿与世界分享中国发展带来的机会。

今日中国充满活力，发展迅速，逐步成为国际舞台上的重要角色，这却同时产生了中国是“威胁”，还是就会“衰败”的舆论。过分渲染中国的实力，夸大中国的军事力量，为所谓的“中国威胁论”寻找论据等等，这是许多西方媒体经常的“论题”。我在参与浦东开发的时候，收到了一位在美国的中国留学生寄来的《波士顿环球报》，上面刊登了一篇题为《我们应当怕中国吗？》的文章，并配有一张很典型的漫画：一双长筷子夹住放在盘子里的几片美国小国旗，比喻中国会拿美国当菜吃。该文在导言中提到了我本人，说赵启正先生向外国来访者介绍了野心勃勃的浦东开发计划，到这个计划实现之时，中国不仅是政治大国、军事大国，而且还将是经济大国，所以全世界都应该怕它吗？事实上，中国从来没有这种想法，也没有这种能力，把任何一个国家当菜吃掉。恰恰相反，中国曾在过去的100多年中被别人当菜吃过。我给《波士顿环球报》写了信，我说：“编辑先生，你所说的我不能同意，中国没有这种打算。”这家报纸把我的信刊登出来了。

我们与西方在文化方面的交流还存在较大的“逆差”。从整个世界的舆论格局来看，中国的声音还太小、太弱。向世界说明中国的真实情况是我们的长期任务。

记：中国似乎远比西方国家重视对外宣传。

赵：实际上任何国家都高度重视对外宣传。从美国到阿富汗，从最富的到最穷的，都希望国际舆论对本国有利，这是毫无疑问的。一个国家的舆论环境好，在国际上的威信高，就容易得到理解和支持，在进行文化交流、经济交流乃至军事交流时就容易得多。这是公认的基本道理。

美国历届总统都很重视舆论的作用，将其作为对外战略的重要手段。艾森豪威尔说："一美元的外宣费用等于五美元的国防费用。"他任总统期间，建立了美国新闻署，提出了"美国之音"要越过国境，越过海洋，穿过铁幕和石墙，同共产主义进行斗争。

对中国来说，尤其有建立良好国际舆论环境的需要。对此，我们有特殊的理由。其一，中国改革开放比较晚，外国对中国所知甚少。10年前，美国芭蕾舞团到北京，向昆仑饭店订房间时特别嘱附一句："是不是每个房间都有洗手间？我们都要有洗手间的那种。"到了中国才知道中国的旅店比美国同级的旅店还要好。美国芭蕾舞团不是低文化层次的，也不能算是过分闭塞的人群。当然这可能是一个极端的例子，但还有其他类似的例子。其二，如前面所说，确实有一部分反华势力对中国怀有敌意。

记： 西方国家的很多媒体不受政府控制，他们各自的立场也有不同，这些媒体的报道本身已经构成对中国的多元化报道。为什么您总强调引导中国媒体的外宣报道？

赵： 西方媒体未必不受政府控制，在国家利益前它们的立场是一致的，美国"9·11"事件时、伊战爆发时，它们的表现和政府的控制是十分显然的。中国在国际上应有的声音比起中国的国际地位是很不相称的，中国不能只依靠外国的媒体来表达自己。

回忆1997年亚洲金融危机时，有些西方媒体将一切过错归罪于亚洲各国的价值观和发展本国经济的独特方法。今天已经得出结论，当时他们的很多观点和给亚洲一些国家开的"药方"是错误的。

美国的媒体并不像某些美国新闻学者说的，像一个平面镜一样没有失真地反映世界。它们不一定是平面镜，有时是哈哈镜。在2001年"9·11"事件之后不久，10月7日的《华盛顿邮报》说，中国会趁"9·11"事件的机会突袭台湾，理由是："世界上没有什么事情是不可想象的，如

‘9·11’事件就不可想象，但是就发生了；不要认为中国以迅雷不及掩耳之势征服台湾是不可想象的。”理由之荒谬令人嗤之以鼻！

我曾与CNN（美国有线电视新闻网）的特纳先生谈论过：一个摄影师在采访一个国家时，假使这个国家七处鲜花，三处垃圾，摄影师用七分钟拍垃圾，三分钟拍鲜花，受众就会认为这个国家充满垃圾。他同意我的看法。

可见，中国表达自己就要建立自己强大的新闻媒体，报道本国的真实情况和发表维护本国利益的评论。政府各部门经常性地对国内外的媒体发布新闻，事实上就起到了引导作用。

记：但是有一个问题是，他们批评中国存在新闻管制，没有新闻自由。您怎么看这个问题？

赵：西方媒体宣传中国新闻不自由，主要是指中国媒体不攻击政府的现行政策。但是他们无视中国媒体对政府的政策经常进行讨论和舆论监督，对公务员的腐败行为进行批判和报道。归根结底的原因是，中国不像某些国家那样实行两党制，没有党派之争。所以中国的媒体不存在由党派利益驱动的媒体对政敌的抨击。西方媒体对“中国限制新闻自由”的攻击，从根本上讲，是针对中国的社会主义政治制度的，他们认为与他们不一样的制度就不是好制度，他们须知经济全球化并不包括政治文明的全球化。

记：有些人总是担心，对突发事件，政府公开了或媒体报道了，会造成恐慌，引起社会秩序的混乱，或者在国际上给国家形象抹黑。您怎么看这个问题？

赵：国家对突发事件的报道已有明确规定，要及时、要准确。中国的驻外大使们对我们说过，每当遇到国内突发事件，不及时说明事实就常常失去最好时机，这对我们的伤害很大。报道突发事件，在大多数情况下，还是越快越好。如果我们不抓紧时间，就等于把猜测和曲解的机会让给了别人。在对突发事件的新闻处理上，时间是争取主动的重要因素，有时甚至是决定性的因素。

关于突发事件，中央政府、中央领导人在多次讲话中提到要加强报道。问题是如何加强，以及为什么有时做得还不够理想。我们做过很多的案例分析，有些突发事件里头也许夹杂着官僚主义或腐败的内幕，这也是丑事，可是不能因此就不告诉公众。突发事件处理的进展状况都需及时地发布，增加透明度，舆论不仅要监督政府也要监督企业等责任单位。

突发事件有复杂性，要做到迅速、准确的报道就得讲究效率。所以，报道好突发事件，首先必须建立起有效的责任系统，这个系统要极其高效才行。

记：这也是您推动新闻发言人制度的原因所在吧。现在回过头来，如何评价这一制度？

赵：我们新闻发布会的发布次数和质量的进步是值得肯定的。新闻发言人制度，是国际上通行的做法，这不仅让国内民众扩大了知情权，使我们的政府更贴近人民群众，使人们了解政策制定的缘由及执行中的问题，也是中国政府向世界最快捷、最有效地表述立场的最好的方式。

不妨把我们对外传播与交流的工作都看成是生产有形的或无形的“产品”。从效果和投入来看，新闻发布会可能是投入/产出比最高的了。

前几年，德国《名星》杂志的总裁对我说，中国各个部长轮流出席发布会，并且直播，这很有特色，也是很不容易的，许多国家做不了这么好。他们说，在欧洲，不是紧急的重要消息，不会直播，部长们也不敢轻易直播。敢直播，说明你们有信心。

随着我国的快速发展和对外说明中国的强化，近年来，国际舆论对我国的报道和看法出现了一些好的变化，对我国的经济发展报道较为客观。然而，在政治意识形态领域对我国的成见仍然很深，要想改变这种状况需要我们长期不懈的努力。

记：您如何评价中国媒体这些年的发展？

赵：中国的媒体不论是在丰富新闻信息量，还是在传媒的经营管理等方面都取得了长足的进步，也在相互竞争中增强了实力。中国媒体在报道内容上日益开放，媒体对政府的监督作用越来越大，社会影响越来越大。由于媒体参与，政府的行政权力受到监督和制约，帮助提高了政府决策的透明度和科学性。

社会主义市场经济使媒体获得了新的发展动力。许多媒体原来由政府财政供给，不做广告，不搞经营，而现在媒体按照产业概念运行，传播能力得到了加强。近30年来，中国国力日益增强，给媒体业带来了良好的发展机遇。但是，与世界上大媒体集团相比，中国媒体集团要成为有世界影响力的主流媒体还需要很长时间。

点评：

早在2008年北京奥运会之前，赵启正先生就在倡导公共外交了。这是他对外传播交流思想的重要组成部分。这应当成为我们今天来看待他一直为公共外交孜孜努力的根本。“也许可以说，我们所做的工作是外交部之外的外交，也就是公共外交和媒体外交”这样的认知和话语，在今天更加具有理论意义和实践价值。在这次采访中，他不但充分表达了他对公共外交的想法和建议，而且还澄清了许多在这方面的模糊认识，甚至是错误思想，如“多做少说或只做不说，对于新闻传播来说就不太适合，那好比衣锦夜行”等话语，皆让我们醍醐灌顶。

（孟建）

和法国人谈文化是一件很愉快的事

（2007 年 10 月 26 日在北京接受法新社驻京记者卜光采访）

卜光（以下简称卜）：关于您这本新作《在同一世界》[1]，我想问一些问题。

赵启正（以下简称赵）：和法国人谈文化是一件很愉快的事。

卜：真的吗？

赵：当然。法国的标记是什么？是文化，是不是？

卜：是的。

赵：中国的标记是什么？

卜：也是文化吗？

赵：是文化，是有古老传统的文化。

卜：我的第一个问题是：为什么中国人现在需要读关于文化的书？

赵：近年来，中国人在生活水平迅速提升的同时，文化需求也在不断提升。现在，中国越来越开放，出国旅游的人和外国来中国旅游的人增加得很快，中国人和外国人的直接交往使中国进入了公共外交时代。也就是说，让世界了解中国，仅有政府的声音是不够的，政府的声音是

1 《在同一世界——面对外国人 101 题》，赵启正著，辽宁教育出版社 2007 年版。

外交的和政治的，民间的声音使外国公众能直接体验今日中国。

法国的文化是法国人的骄傲。民族的差异不一定是人的模样，不一定是语言，最大的差异是文化。任何一个国家的人都喜欢自己的文化，但不能说自己的文化没有缺点。如果某个民族认为自己的文化没有缺点，就不能进步。

法国文化发展得这么好，是因为吸收了罗马文化、希腊文化，甚至希伯来文化。法国吸收了这些文化，并进行了再创造。我认为中国文化也有继续吸收和再创造的必要，北京奥运会也是中国向世界学习的机会。

卜：您认为北京奥运会对中国很重要吗？

赵：北京奥运会对中国来说是一个很好的机会。中国人从和外国人相遇、接触的过程中，应该能够比以往更通畅地与外国人进行交流。中国也可借此良机表达丰富的中国文化。

卜：在法国，有人说了解中国文化是比较困难的。

赵：是，中国文化很独特，很多人不了解中国文化。原因有好几方面：比如，像你这样会说中国话的人很少。世界上说中国话的人最多，但是国家太少，只有中国和新加坡。全世界至少有二三十个国家说法语，所以法语的作品不用翻译，世界上也有很多人能阅读和听懂。汉语的作品就不行，翻译过程中最大的困难是文化的翻译，汉语很独特，汉语译成法语，比英语译成法语难得多。

卜：您为什么决定写这本书？

赵：我很久以前就想写这本书，但是一直没有动笔。中国迎接奥运会有什么困难？运动场没有问题，硬件没有问题，普通的中国人和外国人交流会有问题。不是仅指语言方面，而是语言后面的文化差异会造成问题。

1993年，法国的一位部长与我同机去巴黎，他说，我真害怕中国人敬酒。说不喝就是瞧不起他们，“强迫”我喝酒，我喝得很难受，是不是我喝多了出丑态，中国人才高兴。所以我就觉得，中国的酒文化有些问题。书中就写了中外酒文化的差异。

卜：是中国人的问题还是外国人的问题？

赵：有的是中国人的问题，有的是外国人的问题。“强迫”人家喝酒就是中国人的问题。因为有的中国人认为，能喝酒的人就是“英雄”，如“武松打虎”是在豪饮之后。但是这位外国人，也误会了中国主人的热情，决没有见他出丑态才高兴的意思，而是“酒逢知己千杯少”的意思！这就是文化差异。

卜：武松喝的是茅台吗？

赵：那时候还没有茅台，是米酒。要是喝三大碗茅台，估计武松也不行了。中国诗人李白喝了酒就写诗，所以中国人觉得才子也是酒仙。但是豪饮对身体并不好。

有的误会不是中国人的问题，也不是法国人的问题，也不是美国人的问题。比如，中国人在接受礼物时会说：“这么好的东西你留着用吧。我有了。”法国人会认为中国人想保持距离。法国人在接受礼物时会说：“我很喜欢，正是我需要的！”中国人会认为法国人不懂客气。法国人是不是真那么喜欢呢？中国人是不是真有了呢？也不一定。都是一种客气话，都是感谢的意思，但效果却常常与预期的相反。这种简单的碰撞之后，因为不同的文化背景造成误会是很可惜的。

卜：现在，西方一些国家的媒体常常批评中国的一些方面，如人权问题。您怎么看？

赵：中国目前正处在向更完善的人权过渡的发展中。目前，没有一个国家的人权状况是完美的。中国封建社会历史很长，那时中国的皇权至上。法国人写过一本很有名的书，叫《停滞的帝国》，有60万字，书中表述了200年前的中国：自以为是，是中央帝国；外国人是来进贡的，皇帝接见你是给你们恩赐；没有民主，只有独裁。

现在我们离中国的封建社会有多远？还不到100年。我在1987年写过一篇文章，提到从1911年清朝垮台到1949年是38年，对我这个年龄的人来说清朝很遥远，但是1949年再加38年，是1987年，这个时间，我们这些人的感觉不算很长。实际上，这两个阶段是一样长的。同样，将来的人看我们，会认为我们这一代人曾和末代皇帝在同一个蓝天下同时呼吸过，是古代人了。现在，有些外国人要求中国和法国、美国这些富裕的国家来比，尺度有问题。你们在50年前如何，你们在100年前如何？你们在巴尔扎克的时代如何？你们用自己的标准来看中国，当然会认为有问题。

卜：外国对中国的要求和压力是不是比较多？

赵：中国出口了这么多东西，出超多了，外国当然不高兴了。中国卖的东西是很多，但卖的多是服装、皮鞋、日用电子产品。8亿件衬衫换一架空中客车。那么8亿件衬衫到了欧洲，人人有几件，所以说中国的东西太多了。但是一架空中客车，中国人坐的时候没有什么不高兴的感觉。中国还落后，中国人没有制造出自己的大飞机。

其实，我们想从西方国家买一些好东西，但美国不卖，你们也不卖，高科技的东西都不卖给我们，这种不平衡不是中国造成的。我们和日本的贸易是逆差，日本用盈余的美元和欧元去买美国和欧洲的东西。这样看，你们就不必太担心。

卜：为什么西方媒体总是会批评中国？

赵：有两个原因。一是贸易摩擦。西方媒体称为经济威胁，其实这个威胁没关系。说不定哪天你卖给我太多了，我还说你威胁呢。欧洲和日本、和美国也都有贸易摩擦。二是政治威胁。中国有政治威胁吗？西方的媒体或者一些政治家，套用冷战思维看问题，套用对前苏联的印象来看中国，中国就有麻烦了。中国有军事威胁吗？和法国、美国比，中国不仅面积大、边境线长，邻国也多，部队装备也较落后。所以我们的军费虽然增长10%以上，但实际增长额很少。我有一件衣服，我再买一件，100%的增长；你有10件，再买一件，10%的增长。所以不能只看百分比。

卜：再问一个简单的问题。一方面，中国说欢迎外国人参加北京奥运会。另一方面，中国爱国主义情结非常严重，如对像鸦片战争、火烧圆明园等的态度，外国人对此比较敏感。

赵：我明白你要问什么了。我建议你看《停滞的帝国》，原版是法文的，作者是阿兰·佩雷菲特（Alain Peyrefitte），现在也有中文版了，这本书里说得很清楚。圆明园是参考卢浮宫造的，烧毁它的竟是法国入侵军。

卜：这个我知道。

赵：你们法国总统为此道歉了，因为确实是法国人烧的。当时法国人的文化在哪里，文明在哪里？在这件事情上，法国人很对不起中国人，这件事对中国人是伤痕，历史是不能忘记的。如果中国人把卢浮宫烧了，法国人会怎么看中国人？请你想一想。

爱国主义的意思就是不要忘记历史。当然今天法国人不会再到中国来打仗了；如果你们再来的话，我们也不会再像过去一样软弱。

卜：强调爱国主义和与外国人加强沟通是不是矛盾？

赵：中国的历史决定中国人必须有更多的爱国主义，因为中国人有太长时间受外国的欺负。比如，1894年甲午战争给日本的赔款是日本4年的财政收入，是中国10年的财政收入。中国的改革开放政策是为了振兴中国，爱国主义没有排斥外国人，开放当然包括了要与世界沟通。

卜：我特别注意到您这本书里有一篇是关于外国媒体是“哈哈镜”

的比喻。

赵：我想表明，外国媒体有时候是“哈哈镜”，有两种情况：一种是没有了解全部情况；一种是有意的歪曲。外国记者对中国的歪曲报道是不少的。

我给你举个例子：中国前驻日本大使王毅，他和日本的外交部部长谈话的时候，在落座的过程中，被日本记者抓拍到他在弯腰的镜头，有日本媒体就报道说：“这是中国大使向日本人鞠躬道歉。”这是不是“哈哈镜”？这是比较典型的例子。

卜：这是不是要告诉中国人不要接受外国媒体的采访？

赵：我的书里有另外一篇文章《对媒体说就是对公众说》，鼓励大家接触国内外记者，如碰到高水平的记者，会出一个好的“产品”，双方都高兴。我想到了外国人会这样问，所以我早就准备好了这篇文章。

卜：对，这篇在第24页。

赵：对，你看得很仔细。我鼓励官员多接待记者，我本人就非常愿意接待记者。为什么？既然外国人对中国人不够了解，我们就要更多地接受外国媒体的采访。这也叫爱国主义，通过和外国人接触，把中国的真实情况说出来。

你对我的书看得很仔细。有困难吗？

卜：没有，我有字典。

赵：现在有一位加拿大人正在把它翻译成英文。对中国人来说，将英文翻译成中文较容易，但把中文翻译成英文很难。

卜：关于北京奥运会，您有什么期待？

赵：希望能顺利进行，让外国运动员和旅游者尽可能高兴地参加北京奥运会。中国既然承担了这项任务，就要把它做好。甚至，我认为中国得多少块金牌并不重要，虽然中国运动员不这样想，但我是这样想的。

比如乒乓球冠军、亚军全是中国的，别国运动员会觉得没兴致了。金牌不一定越多越好。

卜：您说得很好，谢谢您。

赵：好。送给你我的另一本关于宗教对话的书[1]，是英文的。你英文应该没问题，比中文好吧？

卜：一样的。

赵：关于这本书，美联社社长托马斯·柯里（Thomas Curley）给我写过一封信，他说这本书使他深受感动，促进了中国和世界人民的相互了解。

卜：我会读的。另一个作者是美国人？

赵：美国人，美国宗教领袖路易·帕罗（Luis Palau）。

另外，我曾经和你们的吉伊利先生（法新社社长）见过面。

卜：他是我的老板。

赵：中国人对法国人印象很好，不要因为刚才跟你说了关于历史的话，你就认为中国人鄙视法国人，不是的。在中国人的头脑里，不好的就是历史上的日本人，而美国人就是太厉害。

卜：是，美国人总是咄咄逼人。非常感谢您。

赵：你对中国感兴趣，我也很高兴。

1 指《江边对话——一位无神论者和一位基督徒的友好交流》，赵启正、路易·帕罗著，新世界出版社 2006 年中、英文版。

点评：

这场法国记者和赵启正的对话，无论从文化开始，并且还是从记者阅读赵的书谈起，似乎将是一场老友间的聊天。然而，很快记者的问题尖锐起来，如：1. 为什么西方媒体总批评中国？ 2. 中国说欢迎外国人参加北京奥运会，但中国爱国主义情结非常严重；3. 强调爱国主义和与外国人加强沟通是不是矛盾？4. 是不是要告诉中国人不要接受外国媒体的采访？

智者永远不怕问题尖锐，其实问题越是尖锐，越有机会阐述被采访者的观点。在这篇谈话中，读者可以看到针对友好问题，赵的回答软得如叙家常，坦诚直率。但一旦问题尖锐起来，赵就抓住一切机会点到对方的软肋。如：当法国记者用中国人对鸦片战争和火烧圆明园的态度来质疑中国的爱国主义和对外国人的态度时，赵不失时机地指出，圆明园是法国人烧的，让对方考虑一下如果中国人烧了卢浮宫法国人会如何反应，反问记者为什么法国人一到了中国就不文明了，让法国人的傲气荡然无存。同时，还郑重说明，如果法国人再把战火烧到中国，我们就把他们消灭干净。这样的回答有理有利有节，维护了我方立场，又让对中国有过侵略史的外国人哑口无言。

（黄友义）

挑战性的问题往往是外国最关心的问题

（2008年3月14日在上海接受《瞭望东方周刊》记者采访）

《瞭望东方周刊》记者（以下简称记）：您的新书《向世界说明中国》[1]出版了，您曾是外宣办的主任，为什么不用“向世界宣传中国”这样的题目？

赵启正（以下简称赵）：宣传在中国是一个好的词汇，我党的宣传工作也有优秀的传统。但对外交往中，人们往往会把宣传翻译成一个不太准确的词，叫propaganda。这个词跟中文的宣传不能对应。所有的美国的、英国的字典，它都有贬义，有强词夺理、勉为其难，甚至置事实不顾去说自己的主张的意思。所以在和外国人交往的时候，就不用宣传这个词。在我们自己的工作中，还是用宣传这个词，因为我找不到合适的能够代替它的词。

你用说明这个词，就是给人家信息，是介绍、解释、交流、沟通。具体怎么说明中国呢？就是“中国故事，国际表达”。中国故事是什么？梁山伯与祝英台是中国故事，小提琴协奏曲就是国际表达。说明时要注

1 《向世界说明中国》，赵启正著，新世界出版社2005年版。

意外国人的生长环境，他们的教育背景、知识领域，外国人的意识形态、宗教信仰。所以简单地直译成外文是不行的，而应该是意译。

记：您曾说过 “人有人缘，国有国缘”，那么这个国缘靠什么来塑造和维护呢？

赵：国缘就是世界领域内、多数人对你的印象和信任感。首先这个国家本身应该是一个好的国家，人民是一个优秀的民族，就容易受到世界的尊重。但事实并不那么简单，尤其是当有被人不了解的时候，有被人误解的时候，有被某些怀有非善意的人攻击的时候。所以你不能抱有自然的、你爱怎么认识我就怎么认识我吧的态度。

作为个人你可以与世无争。但国家不行，我们不能总被人曲解，我们就得说明自己。所以国缘实际上是你的软力量的基础，也是软力量的成果。国缘好，软力量就强，就可以降低国际活动的成本。

如果我们在联合国没有这么好的国缘，美国指使个别国家每年在日内瓦人权问题上都提出攻击中国的提案，就不会每次都有把握有许多国家阻止这个提案。这是真实的国缘。所以国缘好是一种力量，它是和军事力量、经济力量不同的一种力量。似乎看不见，但它是客观存在的；似乎是虚拟的，但是又能转变为实实在在的东西。

记：您做新闻办主任 7 年多了，在您眼里，中国的形象或者说叫“国缘”在这期间发生了哪些变化？

赵：世界对中国的认识越来越清楚，中国的国缘也就越来越好。我们不能指望全世界都说我们好，特别是不能指望对中国怀有偏见甚至有某些敌意的人说我们好。但从主流上说，对中国的认可度是大大提高了。

记：有人认为中国记者提问比较四平八稳，外国记者好像锋芒毕露。您怎么评价不同的提问风格？

赵：很多外国记者的确咄咄逼人，他们采访的准备也是相当充分的。

迈克·华莱士[1]采访江泽民总书记时，我事先问他要采访什么。他拿出比A4还大一些的一摞纸，共9页，上面密密麻麻写满了他准备的功课。还有两三本外国人写的关于江泽民的书。他说，我不能告诉你我的问题，不然的话采访时就没意思了。我说你告诉我个大概，有好处，到时候呼应紧密。他给我说了个大概，但特别尖锐的还是没有说。他甚至连江泽民1989年几月几日几时从上海到北京都知道，他掌握的素材非常丰富。

中外记者采访的风格不同，首先是立场不同，外国记者要讨好的是他服务的媒体和外国读者，中国记者则首先希望在中国有好的社会反应。随着中国媒体监督职能的提高，中国记者的风格也会有所改变吧！

记：您喜欢回答什么样的问题——中规中矩的还是富有挑战性的？

赵：我喜欢富有挑战性的问题。因为挑战性的问题往往是国内外最关心的问题，你回答后容易得到传播，效果好。我们对外宣传要讲究效果论。我们要尽量争取正面效果，避免负面效果。以正面报道为主，但什么是正面报道有时候并不清楚。那就只认一个道理，就是问报道出来效果是正面的吗？那什么是负面报道？我的定义是：凡是阻碍社会进步的，就是负面的报道。但不是因为负面消息就不报道，报道负面消息也可以产生正面的效果。

记：作为部长，您似乎有很多朋友。您的交友之道是什么？

赵：以诚相待。不要怕在别人、年轻人面前暴露自己的愚蠢。因为缺点暴露一次就能克服一次，暴露一次无知，就能弥补一次，变成有知。交朋友是一种享受和愉快，真正的朋友是在交流中送我思想。

特别难忘的朋友有很多。比如汪道涵先生，他是我的长辈，是忘年交了。1982年，我们刚认识不久，有一次他问我：你怎么读书，怎么选书？

---

1 迈克·华莱士（Mike Wallace，1918 — 2012），美国哥伦比亚广播公司（CBS）著名新闻杂志节目《60分钟》记者和主持人，他主持该节目长达38年，于2006年退休。他以尖锐、辛辣的采访风格和深入独到的报道著称，著有个人职业生涯的回忆录《你我之间》。

他说希望我注意有一本杂志叫《世界图书》，是图书评介，也是一本高度压缩的读本。可惜这个杂志后来没有了。汪道涵说，通过读它，你就可以对当代社会发展的一些先锋问题有一个了然，最省时间的。他教我一个选书和读书方法，这位朋友就很难忘。

记：外国朋友呢？有什么特别难忘的事情吗？

赵：70%的外国元首来中国都去上海。印象比较深的有卡斯特罗、阿拉法特、叶利钦等。叶利钦在参观浦东新区后称赞浦东开发"政策是英明的，规划是周密的，办法是聪明的"。

我带领卡斯特罗参观宝钢时，他详细地了解了企业制度、职工福利、经营数据后说，你们的经济的确是社会主义经济，办法也很好。向世界说明中国是很具体的，我向古巴说明中国时，通过事实把中国说清楚了。

我还想提一下奥地利总统托马斯·克莱斯蒂尔先生。他1995年10月来上海访问，我陪同他专程去虹口当年欧洲犹太难民聚居区参观。他说，奥地利对不起犹太人，使他们避难来到遥远的上海，是你们救助了他们，所以今天我要来这里表示衷心感谢。

记：温总理今年在《政府工作报告》中提出了"增强政府工作透明度，提高政府公信力"。您认为应该怎样更好地打造透明政府？新闻发言人制度现在还存在哪些问题？

赵：做好各级政府的新闻发布会是增强政府工作透明度、提高政府公信力的有力措施。政府表达事实，政府是信息的源泉，记者是接力棒，是扩音器，媒体的积极参与是政府求之不得的。我们有些地方或部门的新闻发布会，还没有形成制度和习惯。国务院新闻办公室去年全年共有60次新闻发布会。今年我们争取一周一次半。我们做好了才能带动地方。

我们在新闻发言人培训上下了大功夫。去年培训了2000人。不能只在北京培训，我们上门服务，到西北、东北，每个月都举行。我们请教 CNN 老牌记者：你怎么提刁难问题？也请教白宫发言人：你怎么保护总统？知己知彼总有好处。

记：最近定州发生严重暴力事件，作为记者来说总感觉信息提供得还是不够，政府主动发布新闻不够，我们感到特别需要政府新闻发言人及时出来说明情况。

赵：我们应该认识到，新闻作为一种软力量，在发生危机的时候有独特的作用。有的省市在这方面还是比较薄弱，他们还不是很理解这个制度，不觉得这事很重要。有些事情你不主动、早发布，就要被动。还说等事情处理完了再发布，实际上这个消息可能早已传遍全国。你不讲故事，别人就会讲故事。你不讲真故事，别人就可能讲假故事。最后真假故事就难以分辨，使一个真实的消息模糊了，最后对各方面都不利。

事实证明，我们政府的各项决策或对于某些事件的处理情况，只要及时公布了，一般都会得到公众的理解和支持。因此，新闻发布制度的建立对于提高政府公信力、改善政府与人民群众的关系乃至建设一个和谐的社会，都是有重要意义的。

从另外一个角度说，应该看到，现在政府部门对突发事件的信息发布已经比以前快多了。大家可能已经注意到，有的事件发生几个小时内就宣布了，政府在这方面的及时反应也得到了中外记者的广泛赞誉。但是应该承认，仍有少量突发事件政府“说话”较迟，有的事件可能要拖上几天。这里面原因很多，除了是有意隐瞒外，一个原因是事件的复杂性层层请示，延缓了信息的传递速度。因此，我们现在特别鼓励地方官员在情况不是全部清楚的情况下也要发言。知道多少，先说多少。

当前，我们的一个重要任务是要建立一个突发事件的信息传递网络，以便事发地政府在事情发生后及时向上报告。有了这个信息报告网络，突发事件处理的效率将会提高。

另外，国务院各部门正在制订的危机管理应对预案也都包含了新闻发布的部分。关于突发事件的报道，可以说我们中央政府、中央的领导人在很多讲话中都提到了要加强。

记：有些地方官员可能不喜欢媒体暴露他们的问题。您会怎么说服这些地方官员允许和鼓励媒体报道他们的不足？

赵：我在新闻发言人培训班上说，如果你掩饰自己的问题，后果之一就是，你往后的诚信就值得怀疑。此外，你掩饰问题，人家会怀疑你有更大的问题。本来你只是咳嗽，你不说，人家会认为你也许还有肺炎甚至肺癌呢。还有一点，暴露问题，受到公众的批评，你可能还因此而进步呢。

记:国务院新闻办也是中国互联网的主管部门之一,您怎么看待网络呢？

赵：网络现在是由七八个部级单位管理，我们是从对外宣传的角度，发挥它的传播作用。发现假信息我们也要处理。比如，福建一个叫黄金高的县委书记说自己带着防弹衣上班，网上登了，我们一看就值得怀疑，中国要这样子的话老百姓还怎么活？我们立刻向中纪委询问，有没有这种事情，后来查出是这人假造的信息，网上也及时澄清了。

网络已经被称为第四媒体，其影响力会超过传统媒体。所谓媒体就是载体。技术上快、互动及时、成本低，这是网站的优点。但是载什么，内容是什么？我们就要发扬优点，去掉缺点，兴利除弊。我经常看一些网友的评论，缺少思想性，有时还说粗话。建设健康的网络环境是经营者、监督者和网友共同的责任。

点评：

新闻发言的任务之一是消除误解，因此新闻发言人的言辞首先要清晰，不能因发言人用语而产生混淆。比如，报道的正面效果、负面效果与正面报道、负面报道之间存在差异，赵启正老师在回答问题时就对两者进行了说明，并阐释了正负面报道与正负面效果的关系，避免了发言过程中的概念模糊造成的混乱。

（陈虹）

希望有一天法国解放并涤清了自己

（2009 年 3 月 2 日在北京全国政协十一届二次会议新闻发布会上答记者问）

《经济日报》记者：请问赵先生，今年中国政府提出力保经济增长实现 8% 的目标，对这个目标能否实现外界存有疑虑，从您收集到的情况来看，全国政协委员对此有什么评价，围绕保增长又提出了哪些建议？谢谢。

赵启正（以下简称赵）：经济问题是当前政协委员们关心最多、讨论最多的话题。至于“保 8”是否能够实现，政协委员们也都提出了自己的建议，有人认为这是有一定难度的，有更多的人认为经过努力可以实现，有的还有一些比较乐观的估计。但是，有一点是一致的，就是中国想要在当前严重的经济危机中站稳脚跟，就必须千方百计地保经济平稳较快发展，力争实现 8% 的经济平稳增长。

事实上，自去年以来，全国政协召开了九次专题座谈会和协谈会，委员们就如何应对金融危机说了很多的意见。他们认为应该是多种措施并举，拉动内需。就在十几天前，全国政协的科技界、经济界的委员们，还就保增长、扩内需、调结构、促发展做了专门的讨论。国务院的十几个部门负责人到会听取意见，他们认为政协委员们提出的意见很有参考价值，也很具体。

目前大会秘书处收到了不少关于经济建设内容的提案和发言，大会期间委员们将讨论《政府工作报告》，继续就此报告建言献策，相信一定会有更精彩的见解供大家采访和报道。

香港《大公报》记者：今年是人民政协成立60周年，我想问一下在政协今后还要进行哪些改革？现在有人建议政协增加发言权等，请问你们是怎样考虑的？另外，自去年金融危机以来，港澳委员的提案集中在哪些方面，今后怎么加强港澳委员的作用？谢谢。

赵：今年是政协建立60周年，政协在历史上、现在以及将来都是中国政府生活中的重要角色，对60周年，我们将有一些庆祝活动。活动的重点还是在总结过去60年我们的经历，提炼出我们政协要更加努力的方向。

你刚才提出增加政协发言权的问题，实际上政协是很有发言权的，甚至可以说在政治生活中以发言权特别强大而成为特色。因为政协的职能就是政治协商、民主监督、参政议政，他们的发言包括以书面的形式向各有关方面提出的一些建议和意见，特别是他们在视察各地时，他们对我们的政府，包括我们的党都有监督的权利，所以他们的发言权是足够的。

既然我们有很强的发言权，那么问题是，我们如何发言得更好，如何能够观察中国最重要的问题，观察我们社会发展中有什么需要改进的方面，并且能提出可以实施的建议，这样的发言才是最有成效的。

刚才你提到港澳委员在政协中的作用，我觉得他们的作用和贡献都是很大的。因为在一国两制的背景下，他们提出的意见往往有他们独特的角度，需要政协以至于中央各部门注意，特别是在经济问题上，他们的发言水平是比较高的，很多意见也被国家部门采纳了。

俄罗斯经济杂志驻中国记者：我想问您一下，您所说今年收到了200多个提案，可以举个例子给我们介绍一下您觉得最重要的提案是哪个？谢谢。

赵：内容比较集中的是这样几个主题：一个是中央提出来在两年内投入4万亿元人民币以刺激经济，他们的意见是：这4万亿元的使用要特别的精确和合理，要避免重复建设，要有利于国计民生，使我们的公民早日得到实惠。

他们特别提出，4万亿元的投入是分期分批的，并且这种投入的见效按照一般的经济规律说要有一个滞后。在这个滞后期内我们是不是还有些其他的更快见效的措施，他们对这方面也有一些具体意见。

在扩大内需方面，他们认为扩大内需并不是一件很容易的事情，虽然潜力很大。因为一定要让人民手里有钱，才能扩大内需。另外，由于中国的文化传统，有些有钱的人也不太愿意花钱，如何把内需和市场真正地扩大，还需要努力。

最近有一些委员视察了边境贸易，他们发现边境贸易略有萎缩，如何扩大边境贸易给双方带来更多的方便，包括俄罗斯的边境贸易，也都在他们的注意范围之内。此外，还有扩大就业问题，减少城市农村差异问题等等。这些提案中有代表性的都会上网，你中文这么好，应该去网上看看，收获会更大。

中央电视台、央视网记者：请问发言人，现场看到您的简历，您的外交经验非常丰富，您同时作为政协外事委员会的主任，您会给政协在拓展外交活动当中带来一些什么样的新特点？另外，我们最近非常关注有关法国拍卖中国兔首、鼠首一事，今天上午有了新的进展，您觉得政协应该发出怎样的声音？谢谢。

赵：谢谢你还费时间看我的简历。（众笑）政协对外交往有一个特色，就是它既有官方色彩，也有民间色彩，这样它在对外交往中的面就会广泛。我们通过一些高层的访问以及与外国的一些企业家或其他的民间有名人士的交流，我们在很多方面容易达成谅解，能够促进我们友好的关系。

在政协之下，我们还有几个国际交流平台，大家可能不知道，是属于政协系统的，包括“21 世纪论坛”，这是一个高层的论坛。另外，还有中国经济社会理事会、中国宗教和平委员会，这些都是在国际上很活跃的机构，我们经常举行国际圆桌会议或论坛来讨论双方感兴趣的问题。

我们政治协商会议内的外交委员会里面分了三个小组：一个是国际关系小组，可以说是国际政治小组。一个是国际经济小组。还有一个公共外交小组。国际政治和国际经济的意义大家都很明白，我们公共外交是指“政府外交之外的其他的外交往来”，政府外交是以外交部的外交为主的各国政府之间的交涉和谈判，也包括国家领导人的互访。而公共外交则是面对外国公众的活动，这种往来很重要。中国现在每年出境的人数达 4000 万人次，可以说这些人都有进行公共外交的机会。所以我们外交委员会曾经开过公共外交的研讨会，决定加强公共外交并推广公共外交知识。

关于你问的法国法院驳回了要求佳士得停止拍卖由圆明园盗窃的“兽首”这件事情中国舆论反响很大，委员们也很关心。

有的中国网友在网上问：“我们一向很崇敬法国文化，这次怎么了？”“法国文化生病了吗？法国法院是什么样的价值观？”我们知道，法国是一个文化悠久的国家，文化的核心就表现在价值观是什么样的。我想我们应该这样看：法国的价值观并不是由少数法国人来承载的，是由全体法国人承载的。

大作家雨果这样写过：有两个强盗走进了圆明园，一个叫英吉利，

一个叫法兰西。我希望有一天法国解放并涤清了自己，会把这抢来的东西送还给中国。（鼓掌）

有一位现在还健在的法国作家叫贝尔纳·布里泽，他写了一本书叫《第二次鸦片战争：洗劫圆明园》，这本书有中文版，我记得在2005年图书展览时看到过，是一本热门书。他说，圆明园的洗劫给中国人造成的心灵创伤，就好像是如果1871年普法战争的时候，普鲁士的士兵把卢浮宫、凡尔赛宫，再加上国家图书馆一起摧毁，那么给法国人会造成什么样的心灵创伤？这是一样的。

希拉克读了这本书，他说感谢这位作家。他说，我欣慰地看到，是由法国作家写清楚了这段历史。

还有一个法国人，他叫波曼德·高美斯，他是欧洲保护中华艺术协会主席，他也提出来制止佳士得的拍卖。所以政协委员们跟我说，不能够把佳士得强行拍卖圆明园的兽首看成是这次事件的失败，它教育了世界人，包括法国人自己。

中国国际广播电台记者：我想了解一下目前大会秘书处收到的发言材料和提案中有哪些是来自民主党派的，致公党关于中央关于解决金融危机下我国的就业问题的提案是今年的一号提案吗？除了就业提案之外，他们关注的问题还有哪些？谢谢。

赵：在每次全国政协大会上，各民主党派中央的提案和发言都是属于水平最高的那部分。今年他们已经提出来的提案有171件，发言有45篇，都是大会发言。

他们提出的问题都是当前广大民众关心的问题，比如，九三学社中央提出的应当通过深化改革建立扩大内需长效机制；农工党中央提出应有秩序地引导农民工到中小城市就业；民进中央建议要采取有效的措施保证农民种粮的收益，确保粮食生产和销售的安全。

不少提案和发言也都体现了各党派自身的特点，如民革中央对教师队伍建设问题、农村义务教育问题、少数民族地区的教育问题提出了多件提案；民革中央和台盟中央就构建海峡经济区，探索建立具有两岸特色的经济合作机制提出了建议；民建中央提出了对中小企业创新升级的建议；致公党将在关注统筹城乡发展方面提出建议。至于你所说的是不是第一号，我不太清楚。

中国日报社记者：有两个小问题。第一，之前有报道说此次大会代表委员座位将首次调整，这种调整是怎样进行，是出于怎样的考虑，您能否给大家介绍一下？第二，席卷全球的经济危机，给中国的社会带来各种各样的影响，比如就业和社会稳定的方面。就您所知，全国政协作为最高的咨询机构，有哪些提案是应对这些挑战的？谢谢。

赵：我看我只答你第一个问题，第二个问题和别人有点重复，另外也给其他记者一些提问的机会。有一些政协委员说，我们总坐在后面看不清前面，似乎不太公道。于是就准备滚动，就是后面的转到前面去，前面的转到后面去，就是一个操作而已。

下面咱们是快餐，简单问题简单回答。

中央电视台、央视网记者：现在有越来越多的网友通过网络媒体来参政议政，包括今天我们来参加这个新闻发布会，我们央视网友也提出很多的问题，但是他们首先想到的问题是我们政协会议将如何有效地吸纳网民的意见，如果他们下面有问题，我们也会把他们的问题带上来。谢谢。

赵：我们新闻组将尽量接受和回答网络所要求的网上采访。

《齐鲁晚报》记者：我代表国内都市类媒体记者感谢主持人让我提问。

我的问题是：今天有报道称刘翔委员因为请假缺席今年的全国“两

会”，我想请问他的请假是否符合规定？目前有多少委员请假？另外，“明星委员”是老百姓关注的热点，他们的提案质量也是大家争议的话题，您对“明星委员”的议案有什么评价？另外，四川地震灾区的问题，现在全国老百姓对这个问题非常关注，政协委员在这些方面有什么有用的建议？

赵：祝贺你也给地方媒体添了光。我只回答你的第一个问题。政协委员是可以请假的，但必须提出理由。如果有的政协委员长期请假，那我们是有意见的，很可能影响他今后是否能继续担任委员。据说刘翔是请假了，我想这里面有他的身体问题和训练问题。

《经济观察报》记者：这次会期缩短到了 9 天，会议的开支有没有缩减？能不能介绍一下？

赵：因为我是外事委员会的主任，我没有请他们报给我预算。这个会议规模很大，达 2230 多人，这次有一些节约的措施，当然是不是很有成效，需要再看。一个是伙食费有所降低，一个是开会时间减少了半天，一步一步做吧，先减少半天。还有开会宾馆安排方面将会集中一些，避免会前会后交通占道路太多。如果要分散在许多宾馆的话，道路就会占很多。

日本亚洲通讯社记者：今天有一道很大的亮点就是赵主任面前放着这台红色电脑，我采访两会好多次，第一次看到记者招待会上有这样一台电脑，这是否说明中国政府正在极力推进网络的社会化？同时您是否认为中国社会的网络化有助于政治的民主化和对官员的监督？

赵：看来您是一位网络爱好者，所以对网络很敏感。（众笑）但这不是我第一次在新闻发布会上用电脑。10 年前我在驳斥美国议员考克斯诬陷中国盗窃美国核心机密的会上也用了电脑，那是日本日立的。事后一位日本记者朋友对我说：“很好，你没有用美国电脑，用我们日本电

脑去说美国的问题很合适。”（众笑）

你说的很对，中国政府很鼓励网络的发展和IT技术的发展，因此，我们专门成立了信息产业部，现在和工业部结合起来了，成了工业和信息化部。中国的网民在8年间扩大了30倍，现在超过3亿了，这在世界上看也是数量很大的，也说明中国人很喜欢网络。互联网的发展当然可以促进社会进步，可以帮助政府信息的公开，也可以使我们更加了解网民的想法，所以今后还会继续发展下去。

《人民日报》、人民网记者：这次“两会”召开有上百万网友在人民网上留言，我们也发现很多政协委员都在人民网上开博客，晒自己的提案，受到了很多的瞩目。此前，总书记也在人民网作客，温家宝总理也作客新华网，万众瞩目。请问，您如何看待网络媒体对中国民主政治生态的影响？谢谢。

赵：你的问题看起来和刚才记者提出的问题有重复。（众笑）

《人民日报》、人民网记者：但是比刚才的问题深入。

赵：网络的发展对于社会发展的影响在10年前我们还没有今天看得这样清楚。网络今后的发展，我们相信对社会的发展还是正面的贡献。

刚才你举了两个例子，总书记和总理在网上和网民们对话，是多么地亲切、多么地直率，这些事情如果没有网络根本是不可能的。这个例子就说明，今后网络会更加促进政府和民众之间进一步的联络、进一步的沟通。

《中国妇女》英文月刊记者：我想请问赵主任，这次咱们在2235名委员中，女委员的数量有多少？（众笑）她们现在所提的提案数量大概有多少？主要集中在哪些领域？谢谢。

赵：我没注意到这一比例，但是我知道比上一届妇女委员的比例高。刚才你提问的时候，有一些朋友们笑了，其实网上查得到这个数据。我倒有点感想，说明我们有一个误区，妇女的事业不只是妇女去做，男人也要去参与，只有男士和女士一起做妇女的事业，才能做得更好。因为观察角度不同，男委员也会提出很好的关于妇女事业的提案。

香港《文汇报》记者：今年国庆是新中国成立 60 周年，请问赵先生有没有可能请全国政协以及省市政协的港澳委员出席国庆观礼？除了国庆观礼他们还会出席什么活动？另外，是不是会邀请台湾人士也参加国庆观礼？谢谢。

赵：国庆 60 周年是一个非常盛大的节日，理所当然的是普天同庆，当然我们会邀请港、澳、台各方面的人士来参加。

《羊城晚报》记者：今年大学生就业也是我们非常关注的一个问题，我们省里探讨的时候还是支持大学生去炸苞米花、摆地摊，不知道在全国这个会议上，更多的委员提出什么建议解决大学生就业问题？

赵：这个问题在会议的讨论当中，委员们一定会谈到的。所以，我们还有两次记者会会讨论这个问题。

《中国人口报》记者：我想问一下中国进入老龄化社会，对农村的养老保障体制还有待于加强，十一届政协对老龄化的问题做了哪些工作，今后还将要做哪些工作？谢谢。

赵：我们有一个政协委员会是人口和环境委员会，可以应你的邀请接受采访，我们会安排的。

《新闻晨报》记者：我也想代表全国的都市报提一个问题，今后提高传播效率考虑不考虑按照发行量和收视率来分配两会的证件？谢谢。

赵：你是一个很有创意的人。（众笑）你说的不无道理，但不能作为全部根据。为什么呢？我举个例子，*China Daily* 是英文报纸，它的订报数较少，但是它的读者很重要，有外国研究中国的人、外国的记者、外国的大使馆，并且它的消息往往会被外国报纸所转载，因此它的二层

读者很多。你的意见可以参考，但不能按照这个去做，政协不是董事会，你大概对股票很有研究。（众笑）

彭博通讯社记者：我想问一个程序性的问题，就是关于外国记者进入采访场地的问题。比方说，在今天政协代表进入铁道大厦的时候，外国记者是不允许进入的，但是来自国内的一些媒体，比如《财经》杂志就可以进入，我想请您解释一下，在外国和国内媒体记者进入场地的不同操作方面有什么原因？如果不能给我这个解释的话，是否能够向我们保证至少在“两会”采访期间，外国和国内媒体记者有进入采访区域的同等权利？

赵：很遗憾，知道你没能进去，但我觉得应该是同样对待的。我也要去问一问我们的新闻管理人员，对中外记者进入各宾馆是不是都有事先申请的要求。中外记者一样的，如果要采访某人，要事先向新闻组申请，就是向我旁边的张敬安先生提出申请。

张敬安：很乐意为大家服务。

赵：请彭博新闻社的这位先生放心，我一定会关注此事。（众笑）

《新京报》记者：我想问两个问题：第一个沿着刚刚《齐鲁晚报》记者的问题，我们知道今年地方的政协对政协履职问题有硬性的规定，比如汕头就辞退了三个不作为的委员。我想请问一下，对全国政协来说会不会有这样的硬性规定出现？像刘翔已经两年没有来了。第二，大家流传说广州合生创展的朱孟依现在已经涉案被调查，他是全国政协委员，请问他今年是否会出席？

赵：一些地方政协为了保证政协委员们的出席或者说是请政协委员不要辜负大家对他们的信任而采取的一些措施，我觉得很好。在全国政协这样的人相对较少，我们会参考地方政协的做法，这是一个严肃的，也是要讨论的问题。您刚才指名说的政协委员触犯了法律，我只能说政协委员触犯法律是一样的判罪。至于某些名人委员多次没有出席的问题，我们也会转告对他的提醒。

新华网记者：近几年新兴媒体已经成为汇集民意、聚集民智的重要渠道，但是有些人群既看不了电视，也没有钱上网，也买不起报纸，他们就是农民工。今年我们知道有2000万的农民工失业需要工作，他们的就业问题既牵动了政府的心，也牵动了网民的心。我们新华网推出的“新华手机报”目前收到了大概5万条农民工发来的短信，因为他们可以通过手机发短信，一毛钱就可以把他们对政府的一些意见、呼声、建言献策通过手机发送到这个平台上。目前政协委员已经收到的提案中有多少是关于农民工的问题，并且委员关注的农民工问题主要在哪些方面？谢谢。

赵：我听的很明白，你问题的重点是说你这个手机网很受欢迎。顺便问了我一下有多少关于农民工的提案。（众笑）相关提案每年有4000～5000份，关于农民工提案的这个数据要在会议结束的时候才能出来。谢谢大家。

点评：

在今天召开的“两会”首场记者会中，给人留下最深印象的，是现年69岁，首度出任全国政协大会发言人的前国新办掌门赵启正。面对中外记者五花八门的提问，赵启正游刃有余地延续了风趣幽默的“赵氏风格”，机锋纵横，妙语迭出，对于敏感事宜的追问，更以四两拨千斤之势化解。整个会场气氛轻松，台上台下互动热烈。

（香港《文汇报》）

人们在危机的时候会出现新的智慧

（2009年9月12日在大连达沃斯论坛与CNN主持人兼记者安德鲁·斯蒂文的对话[1]）

安德鲁·斯蒂文（Andrew Steven，以下简称斯）：非常感谢诸位光临。

我们将在一个小时当中讨论的问题是重新设计亚洲的增长模式，现在这个话题是该地区有关政府面临的一大难题，亚洲经济的核心是对于出口的依赖，特别是对美国以及欧盟出口的依赖。现在时机已经成熟，让我们重新审视一下亚洲的增长模式，并且考察一下亚洲应该如何来减少对这些传统出口市场的依赖性。我们来看看这些数字：从危机最初爆发开始，中国的出口锐减了27%，中国台湾锐减了44%，新加坡锐减35%，韩国锐减34%，都是大幅度下降。总而言之，亚洲地区的经济活动有一半是和出口有关的。所以，我们需要在亚洲有一个基本面的变化，在今后10～100年的增长当中需要这样的变化。如果亚洲什么都不做，代价会非常大。

我们知道美国的消费要想恢复还需要花一段时间。2007年的时候，

1 这场采访式的对话原记录缺少其他几位出场嘉宾的回答。事实上，主持人和听众向中国嘉宾提问最多。其他几位嘉宾是：越南副总理Hoang Trung Hai先生、日本邮船株式会社社长Koji Miyahara先生、泰国贸易代表办公室主席Kiat Sittheeamorn先生。

一个美国消费者平均一年要买 20 件 T 恤和 17 双鞋，现在的消费水平再也达不到那么高了。从中期的角度来看，美国的消费者至少要花 3 ～ 5 年来恢复以前能够达到的高点，奥巴马经济政策顾问之一希望美国经济增长能够摆脱对消费支出的依赖。而美国消费者也会说他们因为全球经济的增长做的贡献，他们要重新做出这样的贡献，还要花一段时间。

亚洲怎么样能够建立起可持续发展的经济增长模式呢？整个亚洲地区很多地方没有充分的社会安全保障，人们会说对自己的未来感到担忧，对他们的就业担忧，将来生病怎么办，他们存钱，使得亚洲的储蓄率很高。储蓄率高是一方面的问题，还有文化方面的问题也要考虑，但是转变这样的模式确实有很多事情要做。

我想问赵启正主任我的第一个问题，赵主任在这儿代表的是世界上第二大的经济体，巨大的出口国，而且也受到全球经济下滑的影响。我的问题是：中国需不需要转变发展的模式？如果需要实现模式转变，现在有什么样的想法，有什么样的计划呢？

赵启正（以下简称赵）：中国一定要转变发展模式，这是肯定的。同时也打算变这次挑战为一次机遇，进一步地来开展我们的经济改革，重点是改善我们的经济结构状况；同时对全社会的福利提供新的改善机会。

最初有人以为中国政府提出用 4 万亿人民币来刺激市场，就这样简单地来解决问题。其实不是，中国是想借这次经济衰退的机会，来进一步地改善中国的经济结构，减少对于出口的过分的依赖。特别是要增加中国居民的消费率。中国居民的消费率和世界平均值相比低 20 个百分点，而中国的投资率和世界的平均值相比高 20 个百分点。当然目前我们没有降低投资的意思，但是提高消费率是我们很重要的任务。

提高消费率的具体做法就是促进就业，改善中国国民的收入，降低某些税率。同时我们还要通过这个机会，减少中国过剩的产能。中国有些产业的产能是过度了，如粗钢，我们只需5亿吨，但我们的能力是6.6亿吨。以前没有机会来淘汰它，现在既然出口不行了，就利用这个机会来淘汰它。进一步地改善我们经济结构的另一方面是振兴某些高科技产业。而且在鼓励居民消费的时候，一定要增加社会保险的效果，减低家庭付出的教育费用。同时，还要增加住房等各方面的优惠政策，使大家在文化上、心理上克服不敢花钱的传统习惯。

当前，确实存在着这个重大的机会。允许我们实行这些措施，去改变我们早就想改变的经济模式。

斯：中国现在实现结构改变有一个非常好的机会，而且就业是一个非常重要的问题。您说的是哪些部门的就业呢？因为我们现在看到有很多刺激经济的计划，很大一部分是投入到大型的基建项目当中。这并不是一个可持续发展的模式。所以，在您看来，中国的增长特别是就业的增长，更多的会来自哪些领域呢？

赵：4万亿元当中只有约四分之一投入重大基础设施建设。高科技领域是一个新的增长领域，如能源、现代通信、绿色产业、垃圾和废品回收再利用等，这都是新的技术领域，需要新的劳动力就业。另外还有较多的国家投资用到城市化过程中的比较廉价的保障性住房和农村民生工程的建设，这个量也是非常之大的。还有一些产业有很大的发展和带动服务业的余地，比如，中国的汽车拥有量，每一千人只有50辆，而美国每千人是775辆，欧洲是311辆，中国虽然不能像美国人那样买那么多汽车，但50辆还是太少了。

斯：赵先生，中国将成为亚洲内部贸易的一个巨大的消费者市场，但是最近的一些数据表明，2007年美国消费市场有10万亿美元，而2007年中国的消费市场只有1万亿美元，中国需要多长时间才能使国内的消费市场足够大，能够支持自己的发展，而且支持亚洲其他地区的发展？是不是需要一代人 20 年的时间呢？

赵：这不是一个纯经济问题，包括了文化传统中消费观能不能较快改变的问题。中国人即使有了钱，要考虑孩子上学，要考虑老时养老，绝不会像美国人那样一年买 20 件 T 恤，可能只买两件 T 恤。有一些新的消费方向，这些消费方向是什么呢？中国的服务业太落后，中国要增加服务业，增加服务的品种，改善医疗的水平，使中国人更多地在健康上、休闲上多花一些钱。这同时也能增加新的就业机会。

中国和亚洲其他国家相比，我们有我们的困难，就是我们的面积大，人口多，地方区域差异大，东西部、南北部都不平衡，教育程度也不均匀。所以，我们要虚心地向世界各国学习。凡是我们可以参考的，我们都拿来学习，“不管是黑猫白猫，只要抓住老鼠就是好猫”，本着这样的精神，向世界学习，包括向亚洲其他地区学习。你问我用多长时间，中国才有足够大的市场，我看不用 20 年，但恐怕至少需要 10 年。

斯：中国采取了什么样的政策呢？比如发展服务业方面，因为这对任何经济体来说都非常重要，中国在这方面实施了什么样的政策？

赵：中国经济一般是两方面发动：由上而下就是在政策上对服务行业促进，比如给予融资或者给予较宽松的税收政策；而由下而上是有民意要求，比如，从前中国人一个星期只休息一天，后来休息两天，就是由下而上的要求。休息两天以后，中国的旅游业突然有了很大的发展。由上而下和由下而上之间要有一个配合的机制，比如，人民代表大会，在民主形式上是横向和纵向并举，横向是活跃的民间协商，在媒体上协商，在各级政治协商会议上协商，因为人们生活的方便和幸福感也与服务业是否发达有关。也许在中国来看，追求实际的幸福比追求某些空洞的口号更重要。中国人是很有现实感的。

斯：刚才 Kiat Sittheeamorn 教授谈到了绿色技术，绿色技术是不是一个空中的馅饼，是一个希望，还是空中楼阁？还是我们已经非常现实地接近了可以投入应用的绿色技术了？比如说太阳能、风能的发展？这个问题我想提给赵主任。在中国目前优先发展的领域当中，绿色技术处在什么位置？

赵：各项绿色指数处在中国最重要的位置。就能源来说，中国是世界上用煤发电最多的国家，因此制造的二氧化碳也最多。中国绿色经济目前所占比例还较少，我们今后每年要完成 1000 兆瓦～ 2000 兆瓦的核电。中国的风能目前在世界上使用比例比较高，风能技术也在不断发展。汽车方面，虽然我们的汽车技术还在起步阶段，但是我们也在电动汽车、混合型汽车方面有较快的开发。我们也从国外进口技术，也希望得到各发达国家的帮助，使我们减排的任务得以完成。

中国城市垃圾处理很困难，一个是数量很大，再就是中国垃圾的成分很复杂，不容易燃烧和不容易处理的垃圾很多，垃圾分类也是一个令人头疼的问题。这些事情都在进行中。所以，要解决中国遇到的这些困难，中国就必须把绿色产业的政策坚持下去，这个态度是清晰的。

听众提问：实际上我们看到过去美国消费者花了太多钱，欠了太多债，而亚洲的消费者花钱不够，储蓄却太多。现在我们鼓励亚洲特别是中国的消费者花更多钱，少存点钱。我想问，是不是这样的发展有朝一日，我们亚洲的消费者也会负债太高，从而带来下一场危机？请大家记住，在上次亚洲金融危机当中是因为亚洲一些国家的公司负债太多，引发了危机。大家有没有这个担心？

赵：亚洲人的消费观与美国人不同，他们总是量入为出，若借债也很谨慎，很疯狂的消费不知道哪天能够在亚洲出现。我们的首要任务是调整经济结构，包括减少对投资和外贸的依赖，而不是单纯地刺激消费。

现在担心中国出现美国那种债务危机是过虑了。

听众提问：我来自一个通信公司，刚才大家讨论得非常好。亚洲公司在其他地方创造了很多工作机会，在美国、欧洲都创造了很多就业机会，产生了经济的活力，而且产生了税收。您认为中国的那些绿色技术的公司能够把他们制造业的模式，还有服务的模式带到世界其他地方，不仅仅是到欧美，还包括到非洲、拉美、中东，有没有这样的可能？

赵：眼前中国的绿色行业到外国去发展可能有一定的困难。第一，我们尚不掌握足够的核心技术。第二，不是世界各国都欢迎中国的资本。比如说美国对中国的企业就很有警惕性，非洲的国家就好一些。但从长远看，我觉得这种可能是存在的，中国也有这样的愿望，既接受外国的投资又到外国去投资。

大连广播电台记者：我们知道亚洲国家都是出口驱动型的，而且我们希望转向消费驱动的模式。我有一个奶奶，80 岁了，她有很多存款，但是劝她花钱非常困难。我想问一下来自四个国家的代表，如何劝说那些老人，比如我的老奶奶，把她口袋里的钱拿出来进行消费？

赵：中国的奶奶最爱孙子，愿意为孙子花钱，让他上好学校，给他牛奶喝。中国老人也希望长寿，你告诉她吃一点人参之类的东西可以长寿，她就舍得花钱了。（众笑）

斯：结束之前，我想问一下赵先生还有其他嘉宾，你们怎么发展那些中小企业？因为他们才是美国、欧洲包括其他经济体的主力。现在的资金都在投向大公司、大项目，但是我们如何促进中小企业在这一轮发展中的发展？

赵：中小型企业最大的困难是资金的困难。中国的银行以往不太愿意给它们贷款，总是觉得危险性比较大。现在中国正在制定一些政策，比如说政府为它们担保，另外也有可能专门成立一个银行为中小型企业提供贷款。这都在计划中，并在近期内可以实现。

斯：最后结束之前，我还有最后一个问题，请大家简短地回答。如果这一次经济复苏是一个双底，还要再探底一次，你担心吗？

赵：无论出现多么危险的新的状态，人都得活下去。人们在危机的时候会出现新的智慧，我想我们有这样的信心。（鼓掌）

斯：说得好！就用这句话结束今天的对话——在危机的时候，一定会出现新的智慧！

点评：

在这场大连达沃斯论坛的对话中，赵启正先生以其实际表现为新闻发言人和新闻学院的学生们提供了三条可贵经验：一是优秀的新闻发言人必须拥有广博的知识，对政治、经济和文化有整体的理解力和洞察，否则就会沦为“专业地讲空话”的人，修辞再精致也掩盖不住发言人的空洞与贫乏；二是以人为本、人性化表达，无论分析金融危机、经济增长模式调整，还是讨论消费文化和绿色指数，赵启正皆将之导入日常社会生活，对个体的生存境遇有深切的关心；三是哲学思辨，在对重大问题的研判和叙述中，新闻发言人应有较强的哲学思辨能力，“人们在危机的时候会出现新的智慧”正契此意。

（中国人民大学新闻学院副教授、副院长　胡百精）

谁说我外行，我就感激谁

（2009 年 9 月 17 日在北京接受《新京报》记者采访）

《新京报》记者（以下简称记）： 听说您接受中国人民大学新闻学院院长的邀请时有很多故事?

赵启正（以下简称赵）： 外界只知道新闻学院前院长高钢给我发了 7 条短信，“逼”我就范。其实不全是这样。人大的书记和院长一同来找我，要求我担任院长一职。在他们反复“教育”之后，我才最终同意了。

记： 有人说您担任人大新闻学院院长是降级了。

赵： 是有人说我降级了，但我觉得自己是高就了。其实，高校的级别不能和政府部门的级别对应比较，那是两个标准。

记： 那为什么说自己是高就了？

赵： 因为我本身的学术训练和这个职位还是有差距的。我曾是教授级高级工程师，也接受过大学聘我做兼职教授的邀请，带过多位区域经济学的博士生，但从来没在大学中担任过任何正式职务。去大学做学问是我从小的梦想。我父母都是南开大学物理系的教授。我有两个弟弟，一个是中国一个大学的博导，另一个是美国一所大学的比较文学教授。对学术的尊重可能和我的家庭氛围有关。

记：为什么后来您选择的道路和您所设想的有很大差距？

赵：个人的意愿有时必须服从时代需要。我毕业是在 1963 年，那段日子中国经历着许多坎坷，又是遭受到自然灾害，又是和苏联关系恶化。那正是整个国家需要大量人才的时候。我学的又是实验核物理，中国的国防事业需要我们这样的人。

记：如今，越来越多的政府高官在退休后进入学院担任领导，而以前更多的是去企业做顾问，这种转变是不是将成为一种趋势？这种转变意味着什么？

赵：这个变化表明了一种社会意识的变化，表明社会对知识、对教育更尊重。这个现象才刚刚开始，在今后必将成为趋势。

我退休后，不是无事可做，电脑里上千兆的存档资料等着我去处理，包括那些以前的发言记录、资料卡片，还有该读的书要去阅读。

记：美国前总统克林顿未能进入哈佛担任校长，理由是能管理好国家未必能管理好学校。您认为做好了一名政府官员是否也就一定能做好一个学院的领导？

赵：不能把“隔行如隔山”理解得绝对化了。我每做一件事都是新的。最早从事了 20 年的科研和设计工作，之后担任上海市副市长，管过浦东开发区的建设，担任了国务院新闻办主任和全国政协外事委员会主任。看似跨了很多行当，但其中的哲学是通的。我个人的体会是要宏观上明白，入门才快。宏观并不等于抽象，更不意味着粗放，而是对那些本质的内涵的认识。当然也要选择若干案例有较深入的参与，然后就会有发言权了。

记：您依据什么来进行决策？请再说个例子。

赵：比如对于浦东新区开发中的高科技产业，就是要抓住几个关键要素。技术要领先，不能制造污染，不要重复建设。这就是我要认真把握的标准。浦东那么多开发项目，我就较细微的参与几个。去考察的时候，对于不甚了然的问题我从不发表感想式的意见。

记：现在您敢于前往人大新闻学院任院长是基于以往的经验，您不怕别人说您外行？

赵：谁说我外行，我就感激谁，因为他是在鞭策我。我到新岗位后会多观察，多请教，多思考会变成内行。

记：您作为曾经的“中国第一新闻官”，具有很高的无形价值。但对于您担任新闻学院院长，外界或许有观点会认为装点门面的作用会强于对学院的实际领导，您怎么看？

赵：我会尊重学院的领导和教授们，以后这个问题你可以去问人大新闻学院呀！

记：那您能给人大新闻学院带去些什么东西呢？

赵：我在新闻办工作了七八年，积累了很多问题，这些问题可以带到学院里去研究，并且我在以往的工作中，同时面对国内外记者时也发现了一些中国新闻学教育的问题。

记：您认为国内外记者的差别体现在哪里？

赵：有些中国记者竞争性弱，在大型新闻发布会上不太敢发问。有些记者的问题准备得不够。当然这也和中国文化有关，中国人往往不愿出风头。

记：您喜欢善于拼抢的新闻记者？

赵：争抢是敬业的表现，是光荣的，这是我们应该树立的观念。无论遇到怎样重量级的采访对象都应该上去争抢采访机会，不要担心别人的看法或在意其助手的阻拦。因为那是你的工作，你应该这样做。

记：中国新闻记者的竞争性弱还体现在哪些方面？

赵：可能我们培养的学生新闻学功底比较好，但重要的是不仅能将新闻学的功底发挥出来，而且学业之外的功夫还需要加强。比如，怎样和不同的采访对象交流，如何去挖掘采访对象的深层思想。这些在今后都需要加强训练。

记：您作为一个曾经的新闻官如今去培养未来的新闻工作者，您会去注重培养提问尖锐的记者吗？

赵：我喜欢提问尖锐的记者，这说明他们在思考。以前我接受采访时，如果时间充裕，我会拿些问题去和记者交流，看他们是否做足了准备工作，是否在思考。记者必须要做功课，了解新闻发布会的背景、主题，找出自己能发挥特长的提问。中国需要善于思考的记者。我觉得，记者参加一个新闻发布会，不专门准备，临阵灵机一动就提问题，就会辜负了得到的提问机会，用两天时间准备并不算多。

记：您素来给人以思想开放、作风硬朗的印象。如今您出任人大新闻学院院长，会对学院建设施加怎样的影响？会促其朝着什么方向转变？

赵：我会在新闻学院就自己的经验做有关的讲座。新闻官的重要性在中国新闻教育体系中被忽略很久了。传统的新闻学教育观念更注重对新闻记者的培养，而忽视了新闻官的重要性。

记：新闻官和新闻记者存在着怎样的关系？

赵：新闻官掌握着新闻的源头，新闻记者不仅起到了新闻与民众的连接作用，他们的问题也构成了采访的结果。新闻官除了对政策了解之外，还需要对新闻记者的需求有了解。他要考虑记者都会从哪些角度提问，然后该怎么回答。两者之间的关系非常有趣味。

记：似乎更多的学生愿意做新闻记者而不是新闻官。

赵：这就是因为国内的新闻官的存在也算是个新事物。新闻发言人制度和国外相比也只是建立不久。

在国外，新闻官的地位很高，政府的发布会对舆论的影响显而易见。

记：中国的新闻发言制度和新闻官有着怎样的关系？

赵：两者相辅相成，缺一不可。我依循的思路是：培训先行，规章跟上，然后形成制度。虽然下了很多力气，但是阻力依旧很大，如不肯配置专职的发言人，并且很少给他们配置助手。没有良好的新闻官，如何去形成透明的政府信息公开制度？

记：您认为新闻官将对社会发展起到怎样的作用？

赵：在目前这样一个经济全球化的时代，培养新闻官是当务之急。新闻官中，有一类是政府的新闻发言人，他是政府形象的代表之一，需要有较高的政治素质和政策水平，还要有较强的新闻发布方面的专业知识。还有一类是企业、非政府组织的公共关系负责人，他要有经常性的与社会沟通的能力和克服危机的能力。这两类新闻发言人的培养都亟待加强。

点评：

这篇访谈应该成为大学新闻学院采访课的案例，也可当作新闻发布实务训练的一个典范。记者从头到尾都在设置二元、二难的问题情境，诸如降级与高就、官员与学术、新闻官与新闻记者等。赵启正先生的回应有三个鲜明特点：一是从回应技巧上看，不走极端，统观问题的彼此两面；二是从态度上看，真实、真诚、真切，讲真话，坦率直陈，把握要领，明确回应关键问题；三是从对话反映的人格气质看，赵启正先生确为虚怀若谷的君子、大家，一句“谁说我外行，我就感激谁”尽显一生格局。

（胡百精）

回头吃好草的马是聪明马

（2010年3月2日在北京全国政协十一届三次会议新闻发布会上答记者问）

北京电视台记者：我们知道人民群众最关注的是民生问题，包括像教育、医疗改革，还有农民增收，以及住房问题等等。请教发言人的是，政协是否了解民众的这些民生需求？同时我们也想知道，政协在推动民生改善方面有哪些具体的贡献？谢谢。

赵启正（以下简称赵）：大家知道，全国政协委员来自全国30多个界别，他们可以说是比较了解各方面的民生问题的。政协有许多活动是围绕着改善民生展开的，我可以给大家举一些例子：政协日常的一项重要活动，叫做专题议政性常委会，我们就召开过“保障和改善民生，促进社会和谐”的专题议政性常委会议。

“三农”问题是民生问题中的重要问题，我们曾经组织专题调研组，分赴黑龙江、湖北、吉林、江西、安徽等地，与全国13个粮食大省的政协联合调查，提出了关于稳定粮食生产，增加农民收入，拉动农村消费的建议，其中包括很多的具体内容。

我们还组织过多个调查团，其中包括汶川地震灾后恢复重建情况的调查，我国基层卫生体系建设情况的调查。关于民生问题，我们去年的提案共有 1900 件，大约占总提案数的三分之一。

此外，很多委员就农村养老保险制度、市场上廉价药物短缺的问题，坚持教育公平、实行分类指导等问题都提出过很多重要的建议，并被有关部门重视和采纳。

中国国际广播电台和国际在线网记者：目前“低碳经济”已经成为非常热门的词汇，对于中国来说，既要保持经济的快速增长，又要实现低碳的发展目标。请问发言人，政协在这方面做了哪些研究？又做了哪些具体的工作？谢谢。

赵：关注“低碳经济”不但是上一届政协的工作，也是这一届大家提案当中的关键词，委员们对此提出了很多新的建议。上一届政协在应对气候变化方面举行了一系列的活动，包括关注气候的变化、挑战、机遇和行动的论坛，和以人口、资源、环境应对气候变化为主题的第二届中国人口资源环境发展态势分析会。

其中得到国家发改委高度认同，并表示在今后的工作中要吸收的是九三学社中央提出的“关于发展低碳经济”的提案。

美国之音记者：您作为发言人最近曾表示，政协最大的权力是话语权，我想知道，在政协的讨论会议上有没有讨论禁区？是否实行温家宝总理最近强调的“知无不言、言无不尽、言者无罪、闻者足戒”的原则？再有，政协在社会上和在国外，往往被称为是“清谈馆”。在此向您请教，您所说的话语权跟“清谈馆”有什么区别？

赵：我的确说过，政协有最大的话语权。话语权的定义，不只是发言权，而是他的发言能够有权威性，能够有效果。否则不能说是有强大的话语权。

随便聊天不是话语权，那是没有影响力的。政协委员在会上发言都是经过了一年或者几个月或者几个星期的调查研究，经过深刻思考后才提出的，并且他在了解情况的过程中，是得到多方面支持和保护的。

这些调查的结果和相关建议可以以书面的形式向执政党也就是中国共产党中央和国务院正式提出意见或建议，并且一定可以保证得到一个严肃的回答。

如果仅用发言自由来描写政协委员的权力就太弱了。他们视察自由，监督有关的公务人员也自由。政协的会议不仅形式上生动活泼，内容也是十分深刻的，并且结果是有效的。

中国的政治协商会议是中国政治生活的重要组成部分，体现了中国民主的一种特色，不仅从横向上看，界别是广泛的，并且由于他们的身份，他们对上、对下的协商也是充分的，不妨说这个民主是立体的。如果你理解我说的“立体的民主”有困难的话，会后我们还可以再交流。

香港凤凰卫视和凤凰网记者：我手上有一份内地的报纸，这份报纸的头条写到提请两会的人大代表和政协委员敦促加速户籍改革，请问全国政协有没有注意到相关的报道？另外，我们知道，中国的全国政协是一个多党合作的组织，全国政协委员当中也有很多精英分子，请问全国政协如何看待2010年中美关系的走向？最后一个问题是何厚铧有没有可能当选为本届全国政协副主席？谢谢。

赵：一个人提了三个问题，也有两个问题一两句话就可以回答，可以多说几句的就是关于中美关系问题，我选择这个问题吧。从1979年到现在，中美建交30多年了，整体上看，中美关系是迅速发展的，贸易最为明显，可以说比建交当年增加了上百倍，而且中美双方在文化、政治、经济等方面也有许多交流。中美关系的发展对双方都有利，这是中美双方都承认的。

奥巴马刚当政时，似乎感到他对中美关系的思维有新的进展，但是今年年初，20天内就发生了两件事情，有点“春寒”的感觉。一个是不顾中方的抗议，执意会见达赖喇嘛，严重干扰了中美关系；然后又宣布对台出售武器，严重违反“三个联合公报”，特别是《八一七公报》，这损害了中国的国家安全和台海和平。这两件事情都损害中国的核心利益，让人感到中美关系的风云时有变幻，像天气一样，时晴时阴。这种倒退的责任是在美方，这就像打网球一样，发球的是美方，中国不过是一个反手打过去。

关于中美关系，不仅中美两国的媒体有许多评论，在座的许多中外记者也是中美关系问题的专家，你们都写了很多文章，我就引用一个美国著名智库在几年前关于中美关系的说法。这个美国智库说，经过他的研究，美国对中国的政策是有两手交替使用：一个叫做 Containment，一个叫做 Contact。Containment 就是遏制，就是汽车踩刹车；Contact 是接触，一抬脚就接触了，或者翻译成合作。二者加起来就是遏制加接触。

这个智库创造了一个新的英文单词：Congagement，字典上没有，翻译成中文也很困难，就翻译成自动挡汽车的闸吧，既可刹车，也可前行。

但是也有美国人不这样描述，说中美是“利益攸关者”，这是佐利克说的，他原来是美国副国务卿，现在是世界银行的行长，他说中美是互相的“利益攸关者”。

斯坦博格（指美国常务副国务卿詹姆斯·斯坦博格）到中国来了，他曾经提出，中美关系的新概念是战略性保证，我想这是互相保证，应当是平等的。

我对这三种美国说法的评论是：今后为了双方的利益，应该多一点合作，少一点遏制。美国人应该明白，假如中美关系是一辆汽车的话，它不是只有一个驾驶者，它有两个驾驶者，有一个中国人，他也有一个方向盘、油门和刹车，两个人必须商量着做，中美关系这辆车才走得正常，否则会原地打转。

中央电视台和央视网记者：我们注意到目前有不少文章说去年是“国进民退”的一年，也就是说，国企的发展挤占了民企的生存空间，不知道这样的一个事情是由于政府的政策造成的还是由于其他的原因？希望您给我们解释一下。谢谢。

赵：我的确注意到，国内外都有媒体说中国存在着“国进民退”。这个印象是怎么来的？我觉得可能是由于去年在我们克服国际金融危机影响的时候，中国要有大量的兼并、重组和关闭一些不符合安全规定的厂矿引起的。比如说，山西是一个小煤矿、大煤矿都很多的地方，山西的煤矿去年由2600座减少到1053座，企业的主体由2200多家减少到130家，这样一看，这不是“国进民退”了吗？印象就是这么来的。印象不是判断的最可靠的手段，最可靠的是全面的数据。

可以说，改革开放30多年来，国有经济、非公有经济比翼齐飞。在这个很特殊的2009年，并不是“国进民退”，我给大家几个私营企业和国有或国有控股企业的主要数据，我就说他们（今年比去年的变化）：工业增加值，私营企业是18.7%，国有企业是6.9%。总资产，私营企业增长20.1%，国有增加14%。从业人数，私有企业增加5.3%，国有企业增加0.8%。主业务收入，私营企业增加18.7%，国有企业降低0.2%。最重要的是利润，私营企业的总利润增加17.4%，而国有企业负4.5%。

市场经济是有内在规律的，政府的责任是要尽量创造好的宏观的条件。政府曾经发布过关于鼓励支持和引导个体私营等非公有制经济发展的若干意见。全国政协对此也有贡献，我们还向中央报送过关于新形势下民营企业发展问题的调研报告，我们政协委员中有很多私营企业家，因此其报告十分地接触实际，反映他们内心的利益诉求。

新华社记者：我们都知道，去年中国在应对国际金融危机中表现堪称优异，能否请您介绍一下，全国政协和广大政协委员在应对危机中做了哪些工作，发挥了什么样的作用？谢谢。

赵：去年应对国际金融危机，是政协委员们最关心、花时间最多、取得成果也最多的一个主题。去年的总提案是5820件，其中关于应对国际金融危机，以及和它相关的扩大内需、调整结构等的提案是1800件。

讨论这些问题，政协有一些优势，因为这里有前任和现任政府官员，有经济方面的专家，有国营企业的领导者，有民营企业家，所以他们的提案是既有理论，又有可行性。通过什么形式来提出意见和建议呢？可以举几个例子，比如说，他们开过这样的会，就是当前经济运行中的突出问题及政策建议的座谈会、当前中小企业发展形势分析会，还有专题议政性的常委会和专题协商会，等等。为了帮助民营企业的健康发展，我们还有一个很贴切的表述，就是“为中小企业量身定做金融服务体系”。这些意见被《国务院关于进一步促进中小企业发展的若干问题的意见》中采纳。预计今年的会议，关于加快经济发展的转变方式，还将是重要议题，与之相关还要有一个专题的记者会，请大家参加。

道琼斯通讯社记者：关于国防方面的问题向您请教，首先您能否透露一下今年国防预算的安排？这个预算跟去年实际情况相比，增速是多少？中国为什么觉得有必要每年都增加国防支出预算？谢谢。

赵：你再稍微忍耐两天，全国人民代表大会开会的时候，就会公布财政的预算和决算。我提前宣布，好像我也太性急了。（众笑）

但是大体上说，近年来，中国国防开支大体上占GDP的1.4%～1.5%，这在全世界来看是一个中等的程度。美国是超过4%，何况你们的GDP是我们三倍以上。

中国是一个人口密集度很大的国家，并且边界线还特别长，海岸线是1.8万公里，陆地边界线是2.28万公里，有29个近国和邻国，我们当然有保卫国家的任务。我也请教过我在部队中的朋友，他们都是高级将领，我说能不能给我透露一下这些钱都干什么用了？他说，你们的工资这么多年来涨了没有？我们的军官和战士的待遇也要提高吧？这大概用了三分之一。我们的军衣、设备旧了，演习要消耗炮弹和子弹，要补充吧？这大概要三分之一。剩下的，做点科研，添点新武器。

中国于2007年正式参加《联合国军费透明制度》，每年向联合国提交军事开支报告。中国有限的军事力量完全是为了维护国家的主权和领土完整，不会对任何国家造成威胁，请你放心。

中国新闻社记者：听说今年9月，全国政协将举办新一届“21世纪论坛”，您还担任了这一届组委会的秘书长，请您介绍一下论坛的筹备情况，还有本次论坛有何亮点？将邀请哪些重量级的中外籍知名人士参加？谢谢。

赵：这个会9月才召开，你属于消息灵通人士，这么早就知道了。“21世纪论坛”每五年举行一次，是全国政协发起并主办的，这次是第四届了，贾庆林任组委会名誉主席。今年的主题是“新形势、新挑战、新理念——探索合作共赢之路”，在这个题目之下，还分六个子题目，也就是六个分论坛，包括：合作应对挑战，实现绿色增长；气候变化、新能源以及国际合作；科技如何引领可持续发展；社会保障的经验；对话、合作、共赢——中国与世界；亚洲社会对话与有组织公平的作用。可以说涵盖得很广。

“21世纪论坛”是全国政协的一个公共外交的大舞台，我们将邀请国内外的重要人士。现在已经答应参加的人有很多，比如说日本前首相福田康夫、德国前总理施罗德、俄罗斯前总理普里马科夫、尼日利亚前总统奥巴桑乔等，还有一些学者，比如说很有名的写过《大趋势》以及《中国大趋势》的奈斯比特，写过《中国30年：人类社会的一次伟大变迁》的库恩先生。

这对大家是个好机会，是《名人面对面》之类的节目，借这个机会你可以做很多事，一个媒体抓一个名人，看你们谁成功。

台湾“中国时报”记者：我还是关注关于两岸经贸的话题。今年春节期间，胡锦涛主席曾经到厦门、烟台巡视台商的投资区，还包括会见台商的代表，提到今年要商签两岸经济合作框架协议；温家宝总理在网络上会见网民的时候再次提到，也希望在今年商签两岸 ECFA 的架构里面，能够对台有一些让利的措施。不知道在这样一个过程里面，这次政协会议和人大会议期间，会不会讨论两岸商签过程中有哪些让利的措施？

赵：去年 12 月，海协会、海基会的领导人举行了第四次会议，就 ECFA（经济合作框架协议）做了比较深入的讨论，原则性的意见已经交换，现在缺的是细节。今年第五次会议继续协商细节，协商之前，当然要征求各方面的意见：一是台湾方面与大陆有贸易关系和金融往来的企业有什么要求？二是大陆方面那些与台湾贸易关系密切的国有的、私有的企业，他们能做哪些让利，国家海关能够有什么慷慨之举？这次会议中，这一定是一个比较热门的话题，因为我们有港、澳、台的专委会，他们对这个问题特别有兴趣，所以你可以期望有新的进展。如果你有什么想法，今天会后请告诉我们。

《人民日报》和人民网记者：第一个问题请问您对“谷歌事件”的看法，因为它本来是一个商业公司的商业行为，最后有评论认为，它已经成为一个“外交事件”，您对这个事件怎么看？第二个问题，我们注意到，有一些政治协商会议的活动有一定的随意性，没有制度的规范和法律的约束。有一些地方政府已经在这方面做出了一些探索，他们把事前决策要与政协协商写进了政府的文件里，请问全国政协有没有一些新的举措？谢谢。

赵：政治协商在全国政协来看，都是有一定程序的，只不过是我们的程序需要与时俱进，需要做得更好。地方政协的一些程序性建设的实验，我们要参考。

关于“谷歌事件”，国内外媒体大量报道，提出了很多我们原来不很清楚的一些背景，也提出了大量的评论。

2005年的时候，我还在国务院新闻办公室，所以我确切地知道，2005年，他们曾来中国考察互联网的市场和投资环境，做得很仔细。一个大的外国企业，无论是哪个专业的，到中国来都要考察投资环境，谷歌特别对于法律环境做了逐字逐句的了解。2006年正式进入中国的时候，他们对这些法律都有郑重的承诺。现在他们说中国的黑客攻击了他们，并影射是中国政府的攻击，这是毫无根据、毫无道理的。因为中国法律也是严禁任何黑客攻击行为的，并对黑客有法律的惩罚。我们在座的每天用计算机，我本人也让黑客攻击过，丢过东西，对黑客我深恶痛绝。

任何网络企业，它的经营环境都有一个值得注意的方面，就是黑客的存在。相当于我们普通人的生活环境当中有病毒、有H1N1病毒存在一样。谷歌这样高技术的公司，对这些病毒的抵抗似乎应该是不在话下，没有问题的。

达尔文进化论告诉我们，物种的进化首先要求物种适应环境，没有听说要环境去适应物种的。

有些外国和中国媒体说，如果谷歌真走了，那么百度就“独霸天下”了，一定很高兴。我认为百度未必这样看。王濛在跑道上滑冰，如果没有强劲的对手在旁边，她很难创造新纪录。所以，好的企业需要有好的对手一块儿跑。

中国民间有个谚语，“好马不吃回头草”，这句话有毛病，如果有好的草为什么放弃？好马要吃好草，所以回头吃好草的马是聪明马。中国的互联网是开放的，中国会继续为外商创造良好的投资环境，保护其合法利益。中国欢迎包括国际互联网企业在内的各国投资者在中国开展业务，也希望外国投资者尊重中国的公众利益、文化传统和中国法律，承担相应的社会责任。

北京《新京报》记者：我想问两个问题。我们注意到今年国家质检总局原局长李长江被增补为全国政协委员，很多网友对此非常关心，请问被问责官员的复出在政协方面有没有一些专门的程序？他是怎么样被选中的？第二个问题，我们注意到去年的时候，全国有三个省政协主席因为经济问题被查，因为他们的经济问题基本上还是在政府工作期间，请问他们由政府转到政协工作的时候，有没有进行基本的经济审计？为什么去年会有这样的现象？您能不能解释一下？谢谢。

赵：去年三个地方政协主席被免职，其中两个还进入了法律程序，这可以说是很遗憾的，也是我们不希望发生的，但是它发生了。怎么解释呢？事出有因，查有凭据。

事出有因，就是在中国改革开放的大潮中，我们有很多发展的机会，在这当中，我们的法律的健全是逐步的，党内的监督是逐步严格的。但是总有人在这当中找空白点，找空隙，可以说是不可见人的，做这些违反党纪国法的事情，这只能由他们自己负责。

因此，我们的教训就是，要继续加强廉政建设，包括监督审查和通过各个角度强化监督。比如说通过各种民间组织、各个参政的民主党派，包括我们的职工、普通党员，都要参与这种监督。在此背景下，《中国共产党党员领导干部廉洁从政若干准则》就是总结了这些教训而制定的。

你刚才还问到，李长江新任政协委员的事儿，这和前面那三位的性质是完全不同的事情。

李长江原来是任国家质量监督检验检疫总局局长，对全国几十万种产品的质量，他都负有领导责任。2008年，中国多家奶品工厂公司的产品中含有三聚氰胺，国家质量监督检验检疫总局负一定的领导责任。比如说，原来对于产品质量经过多次多年检查一向合格的企业，有一个免检制度，但是有一些企业辜负了对他免检的信任，他在这里面弄虚作假，因此引起了事故。李长江是引咎辞职的。

李长江曾经任浙江省的副省长、海关总署副署长、国家出入境检验检疫局的局长，有相当多方面的实际工作经验，也有相当的贡献。他现任全国扫黄打非工作小组的专职副组长，并没有因为引咎辞职而失去工作热情。

所以，他在政协当中可以发挥他在这方面的经验。在我们政治协商、民主监督、参政议政当中，能够做相应的贡献，所以第八次常委会任命他为十一届政协港澳台侨委员会副主任，这是经过大家讨论的，大家都是同意的。

《中国日报》和中国日报网记者：我想接着刚才那位凤凰卫视记者的问题提一个关于国际环境的问题，这其实不仅是中美关系，在哥本哈根会议之后中国和其他一些大国的关系也出现一些问题，西方也出现了一些新的声音，批评中国在国际社会中不够负责任，在中国国际形象提高的努力中，您认为政协应当发挥什么样的作用？谢谢。

赵：随着中国改革开放30多年来的高速发展，中国的确是由世界舞台的边缘走到了世界舞台的中心，中国所发生的事情往往成为世界的事情，而世界的事情成为中国发展的环境，也影响着中国。因此，中国主动承担的国际责任也越来越多了，而国际上对此也有所期望。

我们承担的国际责任可以从三个角度看：第一，把中国自己的事情做好了。比如说这次克服国际金融危机，如果中国的经济也往下滑，GDP不这么增长或者反倒后退了，必将对全球经济产生明显的负面影响。所以第一是要把中国自己的事情做好。

第二，中国实行独立自主的外交政策，既要维护中国的利益，也要考虑到世界的利益，要做好联合国常任理事国所应该承担的义务，表达正确的意见，维持世界的正义。

第三，在我们力所能及的前提下，尽可能地多承担一些国际义务，比如说维和部队，以前我们是不派一兵一卒的，现在在联合国常任理事国当中，我们是派出维和部队人员最多的，并且在所驻地区做出了杰出贡献，甚至有流血牺牲。

这次哥本哈根会议，中国明确提出，到 2020 年，单位国内生产总值的二氧化碳排放比 2005 年下降 40% ~ 45%，非石化能源占一次能源消费比重达到 15%，并没提出其他附带条件，是我们自己对自己提出的要求。

相比之下，有一些国家并没有提出自己应当做的那些指标。现在有些外国媒体指责中国在哥本哈根会议上种种的不是，这完全不符合实际。

这次会议组织者造成的一些程序混乱，造成某些节目的衔接不好，也有人自己做得霸道，还说人家，缺少反省之心。请大家注意新华社的一篇文章：《青山遮不住，毕竟东流去——温家宝总理出席哥本哈根气候变化会议纪实》，这篇文章写得非常好，只是有一个小缺点，该点名的没点名，有点客气。（众笑）

温家宝总理带领的中国代表团表现优秀，经受了很多的艰苦，我们很感谢他们。

点评：

善于甄别问题重要性，巧妙过滤敏感问题。面对敏感、不确定、无法预测的问题时，新闻发言人可采取策略巧妙过滤。例如，有记者提出户籍改革、中美关系、官员任职可能三个问题，其中第一和第三个问题都较为敏感，并且没有明确结果，也无法预测，因此赵启正老师选择了中美关系这样一个较为中立的问题。但是回答中赵老师用“有些问题一两句话就能回答”进行问题筛选，其实是将复杂问题简单化，避免了回答尚无确定答案的问题，并且颇有技巧，理由充分。

形容两国关系时可运用比喻修辞，语言生动且平和。比喻是新闻发言人常用的修辞方式，既能生动形象地说明问题，又使得语气较为平缓。赵启正老师用春寒比喻中美关系，说明了中美两国本应和睦的关系，却因为某些原因造成了疏远，生动形象地说明了中美两国关系现状，同时也暗示着两国疏远的关系不利于国家发展。

同时，借用体育运动比喻两国关系。赵启正老师将现在的中美关系比喻成网球运动。最后，在对两国未来关系发展的探讨中，赵启正老师将两国关系比喻为“汽车”，将中国和美国比喻为汽车的“驾驶者”，将两个国家拟人化，用简单的人与人交往的方式发展为国与国的交流。

引用经典。引用分为间接引用和直接引用。直接引用中，对成语、诗词、谚语等名言警句的引用成为新闻发言人的重要表达方式，这体现了对中国传统文明的保存，也生动地说明了问题。间接引用是用自己的语言转述别人的话语，这是新闻发言中的常用方式，比如对“谷歌事件”的回应中，赵启正老师就借用了达尔文的进化论，借此说明外企进入中国应遵循中国法律、制度等环境的观点，是对谷歌事件的有力回应。引用是增强发言说服力，使得发言有理有据的重要方式。

（陈虹）

时间就是金钱，诚信就是生命

（2011 年 3 月 2 日在北京全国政协十一届四次会议新闻发布会上答记者问）

赵启正（以下简称赵）：在回答大家的提问之前，我想先说明一点，人民政协是一个重要的政治协商机构，它不是立法机关，也不是行政部门，我对问题的回答并不代表政府或其他部门的意见，仅仅反映政协委员们对这些问题的讨论、见解和观点，所以请大家结合政协的特点及本次会议的主题来提问，谢谢大家。

《人民日报》记者：近两年，多个省、市地方党委相继出台文件，促进政治协商制度化、规范化，您能否介绍一下这方面的情况？这是否表明中国政治体制改革正在以政协为突破口？谢谢。

赵：大家知道，关于加强人民政协的工作有一个非常重要的文件，叫做《中共中央关于加强人民政协工作的意见》，已经颁布 5 年了，各地在贯彻当中都有些创新，如中共浙江省委 2009 年制定了全国第一个专门规范政治协商的制度性文件。在这之后，还有 12 个省级或者副省级的党委出台了类似的文件，这些创新对于坚持和完善中国共产党领导的多党合作和政治协商制度，积极稳妥地推进中国的政治体制改革将起到重要的促进作用。

以广东省为例，《中共广东省委政治协商的规程》规定了需要政治协商的内容和主要形式，明确了政治协商每个程序的责任部门、工作职责，并把是否重视政治协商纳入党政领导的政绩考核内容。他们提出的协商内容，我举几个例子。中共广东省代表大会和委员会全体会议的重要文件要列入事先协商内容，还有重要的地方性法规和政府规章的制定和修订建议，区域总体规划、行政区域的重大调整，事关民生和经济社会发展全局的重大问题等都列入了程序化，事先征求意见和讨论。

彭博新闻社记者：请问这次大会期间会不会有提案要求中国的官员公开关于他们财产和财富的信息？谢谢。

赵：这个提议不是今年才有，以前就有。这件事情是要一步一步做起来的。中国的公务员接近1000万人，还有相当于公务员的企业或事业单位，那就更广泛了。现在做了很多工作，公务员首先向自己的机构报告有关情况，包括收入、房产、投资，等等。还要报告家属情况，包括配偶和孩子是否侨居国外等。项目很多，先做这些调查和统计，同时把财产的范围进一步核实清楚，要一步一步推动。

现在实行的叫做“关于领导干部报告个人有关事项的规定”，这个规定的内容十分详细。政协委员们希望今后要继续加强调查研究，逐步使这些规定更加完善，从而进一步加强监督的力量。

香港《文汇报》记者：在“十二五”规划过程中，请问港澳委员都提出了哪些建议？主要是聚焦在哪些方面？政协在推动港澳委员提出提案的过程中做了哪些工作？中央对香港在“十二五”期间的发展将会出台什么样的政策支持？

赵：通过互补互利的合作，支持香港特区的发展，是中央政府的一贯政策。在香港回归之后，特别是两次国际金融危机以来，中央都向国际作了表态，坚决支持香港经济的发展，也增加了支持的力度。

“十二五”规划主要是关于内地的经济社会发展规划，但中央也在考虑，涉及港澳内容时怎么做。大体上有两条原则：一是贯彻“一国两制”的方针，严格按照《基本法》办事，不能代替香港编制规划。二是国家的规划会考虑港澳发展的需要。规划中涉及港澳的内容主要体现在中央支持内地和港澳的合作、促进港澳发展的有关政策取向，这些方面会有适当表述。

简单地说，就是香港和内地经济的互相支持和依靠十分紧密。“十二五”规划既不能替香港作规划，又不能不提及香港。就是说要有一个好的取向，中国各地经济发展中要考虑香港、澳门的利益，尽量给香港、澳门更多的支持。

中央电视台记者：我们注意到，最近胡锦涛总书记在中央党校的讲话当中突出强调社会管理的问题，另外，温家宝总理也是亲自到国家信访局和来访群众进行沟通。在您看来，我们应当如何看待当今中国社会的一些热点问题，特别是存在的矛盾？另外，人民政协在协调关系和化解矛盾上应该发挥怎样的作用？谢谢。

赵：我们政协委员很认真地学习了胡锦涛总书记的讲话。我们的体会，这个讲话的目的是要加强和创新社会管理，目的很清楚，是维护人民的权益，促进社会的公平正义，保持社会的良好秩序，保证社会既充满活力又和谐稳定。

委员们认为，加强和改善社会管理的责任是在两个方面：一方面，要强调党和政府对社会发展的领导和管理责任；另一方面，要强调社会自身培育健康心理、和谐秩序，创造幸福的功能。

委员们来自社会各界，他们对于社情民意的了解比较深、比较具体。许多委员自身也有管理某一单位和某一领域的经验，在加强和创新社会管理方面，应当能有贡献。

人民政协有两大主题，就是团结和民主。人民政协也肩负着做好群众工作方面的责任。去年以来，全国政协加强了对社会热点、难点、焦点问题的信息收集和整理，编报了社情民意约100期，提出民生类提案1700件，受理办理委员和群众来访42000多件。人民政协愿意继续在协调关系、了解社情民意、化解矛盾方面多做工作。

美国之音记者：请问发言人，每年开“两会”花多少钱？

赵：我很少在这种会议被别人难住过。花多少钱，我还真没有数据。我想钱还是不少的，如何既节约又足够满足会议的需求，我们有一位专门的秘书长管理。容我会后一两天内给你发一个电子邮件或者短信告诉你[1]。

北京电视台记者：请问赵主任，中央提出要把保障和改善民生作为加快转变经济发展方式的出发点和根本落脚点，前些日子温总理刚刚表示，要让人民群众过得更加安心、舒心、放心。请问全国政协在今年对于保障和改善民生方面重点任务是什么？又有哪些具体的措施和具体步骤来保障这些重点任务取得实效，真正把好事办好，把实事办实？

另外，现在网络民意正在日渐扩大，但是网络上也看到类似于“网络水军”等不良现象的充斥，请问政协委员对此有什么样的看法？谢谢。

赵：关于涉及国计民生的提案，从来都是政协委员们注意的重点。每年的提案和书面意见当中，有关国计民生的比例最大。也就是说，大家在媒体上看到的或者我们想到的这些问题，都是政协委员们所关心的，并且没有停留在口头的议论上，而是有很多专门的调查和提案。但每年的情况又不同，今年会有新的见解。其中比较重要的，我们会在网站上公开，请你阅读一下我们的网站。

第二个问题关于“网络水军”和网络民意是什么关系，现在大家对“网

---

1 发布会后在政协官网上公布了2010年全国政协全体会议费用为5900万元，同时告知了提问的记者。

络水军”问题意见比较大。到去年年底，全国的网民是 4.57 亿，广大网民利用网络进行交流，表达观点，参与政治，网络民意的影响也越来越大。

我们也明显感觉到，网络文化或者是网络环境，发展错综复杂，在这当中出现了“网络水军”、“网络推手”这样特别的称呼。他们隐身于普通网民中间，发帖留言，其背后往往有机构利益。因此，有时制造假民意，目的是左右舆论，误导受众，甚至影响政府决策，值得注意与警惕。

我们广大网民，随着网络的发展，鉴别真伪的本领也在提高。这种本领是很重要的，没有这种本领，就容易被误导。

政协委员们认为，“网络水军”或“网络推手”的现象，实际上是一种营销手段，并非我国所独有，一些网络比较发达的国家也出现了，有的国家对此种行为，一旦发现会课以重金处罚。我们国家的法律还缺少这方面有关的界定和可操作的程序。今年，已经有政协委员提出了这方面问题的提案。

中央人民广播电台记者：请问，近年来我国食品安全问题相对突出，从牛奶、面条，再到鸡蛋、大米等等，涵盖面相对来说比较广，给广大人民群众带来了一定的恐慌，甚至给某些产业带来了一些影响，比如说我国的乳制品行业就受到影响。这种局面什么时候能够得到控制？老百姓“吃得放心”的愿望什么时候能够实现？

赵：最近全国人民代表大会通过了一项很引人注目的法律，就是关于《刑法》的修正，废除了十几种死刑罪，但是增加了一种大家十分支持的处罚，就是食品安全犯罪，最严厉的可处死刑。说明中国政府及各部门越来越重视食品安全，并且在法律层面上更加严厉。

食品安全犯罪可以判处死刑是一种威慑，更重要的是和食品安全管理有关的各部委，更要加强日常工作，他们正在这样做。

和食品安全有关的各部委主要是卫生部、国家质检总局和工商总局，他们正在加快完善相关的配套法规，加大执法力度，对打假和消费品质量的监督力度正在加强，强化食品流通环节的监管。

但总会有少数的不讲诚信，甚至丧尽天良、不惧怕法律的食品方面的“奸商”，因此还需要强大的舆论监督，在座的各位都有监督的责任。

由此我想到了30年前，深圳开发时，蛇口提出了一个口号：“时间就是金钱，效率就是生命。”在当时有振聋发聩的作用，有披荆斩棘、开辟道路的作用。我们可以在继承的同时发展这一命题说“时间就是金钱，诚信就是生命”。“效率就是生命”仍旧是对的，可以把它归到时间就是金钱的内容上去，因为在提到效率的时候，时间总是做分母的。时间就是金钱，诚信就是生命，也就是说无诚信者必亡。像生产三鹿奶粉这样的企业，必亡。

人民网记者：前不久，美国参议院外交关系委员会原主任理查德·卢格对中美公共外交进行了对比，认为中国目前的公共外交发展迅速。作为中国公共外交的倡导者和推动者之一，您对此有何评论？请您详细介绍一下全国政协在公共外交方面的主要工作。

赵：美国参议院前外事委员会主任卢格的报告是在他派遣了公共外交助手到中国访问之后回去写的。他说，中国的公共外交发展很快，超过美国了。其实，我们的公共外交花的钱、做的事还只是刚刚开始，并没有超过美国。他的用意是推动美国对他们的公共外交有更多的投资。

公共外交并不是在中国刚刚开始，以前我们的人民外交、民间外交都做得很好，只是“公共外交”这个词汇最近被大量使用。它主要是指一个国家对外国公众说明本国情况，以取得外国公众对本国的理解和支持的相关的一种活动。

在早期的公共外交中，广大公众只是受众，它借助电台、电视或其他方式对外国公众来进行传播。但是随着经济的全球化，公众对国际事务的关心，随着国际间往来的方便以及互联网的发展，公众现在不只是受众了，也成为公共外交的积极参与者，这是公共外交的新发展。

中国的公共外交有三方面力量参加，政府是主导，民间团体、社会组织、精英人士是中坚，普通公众也适当参与，并且是公共外交的基础。

各国的公共外交定义大同小异，但做法却大有不同。有的大国公共外交气势汹汹，充满霸气，说自己的国家如何好，把自己的价值观传遍世界，甚至干涉其他国家内政。而中国与此不同，我们是向世界的人们说明中国自己，说明中国的文化传统、社会发展、内外政策，回答人们对中国的问题。

中国近两年举行的北京奥运会、上海世博会都是公共外交的大舞台，不仅中国利用这个舞台来表达自己，外国也利用这个舞台来表达他们。

政协在这当中，在事前做了很多调研，在进行当中也进行了考察，做了很多研究工作，这是我们做的一件事。我们还办了一个《公共外交季刊》，每期发行一万份以上，有机会给在座的各位每人一本，今年春季刊刚刚印完。我们还举行了“21 世纪经济论坛”，邀请一些国家的重要人物进行国际研讨，表达中国，也倾听他们的意见。此外，我们多次在北京、上海召开了公共外交的研讨会。

研究、普及和实践公共外交，政协也把它作为一项任务。我们有这样的基础，政协已经同世界上 128 个国家、239 个机构、13 个国际或区域性组织建立了长期联系。

在今年政协开会期间，5 日下午 4 点半在梅地亚中心将举办一个专门的公共外交新闻发布会，希望有兴趣的各位记者前往，我们再继续讨论。

新华社《中国证券报》记者：每年民生热点的提案都占很大比例，

今年关注度最高的民生热点问题是什么？大家比较关注 CPI 的问题，请赵主任说一下。

赵：从媒体上看，有人问为什么现在的 CPI 计算权重改了。任何一个国家的 CPI 的计算中各项日常消费的权重都是几年一改的。为什么？因为我们的生活方式在变化，物价在变化，中国是五年一改变，到今年正好又是五年。

按旧方法计算得出的今年 1 月 CPI 指数同比增长 4.918%，环比增长 1.070%；而新方法计算出的同比增长 4.942%，环比增长 1.021%。专家告诉我，新的计算是更合理的。

《大公报》记者：请问发言人，目前各地为了解决高房价和交通拥堵的问题出台了一些房产限购令，大部分人对这个政策是比较支持的，但是一部分人认为有歧视外来人口的嫌疑，和目前户籍改革的方向不太相符。请问全国政协有没有收到这方面的提案？大家是怎么看待这个问题的？

赵：汽车多、道路拥挤、房价高这是老问题，以往政协委员有很多提案。关于限购令和北京市的限车令，现在新的提案正在整理中，你也可以找几位委员谈谈。各地这些规定不太相同，说明各地都很谨慎。各地人口不同，人口发展趋势不同，地价和房价不同，道路不同，汽车多少不同，因此，很难有统一的限车令、限购令。我们耐心点，看个一年半年大家可能就看得更清楚了。

《人民政协报》记者：2011 年是辛亥革命一百周年，台湾会邀请一些外国政要赴台参加活动，大陆方面将举办相关的纪念活动，两岸会联合举办纪念活动吗？

赵：辛亥革命结束了中国最后一个封建王朝的统治，是中国人民为改变自己命运奋起革命的一个伟大里程碑。孙中山先生始终致力于振兴中华、追求国家统一的伟大精神，至今仍激励着两岸同胞。

两岸同胞共同举办纪念辛亥革命一百周年的活动，有利于两岸同胞的交流。共同推进两岸关系的和平发展，有利于团结两岸同胞共同致力于中华振兴。对此我们积极支持。

政协今年的重点活动就是举行辛亥革命一百周年纪念大会，还要拍摄专题的文献片，举办国际学术研讨会，发行纪念邮票、纪念币。与辛亥革命历史相关的地方以及民革中央、台盟等民主党派还将围绕着辛亥革命一百周年举行专题讲座和各种纪念活动。

日本亚洲通讯社记者：今天日本外务大臣提出将削减对中国的ODA资金援助，这个问题引起了舆论的广泛关注，您对此和日中关系问题有何看法?

赵：日本说要适当减少ODA这不是今年才说的，说了许多年了，虽然我没看到你们外相新的发言，但对我来说并没有意外的感觉。ODA的产生有其历史原因，包括从二战结束以后到今天中日关系的发展都是相连带的。ODA也曾经在中国的某些建设方面起过作用。当然，ODA是日本的项目，是由日本政府来界定的。你提的问题过于简单，我不知道在他说这件事情的时候还说了什么，今天看来我是不能发表更详细的评论了。

日本亚洲通讯社记者：中国的GDP已经超过了日本，所以日本没有必要再向中国提供大量的ODA资金援助。

赵：我们有机会再交流吧!

点评：

由国务院新闻办主任转任政协发言人，他在每一次政协记者会上都是比较出彩的。因为：第一，他实实在在地回答问题；第二，不回避敏感问题；第三有自己很生动的语言。这是作为新闻发言人很生动的典范。

（凤凰卫视言论部总监、新闻评论员　曹景行）

越是敏感的问题，越是有回答的必要

（2011 年 6 月 2 日在纽约与《纽约时报》负责人[1]座谈）

纪思道（Nicholas D. Kristof，以下简称纪）：首先我想说，本来今天我们有 4 个人要来参加这个座谈，但我们的行政主编比尔·凯勒今天早上刚宣布不再担任这个职位了，所以他今天有很多的活动要参加，这会儿没法来参加座谈。对今天由于人员变动造成的变化，我很抱歉。

赵启正（以下简称赵）：我们来的人比你们多，不太对称，不过没有关系。

纪思道先生在中国时可能认识我们当中的好几位。我现在的职务也变了，现在是中国人民政治协商会议外事委员会的主任。政协在美国没有对应的机构，但它在中国很重要。

《纽约时报》虽然是英文的，但我们都知道你们每天在报道什么。昨天你们刊登了关于南水北调工程以及中国工人涨工资的文章。纪思道先生关于中国的评论写了不少，也许可以写成一本书。

纪：已经成为一本书了。

赵：卖得好吗？

---

1 参加座谈的有《纽约时报》的比尔·凯勒（执行主编）、纪思道（专栏作家、高级编辑）、苏珊·奇拉（外事主编）、周看（外事副主编）等。

纪：还可以，书名叫《中国觉醒了》（*China Wakes*）。

赵：名字不错。能够和基辛格的《论中国》（*On China*）竞争吗？（众笑）

随着中国的发展，国际上对中国的认识也在发展，但是我们似乎觉得，我们的媒体，我们的知名人士，对中国自己的表达不够充分，因此这也是外国人对中国的理解与中国的实际不太符合的原因之一。

随着国际交往的增多、互联网的发展，中国人和外国人的直接接触或者通过网络的接触丰富了。中国现在每年到外国访问的约有 1500 万人，而外国到中国来的有 3000 万人，现在大家面对面的机会很多，公共外交也应该有新的面貌。

美国公众对中国的理解和中国公众对美国的理解存在着一种逆差。我们觉得中国人了解美国多，美国人了解中国少。

这个原因很简单，因为美国比较发达，比较先进。我们必须学英文，多了解你们，你们则不一定要学中文。

我想听听你们的看法，美国人对中国的印象和中国的实际是否有差别，如果有差别，中国应该怎么做？

你是中国通，一定有独到的见解。

纪：我认为，首先刚才您强调的这种民间的关系是非常重要的。因为在政府层面上，我们在进行政治、经济以及安全方面的交涉，的确会遇到很多困难，但是我们可以在一个最有潜力的领域进行交流，那就是留学生这个领域。现在越来越多的美国留学生愿意去中国留学，这是一个非常好的趋势。比如说我 18 岁的儿子就在清华留学。从长期来看，建立人与人之间的良好关系对于促进中美关系是非常重要的。中国现在在很多国家都设有孔子学院，这也是非常好的。那么我提出一点意见，有待改进的地方是外国在中国的一些记者的待遇问题，可以说我们这些记者在中国的情况也是有一些起伏的，有些时候得到的待遇很好，有些时候就不是太好。比如说关于签证的问题，很多记者要到中国访问就遇到了签证拒签的问题，所以我觉得这个问题如果能解决，会促进两国之间的相互理解。

赵：我知道你是指哪些事情。2008 年北京奥运会的时候，我们采取了一些措施，有一些关于外国记者采访的规定，受到了欢迎。但是后来特别是最近又出现了一些问题。我现在不在原来的位置（指国务院新闻办公室主任）上，但对这些事情进行了一些观察。当中东和北非出了一些事情的时候，有些外国记者很兴奋，认为中国也应该出一些类似的事情。其实这是完全不明白中国和那些地方的区别。也有的人在境外或是在网上鼓动在中国也来个“茉莉花革命”之类的事情。于是有的外国记者很兴奋，还集中在他们预计要闹事的市中心，围观的行人很多，那么北京市的公安局就请他们走了。

我认为还是要加强沟通，外国记者在中国要遵守中国的法律，记者到底有什么要求，哪些方面不希望记者做，中国的管理部门也要和记者多交流。

纪：我同意您说的加强沟通的意见。但是我有个小建议，现在我们这种政府和记者沟通的渠道都是正式的渠道，通过外交部的新闻司、通过大使馆沟通。但是有些时候，比如说，我写了个专栏，有些东西可能你们认为不是太好，其实可以通过官方的一些人在私下里提供一些建议，通过一些不那么正式的手段来跟我交流，告诉我哪些地方写得不太对，这样也许会加强官方和记者的交流，使其更顺畅、和谐一些。

赵：有些事情确实不用通过正式渠道，那样会过于严肃，不灵活，也不容易细致对话。

今年 2 月底，也就是中国的全国人民代表大会和全国政治协商会议开会之前，我把很多欧美和日本的记者请到我的办公室，就做了这样的沟通，效果非常好。

可见微笑着谈尖锐的问题也是很有意思的。

我现在所在的全国政协外事委员会的工作，实际上就是一种公共外交，不代表政府和记者交流反而更轻松。而且我的发布会没有对记者做任何限制，也没有布置任何问题，大家可以随便问。可是《纽约时报》没有问我任何问题，美国之音倒常问我问题。

请你告诉你们的驻京记者，我开发布会的时候，要问我问题，因为我们很重视你们这样大的报纸。

越是敏感的问题，越是有回答的必要。

我想问你们，就我们的对外表达，有的时候西方人不理解，看不懂我们的文章，这究竟有哪些原因？文化的还是政治的原因？

苏珊·奇拉（Susan Chira，以下简称奇）：纪思道先生是中国问题专家，我也经常研究亚洲问题，也经常在考虑跨文化沟通的问题。我们之间的冲突，很多时候是因为我们看问题的角度、双方的价值观和历史不一样。作为记者，作为一家报社，我觉得最重要的就是把这个沟通的渠道打开，向我们的听众介绍你们的一些立场。也许你们的想法他们是听不懂的，而我们的作用就是要原汁原味地、精确地引用你们的话来加强他们的了解。

赵：那么美国人理解中国的困难究竟在哪里？我们并不期望美国人总能同意我们的话，但是我们想让美国人明白我们的话。

比尔·凯勒（Bill Keller，以下简称凯）：（刚进来不久，听了一会儿）抱歉我来晚了。我认为不仅仅是美国与中国之间，任何的两个人之间的沟通，最重要的一个基础就是双方要认为对方是善意的。如果说每次中国说什么话，我们都认为中国是在 propaganda（宣传），只是一种宣传的手段，或者每次我们问你们什么问题，你们都认为我们想挑起一些争端，想污蔑中国，那么我们以后的沟通就无法进行了。所以如果我们能够相信中国说的很多话都是真实的情况，而不是宣传，如果你们认为我们派驻北京的记者并不是为了闹事的话，那么双方的善意就可以促进我们的沟通。

赵：我们认为没有问题。我们在尽量克服这种 propaganda 的做法和语言，所以我在担任国务院新闻办公室主任的时候，不再用 propaganda 这个词。就是说向世界说明中国，而且不仅说正面的，包括负面的也应该一起说。

因为 propaganda 的一个特点就是只说好的，并且不太说明道理，只说结果，这样起不到好的效果。Propaganda 和中文的"宣传"并不完全一样，中文的"宣传"一般不是贬义词。

凯：那么您为什么说美国公众对于中国的一些想法是不理解的呢？是不是中国被错误地表达了？

赵：我认为中美文化差异和政治差异使彼此正确理解对方有较大困难，只有坚持密切交流才会有跨文化和跨意识形态的效果。对于《纽约时报》我还能读得下去，而《华盛顿时报》往往把中国国内发生的一些事情夸大为比实际要严重得多的事情。

中国与美国的国情有很大的不同，中国真正进入比较稳定发展的时间也不过几十年。比如说中国的军事力量无法和美国相比，中国的军费的确是 10% 的增长率，但因此就被说成是一种中国的野心，或者是中国的威胁。我觉得美国人心里很明白，中国的军事力量和美国没法比，彼此的差距太大了。

还有贸易逆差的问题，美国说责任全在中国是不公道的，至少是双方的问题。

周看（Joseph Kahn，以下简称周）：现在我相信中国和美国都愿意不仅为自己的读者服务，还愿意为对方的读者服务。比如说我们不仅仅给美国人写关于中国的事情，我们现在还希望能够去服务于亚洲的一些中文读者。中国也是如此，你们不仅仅是在中国用中文报道，你们还用英语在美国和其他国家用电视和《中国日报》的海外版等多种方式来报道，所以说我们两个国家都在用对方的语言和自己的语言为两国的读者报道。在这方面，《纽约时报》现在可能还不如《金融时报》和《华尔街日报》，但是在比尔的领导下，我想以后《纽约时报》可能会在中国发行中文版，我们争取能够做到这一点，这样中国读者就能更好地知道我们的消息，而且我们也能了解中国读者希望读到什么内容。

赵：其实我们帮助你们实现了这个愿望。我们有个叫《参考消息》的报纸，专门把外国媒体的报道翻译成中文，比你们的时间仅落后几个小时，其中来源于你们报纸的也很多。所以我刚才说中国人对美国的了解比美国人对中国的了解多，原因有很多，因为你们是发达国家，我们要学习你们的某些方面，一定是这样的，一定是发达国家了解别人少，相对的发展中国家了解别人多，全世界都这样。

奇：那么我给您提一个小建议吧。在俄罗斯，我们把《纽约时报》英文版的一些报道翻译成俄语，放到了网上，欢迎俄罗斯人对我们的翻译进行评价。还有就是那些对我们的报道有些敌意的人也可以在网上直接发帖子来与我们辩论，这样俄罗斯公众就可以直接看到我们《纽约时报》的一些报道，而不是通过缩减版或摘编版，可以直接与我们接触。我觉得这是一种可以用于您在展现中国方面减少别人误解的方法。

赵：你在俄罗斯工作过？

奇：比尔是俄罗斯方面的专家，他在俄罗斯工作过，我没有。

这是我的一个建议，我们可以用网络与外国公众更好地、更直接地联络交流。

赵：你们有把《纽约时报》中文版在网上发布的计划吗？

周：我们知道，其实《纽约时报》的很多报道都被《参考消息》翻译过，包括海外的一些报社，比如《世界日报》，也都在翻译我们的文章，但是还没有一种很系统的方式把我们的所有文章译成中文。我们对于亚洲市场很感兴趣，也希望能够有一种系统的方式把我们的很多新闻报道很客观很准确地译成中文，在这方面其他的一些报社已经超过我们了，所以我们也希望将来能够在中国产生高质量的《纽约时报》的中文版。我们知道用中文报道我们的新闻比用英语报道同样的新闻更为敏感，所以我们的用意是善意的。我们还在进行努力。

赵：所谓敏感，只有一个界线，就是不能鼓动民众去反对政府，不要鼓动民族之间闹隔阂，这是最重要的，其他的并不是不得了的事情。

这次就有外国媒体非常详细地说中国和埃及、突尼斯、利比亚如何地相像，因此中国应当起来进行这样的革命。这样的文章，中国就认为极为敏感，自然是要禁止的，这一观点我们并不隐讳。

纪：您知道是哪个报纸写的吗？不是《纽约时报》吧？

赵：如果是《纽约时报》，我会直说。

其实，我和这些记者们也直接地面对面谈，是讨论式的，并不是辩论，我觉得彼此能够接受对方的部分观点。我从来不追求完全的共识，我只追求“有限共识”。

刚才苏珊说的跨文化的问题，确实非常重要，有些人的确是由于文化的障碍不能相互了解，这种例子是很多的。

因为在翻译过程中，如果对方没有同样的事物，就只好牵强附会地去对应，结果就发生了错误。

这个纪思道先生可能知道，中国有一种食品叫馒头，但是把它译成

steamed bread（蒸汽面包）无论如何是不对的。

比如说把京剧翻译成Peking Opera，那么就会认为我们演的《图兰朵》是来自北京，就错了。但日本人很聪明，没有将 Kabuki（歌舞伎）翻译成 Tokyo Opera。据说，这是 30 年代美国人的翻译，Peking Opera 应该改为 Jingju（京剧）。

苏珊说的跨文化的问题，我们真的可以开一个讨论会，讨论在政治方面的跨文化的误会如何解决。这是很值得讨论的。

我自己写了本书叫《公共外交和跨文化交流》，纪思道先生有空可以看一看。

我送你们一人一本我和奈斯比特夫妇合作的书——英文版《对话：中国模式》。

纪：谢谢。其实我们很多美国记者的习惯就是想寻求一些冲突，哪儿有冲突，就想报道哪个地方。哪怕是对奥巴马政府，对世界上的任何政府都是如此，这就是一个文化的问题。还有一句话，中国有很多亲美派，而今天坐在这里的都是亲中者，并且大多数在中国的记者都是亲中的，是对中国很友好的，所以我们也希望加强彼此的了解。

赵：来日方长，慢慢来吧。

你的儿子既然在清华读书，你就多到北京去吧。

纪：好啊好啊，他刚回来，二儿子也马上要去了。

点评：

核物理专家背景的赵启正虽然离开科研领域多年，但是言简意赅、宁朴勿华、实事求是的工程师风范已在他身上留下烙印。他说话不绕圈子，在这点上他甚至比西方记者更直截了当。

例如，在和《纽约时报》专栏作家纪思道交谈中，纪委婉地提出美国记者到中国访问遇到的签证拒签问题，赵启正直言不讳地指出有些外国记者被拒签的理由，“当中东和北非出了一些事情的时候，有些外国记者很兴奋，认为中国也应该出一些类似的事情。……于是有的外国记者很兴奋，就集中在他们预计要闹事的市中心，围观的行人很多，那么北京市的公安局就请他们走了。”

当西方媒体指责中国不自由、不民主，站在“道德高地”上俯视中国，围绕人权等提出敏感问题时，赵启正不像一些中国官员总把自己放在“道德洼地”里，回答问题时畏首畏尾，他直截了当地指出西方一些记者制造事端的行为，越是敏感的问题越是要以正视听。“向世界说明中国”不是迎合占据媒体强势的西方口味，而是站在中国的立场以世界人民容易理解的方式展现一个真实的中国。

（李希光）

和记者交谈是我的一个乐趣

（2011 年 6 月 6 日在华盛顿与《华盛顿邮报》负责人[1]座谈）

凯瑟琳·韦茅斯（Katharine Weymouth，以下简称韦）：欢迎你们的到来。

赵启正（以下简称赵）：谢谢你们今天安排时间接待我们。

鲍伟杰（Marcus W. Brauchli，以下简称鲍）：我刚去了上海。每一次去中国都发现没有发展变化是不可能的。

赵：但现在发展变化仍旧保持一贯的高速度就有困难了。因为已经有了很多变化了，再创造什么新的变化，会一时没有主意了。

比如说我曾经负责的浦东新区，土地也用得很多了，新型工厂、高楼大厦也很多了，往下做什么呢？

中国往下怎么做？你们是观察家。你们的报纸每天都有关于中国的新闻。我们都知道，你们的报纸是美国对中国舆论的重要来源之一。

韦：您对于我们的报道有什么感觉？

赵：可以说，你们的记者还是很细致的，从大事到小事都知道。比如说，对于醉驾之类的国内问题，你们也报道了。

1　参加座谈的有：《华盛顿邮报》的鲍伟杰（总编）、凯瑟琳·韦茅斯（发行人）、道格拉斯·杰尔（外事主编）等。

醉驾问题实际上是一个国民的素质问题。现在中国的社会舆论给醉驾的人很大的压力。法律又进一步地严密，可能这一现象已有所好转。

我们今天想和你们交流的重点是：美国媒体在中美公共外交中的作用。也就是说你们美国人是通过你们的媒体来了解中国的，而中国人是通过你们的媒体来了解美国对中国的看法的，所以你们的重要性是不言而喻的。

我们就谈一些互相不太知道又想知道的问题吧。

鲍：我不知道的问题，就没什么好谈的了。（众笑）

赵：你们最近对中国的兴趣点是在哪里？而在这兴趣点当中有没有需要我们说明的事情？

鲍：对我们来说，一个主要的兴趣点就是中国现在发生的变化，中国的发展步伐以及这些变化对于中国的社会、经济和政治发展所带来的影响。显而易见，美国和中国现在关系非常密切，可以说是相互依存的一种关系，我们在很多领域也有共同利益。所以对我们来说，如果我们能够在报道当中尽量多地向读者提供细节性的或者说在细微的地方能够取胜，那将会起到更大的作用。因为您也知道，在华盛顿这个城市，我们的受众有很多是立法者，还有政府的官员。所以我们的报道如果更加注重细节，那么对于塑造这些群体的对华观念将会起到一定的作用。

赵：我的理解是你们希望我们多向你们的记者提供带有细节的故事。我在担任国务院新闻办公室主任的时候曾经做过一些努力，就是使新闻发布会普遍化，全国各地都有，政府各部门都建立了发布会制度，能经常性地举行。虽然情况有明显改善，但是我们讲中国故事的能力还是不够。

鲍：确实，我个人感觉也是如此。无论是您在浦东工作期间，还是您在国新办工作期间，您在推动上海以及中央政府能够向公众提供、公开信息方面采取了更多的举措，迈出了更大的步伐。作为记者，我们也是从这些步伐当中获益良多。

赵：事实上，我们用很大的精力培训了中国的新闻发言人，包括中央部门的和地方政府的，鼓励他们改变讲故事的风格，少用政治词汇，少用宣传的口吻，而要讲朴素的真实的故事，让记者去体会，去选择。

我对这些发言人说，你们最好给记者一个苹果，原来是什么样子就是什么样子的苹果，原样的苹果。不要把苹果加工成苹果酱或者提炼出维生素C来给记者吃。因为苹果酱或者维生素C都不如苹果好吃，而苹果酱有可能被怀疑加了什么其他的东西。

但是中国的新闻发言人的成长还需要一定的时间。大城市和小城市有区别，中央政府和地方政府有区别，他们的水平不一样，还需要较长的时间才能普遍成熟起来。这是我这么多年来得出的结论。

鲍：在这里我想向您请教一个问题，就是关于中国和美国两国的新闻媒体或者说新闻报道的发展过程。中国在这方面发展得很快，在美国我们现在正在经历新闻媒体产业的一次变化。从经济的角度，我们也在寻求最佳的、符合现在形势的经营模式。在中国，这方面整体发展很快，从事记者行业的人也越来越多，新闻报道也在不断地发展。对于中国收集国外的一些新闻信息，然后把它们发布给国内受众，您有什么看法？也就是说，中国的记者能不能自由地到世界各地去进行报道，然后以一种透明的方式将他们所收集到的新闻信息转回给国内受众？中国的民众能不能以一种公开、透明、不受政府干扰的方式来接收到这些信息？

赵：中国记者报道国外的事情，这30年来有了很大的进步，但与你们比较，仍存在两个问题：一是我们的财力不能使我们建立像美国那样强大的国外记者站和传播系统；二是我们没有上百种的外语人才可派到相应的国家去。作为中国人，和美国社会的交往不能像盎格鲁－撒克逊国家的记者那样有那么广泛的社会关系，所以我们很难获得独家新闻，有国际影响的重要的新闻还是得依靠你们的媒体，也包括《纽约时报》、《华尔街日报》、美联社、CNN等。

但是这30年中我们有了很明显的进步。也就是说，我们的记者数量增加了，记者的外语水平提高了，报道的风格也比以前活泼了。以前中国方面不愿意记者到发生危机的地区去。比如说以前在科索沃、阿富汗、伊拉克，那些地方一发生事情中国记者都回来了，我们就失去了直接的新闻源。但是最近就有了很大的进步。比如说在利比亚，中国记者这次也到前线去了，这是以前没有的，是一种进步。

中国记者直接报道消息得到了回报。无论是电视节目，还是文字的报道，都获得了大量的受众。

和美国记者相比，中国记者在采访同一事物的时候，兴趣或角度可能会有某些差异，这些差异可能跟文化或意识形态有关系。所以中国记者的直接报道也很受中国读者的欢迎，就是因为他们的文化角度和中国的受众接近。

关于透明度的问题，国际新闻可以说不存在传播障碍。像美国和中国的贸易纠纷问题，中东因为战争导致的石油供应问题，美国国内政治问题，欧盟债务问题，中国人都关心。由于和普通中国人的利益有直接的关系，中国人对国际问题的兴趣是很高的。

评论国际问题的电视讨论会每天都有，参加讨论的也是各种各样的人，有前官员，有企业家、经济学家，也有研究国际问题的教授。这样的公开讨论的节目是直播的，气氛也是很随意的，往往也有辩论或反诘。

鲍：您刚才所讲到的让我想到了我们华邮集团的一位编辑，他是哥伦比亚大学的教授。最近他写了一本有关信息的自由流动的书。在他的这本书中，他的主要观点跟刚才您所说到的一样。对于中国人民来说，现在了解整个世界的经济形势对于他们本身的经济生活是非常重要的。这涉及信息的自由流动，还有自由的跨国报道。这些可以说都是贸易问题，他认为应该由世界贸易组织来管理和解决。正如刚才您所言，中国民众了解汇率的变动对他们自身会有影响，还有就是中东的变局对于油价的上升会有一定的作用。这些信息的自由流动都可能影响或者左右企业作出一个商业决策，也会影响贸易的流动。所以说，自由的新闻报道和信息的自由流动实际上也是经济问题。不知道您对此有何看法?

赵：信息也是一种需求，也有价值和价格的双重性，有读者就有报纸、通讯社去满足这种需求。其中有经济因素，但信息和物质性的商品还是有很大不同的。

中国人的国际观、国际视野的扩大是非常迅速的。现在大学招生，考国际关系专业和新闻专业的学生非常多。中国的新闻学院就有 600 多所，我本人就担任中国人民大学新闻学院的院长，这些专业对于中国学生有很大的吸引力。

为了提高新闻专业的教学质量，我也在谋求和美国的、欧洲的著名的新闻学院加强联系。可以通过互相交换老师和学生来提高中国未来的新闻记者的水平，同时也提高对方对中国新闻事业的感知。

鲍：我们也有很多的记者在中国，而且我们也希望未来能够输送更多的记者。我们华邮集团也有专门负责教育的企业。所以我们也非常愿意提供帮助，比如让我们的专业人员去作演讲或教授有关新闻的课程。

赵：首先邀请你们 3 位到中国的时候，顺便到人民大学去作演讲。

我的学生比我的英语好，我只能看，但说不好。在冷战时期我们学的是俄语。

韦：学俄语也有用。

赵：我当了 20 多年工程师，英语用得多。

从你们的报道来看，你们还是认为中国的新闻的流动不够自由。事实上，我们已有了巨大的改善。如果是敏感的记者，应该能够发现。

中国的很多部门，对新闻记者的活动的看法和理解也有差异。一般大城市好一些，小城市就弱一些；中央的机构就好一些，地方的机构就弱一些。所以有的时候记者采访时会遇到一些困难，我也知道。但是不能都误解为这是中央政府的指示。这其中有很多实际上是一些被采访的部门的水平和见识的问题。当然，记者也得遵守有关的法律规定。

鲍：我从 1984 年开始做关于中国的报道，所以我本人也看到了您刚才提到的中国在新闻报道方面发生的巨大变化。然而对于华邮来说，我们面临的一个巨大问题就是往中国增派人员这个问题至今还没有得到解决。所以我也非常希望您刚才所说的这些积极的进步能够继续下去，成为未来的一个总的发展方向，并且能够继续取得进步。我们华邮非常希望能够把我们最好的人员派到中国，报道和中国有关的故事。因为我们相信，在中国发生的故事、在中国发生的变化以及中美关系的一些发展对于我们双方都是有利的。

赵：你说遇到的困难是发生在哪个环节？

鲍：就是想派驻一个记者，在获得签证方面遇到了一些困难。

周文重（前驻美大使，以下简称周）：这个牵扯到过去的一件事情。过去这个记者曾经在中国常驻，他曾经非法地拿到了一份文件，这个事情到现在也没解决。

鲍：周大使当时在这儿任大使的时候，我在《华尔街日报》工作，也遇到了这个问题，所以在几个场合也谈到了。我好像老是遇到这个问题。

周：我觉得还是要反复地协商，并且过去的事情已经是过去时了。如果哪一个地方做得确实违反中国的某些规定，那也应该要表示一下今后不再重复过去的这些问题。这可能是一个积极的表示。

刚才大家提到的那名记者，好像就是没有同意他去常驻，但是一次性的报道他是去过的。现在他被派到香港去了。

赵：如果中国方面注意到他不再触犯中国法律，综合观察之后也有可能允许他进去。

韦：我想重申的是，我们的目标一直就是希望能够以一种公平、公正的方式展现各方的观点，来进行我们的新闻报道。我们华邮所处的位置特殊，是在美国的首都。刚才也提到了，这里不仅有国会，还有非常重要的政府机构。我们的报道除了在美国国内，在其他地方也是备受关注的。我们认为，中国对我们来说是一个非常大的故事，报道中国各方面发生的变化会产生非常大的影响。所以我们非常希望能把我们最好的新闻人员派到中国从事涉华报道。刚才提到的那位记者是一位非常注重观察的记者，他可以写出很好的报道。我们也希望今后他能够到中国进行工作。

周：现在他这个事情比较复杂。我们《文汇报》的一个记者也不能回来了。

赵：到这儿来？

周：他就是常驻记者。回中国以后再来美国，没得到签证。现在这个事情就比较复杂了。

鲍：我也听说了。那应该可以协商。

我们希望双方的记者都能够自由地进行报道。

赵：这两件事本身就是一个故事。

鲍：是啊。

赵：杰尔先生还没说话呢。你是外事主编，那么在你的工作中，中国的消息处于什么位置？或者说对中国的评论处于什么位置？

杰：涉及中国的报道是我们的工作重点之一，占了我们工作量的很大一部分。唯一遗憾的就是我们现在人手太少，做中国报道这方面的人手不够。

赵：专栏作家中有没有很懂中国的人？

杰：专栏作家属于新闻报道部门。坦率地说，我们对于中国比较了解的专栏作家可能比较弱。在中东、阿富汗、巴基斯坦这些地区，我们的专栏作家是比较强的。我们在对中国了解的深度方面做得不够。

赵：和记者交谈是我的一个乐趣。

他们的眼睛观察到的事情和我观察到的事情不同，会增加我的见识和智慧。

韦：这也会让他们的工作轻松一些。

赵：希望你再到北京或上海去的时候，告诉我们。

鲍：我会的。我已经很长时间没有正式到中国访问了，而且我的同事也一定非常乐意去。

赵：也许我能给你们几本书。（呈上《对话：中国模式》英文版）这是谈论关于中国发展的一些问题的。有3位作者，一个是我，一个是你们美国人奈斯比特先生，还有一个作者是欧洲人，是他的夫人。

鲍：谢谢！我们也代表报社为您准备了一份小礼物。可以给您做个很好的纪念。

赵：好极了。谢谢！

点评：

能够把和记者交谈当做乐趣的官员是稀有的，如何做到这点？从浦东新区管委会主任到全国政协外事委员会主任这20年“和记者交谈”的历练，赵启正形成了自己的答问风格，归纳起来是：一个词、一个观点、一个故事。不论是敏感的、尖锐的还是陷阱式的问题他都能够迎刃而解，胸有成竹才能做到临危不惧。

赵启正善于抓住记者问题中的一个关键词，之后顺势引导到自己的议程上，从不受制于记者问题本身。例如：当鲍伟杰问到中国记者能不能自由地到世界各地进行报道时，他的潜台词是中国民众难以获得真实的国际信息。而赵启正并没有按照他的思路回答，他只抓住一个词“中国记者”便答道“中国记者报道国外的事情这30年来有了很大的进步”，最后他从受众接近的角度引申到中国记者的国际报道很受中国读者欢迎。

不论什么样的问题，赵启正总是能够借题发挥，最终为自己的传播目标服务，他用“今天交流的重点是”、“我的理解是”、“事实上”等连接词句，不受制于问题、不天马行空，能够主导答问的方向。做到这点很不容易，因为被采访者要时刻保持头脑清醒，有自己明确的立场和观点，所有的答问都是为自己准备的观点服务的。

只谈观点不足以服人，需要通过讲故事、举例子或者打比方等通俗易懂的方式佐证自己的观点。在这方面赵启正不仅身体力行，并且也是他任国务院新闻办主任时推行新闻发言人培训课程上力主的一点。如他所说，“我们用很大的精力培训了中国的新闻发言人，包括中央部门的和地方政府的，鼓励他们改变讲故事的风格，少用政治词汇，少用宣传的口吻，而要讲朴素的真实的故事。”这也正是我近20年来在清华大学教给青年学生的，我称之为“讲故事的艺术”，希望未来新的一代中国新闻发言人能够彻底改变乏味的宣传模式，讲好“中国的故事”。

通过一个关键词、一个核心观点、一个动人故事，这三点所组成的赵启正式的答问可以成为中国新闻发言人教程的范本。

（李希光）

中国并不隐瞒自己的问题

（2011年6月8日在洛杉矶世界事务委员会[1]演讲并答记者问）

大家好，很高兴与诸位有这个交流的机会。

我想简短说一下中国的近况，然后请大家提问。

近30年，中国迅速地发展，现在一天的GDP超过30年前一个月的GDP，约为美国GDP的三分之一，但人口4倍于美国，仍是发展中国家。

中国每5年有个发展规划，做一次宏观指导。中国过去30年跑得太快了，有些累，对环境也造成了一些污染，因此未来要放慢发展速度。以后GDP的增长率会低于每年10%，我们要投入较大资金用于降低能耗、改善环境。

过去5年，为了减少碳排放，我们关闭了许多小煤矿和小电厂，建设了多个核电站。日本发生核事故后，我们正在重新审定核电计划，但是不会拒绝核电。

多年来，在发展核能方面，我们希望与美国合作，但一直被美国拒

1 洛杉矶世界事务委员会（Los Angles World Affairs Council）成立于1954年，是探讨全球问题和国际事务的公共论坛，在美国主流社会有较大的影响。世界上有150多位国家或政府首脑曾应邀到该会演讲。

绝。我们只能与法国、加拿大、俄罗斯合作，也建立了自己设计的核电站。美国近年改变了态度，我们引进了你们西屋公司的 AP-1000。

中国的发展引起了西方学界、媒体的关注，出现了“中国模式”这一新词，这是外国首先提出的，其界定有许多种，十分混乱。有美国报纸提出要“警惕”中国模式在非洲、拉美等国家传播，但中国自己从未提出过中国模式，我们也没有出口中国模式。我们认为，各国发展都要根据本国国情，靠输入外国模式不会成功。所以不必警惕中国模式，因为没有公认的中国模式。中国 30 年的发展、理念、成就、问题，不妨称作“中国案例”。特别是说到成就时，也要说到许多问题，如环境、地区发展不平衡、社会保障不均衡、腐败等。中国并不隐瞒自己的问题，而是面对问题并提出解决的方案，但解决这些问题需要时间，如在未来 5 年准备建造 3600 万套保障性用房，用于解决 1 亿人的住房问题。也就是说，中国一方面存在许多问题，一方面又在积极解决这些问题。

中美两国，作为最大的发展中国家和最大的发达国家，两国依存度不断加强，贸易额已达 4000 亿美元。最近刚举行的战略与经济对话就体现了两国关系的密切。对话表现出中美的若干分歧，也体现出双方利益有共同立场。

多年来，美国的主要智囊机构表述其对华政策是合作加遏制，由此创造了一个新词：congagement，译成中文并不容易，也许可以理解为“遏制性接触”。

希拉里国务卿最近说不赞成中国威胁论和遏制中国，但事实上美国对中国还有许多遏制的表现。可举一些事实：如对中国限制科技产品的出口，如高级计算机，限制中国在美投资，中国企业进入美国很困难，这样中国就只能多买美国国债了。

美国也不承认中国的市场经济地位。我希望美国国会能站得更高，那才能望得更远。

但我们对中美关系有信心，因为维持区域稳定、维和、反恐、反毒品等都需要两国合作。

谢谢大家！

（答问部分）

问：您能否就如何增加就业给奥巴马提建议？

答：让中国企业到美国办企业。中国有很多外汇储备，不能都用来买美国国债。如许多中国企业有到美国直接投资的能力，中国远洋运输公司进驻波士顿港，带给了当地9000人的就业机会，为此，美国参议院外交委员会主席克里提出议案，向中远总裁魏家福先生致敬。现在美中贸易有巨大逆差，但美国生产的iPad、iPhone有许多都是在中国生产出口到美国。如果让中国投资，在美国生产某些适当的商品，包括中国设计的优秀产品，就会创造更多的就业机会。如果美国老在中国投资问题上犹豫不决，就会失去机会。中国愿意到美国投资，我们也不过分担心跨文化的障碍，因为中国人和美国人一样幽默，相信幽默的人是相通的。

问：您能否就中国的知识产权问题作一下介绍，因为这个问题不光中国关心，美国和全球都关心。

答：30年前，中国对知识产权问题不够关切，因为与外国的关系不密切，当时为了发展和生存，确实使用了一些外国知识产权，如图书和药品。

20世纪50年代初朝鲜战争时，中国人没有盘尼西林，就仿制了盘尼西林。但现在不同了，法律健全了，不允许这样做了。在大城市好些，如我曾经负责的浦东新区成立了专门的知识产权法庭，这是在中国成立的第一个知识产权法庭，大大提高了工作效率。如吉利就曾在浦东胜诉。但目前中国仍有盗窃知识产权的现象，特别是音像制品，曾有人把船弄到公海生产 CD。中国现有给予重奖的检举制度，一旦查出有企业侵犯知识产权，惩罚会超过其所得的赢利，甚至使其破产。我自己曾是高级工程师，有自己的专利，我能理解你们的关切。中国政府和法律坚决保护知识产权，但执行中仍有令人不满之处，这需要时间解决。

问：您刚才提到中国企业在美国投资困难，您能否也谈一下相反的情况，即美国在中国的投资困难，如 Google ？

答：这几年美国在中国的投资遇到的困难与中国企业遇到的困难一样，如生产成本的上升。中国某些领域产能过剩也影响了外国投资者。

Google 的情况特殊。Google 进入中国时是由巴尔舍夫斯基介绍的，她原是 WTO 的美方代表，她问我 Google 可以到中国吗？我说可以，很欢迎。Google 的高管清楚地知道中国的网络管理规定，并有正式承诺。大家注意一下希拉里国务卿最近一年的讲话，她一直强调网络自由，但发生维基泄密事件后，她也说网络应有某些管理。中国的网络在发展中，中国并不拒绝与美国的网络企业合作。中国的网络必须依法管理，因为中国的国情不同。如果网络引起了混乱，那对大家都不利。

在美国人看来不自由的中国网络发展很快，网民已发展到 5 亿人，看来网络还是受到了中国网民的喜爱。Google 走了，慷慨地把市场让给了百度。我认为，几年后 Google 可能会重新考虑这个问题，因为中国市场太大了。

点评：

在回答对其他国家的评价问题时可以寻找共同点。共同点是沟通的重要基础，尤其是两个国家关系的维护，寻找共同点可以用于回答建议性质的问题。例如，赵启正老师在回答“美国就业建议”问题时，敏锐地利用了这个问题，建议美国方面给中国企业进入美国提供机会，不要遏制两国合作，并且说明了中美双方具有共同利益，侧面说明了两国合作的必要性。在回答“美国在中国的投资困难”问题时，赵启正老师认为“这几年美国在中国的投资遇到的困难与中国企业遇到的困难一样，如生产成本的上升”，这一问题通过寻找中美两国企业在彼此的投资环境中遇到的共同困难，暗示了两国应携手解决这些问题。

用历史说明现在，间接说明进步。用历史对应现在是说明进步或退步的最好印证，新闻发言人可以利用历史和现在的对比说明问题。在回答知识产权问题时，赵启正老师首先说明了30年前我国对知识产权问题不重视的历史，这是对历史的说明，也是对自身缺陷的反思，勇于坦承不足是赢得信任的最好方式。进而赵启正老师说明了现在我国在知识产权保护方面所做的努力和取得的成果，这种历史与现状的对比清晰地间接反映了我国在知识产权方面的进步，事实的支撑远远好于空洞的口号。

（陈虹）

中国的政治体制改革将是一个很了不起的事业

（2012 年 2 月 24 日在北京答境外记者[1]问）

台湾中天电视台记者：网上传言，河北 100 多名官兵感染 SARS，您是否知晓相关信息？据香港媒体报道，薄熙来书记请辞，他是否参加“两会”？是否欢迎林书豪来中国大陆打球，是否会限制其传讲基督教，因为他经常把“感谢上帝”挂在嘴边？

赵启正（以下简称赵）：目前未听到任何关于 SARS 的传闻。网上消息复杂，网上的消息并不都可靠，要谨慎对待。（赵启正主任在结束前就第一位记者的问题做了补充回答：经与卫生部联系并确认，网上所传的 252 医院出现的发烧病情是由腺病毒引起的，目前已得到有效控制，有人已经出院，并无死亡病例。据当地卫生部门报告，2012 年河北保定市未发生突发公共卫生事件，未检测到重大传染病病情。）

薄熙来不是政协委员，是全国人大代表，我想他应会出席。

你如果有机会，可以告诉林书豪，欢迎他来大陆打球，这里宗教信

---

1 为做好今年政协大会的新闻发布工作，了解外国媒体和港、澳、台媒体近期关注的问题，全国政协十一届五次会议新闻发言人赵启正于 2 月 24 日上午邀请 18 家外国媒体、14 家港、澳、台媒体共 51 名记者在政协礼堂进行茶叙。本文为此次见面会的答问记录。

仰自由，完全没问题。

巴基斯坦联合通讯社记者：我自2006年开始在中国参与两会报道，发现新闻发布会上一般安排外国记者与中国记者混坐，建议此次可否安排外国记者与国内记者分开，以便外国记者有更多机会提问？

赵：我对此建议很感兴趣，希望政协新闻局考虑。同时也希望外国记者要踊跃出席，以免空位。

《印度教徒报》记者：政协的职责之一是就少数民族政策提出提案。近期西藏自治区、四川、青海等地出现了僧人自焚和其他暴力冲突事件，您认为问题的根源在哪里？政协会对少数民族政策提出何种提案？很多藏族人居住在印度，中国是否认为印度在此方面可以帮助中国？双方可就此开展怎样的合作？

赵：对你所提出的问题，我们也很关注。令人奇怪的是，连续自焚的僧人中大多数是年轻人。如果是政治原因，他们懂政治吗？如果是压迫，他们的衣食住行全部有保障，宗教活动是自由的。有人在其自焚前宣布时间、地点，携带摄像机前往，并第一时间发到网上，且阻挡其他人抢救。答案很明显，就是有人在幕后操纵，把他们说成是英雄、烈士。对此，我感到很沉痛，很愤慨，孩子怎能作为某些人的政治工具？

中国欢迎印度在这些方面与中国沟通，如果沟通得好，会起到正面作用。

日本《北海道新闻》记者：可否安排外国记者采访班禅额尔德尼委员的机会，向其了解对西藏发展现状的看法和建议？政协的主要职能之一是监督基层民主的进行。最近对基层官员贪污问题的争议越来越激烈，民众有很大不满，比如广东乌坎事件，基层民主没有到位。政府应通过怎样的方式改善基层民主的漏洞？

赵：采访班禅的要求我们记录在案，我们要征询其本人意见。

一些基层出现的问题，比如农民的不满，确实是基层民主贯彻得不好。我们要进行深入研究，提出办法，把基层民主制度化，此外还要加强对村官的培训和考核。

德国《世界报》记者：非常支持日本媒体朋友提出的安排采访班禅的建议。每年人大会议3000多位代表、政协会议2000多位委员聚集到北京开“两会”，这种安排是否符合中国现在的情况？明年三月“两会”换届，是否会有所改变？原来政协委员中包括对中国有贡献的外籍人士，现在没有了，是否会恢复外籍人士作为政协委员？

赵：你对中国的政治制度比较了解。关于政协、人大明年换届后是否会有些变化，可以确信的是，政协和人大在工作方法、工作制度、工作效率上会不断改善。

政协中确实有一些外国人，准确地说他们是外国血统，但很早就入了中国籍，他们对中国的革命和建设有很大贡献，现在由于年纪原因，多数已经过世。按照政协章程，政协委员必须是中国国籍。

日本《产经新闻》记者：30年前我就在中国工作。中国改革开放30年来经济发展得很快，但存在的矛盾、问题也很多。温家宝总理也提出要继续推动经济改革，继续推动政治改革，但政治体制改革没有具体的进步。政协是否讨论过如何推动政体改革？20世纪80年代赵紫阳、邓小平都曾提出：为了推动改革，要党政分开，赵先生有何意见？

赵：我本人经历了中国改革开放的全过程。政治改革或政治体制改革是邓小平先生提出的，作为党和全国人民的重要任务，政协委员们都坚决拥护。

中国的经济体制改革和经济方面的各项改革，是摸着石头过河。邓小平先生说过要谨慎和大胆相结合。经济改革的一般做法是：某些地区先实践，然后推广至其他地区。我负责过浦东地区的开发，浦东就进行过很多改革试验。局部地区即使某些方面失败了，对全国的影响较小，可以及时纠正，这是由局部向全国推广在方法论上的合理性。

而政体改革，特别是大的改革，必须在全国同时进行，这是政体改革的特点。政体改革必须更为谨慎，要对问题进行仔细的观察和深刻分析。一边观察，一边研究解决办法，这需要一个过程。

经济改革的方便之处在于中国实行市场经济，可以把其他国家、地区的一些成功经验中国化，是很有效的方法。而政治体制改革，因为中国地域太大、人口和民族太多，文化传统十分深厚，找不到类似的他国做参考，这需要中国自己的创造。你会看到中国的政治体制改革是一个很了不起、很伟大的事业。

香港《文汇报》记者：大部分小组讨论仅向内地记者开放，建议政协小组讨论是否可以更多向境外记者和港、澳、台记者开放，取消内外有别？

赵：我会提请相关部门考虑你们的请求。

美联社记者：除了经济，我们对于民族、宗教、环保问题比较感兴趣，特别是缺水问题。谈到政体改革，上个月台湾刚刚结束大选，引起很激烈的谈论。您个人对此次选举结果有何感受？中国未来的政体改革是否会参考台湾的模式，先由地方代表开始选举？

赵：我们对台湾选举很关心，因为台湾是中国的一部分。台湾选举出好的领导人，对于台湾的发展和两岸关系的发展都有好处。我个人认为台湾这次选举比上次有进步，至少没有再放冷枪。

中国有13亿人口，56个民族，地区经济发展存在很大差异，中国的社会主义制度需要我们去创造，任何一个国家、地区的制度我们都不会拿来做参照。

某一媒体记者：网友反映外交部针对南海问题、美国对台问题、钓鱼岛事件等的处理不是很给力，您可否简单列举当下外交部做的非常给力的事件？

赵：有人说外交部不给力，这句话是错误的。我可以告诉你，外交部很给力，只是外交部的言辞非常严谨、简明，如果外交素养不够可能会不太理解其中的要义。我们政协做的是公共外交，就是把他们给力的话变得更给力。（众笑）

台湾《工商时报》记者：可否在政协大会期间，安排一次记者会，请政协委员公开地对政治体制改革进行辩论？是什么原因造成和平的外交政策没有实现，是否有反华势力的影响？

赵：政体改革肯定是政协委员们会热烈讨论的问题，但在没有讨论得很清楚时，未必会举行记者会。

外交的根本目的在于建设对中国有利的和谐的国际环境。一时没有实现，并非中国的和平外交政策没做好，而是因为世界太复杂，中国再努力也只是重要影响因素之一，而不是全部因素。中国在非洲进行了平等的合作，没有附加任何政治条件。多数非洲人评价很好，但也有人说不好，因为害怕中国在非洲的影响力提升得太快。中国是东北亚最重要的国家之一，朝鲜半岛的核问题是六方会谈，中国确实起了相当重要的作用，但并无能力包办，也没有能力去完全主导。但此事涉及中国利益，中国会很认真、很公道地去推动。

台湾《旺报》记者：《人民日报》等中国主要媒体都提到改革开放问题，改革是共识，但对如何改充满争议，如何看待改革？怎么看待日本名古屋市长对南京大屠杀的否认？

赵：政治改革的复杂性、艰巨性是显而易见的，《人民日报》的文章对此经常有很好的解读。

名古屋市长河村隆之否认南京大屠杀的存在，不只南京人民愤慨，全国人民都很愤慨。他引用他的父亲的话来否认鲜血留下的铁的事实，是对中国人民的冒犯。正确认识历史是中日关系的基础，是两国人民友好的前提。我们也注意到，日本官房长官藤村修重申了日本前首相村山富市关于战争责任的讲话；爱知县知事大村秀章对河村隆之作了劝说；日本外务省亚太局局长杉山晋辅也就此问题向中国外交部亚洲司司长罗照辉做了说明。一方面，今年是中日友好 40 周年，发生此事件很遗憾；另一方面，我们希望通过中日友好 40 周年活动来提升中日两国国民互相的友好感。

点评：

信息发布者需要抓住机会发布信息，这样才能在信息传播的过程中占据比较主动的地位，同时也可以提升有关信息的可信度和权威性。赵启正先生 2012 年是全国政协十一届五次会议的新闻发言人，由于境外记者所提的问题比较庞杂，有些问题也是国内当时比较敏感的问题，因此会给信息发布者带来相当的难度。但是，作为新闻发言人，赵启正先生显然认为这次答记者问是发布一些重要信息而可以利用的机会。

不同境外媒体的记者所属机构信息传播范围和受众各不相同，新闻发言人要尽可能满足不同媒体的不同需求，除披露他们共同感兴趣的信息外，要发布一些能够满足各自独家需求的信息。这正是这次答记者问的亮点。赵启正先生明确地回答了中国全国政协委员的国籍、中国的政治体制改革、中国网友议论外交部在南海问题上不给力等问题，问题虽然有些敏感，但直接和不含糊地回答这些问题，可以从官方的层面澄清某些传言。在这次答记者问的过程中，记者提的问题是有挑战性的，信息发布者的思路是积极和有针对性的，传播的效果应该是好的。

（马胜荣）

记者提问要提在点子上

（2012 年 3 月 2 日在北京全国政协十一届五次会议新闻发布会上答记者问）

赵启正（以下简称赵）：现在请大家就政协的工作范围提问。因为这是本届政协最后一次发布会，所以提问记者可能很多，为了节省时间，我的回答也尽量简明一些，希望每位记者只提一个问题。

北京电视台记者：您好，很高兴大会主持人把第一个提问的机会留给北京电视台。我们国家新修订的环境空气质量标准将 PM2.5 纳入了强制性的污染物监测范围，同时还明确提出到 2015 年要覆盖到所有的地级城市。请问发言人，在努力提升空气质量的过程中，我们还应该做哪些方面的努力?

赵：今天北京市的空气是轻度污染，大概是 PM2.5 惹的祸。目前政府已经启动了 PM2.5 的监测和空气污染进一步治理工作，也公布了进程表，政协委员们对这件事情也很关注。

政协委员们认为，改进空气质量需要政府、企业、公众和媒体共同努力。我们也呼吁企业减少污染，并积极参加空气的改善工作，媒体进一步扩大宣传也是极为重要的。

你问我还有哪些建议，我很难给一个专业的回答。但是我知道，新的研究结果告诉我们：从大处看，在城市空气的污染源中，汽车尾气的排放是很大的。从小处看，吸支烟可以使室内的 PM2.5 翻一番。春节放炮的那些晚上，很多地方电视台随时公布 PM2.5 和空气的数据，翻番达到了4倍、5倍乃至10倍。所以我们一方面要求政府加强改善空气的措施，另一方面公众也要自觉少吸烟、少开汽车、少放鞭炮。

路透社记者：我们最近都听说了在成都发生的事件，也就是重庆市前副市长王立军试图向美国驻成都领事馆寻求庇护。请问中央政府对薄熙来、对重庆的领导是否仍有信心？王立军事件是否会影响今年晚些时候将进行的十八大换届？

赵：据我所知，王立军目前正在接受有关部门的调查，调查工作也取得了进展。他是全国人民代表大会的代表，已经请假不出席这次会议了。

王立军事件发生后，一些媒体进行了报道，这些报道都是“拼图式”的，由于资料并不全面，缺的地方就靠想象绘制了，因此这些“拼图”都是不准确的，甚至是荒唐的。

王立军事件是一个孤立发生的事件，建议你不要做过多的想象。近年来，重庆的经济建设、社会发展取得了很多成就。你如果有兴趣，在全国人大开幕的时候，你可能会遇到薄熙来，你采访他就是了。

香港凤凰卫视记者：今年是邓小平南巡讲话20周年，此前国务院总理温家宝在广东进行考察时强调不改革只会是死路一条。我们也看到官方媒体，包括新华社等都发表了关于改革的言论。最近《人民日报》也提出，宁可要不完美的改革，也不要不改革的危机。您是否认为在2012年这样关键的一年，中央的高层是希望进一步向外界释放出改革，特别是政治体制改革的信号？作为全国政协来说，如何在本届政府的最后一年任期内，就推进改革方面进行建言和监督？

赵：像我这样年龄的人参加过改革开放的全过程，所以有的时候我就愿意回忆改革开放的历史，观察今天，展望明天。20 世纪 90 年代初，围绕着改革存在着两种思路：一种是在严峻的国际形势下放慢改革的速度；另一种则主张抓住机遇深化改革。小平同志力主深化改革。正是在他的关怀和指导下，当时启动了一个新项目，就是上海的浦东开发，至今已经取得了成功。

20 年前，小平同志告诫我们，他说，改革开放越前进，承担和抵御风险的力量就越强。我们处理问题要完全没有风险不可能，冒点风险不怕。他还说过，改革要大胆和谨慎相结合。

今天，中国的改革开放已经取得了举世瞩目的成就，国内外环境也发生了深刻变化。一方面，深化改革的基础更加坚实了；另一方面，人们对进一步改革的认识也越来越有共识。此时，我们重温邓小平的南巡讲话，回顾 20 世纪 90 年代初到现在的历程使我们懂得，深化改革的时机到了，我们会继续坚定地前进。

香港卫视记者：请问发言人，根据媒体的报道，过去这一年多来，在西藏、四川的藏区甘孜、阿坝以及青海玉树连续发生了一些僧侣自焚事件，一共有 20 多起。中国政府认为这是境外的分裂势力策动所为，但是也有分析认为，地方维稳官员以及政府的宗教政策某些粗暴的做法或者高压的做法才是造成僧侣自焚的原因，您对此怎么评论？

赵：近来藏区连续发生僧侣自焚事件，其中多数僧侣都很年轻，最小的只有 18 岁。“老吾老以及人之老，幼吾幼以及人之幼”，对此我们深感痛心。我想提醒各位记者注意，这些不幸的事件发生之前，有人预告时间地点，有人准备好摄像机拍摄，阻碍别人去抢救。事情发生后，达赖说了什么？你的版本是他劝他们不要自焚。我知道的是他公开赞扬自焚者有很大的勇气。如果你听到的和我听到的都存在的话，那么达赖是个两面派。

有位大和尚告诉我，佛门一向敬畏生命，反对杀生，十四根本戒，不杀生，不杀一切生命为第一戒，破戒杀人罪孽重重，自杀之罪仅次于杀人。任何人都应该珍惜生命，无视生命的自杀，既不慈悲也不智慧。我想说，有话好说，不要受人蛊惑，一时错念采取极端方式，失去生命会追悔莫及。

一直以来，西藏自治区为了改善寺庙僧侣的修行和生活条件，出台了一系列措施，包括统一为寺庙解决路、水、电等基础设施，改善了生活条件，丰富了业余生活。自治区这些措施受到了当地僧侣的欢迎。

《光明日报》记者：请问发言人，我记得去年“两会”期间，政协召开过一次公共外交记者会，当时引起了很大关注。之后我们留意到在去年一年里，先后在上海、天津、广东成立了公共外交协会。我们感兴趣的是，为什么首先批准的是这三家？有没有计划成立全国性的公共外交机构呢？我们的公共外交机构计划怎样开展工作，向世界说明中国？

赵：传统的或者几十年以来的公共外交是指一个国家的政府提出项目，向外国公众来表达本国，如美国的美国之音，又如我们的英文电视台。这是政府的行为，外国公众是受众。

现在的公共外交则有公众参加，公众也做主动的承担者。这三个城市都是中国国际关系最密切、国际活动最多的地区，他们有开展公共外交的需求，所以成立了公共外交协会。这三个协会整合了当地的公共外交力量，他们吸收了一些集体会员和个人会员，包括社会组织、社会团体、大学、研究所、大企业和一些社会上有国际活动能力的人士。

他们不是全国人民代表大会审核和批准的，他们是在当地注册的。至于成立全国性的类似的组织也有可能。

《中国日报》记者：请问发言人，中国政府在多个场合多次强调鼓励有实力的中国企业“走出去”，但同时我们也注意到中国企业“走出去”的过程是不平坦的，有很多挫折。这其中包括中国的并购方案受到外方当地政府的限制，导致失败，也包括中国并购成功，但是因为“水土不服”或者经营不善而投资巨亏。您认为这些挫折是中国企业“走出去”的必经之路，还是有些是可以避免的？您认为中国企业未来的机遇在哪里？

赵：中国企业“走出去”虽然已经有了很成功的例子，像前天电视台播送的三一重工，但是总体上还是处于初级阶段。原因在于很多企业对国际市场还缺乏深入的认知和全面的把握，对于国际惯例、通行规则还不够熟悉，也不太善于在当地开展公共外交。

大家都知道的一个有名的因受外国阻挠而没有成功的例子，就是中海油竞购美国优尼科的交易失败了。美国参议院的一篇报告指出，中海油项目失败的原因之一是没有通过有效的公共外交去消除当地政府和民间的反对声音。

中远公司有一个成功的例子，它在美国波士顿建立了一个转运站，最初当地议会强烈反对，而他们面对公众做了很好的说明，最后取得了成功，还收到了当地议会的感谢电。

委员们认为，企业“走出去”有两方面的安全特别值得注意：一是职工的人身安全；二是投资安全。这次大会之后，政协外事委员会将开展一项调研，关于中国企业“走出去”的公共外交，希望大家支持和报道。

日本朝日电视台记者：请问关于中国的能源政策。请介绍一下中国核能发电的相关政策。日本福岛核电站发生核泄漏事故到现在马上要一年了，中国从这次事故中吸取了怎样的教训？

赵：日本的福岛核事故，日本为此付出了巨大代价，但是也为全世界贡献了宝贵的经验教训。2012 年 3 月 11 日，就是福岛事故一周年了，在此也请你转达我们对福岛核电站周围人民的问候。

福岛核电站事故是继三里岛核电站事故和切尔诺贝利核电站事故之后，再次给人类敲响了警钟，核电安全成为全球关注的问题。

2012年1月，日本政府通过了核物质核反应堆管理法的修正案。德国2020年前要关闭全部核电站，而欧美许多国家则加强了对核电站的安全研究。

中国在福岛事故的当月组织了全国核电安全检查，进一步出台了更严格的安全措施。中国目前正在加紧制定核安全规则和核电中长期发展调整规划，努力提高核设施应对极端自然灾害的能力和核紧急响应能力，以确保核电站的安全运行。

中国发展核电的政策是要在极端安全的前提下发展，并且要着力于第三代核电站的设计和建设。

中国和日本都是缺少能源的国家，大量能源依靠进口，中国愿意和日本加强在核电和其他新能源方面的交流与合作，彼此学习，共同吸取教训，提高开发新能源的能力。在这次大会期间，政协还将举行新能源的专题记者招待会，请你和大家去参加。

美国之音记者：刚才发言人谈到中国深化改革的时机到了，我们会坚定地前进。我想问得具体一点，就是关于政治体制改革。我们知道中国政府和执政党一直提议要积极稳妥地推进政治体制改革，请问发言人，中国进行政治体制改革的内容、路径和目标是什么？现在是否已经具有足够的政治意愿和动力来推动政治体制改革？

赵：关于政治体制改革的必要性和它的艰巨性，邓小平先生做过很详细的论述。中国自从实行改革开放以来，政治体制改革和经济改革并没有截然分开，如果截然分开，经济改革不会进展得那样顺利。

关于政治体制改革，委员们虽然有很多讨论，但最后的政策还需要中共中央和国务院去做部署。但无论怎样改革，都要在中国共产党领导下的、中国特色社会主义这个框架内进行。

政治体制改革是要在深思熟虑、征求各方面意见之后才能进行的，因此可以期待中国政治体制改革方面会有新的进展。

中国新闻社记者：刚才您已经提到了“老吾老以及人之老，幼吾幼以及人之幼”。现在中国已经有1.85亿老年人，未富先老也给中国养老体系带来很大冲击。请问发言人，全国政协对此有什么建议？

赵：你提出的这个问题与我本人密切相关，因为我是合格的老龄人，我得好好回答。中国的老龄化的确有自己的特点，就是未富先老，一般国家在人均GDP达到10000美元以后才进入老龄化社会，而中国却在人均GDP才3000美元的时候就进入老龄化社会了，所以这需要我们政府和全社会特别认真对待。

政协委员们对老龄化的问题一直特别关注，比如，去年社会和法制委员会就老年人社会的保障和服务体系展开过专题调研，并提出了具体建议，得到了胡锦涛、温家宝的重要批示。这个报告提出建议，要加大国家财政投入，鼓励企业、民间组织和个人办养老机构，创新机制，为老年人提供更有效的服务，营造一个尊老爱幼的社会氛围。经过努力，我们一定可以做到老有所养、老有所依，我们大家都盼望着呢！

中央电视台记者：我们注意到近期部分香港居民对内地人的一些行为是有一些不满的情绪，比如内地的孕妇赴港生子被看作是挤占香港的医疗服务资源，内地游客去香港大采购也被看作是提高了当地的物价水平。在最近甚至出现了大规模的口水战。不知道您对这些现象有何看法？另外，在这次会议期间，您是否会和来自香港的委员就这些问题进行讨论？

赵：本来内地公众到香港去采购是受到香港欢迎的，现在大概买得太多了，供不应求了，就出了问题。这不是大问题，它改善供应，买得越多，他们的利润越大。

政协有很多来自香港的委员，对于双非婴儿的事情早就有过讨论，内地有关部门也采取了许多措施，配合香港特区政府做了许多工作。内地公安部门不断加强对组织内地孕妇赴港生育的非法活动的打击力度。兄弟姐妹彼此往来难免有磕磕碰碰的时候，一则不当的广告不能代表整个香港社会的看法，一句极端的语言也不能代表内地人的意见，口水战有害无益。

我们要看到，两地的绝大多数公众在交往中是融洽的、友善的，彼此也有很多是朋友。至于某些问题或者说是临时问题引起的摩擦，只要大家多交流意见、多包容、多协商，总会解决的。

中国网记者：中国网的读者遍布世界20多个国家和地区，其中有个问题也是我们的海外读者非常关注的。今年在人大会上将会通过人大代表名额分配和选举办法的决定，他们想知道政协大会上是不是也有一些类似的内容？人大代表有连续11届当选为代表的，比如申纪兰代表，政协委员当中有没有这样的情况？谢谢。

赵：你的问题我没有听太明白，我试着答一下，可能你是问政协委员是怎么产生的。政协委员的产生是根据政协的章程，首先是在各党派、各人民团体、无党派人士、各个界别之内协商、推荐，然后确定，最后还要经过政协常委会的通过。政协委员和人大代表不同，不是由选举产生的。

你说有的人大代表任期很长，这一定是有影响的名人。政协委员一般任期都不长，是两届，我的任期到本届为止。

日本亚洲通讯社记者：请问发言人，最近中国各地继续发生非法侵占农民土地的问题，中央政府一再强调要禁止剥夺农民的土地，但是这个问题一直处理不了。这个问题的难点是不是同中国地方政府的土地财政政策有关系？为什么中央政府一系列严厉的要求、通知以及政策在地方上得不到很好的执行？

赵：我在上海浦东新区工作的时候，直接参加过土地的转让和批复的事项。我的体会是，土地批租一定要遵守中央的规定，问题是有的地方没有遵守这个规定。

地方土地批复一定要申报和批准，特别是乡政府和农村，当地是没有权力直接批复土地的，但是可能有的地方违规了，这是一。第二，土地批租过程中忽视了农民的利益。凡是使用农民的土地，必须对农民给予足够的赔偿，对他的生活和就业要给予帮助，并且要征求他们的意见。现在出了一些有关土地的群体性事件，就是忽略了农民的利益。最后，有的地方官，比如说村官有腐败行为，这就是当地农民所不能容忍的。但是请相信，中央会采取强有力的政策，既要保护农民的合法利益，也要保护我们的土地资源。

中国国际广播电台记者：近年来，中国在海外多个国家建立了上百所孔子学院，由此引发了一些国家的质疑，比如美国认为中国此举会引起美国语言输出的逆差。请问发言人，您是怎么看待这个问题的？

赵：中国在 100 多个国家建立了大约 350 所孔子学院，这都是经外方邀请后成立的。中国派去的教师，有的是志愿者，他们在当地受到了欢迎。

汉语是全世界使用人口最多的语言，但是使用的国家却很少，只有中国和新加坡。而一些语言，比如英语，在 170 多个国家流行，而西班牙语有 30 多个国家使用。所以中国语言的国际传播是为了沟通中国和世界，也呼应国际上学习汉语的需求。

你说的对中国语言输出的逆差问题，这是美国参议院的那篇报告提的。他们说，中国在美国有70多所孔子学院，而美国在中国只有5所文化中心，这就是公共外交和语言输出的逆差了。为此，我在美国访问了他们。我对他们说，中国的小学、中学、大学有2.4亿人在学英语，还需要你们在中国建立美国语言学校吗?

孔子学院受到各国的欢迎，现在还有大量积累的邀请。孔子学院是一个新生事物，在成长中。我也给孔子学院的老师们上过课，他们多数是富有激情的大学毕业生，我相信孔子学院在发展中会更加成熟和更加完美。

新华社记者:去年"7·23"事故以后，伴随着原铁道部新闻发言人王勇平的调离，可能大家熟悉的面孔都淡出了公众视野，对此有人表示惋惜，也有人不以为然。作为中国新闻发布制度的倡导者和推动者之一，您对此有什么看法?

赵:中国的新闻发布制度几年来已经逐渐普及了，去年中央部委以及地方省市以上的新闻发布会就有2000多次，它已经成为中国政治生活和社会生活的一部分了。新闻发布会的作用就是对内政务公开、透明，扩大了公众的知情权，也有助于公众监督政府;对外向世界说明中国的真实情况，解疑释惑。

我深知新闻发言人的使命庄严、责任重大、压力重重，有人说是高危岗位。其实根本不存在问不倒的发言人，我相信各位记者是同意这一判断的。随着国际国内形势的发展，新的问题不断出现，加之互联网带动的舆论传播方式的多样化，我们新闻发布制度以及新闻发言人本身都要与时俱进。发言人应该走向职业化，要专职化，少用兼职的岗位。他们需要经常性的培训才能进步，需要一个成长的过程，也需要社会的支持，也希望记者们爱护他们。

《经济日报》记者:不知道发言人注意到没有，最近世界银行发布了一份研究报告，名字叫做《2030 年的中国》。这里面对中国的改革提出了一些建议和意见，但是我们有网民和学者对此提出了很激烈的批评，认为这是要把我们的国企私有化，认为这是在给中国投毒，不知道发言人对此有什么评价？

赵：这篇报告是对中国今后 20 年经济社会的发展作了综合性的研究。有的学者和网友认为，这篇报告是要将国有企业私有化，由此引起更多网民的质疑，他们表示强烈反对国有企业私有化。

这篇报告的全文在世界银行的网站上有，我下载了，有 400 多页，我只能看它的摘要。对这 400 多页我用 Word 的检索功能做了检索，我没有查到国营企业私有化的建议。因此，这篇报告还要细读才能判断。

这篇报告是两家合作的，世界银行和我们中国的国务院发展研究中心，50 多位专家做了一年多。报告中提到了国有企业股份多元化的问题，还提出国有企业占有较多的公共资源，理应承担更大的公共责任。国有企业的股权多元化是我国"十五大"以来的国家重要政策。实际上我国现有国营大企业中的多数已经上市，已经实现了股权多元化，这样可以改善管理、提高效率。值得注意的是，股权多元化还不等于私有制，这点请大家在研究这篇文章时细心一点。

南方广播影视传媒集团、广东电视台记者：现在在政府官员中流传一句话叫"防火、防盗、防记者"。请问发言人，您怎么看待这句话？您觉得民众不相信官员，官员惧怕记者的原因是什么？

赵：官员和记者之间是什么关系？第一个关系就是国家的政策需要通过记者传递给公众。我今天的话如果没有大家做接力棒，影响有限。由于大家的参与，传播开了，因此，公众可以对我的话进行批评。展开一些说，公众监督政府怎么监督？是通过各方面监督的，其中包括记者。

这对官员来说就要适应这样一个媒体时代，你要乐意或者主动地和记者接触，请他们来传递我们政府的信息。同时也要乐意接受记者的监督，这对于一些官员来说需要重新修养他的新闻观或者媒体观。

我想你说官员有些惧怕记者，这不是全部，是有一些，也许我们今后要加强这些方面的培训，这样面对记者就会表达得更好一些。当然，我也希望记者在提问题时也要提在点子上，提得好，提得漂亮。今天记者提的问题都没有一个不在良好以上的。

台湾记者：谢谢发言人给台湾记者这样一个提问的机会。我们昨天在电视上已经注意到，贾庆林主席在昨天对台工作会议上提到，今年政协工作重点要努力增进两岸政治互信以及为破解两岸政治难题创造条件。依照政协的想法，今年内有何具体行动创造这个条件？第二个问题，政协内部有很多工商业界及企业界的精英人士，是否会站在鼓励两岸交流的基础上鼓励这些企业来台湾，扩大对台湾的投资？

赵：政协委员们在各种会议上和视察活动中，一直都特别关心两岸问题，对两岸问题的研究不仅有热情，而且有亲情。我们都认为，两岸只要坚持以和平发展为主题，推进两岸对话，深化政治互信，特别是加强两岸的民众交流，就一定会出现新的局面。而政协有34个界别，有各种各样的人物，他们参与对台对话，可以说一定找得到最合适的对话对象，也许能找到很多新朋友。

贾庆林主席的报告，我作为政协常委参加过讨论，知道他明天会谈及台湾问题的，但是如果我今天把他的讲话内容说出来，就很没有礼貌，请你明天仔细听他的报告吧。

点评：

承认“不”的同时提供所知的信息。政府发言人并不是某一领域的专家，因此在针对专业领域问题时，要敢于承认自己的“不专业”或者对某些问题暂时的“不了解”。如面对“如何提升空气质量”问题时，赵启正老师首先承认“很难给出一个专业的回答”，因为他并不是这个领域的专家。但是新闻发言人并不能仅限于对这个问题“我不专业、不是特别了解”的回答，还应依靠之前的调研对已经掌握的信息进行发布。赵启正老师在回答提升空气质量时，用“新的研究结果”作为发言依据，认为汽车尾气是城市空气的重要污染源，并且用电视台对春节放炮后的空气质量的调查数据说明问题，虽然没有直接回答提升空气质量的措施，但是这些已知信息足够说明造成空气污染的原因，并且侧面给出了答案。

用案例回答。案例说服力较强，可信度较高，易理解，是新闻发布中的常用方式。新闻发言人的任务除了信息传达外，更重要的是让信息通俗易懂。为了提升媒体、公众的认知，在新闻发布时要采用案例进行详细说明。比如赵启正老师在阐释中国对外传播方式——“中国故事，国际表达”理念时，就用中国的经典传奇“梁山伯与祝英台”与外国的经典乐器小提琴作为说明。在回答中国企业“走出去”遇到的问题时，运用了中远公司的案例说明了中国企业在“走出去”的过程中应当与当地文化沟通。案例的列举既可以让媒体和公众更好地了解问题，又通过恰当的事例说明了问题，使得表达更加通俗明白。

用数据说话。数据是最为明确的语言表达方式。新闻发言中，有以下几种情况需运用数据说明问题。

第一，涉及经济、军事等复杂问题时，表达清晰明了。在回答国企挤占民企问题时，赵启正老师运用具体的调研数据驳斥了“国进民退”的观点。第二，在回应“质疑”性质的问题时。有记者对孔子学院引发国外质疑问题进行提问时，赵启正老师提炼了一组数据进行说明。这一系列的数字说明了孔子学院在国外的建立并没有引起语言输出的逆差，有力地回应了国外对孔子学院建立初衷的质疑。

（陈虹）

新闻发布会背后的故事

（2012年3月7日在北京接受《京华时报》记者采访）

《京华时报》记者（以下简称记）：我想知道您作为新闻发言人，在发布会之前都要做哪些准备？

赵启正（以下简称赵）：我平时是很用功的，每天都有1个小时以上的时间阅读国内外重要新闻。政协的三大职能包括政治协商、民主监督、参政议政，可以说，记者的问题对于政协而言没有边界，这是我最大的困难。今年发布会有人统计我回答了19个问题，像高考一样，为了这些问题，我至少要准备200个问题。这些问题来源于我平时的积累，还有跟国内外主流媒体的接触和在各大部委的调研。

我们有个新闻组，包括全国政协的同志和我的几位博士生，我会给他们布置任务，一共六大方面，针对各种热点和敏感问题，分别调查事实是什么、相关领导说过什么、政府做了什么、媒体说过什么、网民说过什么，还有就是委员们说过什么。我们花了将近1个月时间住在郊区，每天上下午和晚上都工作，连续作战，尽可能充分地进行准备。

记：外界评价您对每一个问题都很从容很有准备，您会像有的新闻发言人一样，提前给记者布置问题吗？

赵：有人指责过我，说“你都准备好了”。我当然要准备，我来参加“高考”，准备有错吗？还有人说“你好像都知道记者要问什么”，我说你的感觉没有错，我会预计你想问什么，因为我做了大量功课。但是我做政协会议新闻发言人以来，没有布置过问题。再说了，我会给自己布置那么“辣”的题目？

但是坦率地讲，主要媒体找过我们，希望提问，我们的同志会问他们想问什么，比如说想问“如何增加内需”，我就会说，这个是研讨会的主题，怎么能在几分钟内回答呢？还有人说，你身后是不是有个计算机小组？一有人问问题，后面就把答案给你传上来了。绝对没有这回事。计算机上存了可能会问到的问题的报告数据以及一些自我的提示。

记：有些新闻发布会，记者的问题确实是提前布置的，您对此怎么看？

赵：这个在国外也是一样的，因为有事情要表达。打个比方说，美国总统要去伊朗，如果没有人问，总统就没有机会主动说，立场传达不出去，容易引起误解，这个无可指责。但如果全部（提问）都提前布置就是作假了。这次发布会前 10 天，我召集许多位国外记者开过一个茶叙会，我直接跟他们说，开会前我想知道你们想问什么。有一位记者问：“林书豪总说感谢上帝，说宗教语言，你们会请他来么？”这是一个“钩儿”，可能有人会答“来打球就是了，跟布道无关”，第二天传出去的一定是中国宗教信仰不自由。这无法事先准备。我当时是这样回答的：“如果你认识林书豪，请你告诉他，欢迎来打球，说感谢上帝没关系，毫无问题！这里信仰自由。”第二天出来的标题就会是“林书豪可以到中国打球，说感谢上帝”。

记：现在各大部委都有新闻发言人，但有的部委一年开不了一次发布会，有的虽然开了发布会但记者感觉“不过瘾”，您对此有何建议？

赵：新闻发布会已经是我们政治生活中的一个要素，但是发展不平衡。问题还是在于对新闻发布和信息时代的理解不够。随着时代的进展，每天发生的事情特别多，老百姓关心的问题也特别多，加上网络的作用，如果不主动发布，就会变成猜测，引起误解。

有一个规律在任何国家都适用，叫“先入为主”，意思是先接受了一种说法或思想，以为是正确的，有了成见，之后不管用多大的力量，也很难和“先入”去平衡。人们会问：为什么不说？为什么不及时说？好像不说这个事就不存在一样！不仅要说，还要诚恳地说，真实地说。这个不是去迎合公众，如果舆论说得不对，依然要坚持真实原则，宁可被“批评”，也要说真相。

在中国，新闻发布制度还需要进一步的法规。发言人应该成为一种专业，不能总是兼职。我在国外做过调查，一个新闻发言人手下是有一堆人在忙的。一定要专业化、专职化。这个职位看着好像没大用，出了事儿就有用了。突然出一个事儿，没有经过训练的新闻发言人是必然答不好的。

记：您在3月2日的新闻发布会上说，官员要重新修养新闻观和媒体观，怎么重新修养？

赵：首先得明白我们处于信息时代，信息如同空气，无处不在，每天都要呼吸。一个现代人总会关注信息，特别是领导干部，每天要有一定的时间阅读信息、思考信息、发出信息，必须重视媒体，要利用媒体做桥梁和接力棒。如果你做不到，记者只好找小道消息，多跟记者们沟通不就可以减少小道消息了吗？

为什么公务员要有新闻素养？因为在这个时代，新闻素养已经是执政能力的要素之一。不会和媒体沟通，就影响和公众沟通，执政能力就不完整。有的公务员不善于和媒体交流，甚至当面与记者发生冲突，这很遗憾。这同时也提醒我们不能犯这个错误，不要情绪用事。

记：对于新闻发言人而言，信息发布是个严肃的职务行为，可是表达的方式又千差万别，有像您这样个性鲜明的发言人，也有照本宣科的发言人。您认为新闻发言人应该如何平衡个性化表达和职业的要求？

赵：能把问题回答清楚就很好了，就怕所答非所问。所谓公共关系，就是公共沟通。所有的新闻发言人都是机构发言人，不是自然人，要实事求是，要有沟通能力，这也是共同的要求。至于他们的风格，这是个人性格决定的。有人喜欢这样，有人喜欢那样，有人喜欢我，有人讨厌我，都很正常，得禁得起这种讨厌。

记：在您看来，一个优秀的新闻发言人应该是什么样子的？

赵：我常问自己一个问题：我是谁？在新闻发布会上，你不是自然人，代表着政协，更扩展一点说，是代表国家的最重要的机构之一，要注意国家的尊严。在面向世界表达中国时，最重要的是什么？首先是诚实！不能说代表国家立场就可以诡辩，那是很不好的。也不能表达个人的看法，特别不能显耀自己。今年发布会上有日本记者问我福岛核电站的问题，我是核专业出身的教授级高级工程师，但是我不能过多地使用专业词汇，不可以随心所欲。

点评：

作为中国新闻发布制度的倡导者和践行者，赵启正先生在这次采访中，不但道出了作为新闻发言人“成如容易却艰辛”的背后经历与具体做法，让从事这一工作的人士了解其运作方法，更重要的是他在接受采访中传达出的对我国新闻发布制度建设的三个重要见解：一是新闻执政已成新执政能力之要素，新闻发布工作必须得到高度重视；二是新闻发布制度一定要法制化，这是新闻发布制度建设的根本；三是新闻发言人一定要走向专业化、专职化。他在采访中提到的新闻发言人绝非“自然人”的定位理念以及不能“任性”的忠告，亦相当精辟。

（孟建）

准备发布会，我都像高考前那样用功

（2012年3月8日在北京接受凤凰卫视资讯台总编辑兼首席评论员阮次山采访）

阮次山（以下简称阮）：部长，您从第十一届政协第二次会议一直到第五次，每次当发言人表现都很出彩，那么尤其是这次，八十几分钟，二十几个问题，翻译每一个问题，您顶多回答两分多钟。您回答得这么精彩，大家有目共睹，现在马上要交棒了，往回看一看，您看到了一些什么东西？

赵启正（以下简称赵）：看到了时代的进步。这四五年，网络的发展，催生了新媒体的力量，民众关心国家、关心世界的热情高涨，所以我们的透明度必须增加。我老在想，新闻发布会绝不是一场应付。花这么多时间，五六百个记者在那里听着，我觉得我要告诉人们政协做了什么，满足公众的知情权，从而赢得大家支持，支持我们，同时监督我们。那么从国际上来说，对于中国的崛起，各国的看法有很大的变化，但依然有疑问、有误解甚至有攻击。发布会要解疑释惑，对一些攻击要说明真相，这样发布会才有意义，我是朝着这个方向努力的，蒙您夸奖，可能不那么好。

阮：十年前您在国新办当主任的时候就是政府发言人，那个经历跟您现在这次的政协发言人的经历有什么不同吗？

赵：政协的职能是政治协商、民主监督、参政议政，那么记者的问题没有边界，不是政治协商的问题，政治、经济、文化没有边界。这个对我来说，有些问题回答起来会十分的吃力。这样一次发布会，我的准备工作是很长的，除了平时用功以外，到了临近发布会时，如同考大学那样，时间至少是三个星期，上午、下午、晚上。我还有一个小组帮助我，哪些问题是记者可能感兴趣的，有长期的问题，有国计民生公众关注的问题，有临时发生的问题，当然我们也知道，好的记者，往往找最近发生的一些事情，来挖掘身后的东西。

阮：换句话说，您进行了预演？

赵：有，相当于预演，可以说过脑的有二三百个问题。

阮：可以说，您是这个发言人的祖师爷了，第一届的我们省部级的发言人，就是您发起的，从那个时候您怎么想到建立各级机关的发言人的制度？

赵：您知道，发言人不是会说话就行，特别是你的发言不是简单的应对，不是马马虎虎的过程，而是要告诉公众你所代表的机构在做什么，要知道向公众透明什么，向国际回答什么。因此，作为发言人一定要掌握本领域的进展，要知道国际上这类问题的比较和公众的关切。所以，我一向赞成发言人的制度要普及，不是出了问题再发言，是随时的发言，不要积累问题，这样对于化解社会矛盾和人民心里的抱怨有很大的好处，尤其可以邀请公众监督我们。公务员中有些人不太适应，总是躲着记者，为什么呢？因为没有接受过训练，他不知道应该如何对待记者。其实向记者提供信息是好事，你想讲的内容，记者给你传播了。当然，与此同时你也是在被监督。这两个身份有的人感觉为难。于是，大约从十几年前开始，我们一个省一个省地培训。因为新闻的进步，新闻的环境在变，所以我们的培训是不停的。

阮：我们很多各级政府官员，尤其涉外的，最怕的就是应付外国记者。从您这十几年的经验来看，现在的外国记者跟您当初接触的外国记者有什么不同？

赵：现在的外国记者对中国的研究比以前深了，他在提问的时候往往先讲三五句背景，然后再提问，说明他用功了，他为了提这个问题，他有很多思考，看了很多的信息，他提的问题往往比较尖锐。

阮：所以您必须事先做好准备？

赵：我也得用功，我比他还要用功才行。

阮：我们现在撇开这些不谈。您参加了浦东开发的筹备和实施，中国改革进展得很快，您看到了改革开放的成果。现在回过头想想，您有什么心里的感受？

赵：心里感觉很有历史感，很有冲动。浦东开发是1990年宣布的，那时候中国的处境不太好，正面临国际上的包围和制裁。邓小平先生说，开发浦东，是向世界表达中国改革开放的道路不变。一开始我们做了很多的国际宣讲。浦东在哪里？人家都不知道，我们得说清楚。浦东是上海的一部分，开发浦东的目的是振兴上海。振兴上海的目的呢，是为全国服务。因为国际对话往往分两种：政治对话和经济对话。政治对话，由首都来进行；经济对话，由两个国家之间重要的经济城市来进行。中国在当时缺少这样可以进行国际经济对话的城市。虽然有一个香港，但当时还没回归呢，即使回归之后，它还是一国两制下的香港。那么大陆是不是还得有几个候选城市呢？那当然很多了，比如说上海、北京、天津、广州都是候选城市。上海的条件在当时是比较成熟一些，但是它不够强，所以开发浦东是振兴上海，振兴上海是为全国服务，建设一个可以参与国际经济对话的城市。所谓经济对话，就是信息对话，资金流的对话，物流的对话，技术的对话，资本的对话。开发浦东是邓小平同志、中央领导同志直接指挥的。浦东开发进展很快，隔江一望那儿原来是一片黄土，现在都建设起来了。

阮：我们再往前看，您是研究核物理的工程师，在您 41 岁的时候，您当选为我们中国改革开放以来第一批的高级工程师。如果您没有换跑道，一直从事科学研究，迟早也是国家工程院的院士。

赵：做得不错就是了，到不了那么高。

阮：后来怎么转跑道了？是谁在突然之间，请您从这个科学的路子转到政途的？

赵：这个问题在 20 世纪 80 年代就有人问过我，因为我是 1984 年由技术岗位转入到公务员岗位的。我的回答是，的确是时代的呼唤。因为当时“文革”后出来工作的老同志，工作到 80 年代初年纪都太大了，实在是需要有人接班了。到哪儿去找接班人，当时提得很清楚，新的接班人队伍，应该革命化、年轻化、专业化、知识化，那么专业化、知识化，自然是从优秀知识分子中产生，小平说知识分子是一部分，在这种背景下，我们就被选中了，因为当时我有研究所工作的经历，还有工厂当工程师和当厂长的经历，大概大家认为这个人接触面还可以吧，所以就把我选中了，很快就转变了岗位。所以我说是时代的呼唤。但是我到哪一行，变来变去，都是一个从外行转变来的，要努力变成内行还得花点力量的。

阮：是两个不同的概念，一个是管人的工作，一个完全是科技领域的工作。您从事第一份工作时的心情怎样？

赵：您问了一个非常重要的问题。原来我是学物理的，我们的研究对象简单地说是物质的结构，原子、中子、质子、原子核，物质的运动。大的来说，一个导弹飞出去，一个卫星围着转；小的来说，一个中子打到原子上去了，叫做相互作用。那么现在面对的是人，这是完全不同的两个领域：物质你怎么做实验，它都对你没有成见，它不会说明天不理我了；但是人就不一样，你做不好，别人就会有意见，你怎么回事，为什么这么对我？非常复杂。所以，对人的思想，人群的这种思维，我很生疏。当时一些老同志对我有些指导，我也谦虚地与别人多交流。当时有老同志说，你要经过几个转换：你原来是专才，现在要转变为通才；你原来研究微观物质，现在要研究宏观社会；另外，你原来的责任是局部，现在是全局。对这三个转变我都很注意，一定要完成三个转变，这就是历史。

阮：在当初这个过程当中，有没有一个特殊的老前辈提拔您?

赵：我觉得应该说是有的。当时呢，我在上海市是第一批高级工程师，因为“文革”时不提拔工程师，又是上海市两年的劳动模范。作为青年知识分子，好像被领导注意了，成为十二大的代表，上海的几位老同志都很了解我，所以可以说是他们集体的一个见解，将我列为后备干部，经过很短的后备期就上来工作了。这些老同志对我有很多期望，他们当中的多数人也都过世了。

阮：我记得我跟您认识是经由汪道涵老先生推荐的。在您的回忆当中，他的指导有什么特殊之处?

赵：很有意思的，我最初不知道他是学什么的，他让我猜，我说您是学物理的。他问为什么，我说您说的话当中有些物理词汇。这样我们好像一见如故的样子。他有几点指导对我很重要，一个是读书，他好读书很有名。他问我读什么书，说完了他说很好，他说我告诉你一个选书的方法。当时有一个杂志叫《世界图书》，里面都是一些新出的书的书评和摘要，他说你看这个呢，比读一本书要快，摘要中必有最新观点，如果需要再去找那本书，这是一。再一个，他经常给我提一些问题，让我回答。比如说现在你认为国内什么问题、国际什么问题最重要？思考题，都有点哲理。我回答完之后，如果他觉得不完整或者不对，他立刻指出。

阮：那算手把手地教了？

赵：可以这么说，是父辈，因为他跟我父亲的年龄一样。不止他一位，还有几位老同志呢。

阮：后来您当上海市副市长时，又负责浦东新区，接触了许多外国领导人，这个过程怎么样呢？

赵：当时在浦东开发区有很多接触外国领导人的机会，凡是外国总统、总理的高级代表团，访问北京之后，很多就到上海，当时有人统计，70% 的代表团是会去上海的。大的人物可以说鱼贯而行。我很注意他们用什么语言来表达自己，用什么话题来沟通，他们有的是大国的总统，有的是民族解放运动的领袖，也有各种党派的领导人，我觉得很有意思，稍加用心，收获就不小。

阮：我看到有的报道说，1991 年 12 月 22 日的时候，阿拉法特因为大雾，飞机不能从上海起飞，他很生气，要求用革命的名义起飞。您赶过去跟他交谈，谈了 7 个小时。这个人我采访过，是个不容易妥协的人，您怎么跟他交谈？

赵：那天雾很大，他要以革命的名义冒险起飞，那么谁也劝不了他。我半夜接到电话，去机场的路上只能看见最近的一个路灯，雾浓到这种程度。可以说摸着黑进了机场。我先到调度台，问是不是不能起飞，调度说绝对不能起飞，一定不行的。于是我就进贵宾厅了。我说，阿拉法特同志，我是上海市副市长，您不能起飞。他问：我为什么不能起飞？我说如果是江泽民主席也不能起飞。他问为什么，我说因为他是我们的领导和同志。他一看这样的比喻，就对我说：我有条件，你陪我聊天到起飞为止。就这样，聊了 7 个小时。

阮：他聊些什么呢？您主动问的还是他主动提的？

赵：互谈。当然，借着机会我自然讲上海了。他呢，他讲巴勒斯坦的斗争。他说土地换和平。他跟我谈了 7 个小时的时候，我说您不能再谈了，您已经几天没睡觉了，要睡觉。他说不，我曾劝告我的部下三天三夜没睡觉，一定要谈。他主要讲中东形势，另外也讲到对当时苏联的解体，他非常遗憾。他此行就是要赶往阿拉木图去会见独联体的一些领导人，他去看看能不能获得一些援助，所以他非常着急。他对于西方媒体持有批判态度，他说我们有很重要的会议，包括在华盛顿的活动，他们居然不报道，他们立场太鲜明了，反对阿拉法特，反对巴勒斯坦运动。他说我希望有一天，我们也有一个机会，搞一个开发，到时候请你来帮助。临走的时候我们俩热烈拥抱，颇有恋恋不舍之情。

阮：您觉得他对中国的感觉怎么样？

赵：很亲切，他老以同志相称，并且说中国人尊重历史，不出卖历史。我问什么叫出卖历史，他说就是把自己的原则放弃了，他指的是当时的戈尔巴乔夫，他那天忽然说戈尔巴乔夫出卖历史，对不起苏联人民。他有明确的批判态度。他说你们中国尊重历史，就是尊重原则，说得很清楚。

阮：巴勒斯坦是个小国，却出了这么一位领袖，您觉得他的什么方面让您觉得很佩服？

赵：他很有一种英雄主义。他问我：斯巴达克知道吗？我说知道。萨拉丁知道吗？我说知道。他说，这都是巴勒斯坦人！今天我就是萨拉丁。就是这种历史感很强烈，敬畏历史，要在历史上留下一点什么，他是这样的。那时候他很直率，说咱俩以后直接通电话。

阮：您在上海市工作的经历以及在国新办工作的经历，让您接触过无数个外国的政要，其中有没有让您觉得特别钦佩的人？

赵：这些领袖人物中有很多令我钦佩的，比如说法国总统希拉克，原来是巴黎市长。

阮：希拉克。

赵：他曾对我说，中国长城是历史，大运河是历史，浦东开发也是历史。他有这样一种历史感。他是个大人物，记者照相了，那时候还不流行数码照相机呢，正好胶卷是最后一张，他说，你装胶卷再照，很平易近人。他在中国的浦东还曾说，这里是东方太阳升起的地方，我愿意在这儿发表演说。你看现在我还记得，当时时间很紧，我说你坐上车，我带你到浦东转一转。那是开发初期呢，路过一个中学，我说这是非常好的中学。他问都有什么课？我说什么课都有，就是缺法语课。他立刻跟大使说，派两个法文教师来。后来果然派来了，那时开法语课的中学很少。

阮：说到做到。

赵：叶利钦也问浦东开发的细节等，他说，你们的政策是英明的，计划是周密的，办法是聪明的。我问为什么说我们的办法聪明呢，他说你们一开始对外国投资两年免税、三年半税，到第六年你们全收了，你们这不是很聪明吗？他指示随行的几位部长专门跟我座谈，他们刚开始改革，我介绍浦东改革的一些做法，希望他们提问题，没有人问，交流得不够。

阮：了解不够？

赵：当时我们的市场经济还是初级阶段，他们比我们还初步。

阮：您在担任国新办主任的过程当中，我知道您有一个很大的愿望，就是促进我们对外宣传，尤其是对美国的宣传。在这个方面，您觉得现在有没有改观？

赵：当时我们用“对外宣传”这个词很普遍，后来我觉得，因为“宣传”对应的英文是propaganda，不管在哪本字典上都被标注为负面词，有点强词夺理的意思。我觉得我们是善意地表达中国，所以我就改成了“向世界说明中国”，说明中国的历史和今天，说明中国的国情和政策并对外界解疑释惑，所以后来就用“向世界说明中国”逐渐代替“对外宣传”这个词，这个还是好的。美国《领袖》杂志曾来采访我，他们做的标题就是“向世界说明中国”，讲我说的故事。那么“向世界说明中国”由谁来说呢？当然政府要说，媒体要说。那么民间说不说呢？要说。民间凡是有机会与外国接触的群众团体、社会组织，以及一些个人，只要有机会接触外国人，就可以讲自己的故事，就能够说明一个生动的中国，人家容易听懂。当然，发言人是很重要的，政府的发言人和机构发言人，我们那个时候不太普及，但外交部在这方面做得很好。后来我想应该做一个普及的教育，于是我们一个省一个省地办发言人培训班。我们去讲课，也请一些大学，比如说清华大学、人民大学、北京大学的学者去讲课，讲怎么表达中国，效果也不错。如何把发布会变成对人民的政策的透明，让人民理解政策，从而支持政府、监督政府？政府要做两件事：一是主动沟通，二是敞开胸怀，接受监督，这个还是不容易的。

阮：那么您再说得细一点，我们让美国了解中国的过程有些什么困难，现在他们对我们是不是有更进一步的了解？

赵：美国对于中国的政策呢，有时候也得费心琢磨。美国的一个大的智囊，在十年前曾经说过一句话，说美国的政策对中国是两面的，两面都是从美国利益出发，分别是 engagement（合作）和 containment（制约），把两个合起来，创造了一个新词：congagement。

阮：有时候合作，有时候制约。

赵：有时候还刹车。那我们怎么办呢？我们希望多接触。对于遏制我们，我们应当有所反应，不能消极地接受遏制。所以这里的确是有反抗和斗争的一面，又有商量的一面，所以跟美国的关系处理起来较为复杂。

阮：在您看来，现在他们对我们有没有了解多一些？

赵：我觉得这个问题可以分成民众和国会两方面，美国民众对我们了解得不透彻。因为他们多数人没来过中国，是通过西方的媒体来了解中国，而外国媒体的报道总喜欢报道消极面，或者不好的一面，而且往往夸大其词。所以美国民众对中国的好感度也是升升降降的，总有一定的误解。总统一竞选，面对失业率高等问题的质疑，都是归罪于中国；谈到美债危机，也都拿中国做替罪羊，拿中国做避雷针。民众弄不清这是怎么回事，对中国当然有误解。在国际上曾有个研讨会，叫“十字路口的中国”。你是往哪边走啊？你是会越来越强大，但你会不会越霸权呢？有人说，你会不会崩溃呢？有人说，你虽然是强大了，但你很混乱啊。所以说向世界说明中国，不仅要说明今天，还得说明我们是坚持和平发展的道路。要说服别人也不容易，不能只说中国在经济方面取得的成绩，同时还得让别人了解你的文化，了解中国文化是什么。输出文化首先是让别人理解中国人是怎样的价值观。“和”这字就很好，容易理解，和谐、和平，和而不同啊，这样去理解，就容易让别人知道，我们并不是那种好斗的民族。

阮：您觉得这些记者，外国记者，尤其是美国记者，应付起来困难吗？

赵：美国记者还是比较刁钻的。面对刁钻的问题，我一般首先判断他说的事实如何，然后我要讲明他的事实是否对，有时他说的事实不见得全错，但他结论却可能错了，为什么呢？他以局部代替全局，有这种可能性。可以说，一定要事实清楚，逻辑清晰。同时我还要尊重对方，他说的有理的地方我要承认。你看这次发布会，80 多分钟，约 20 个题目，我绝不指望一个发布会能解决大量的问题，但至少能将一些问题说清楚我们的观点，记者们感到有收获就好！

阮：好，谢谢部长。

赵：谢谢。

点评：

这是一篇议题丰富的访谈。赵启正先生在访谈中展现了他一贯的风格：一是认真倾听、真诚互动，与采访者形成开放、平等、均衡的对话关系，既不高高在上——流露权力和专业知识上的傲慢，也不取悦逢迎；二是直解问题，有效回应，即针对采访者提出的问题，提供有价值的信息和意见，即使偶用“迂回”之策，也绝不躲避、掩盖问题；三是求同存异、拓展共识空间，并非所有问题都可达成皆大欢喜的认同，一则要尊重差异，二则要换角度、尺度、维度，以拓展共识空间。当然，最可贵者是“像高考前那样用功”准备每一次对话、访谈和新闻发布会。赵启正先生近 20 年来应对的重大突发舆情难以计数，却从未打过一场无准备之战。

（胡百精）

风高浪急，“吴越”如何同舟？

（2012年7月3日在东京接受《朝日新闻》记者若宫启文采访）

若宫启文（以下简称若宫）： 非常感谢您在百忙之中接受采访。刚刚结束了这个论坛（指第八届北京—东京论坛），两位就是我们都说的论坛的中心人物。在中日恢复邦交40周年之际，好像我们所面临的风波也是比较大了，赵先生还说了希望“吴越同舟”（见右图。这是赵启正在这届论坛上赠送给福田康夫等日本要人的中国画）。那么，我请两位和我在一起分析一下目前的这种状态以及怎样来克服这种状态。关键是怎样会有建设性的成果？两位之间也会有不同的见解，我希望能坦率地讨论。

40年前我刚做新闻记者三年，是通过电视了解到了当时的情况，而且是非常的感动。请您回顾一下，那个时候您在哪里，是什么样的立场？

赵启正（以下简称赵）： 1972年，我在北京工作。当时，基辛格和尼克松已经到北京来了，是个很轰动的事情，我就感觉日本是落后了。

但日本追得很快，正式的建交比美国还提前了，我很惊奇！日本也敢超越美国走在前面吗？

若宫：当时您在北京做什么样的工作呢？

赵：我在一个核工程设计院做技术工作。

若宫：和核武器的工作有关吧？

赵：那个时候冷战还没有结束，但是我们的工作也为和平利用原子能服务。冷战不仅改变了世界的状态，也改变了许多物理学家的专业方向。

若宫：那我就想问一下宫本先生，是不是已经在外务省工作了？

宫本雄二（前日本驻华大使，以下简称宫本）：我是 1969 年进入外务省的，尼克松在中国访问的时候我正在台湾学习汉语。田中访问的时候我就在美国，当时美国只有点少量的报道。到底发生了什么事情呢？我并不太清楚。1973 年我回到日本在外务省工作，就面对中国了。在这样的历史变化当中，在日本国内，在自民党里面，也有各种各样的争论，做日中友好条约本身也是非常辛苦的工作。1992 年实现了天皇访华，虽然一直还有一些复杂问题存在，如靖国神社的问题，但是我感觉过去相当一段时间内两国还是处于比较好的状态。

若宫：可是现在民意调查的结果呢，从对对方的好感度来看，双方都出现了最低的数字。四十应该是不惑的，但是好像四十倒"大惑"了似的。那我就想再讨论一下尖阁列岛或钓鱼岛的问题。这并不是单独的领土问题，它有各种各样的变化背景。比如说，中国经济的高速发展、军事方面的动向，还有一些历史问题还没有得到解决等，所以使这个热点更加复杂化了。那么，站在 40 年的时刻，该怎样看待这些问题呢？请宫本先生回答一下吧！

宫本：1972 年的《日中联合声明》是非常重要、非常积极的事情，必须重视这个出发点。今天日中分歧越来越加深，民意调查的结果也越来越不好。40 周年这个时候出现这样的民意调查结果，最大的原因是，世界现在发生了很大的变化。在这种情况之下，中国和日本都发生了变化。现在中国的 GDP 已经超过了日本，当然也很大地影响了日本对中国的看法，这是一个客观的事实。所以问题是，面对日中两国之间位置发生的一些变化，出现的各种各样的问题，双方从各自的立场出发看问题，就是最大的背景吧！

赵：1972 年中日建交的时候我并没有在政界。那么以后呢，我有幸跟二阶堂进先生[1]见过三次面，他向我追述过一些在中日双方都没有发表过的跟钓鱼岛有关的内容。当时在谈判中日恢复邦交的过程当中，田中角荣先生说一定要谈钓鱼岛的事情，如果不谈，他回到日本对国民没有办法交待。周恩来总理说，如果要谈钓鱼岛，我们这次就完不成恢复邦交的任务，并且拖到什么时候也是不知道的，这个问题可以放一放，我们先完成主要的任务。田中角荣先生同意了。当时参加会谈的还有大平正芳先生。二阶堂先生特别解释说，当时这件事很敏感，田中首相没让日本外务省参加，是个内部的小范围的谈话，日本方面的翻译没有参加。二阶堂先生跟我说这番话的时候上海市的日本总领事也在场，他对总领事说，你不知道此事，外务省的记录里也是没有的。

宫本：田中提的有关这个尖阁的问题，周总理说这次不谈这个问题，关于这件事，实际上外务省也有当天的这个会谈记录。

赵：那好，一致了就非常好。

宫本：那么田中呢？继续谈下去了，也就是同意的意思。

赵：事实上也是这样做的，就是把这个问题放在一边了，集中精力把恢复邦交的协议谈成了。也就是说，我们上一代人，上一代政治家完成了中日邦交正常化，并没有被钓鱼岛绊住。我们回顾历史，他们的勇

1 二阶堂进（1909 — 2000），日本政治家，曾在田中角荣内阁担任官房长官，并于 1972 年陪同田中角荣及外相大平正芳访问过中国。此后，二阶堂也多次访问中国。曾于 1991 年获得联合国和平奖。

气、智慧和担当是值得我们记住和钦佩的。而今天就是好像有根绳子把我们拴在这个岛上了，于是中日关系不能随着世界的潮流前进。中国、日本和其他国家的关系都在前进，最后只有中日关系不前进，这不是一件很令人遗憾的事情吗？

解决钓鱼岛问题的办法在于我们的耐心和政治智慧，一定是在沟通中逐步解决的。如果不加强沟通，而采取一种强力的做法，那是有害无益的。中国民间包括大陆、台湾和香港，都有志愿者要登钓鱼岛，中国的政府是采取劝告、阻止的态度，而日本的一些政治家却要亲自去登岛，双方官方的态度是很不相同的！

宫本：刚才赵启正主任已经谈及了有关解决的方法，就现状我就想再谈一下。田中角荣、周总理也是为了把问题留给将来的人去解决，这个问题目前是个搁置的状态。日本政府一贯是不承认搁置这个事情本身的。我 40 年来一直在外务省任职，而且 20 年来一直从事跟中国有关的工作，实际上我们工作当中很多时候都遇到尖阁列岛领土问题，实际上这个问题是存在的。但是把这个问题怎样解决比较合适呢？邓小平先生说这是将来的问题，当时不强调这个问题。但是最近这个问题越来越突出，好像双方都有责任。最近中国的渔船撞了海上保安厅的船只，然后这个船长被拘留逮捕。好多日本人认为这个船长好像在中国成了英雄，而且认为这个船长并不是个人行为，甚至他背后有其他的事情，对这个事情您是怎样看待的呢？

赵：日本的新闻说他撞日本船，我就很不明白，他为什么要用一个小船去撞日本保安厅的大船？但是我一定相信，这个船长并没有很高的教育程度，他不懂国际问题，也不懂对日的敏感性。中国官员如果布置他让他去撞一个船，这也足以体现这个官员的愚蠢，没有这样的事情！但是他被日本政府逮捕之后，中国政府永远是他的后台，中国政府必须和日本进行紧急的和坚决的交涉。这并不仅仅是逮捕了那个船长的问题，因为日方声明要按日本国内法来处理，那就是不容商量的就认为钓鱼岛是日本的领土。中国政府和中国人对此是敏感的，怎么能按日本国内法去处理？涉及到渔船的冲突，以前也发生过，日本政府也从来没做过这样的处理。

宫本：在20世纪90年代初的时候，我们的基本立场是维持现状，和中国外交当局好像是默契似的，但是从90年代的后半时期开始，好像双方出现了对这样现状的挑战了，有些人士要在那里弄什么灯塔，我们也是阻止的。日本的外务省和中国的外交部，也都做过努力去维持现状，但是他们往往被批评为态度软弱。

若宫：从我们日方来看，战后一段时间，这个岛屿首先是到了美国那里去了，然后又恢复了日本的主权。中国的周总理，说了不能让步，从中方来看，这个岛屿就是自己的领土，这是绝对不可能改变的一个主张吗?

赵：我看是这样的。中国专家都掌握着历史的细节和证据。其实完全可以让他们双方专家公开讨论，我觉得这才是一个比较诚恳的、面对实际的态度。

若宫：《朝日新闻》会参加这个讨论的，那时会影响比较好吧。

赵：那样的话你们的报纸会卖得很多。（众笑）

若宫：也许日本有人会寄子弹给《朝日新闻》的！（众笑）

另外据说，周总理也对田中首相说过如果有石油的话可以共同开发。

赵：邓小平同志提出过搁置争议、共同开发，是和平解决领土争端的一个新的思路。1978年10月，邓小平作为副总理访问日本，在同日本首相福田赳夫会谈和平友好条约的时候，也约定不涉及钓鱼岛问题，所以也谈成了这个友好条约。1979年5月，邓小平会见来访的自民党议员铃木善幸时表示，可以在不涉及主权的情况下，共同开发钓鱼岛附近的资源。同年6月，中方通过外交途径向日方提出共同开发钓鱼岛的设想，首次表明以搁置争议共同开发的方式解决领土争端和海洋权益的立场。邓小平对中日关系是最为重视的，从 1977 年到卸去领导职务的 1990 年，14 年间他总共会见日本政要和民间的朋友 97 次，2 次访日，6 次为中日友好题词。

宫本：日本方面现在感觉中国海军的力量也加强了，还有地下资源勘探的问题也出现了。有了军事上的需要，还有资源上的需要，所以就出现了很多中国调查船。东京都石原知事说国家太软弱，他要买岛，他接到了很多募捐，中国方面对这反应很强烈。

赵：石原慎太郎是很会表演的，很会制作节目，像电视剧一样，一集一集地演下去，这是他演出的节目之一。下集还有什么？不知道。（众笑）

若宫：驻中国的丹羽大使说，如果真是这样买岛的话，对日中关系会有不利影响。日本政府就对他说了：“要注意了！”那么宫本先生你作为前任大使，有些话可能不好说。丹羽大使说的是非常诚实的话，但是作为大使谈这些好像不太合适。

宫本：这个还真是很难说明的问题。作为新任的大使，会感觉到各种各样的问题。自己的发言，对于国内外会产生什么样的影响，应该要有所考虑，还是要慎重。

赵：我知道这绝不是丹羽大使他一个人的想法，日本的精英人士当中，包括知识分子和外交界，也有人持类似的观点。虽然丹羽大使不是像宫本大使这样资深的、专业的外交家，但是他和中国经济界的往来，功底是很深厚的，资格是很老的，也得承认他对中日关系有深刻的了解。他说这个话，也是站在日本的立场上，符合日本的利益。他并不会为某件事讨好中国的舆论，他是很成熟的人。

宫本：我刚才讲了，我这 20 年一直从事有关中国的工作，而且把好多时间花在尖阁列岛的问题处理上，所以这个问题是应该讨论的。

从日本方面来看，好像中国已经超过了日本，心理上有些受到了冲击压力。不仅仅是这个问题，又比如说中国方面停止稀土的出口，原来日本没有想到过会有这种措施。当然了，并不是中方的单方面的问题，日本政府方面采取的部分措施也有不妥当之处。总的来说，好像中国方面关于稀土的措施也不一定是非常妥当的，有可能赵主任对这方面有所了解？

赵：我既不是外贸界，也不是稀土界的人士，但是我知道原来世界和中国自己都认为中国的稀土储备非常丰富，现在知道并非如此。但是中国却一直负担了全世界90%以上的稀土供应。这样下去会有两个问题：第一，中国需要给自己留一点资源储备。第二，现在开采不得法，方法不够先进，污染非常厉害，土地资源也破坏很多。只是刚好相关措施是在中日发生这些问题的时候宣布的，不能认为这是针对日本的，对其他国家也是一样的。关于这个问题，我觉得双方可以继续对话，它不是像领土主权那样艰巨的问题。

中国GDP超过日本，在贵国看来好像是一个很大的问题，而在我们看来并非如此。当中国GDP超过日本的时候，中国的报纸、中国的政府、中国的知识界并没有特别的兴奋，因为我们非常明白，中国跟日本相比差距还很大。不仅人均GDP排在全世界90名左右，而且日本是用高科技换来的，中国是加班流汗换来的。iPad、iPhone是中国制造的，美国人设计的。全球前100个名牌，日本有很多个，中国却一个也没有。中国的经济结构也远远不如日本合理，而且中国的科学技术发展在大多数方面也不如日本。中国并没有拿日本作为一个目标，而是要在本世纪中期先达到中等国家的发展水平。

若宫：宫本先生，您刚才听了赵主任的话，有什么感想吗？

宫本：在中国时我感觉中国越来越发达，但也面临各种各样的问题，而且并没有对日本产生威胁。我回到日本却感到媒体充满着这方面的报道。我再来到中国，又感到好像不是这样的。这是实际情况。日本说，他们所感觉到的威胁是人民解放军，比如说中国军舰经过日本冲绳的海域，在太平洋进行演习。为什么在太平洋上演习，为什么要这样做呢？它到底意味着什么呢？从日本的新闻中总听到这些消息，也就是说希望能够听到中国的说明，如果能做说明，我们也会放心了。

若宫：今后要解决这个问题好像更不容易了，尖阁问题好像已经进入更加危险的水位了。在日本国内也有意见，认为政府在这件事情上是软弱的，应该要采取强硬的态度；中国方面也有这种类似的的舆论。所以，如果一方采取措施的话，对方就有可能还要采取进一步的对抗措施，我认为为了防止这样的事情，大家应该还要拿出智慧。所以我很赞同这次这个论坛对此题的相关讨论。

赵：政府领袖对于民众过激的民族主义态度是有所制约呢，还是为了争取民意，进一步激发民意呢？这是对政府的考验。

宫本：领土问题，还可能涉及到历史问题，这样问题就越来越复杂了。石原是不承认日本过去侵略过中国这样的立场的人，这样的人说了要买尖阁列岛，所以从中方来看，不是其他的人，而是石原说了这样的话，就更容易联系到他过去有关历史问题的发言，反应会更加强烈，这一来就不一定是单纯的领土问题了。所以日本方面也要注意，这次的论坛当中我们也讨论了有关民族主义，还有迎合主义，我们双边都应该注意到这样的势力的抬头。尤其在名古屋的市长河村的言论发布之后，日中双方的领土问题好像是越来越复杂化了。

若宫：9 月 30 日，真正的 40 周年将要来临，我们也应该考虑积极的话题。在这 40 年当中，两国的贸易量增加到了过去的 300 倍以上，人员往来也是 500 倍了。可是交流多了，出现的问题也多了。两位是怎样考虑的呢？

宫本：我们一定要看到大的脉络，日本和中国确实现在有很大的共同利益，庞大的共同利益。因为个别的问题对全局产生影响，这一做法本身是错误的。所以今后的外交要考虑的是不要以个别的问题影响全局。民意调查也显示，80% 以上的人认为中日关系是非常重要的。这 40 年当中，日中关系确实得到了长足的发展，地方政府之间的交流这 10 年也得到了很大的发展，也支撑着日中关系。

赵：中日关系虽然目前很困难，有些问题的解决也许还要延迟很长时间，但是我们都承认，中国人和日本人都是伟大的民族，都是很善于思考、很有智慧的，不会因为在目前这个问题上纠缠不清而停止前进。毛泽东和邓小平两位都说过日本民族是伟大的民族，至于周恩来，他在日本留学过，对日本更了解。现在日本有大量的中国留学生，在中国也有大量的日本留学生，这些人都会成为知华派和知日派，他们的作用不可低估。中日关系的发展虽然有很大的困难，但是最终还是会前进、会改善的。

宫本：世界上邻国关系真正好的国家也不多。日本人有一句话，如果做好朋友的话，应该是彻底的好朋友，真正的朋友可以吵架，吵架也是朋友。最近我就听到了，法国人和德国人他们现在虽然也互相骂对方，但是在重要的场合他们合作得非常好，就像车的两根履带。所以将来的日中关系就应当像这样，有时候也会互相吵架，但是为了大的方向就要合作，这是比较现实的应有的日中关系。要做好朋友的话所有的事情都要全部好，世界上也没有这样的两个国家。

赵：求大同存小异是对的，不要求小同存大异，不要大小事情本末倒置，因小事吵架会耽误大事。吵架是耽误事的。中国古代有一个故事，有一只大雁从天上飞过，两位猎手争论起来了：如果这个大雁射下来，怎么吃？一位说红烧，另一位说清炖，就在他们争吵不停的时候，大雁已经飞走了。大雁飞来了就是机会来了，争吵让双方都失去了共同的机会。中日争吵，共同的机会稍纵即逝，就让给别的国家了，或者别的国家也不能得到，中、日、韩自贸区谈不成就是一个例子。

宫本：过了 40 年，国际的大环境确实是发生了很大的变化。过去有苏联存在，能使美国和中国靠近了，结果日本和中国也就实现了邦交正常化。现在我们比较担心的是中国可能要重犯日本以前犯过的某些错误，像战后的日本在取得经济疯长的时候出现公害问题，或力量强了，民族主义也上升了等。日本确实有了这方面各种各样的经验教训，我们日中双方都要注意这个事情，就是向历史学习。

赵：民族主义是普遍存在的，美国人、欧洲人也是一样，有很多 WASP[1] 瞧不起其他民族。但是在中国、日本没有这个问题，这就是我们的优点。但是中国电视台和日本电视台一样，有的时候让外国人做广告，我特别不喜欢。中国和日本的产品，让一个外国人来做广告，我想这也是另一种民族主义吧，是自卑的民族主义吧！

若宫：是有这个现象。的确，我们也是可以这样理解！花费了两位许多时间，今天的采访是一场深入的讨论了，收益良多。十分感谢！

点评：

媒体采访不一定都是一问一答，也可以是在轻松气氛下的对话。这篇谈话的跨度极大，从 1972 年中日邦交正常化直到钓鱼岛“国有化”前两国关系出现“山雨欲来风满楼”时险恶局面，而且内涵丰富，既有邦交正常化时不为人们所知的谈判内幕的揭秘，也有对两国综合国力对比逆转后相互间如何重新定位和调整关系的分析。三位交谈者都是中日交流的倡导者、参与者和推动者，他们自身的经历穿插在 40 年来中日关系的跌宕起伏之中，大大提高了可读性。而巧妙地引用“吴越同舟”这个在中日两国都为人们耳熟能详的典故，更凸显出作者对实现中日关系尽早转圜的期盼和信心。

（吴寄南）

1 即 White Anglo-Saxon Protestant，盎格鲁－撒克逊系的白人新教徒。

中国坚定支持半岛无核化

（2012 年 7 月 5 日在首尔接受韩国联合通讯社记者采访）

联合通讯社记者（以下简称记）：欢迎您来韩国，并给我们采访的机会。首先，请您介绍一下中国的公共外交的情况，您是第一个在中国国内推广公共外交的吗？中国公共外交最重要的内容是什么？

赵启正（以下简称赵）：中国一直就有由政府承担的公共外交和由民间承担的公共外交，不过后者往往用“人民外交”或“民间外交”来称呼。“公共外交”这个词汇在中国普遍流行是最近六七年的事情。在中国，一般认为公共外交的范围要比民间外交的范围大，不只是民间对民间的交流，也包括民间对外国官方、各种社会组织的交流。中国公共外交的主要活动是向世界说明中国的国情和内外政策。我只是一位努力推广公共外交的人而已。

记：据我了解，去年您参加济州论坛的时候，也说到中国和朝鲜的关系，现在金正恩接班了，您觉得朝鲜和中国的关系变化如何呢？

赵：到目前，就我个人观察，金正恩执政以后中朝关系没有重大的变化。您认为有重大变化吗？

记：据报道，朝鲜上次试图发射导弹，当时很多报道说中国坚决反对朝鲜发射导弹，但是最终没能说服朝鲜发射导弹。

赵：是的。金正日执政时期也是一样的，比如说核爆，我们试图说服他们不要进行，还发表了很严厉的声明，但也没能阻止。所以我认为情况是和原来差不多的。中国是坚定支持半岛无核化的，也为此做出过努力，并会继续做出努力。

记：那您对朝鲜的未来是怎样预测的呢？就是目前的朝鲜会不会影响到朝鲜半岛和周边国家，因为很多人忧虑、担心，朝鲜是否会再次挑衅？

赵：这种预测是很困难的。我只能说，希望朝鲜能够理解国际社会对朝鲜半岛无核化的期望，包括中国对他们的期望。我们也希望他们能够进行某些经济改革，提高人民的生活水平。另外，也希望国际社会理解，单单靠高压制裁政策孤立它，并没有好的效果。比如说过多的针对它的军事演习，它会更加坚决地对这些演习有一个回应。历史上的你们的“阳光政策”不是挺好吗？以军事演习或者发表激烈的言论的办法给它压力，效果会和期望的相反。

记：刚刚您强调过与周边的国家进行沟通是很重要的事情，那么现在北京和平壤方面的沟通还行吗？

赵：我知道双方外交部和两党之间是有所沟通的。但是我没有参与其中，不了解具体情况。

记：今年 1 月份，朝鲜最高人民会议副委员长表示，他们正在研究中国和其他国家的改革。他的这句话引起了非常强烈的反响，从这个角度讲，您认为金正恩的朝鲜会不会比上届政府更加开放？

赵：只能说我也希望他们能进行改革和开放，因为现在是一个改革的时代，各国都在改革，美国和欧洲都遇到了债务危机，不也在改革吗？时代在进步，各国都有改革，只是各国改革的领域不同而已。

记：如果朝鲜推动改革开放，中国会不会帮忙？

赵：那是一定的，中国很愿意尽力协助，这是没有问题的。

记：如果中国给予协助，能不能透露一下具体内容？

赵：当然中国的经验只能是一个参考。中国的经验也是中国各地经验的组合，并没有一个通用的模板，比如中国东部沿海地区和西部地区改革开放的路径就有时间和方法上的差异，但总体的政策是以经济为中心，立足本地的环境，发挥本地的创造性，吸引国际资金、先进技术和管理方法。但是朝鲜还没有发出要进行改革的声音。

记：您负责过上海浦东的开发工作，就您的经验来看，朝鲜的哪个地方比较符合改革开放的实行？

赵：中国的经验是由东部沿海地区向西部内地扩展，因为东部这些地区经济基础、商业基础、人才基础好，人才基础就是说有足够的现成的人才和许多大学。这些地区国际、国内交通和通信方便，容易和外国交流——人才交流、资金交流、物流的成本都较低，效率较高。

记：朝鲜鸭绿江旁的新义州和罗津地区哪个更适合开放？

赵：我没有去过，也没有研究过，了解情况我才能说。你对朝鲜人民还是很有感情的，所以你才问得这么仔细。也许以后我们还有机会交流吧！

记：谢谢您，我们也希望有机会再采访您。

点评：

此次采访韩国记者以一个柔和的问题开始，连续提了一连串敏感问题：中国对朝政策有无变化、中国对朝鲜新领导人的看法以及中国对半岛无核化的主张等等。赵启正一一清楚作答，没有含混回避。最后回答中国改革开放政策时说对于朝鲜也只能是参考而已。一次简短的政治采访，其容量却非常丰富，故而能使记者满意，读者喜欢。

（编者）

我向世界说明中国

（2012年9月7日在北京参加中央电视台对话节目《开讲啦》）

撒贝宁（以下简称撒）： 观众朋友们大家好，欢迎来到2012暑期特别节目，同时也是中国电视荧屏上首个青年电视公开课《开讲啦》。特别喜欢来到这个节目，因为每次来到这个节目，和这么多的年轻人坐在一起开始聊天，是一个让人非常愉快的经历。

刚才我跟一个同学在后台，进行了一次令我印象极为深刻的对话，他握着我的手充满困惑地说了一句："你今天来干吗的呀？"我说："我来主持这个节目。"然后他说："啊，这个节目你也会主持啊？"我说："我略知一二吧。"他说："哦，我以为你们做法制节目的都不会笑呢！"（全场笑）幸亏这个时候导演过来说观众赶紧进场，否则我怕他接下来一句就是你笑一个给我看看。（全场大笑）

所以有的时候人在交流和对话的时候，会有很多很有意思的细节，因为交流和对话是我们传递信息的过程，其实我觉得这是一个很有意思的话题。就是我们怎么向别人介绍我自己，来表达我的心情、理念和态度。如果说大了去，我们怎么向世界来介绍我们中国，可能这个话题越说越大了，但是今天来到我们现场的有一位嘉宾，却能用他最亲身的、最充满温度的故事来告诉我们其实能做到。这位嘉宾是谁？请看大屏幕。

接下来就让我们有请这位从容不迫、百问不倒的全国政协外事委员会主任，中国人民大学新闻学院院长赵启正先生，有请。（全场鼓掌）接下来我们就把这个舞台交给赵老师，有请赵启正先生开讲。（全场鼓掌）

赵启正（以下简称赵）：各位同学，我大学毕业到今年是49年。1958年考大学，我考大学的时候，只招10万多名大学生，现在你们这一届是680万名毕业生，是我那时候的60多倍。那时候，全国的人口我记得是6.6亿。我们在大学毕业的时候，周总理在人民大会堂跟我们讲话时说："你们是同龄人的百分之一，你们是非常幸运的！"所以，总觉得毕业以后，应当多报答国家、报答人民。

因为我父母都是大学教物理学的老师，所以我也从小喜欢物理，于是就报了中国科技大学核物理系。我们系在北京考区是每70位录取一位，这样学了5年。毕业的时候，正赶上中苏关系刚刚破裂，苏联专家撤离了中国。原来答应在科学技术领域援助我们的项目，都没有进行完，我被分配到核工业部做反应堆的物理研究和试验工作。由于苏联专家撤退了，我们自己的物理学家和刚毕业的大学生反而有机会到第一线，顶替苏联专家了。到西北去，看到我们核工程基地已经被沙漠填满了，一片凄凉。我们凭着艰苦细致的努力，顺利地完成了任务，为我们国家的国防工业做出了贡献。

当时，我们的工业不发达，缺少很多必需的设备，探测粒子的探测器都要自己去试制，许多实验方法也靠自己去设计，有的就是我们这些刚毕业的人做出来的。（全场鼓掌）这一段给我的教育是什么？就是：自力更生，奋发图强。

工作10年以后，我调到上海航天局的一个工厂，由核物理转到电子光学。我这一生转了很多次行，换了很多次工作，到哪里都听人说过：

“这位赵启正是外行。”我非常感谢这样的话，它激励我：我得用功！

在“我是外行”的鞭策下，我很快的成了内行。完成了科研任务，填补了国家一项空白还获得了专利，这个时候我的结论就是：天下无难事，只怕有心人。（全场鼓掌）

又过了10年，我就调到了上海市工作，当过上海市的常委、组织部长，上海市的副市长，1993年我又兼任浦东新区的书记和主任。刚刚宣布浦东开发的时候，外国有个有名的经济学家说这将是波将金村，指的是俄国有一个贵族叫波将金，他在圣彼得堡的周围，用木板搭了村庄，献给当时俄国的女皇叶卡捷琳娜。夜里打着火把、坐着马车，让女皇看这村多好！其实这是假象。有人说浦东就是波将金村。现在国内外都公认浦东开发成功了，这是因为我们有邓小平同志的决策，有中央各部的支持，有上海市政府市委的领导。

许多外国朋友说：我们没有见到过在20年时间长成这样现代大市区的，你们的规划那么好。像陆家嘴还没建好，它将是什么样子，已经在我们模型中做好了。我得到了什么体验呢？就是：全国的大方向对了之后，我们就能够创造奇迹。

我这一生，工作换了很多次。对我有什么好处呢？就是让我开阔了眼界，增长了经验。同学们，不要太惧怕改行、换工作。我说过这样一句话：一个30岁的人，如果他有40岁的智慧，大体上是会成功了。一个30岁的人，只有20岁的智慧，他可能不会成功。但是多数人是30岁，具有30岁的智慧。

有一次在北京，另一次在山东，我演说之后，很有意思，都是女青年，都是30岁，把我拦住了。她们对我说：“赵老师，我告诉您，我听了您这句话之后，一夜没睡着！因为那年我正好30岁，我在想，我到底是不是有40岁的智慧？我好像没有，我怎么办？”我说：“你现在努力，犹未为晚。我的建议是：第一，要读好的书，你每年能够选好几本好书，就很不错。第二，和你的家长或老师像智者那样的人多接触，因为他和你谈话的时候，他的经验、他的阅历，可以用很短的时间告诉你，这样你就走了捷径。第三，你要善于思考，什么事情多问为什么，每到一个新的岗位，对原岗位传统的一些规则，你要问问‘是这样吗？’你可能会发现有些基本的规则和基本说法，已经过时或不适应了，这时候你可能就成为一个革新者了。”（全场鼓掌）

在上海工作24年后，我又被调到北京国务院新闻办公室。它的任务是什么呢？向世界说明中国！为什么要向世界说明中国？因为中国以前不够发达，也不够开放，人家不太知道中国是什么样子。他们是从电影中看，以为我们拖着辫子，也可能人人都会武功。2000年我们在纽约举行“中华文化美国行”的活动，我们请凤凰电视台的记者到纽约街头采访，碰到年轻人问他们：“当说到中国的时候，你想到什么？”有人说我想到熊猫，有人说我想到长城，有人说我想到中国妇女缠足。这对中国的了解实在是不够。

在德国，我问一个出租汽车司机：“你对中国有什么认识？”他说：“我想这是一个很神秘的国家，除此以外我就不知道了。”因此，我们应该向世界说明中国。说明中国的现状，说明中国的历史，说明中国的政策。这样我们就设计了很多项目，做了很多事情，出版了外文的报刊图书，建立了外文的网站。我们的外文网站有60种，（全场鼓掌）孔子学院现在在外国建了六七百个了。上个月，美国忽然说中国老师的签证是J-1（交换访问学者签证），不可以在大学讲课，可是当时我们来的时候，是你们同意的，是你们邀请的。老师都回去了，孔子学院不就垮台了吗？许多美国大学说：“这些孔子学院是我们大学与中国合作的，我们怎么能这样做事呢？”美国人，错得快，改得也快。几天后宣布，我们还是欢迎他们在这里继续教课。签证问题，把它更改一下就行了。现在有很多美国青年，愿意学中文了。这是在30年前没有的事情。今后，我们汉语，正展开翅膀向世界各地飞去了。（全场鼓掌）我大学毕业49年了，明年是50年。老同学们说大家要相会，大家要交流。这50年大家的轨迹差异很大了，相貌都有变异了，相聚一定是很有意思的，也许还有一点伤感，但是我一定要去！这是明年的事情，现在先祝大家毕业以后顺利、成功！（全场鼓掌）

撒：感谢赵启正老师，谢谢。（全场鼓掌）您在演讲过程中，同学们写了好多小纸条，我们精选了一下，有一个同学写了这样一个问题，我觉得非常有意思。这个同学说，据我了解，您曾经有一次在机场和阿拉法特聊了7个小时，坊间还流传您曾经连续跟一个人聊了三天三夜。您和朋友聊天最长能聊多久?

赵：这个传说一半对，一半误会了。阿拉法特由河内飞往阿拉木图，在上海加完油之后，因为大雾飞机不能起飞了，他坚决要起飞。我是上海市副市长，到机场相劝，我说阿拉法特同志你不能起飞。他说，我不起飞，条件是和你谈话到起飞为止，这样谈了7个小时。（全场鼓掌）谈三天三夜的不是我，是阿拉法特，以土地换和平这个政策，就是对以色列的一点妥协和让步，他曾劝说他的部下，总共谈了三天三夜。在机场，他的部下建议他该休息，他说，我今天和赵市长只谈一夜有什么不可以呢?

撒：就聊了7个小时。还有一个问题，我觉得问得特别不好，不应该这么问。这个同学说。

赵：年轻人提问题，没有好不好！

撒：行，您做好准备。（全场鼓掌）这个问题问的是，您是学核物理专业的，现在当了新闻发言人，我是学草坪管理专业的，以后有可能做新闻发言人吗？您注意，最可怕的是这句话，连一个“理工男”都能做到的事儿，是不是所有人都能做到呢？（全场笑）怎么能这么问呢？（全场笑，鼓掌）这个问法非常不好，但您回答一下吧。（全场大笑）

赵：他热爱他自己的专业，但这话有点歧视“理工男”。

撒：对啊。

赵：其实他可能不是歧视“理工男”的学问，是认定“理工男”没有生活乐趣。

撒：过去在大家印象中，“理工男”的一个形象就是如此。

赵：就是宅男、宅女那种人，认为理工科的人比较呆。

撒：生活木讷一点，没什么情趣。

赵：因为他们的确课程重。这位“草坪男”一定很热爱生活，喜欢绿色，符合现在提倡的绿色环境。草坪上有各种各样的人，有老年人，有青年人，有谈恋爱的人。他了解生活，他做发言人比我活泼。（全场鼓掌）

撒：还有一个问题，今天的问题都很猛。当遇到妈妈和女朋友同时掉水里，你先救谁？有很多类似这种的两难问题，比如一个女同志问你，我是本人漂亮还是照片上的漂亮？你们怎么回答？有的人就说你在我身边的时候本人漂亮，当你不在我身边，我见不到你的时候，照片上漂亮。（全场笑）

赵：这是你的经验！（全场大笑）

撒：不是，这也是我从别人那儿学来的。

赵：刚才这个落水救人问题我就不答了，因为这个问题太陈旧了。

撒：对，对，如果类似这种问题在发布会上出现，怎么答？

赵：如果在新闻发布会的场合，回答要有中国人的尊严，立场要正确，还得实事求是。比如说去年，有一个外国记者问我：请问你们开一次全国政协大会花多少钱？虽然我心里大体知道，也许是三四千万，但是我不能蒙着说，这样不负责任。我说我不知道，我说你把我问住了，我说我想花的还是不少的，给他一点思想准备。我们的秘书长负责这件事情，他的责任就是又把会开好又要尽量节省。我知道以后，用 E-mail（电子邮件）通知你。（全场鼓掌）

有个境外媒体评论，说发言人说得很严密，果然是学者。很快我有了具体的数据，我又一想，我先告诉这个外国记者，为什么不告诉中国记者？先外国，后中国，这不对，这有失尊严。我先把数据上网，上完网给他 E-mail，请查某某网站。他很高兴。（全场鼓掌）

撒：刚才是咱们在座的同学，通过小条子递上来的一些问题，当然今天我们看到，前面还有 10 位同学的代表，他们来自不同的专业，目前也是不同的学历背景。他们都是把自己当成全球各主要媒体的新闻记者，他们今天在这儿想给您来一次现场的“记者招待会”，大家可以自由提问。

易晶（研三学生）：赵老师，您好。我是北京大学新闻与传播学院即将毕业的研究生易晶。今年的政协发布会结束之后，有一个记者向您提问说“您给您这四年的表现，打一个分数”，您非常巧妙地回避了这个问题，那现在我向赵老师您，再次把这个问题抛出来，希望您给我一个非常精确的答案。您到底给自己打多少分？（全场鼓掌）

撒：您当时是怎么巧妙地回答的啊？

赵：我说学生给自己打分不合理，你们才有资格给我打分。特别是新闻发布，不同的记者的评语也不都一样。你给我你的 E-mail（电子邮箱），我可以传给你几个中外记者的评论。

撒：赵老师的回答问题的法宝，是 E-mail（电子邮箱），你给我个 E-mail（电子邮箱）。

赵：一定要让我给自己打分，当然我不能打满分，总有缺陷，总还得努力，也许我只做到了百分之七十五到百分之八十，也就是75分到80分的样子。

撒：师妹，咱俩共同来完成这个问题。

易晶：好。

撒：你看我这么问好不好？赵老师刚才不是说了吗？说如果非要我打分，我大概打75分到80分。那我这么问，丢的那20分，您觉得丢在哪儿了？（全场鼓掌）

赵：丢的分，还不能完全怨我自己，就是我没接到好球。

撒：记者没问好？

赵：跟打网球一样，发的球太软，打回去也不精彩。另外，总觉得想说得完满点，有些回答还是长了，本来可以再简练一些。（全场鼓掌）

吴佩姣（大三学生）：赵老师，您好。其实我跟赵老师非常有渊源，因为我上的第一节新闻发言人的公开课，就是看赵老师您的视频。我知道您肯定是新闻发言人里的内行，但是在说话的这个平台上，有很多人还是外行，您觉得他们是不够用功还是能力不够？谢谢。（全场鼓掌）

赵：在全国政协的发布会，有多少架摄像机摆在那里，是中英文全球转播的。在这种场合，五六百位记者，被点中发问是很不容易的，也可以说是他们报社的光彩。曾经有一位记者，被点名之后，他说请问政协有多少女委员？我说网上有。（全场笑，鼓掌）这就是不用功了，怎么能不用功准备个三题、五题的？但是呢，不能说全都不用功，也有许多用功的，也有发问很好的，但是我觉得失败的提问，多数不是由于聪明不聪明的问题，还是由于准备的不足或者基础知识不够。

撒：这位男“记者”。

李小龙（研二学生）：我叫李小龙。

撒：你叫什么？

李小龙：我叫李小龙。

撒：他是中国文化的一个象征，在国外好多人可能就知道功夫李小龙。（全场笑）

李小龙：赵老师，您好。因为我们看到，您是怎样向世界介绍中国的，外交辞令在其中起到了很大的作用。但是同时我们也看到，现在的新闻媒体发言，更多的是向我们自己的老百姓发言，是不是外交辞令在这些新闻发言中含有一定的分量呢？是不是这样的新闻发言，应该更加的朴实、更加的直接呢？谢谢。

撒：他的意思是对内和对外，是不是语言应该是两种风格，比如说在外交中，咱们会说双方在友好融洽的氛围中等这样的语言。比如说对内，说明一些事件，进行解释和沟通的时候，对老百姓，可能是不是不太好用这样的一些语言，老百姓会觉得你是在打官腔？

赵：外交辞令，还是应该很严格的，有一定规范的。因为它是代表国家的，对国内的透明是指我们政务透明，对国际的政策，这里的确有政治智慧。那么，发言人是说给外国人，还是中国人听的？我觉得是内外兼顾，不能是我对外说一句话，对内说另一句话，说的不一样，那你们还有什么信用？那你们不是不诚实，不是虚伪吗？如果缺少了诚信，对内、对外你的发言就无效。现在有一句话叫做话语权，如果说你作为发言人，你说完话人家觉得是可信的，他就有话语力量，所以话语权实际上是话语力。（全场鼓掌）

撒：所以还是一个原则，就是不管是面对什么样的提问，不管听的对方是什么样的身份，来自外部也好，内部也好，首先第一个还是坦诚。但是诚实并不意味着我什么都得说。

赵：另外一点，绝不能说谎。

撒：对。（全场鼓掌）

赵：新闻发布会的作用是什么？当然你是代表某一机构发言的。

撒：说明某个事件。

赵：你可能代表一个国家，代表一个企业或者代表一个组织。

撒：对。

赵：如果你是国家级的，国家地方政府的发言人，你的新闻发布会的任务，对内是政务透明，目的是取得大家的理解和支持。比如，我们修一条地铁要告诉大家，线路是怎样走，施工多长时间，施工的时候是敞开式的，还是地下打隧道式的，对你们生活有什么影响，将来行车的时候有多少噪声，大家理解了，就取得了支持。另外，就是让公众取得监督，所以不只是发言人，也包括所有官员，要乐于接待记者，乐于跟记者交往。这个交往是什么呢？就是我把我能说的告诉你，同时请你监督我，我坦然地愿意接受你的监督。对于国际是向世界说明中国，说明中国的现状，中国的政策，中国的发展，同时解疑释惑，你对中国不了解，你来问，我来答，就是这样。一定要坦率，绝不能信口开河。

撒：这是一个黄金原则，一旦说了假话，不管你之前说了多少真话，可能全都作废了。（全场鼓掌）这位“记者”。

吴燕（职场新人）：我现在已经工作了，我刚刚工作不久。

撒：是什么工作?

吴燕：我现在是做老师。

赵：好，好工作。

吴燕：就是我想称您为赵爷爷，是因为现在赵爷爷站在我面前，就感觉外形还有年龄跟我爷爷差不多，所以我就有了这样一个问题。刚才他们提的是比较严肃的问题，我想提的就是比如说我是你外孙女或者孙女,我如果给你撒个娇,不知道赵爷爷你会用怎么样的态度来回应我呢?

赵：那我太高兴了，我觉得对我是一个莫大的安慰，我很欣赏这种撒娇。

撒：您是有孙女还是外孙女，还是孙子？

赵：我结婚太晚了，我女儿还年轻，跟我隔了一代似的。

撒：就是现在还没成家？

赵：还没成家。

撒：所以万一未来家里有一个小孙子……

赵：那我太高兴了……

撒：就这么撒着娇，您还会用外交辞令说，在友好氛围中，（全场大笑）我们双方秉着友好的……

赵：一个人在工作岗位上，他是“工作人”。在家里，他是家人，作为家人，就是一个亲人。完全不能把你在工作场合的那种习惯带到家里去，那对家庭是一个破坏。所以在家里，我完全是一个非常非常平常的人，别的老爷爷具有的优点，我都应该具有。（全场鼓掌）

撒：来，这位男生。如果我没有猜错的话，你应该是一个“理工男”。

亢翔（大三学生）：我是“文科男”，我叫亢翔。

赵：是什么男？

撒：他是“文科男”，一定是“理工男”派到文科来的卧底。（全场笑）

亢翔：赵老师是这样的，您一直在帮助世界来了解中国，说明中国，但是今天无论是我还是我身边的同学都有这样一个问题，就是大家都希望尽早地完成国内的学业，然后将来尽早去国外深造。大家都可能觉得国外的月亮要比国内的圆。而反过来说，因为我们复旦也有很多留学生朋友，他们都会说今天世界的机会在中国，他们要来到中国学习、工作和生活。您怎么样看待这样一种认识的差异，我们在向世界说明中国的时候，如何更了解世界？（全场鼓掌）

撒：实际上等于您的任务不仅仅是向世界说明中国，可能还有向中国说明世界。

赵：我们最好是“内知国情，外知世界”。但是因为你一直生活在中国，这“内知国情”部分很强，“外知世界”部分较弱，因为你无外乎看了一些外国的小说，外国电影，外国的电视，你到外国之后，你的想法会改变。多走一些国家就会看中国更准，但是不见得人人有这个机会。

撒：而且今天这个时代，对于我们年轻人了解世界来讲，应该也有很多便利的条件，我们的信息渠道比过去更丰富了。

赵：但是是隔着玻璃在看世界，那边什么温度你不太知道。

撒：对，你只是看到了风景，但是真实的温度，感觉那可能还是跟你到那个地方去是不一样的。

赵：我是这个意思。

撒：我就问你一个问题：如果你出去以后，遇到一个外国人，他问你什么是中国，如果让你用一句话形容你会怎么说？

亢翔：中国是一片充满着无限可能的土地。

撒：那你到这儿来干啥呢？（全场笑）

亢翔：寻找另一种可能。（全场笑，鼓掌）

撒：所以您看真的向世界说明中国，不是个很简单的事儿，因为我们从小接受的关于中国的描述是地大物博，历史悠久，文明灿烂。但是这一个初次见面的外国人，他没有办法去理解这几个字。

赵：内知国情，外知世界才能评论得准。我给孔子学院的年轻的志愿者老师上过课，我到印度尼西亚去，把我们这些24岁、25岁、26岁的几位女孩子、男孩子找来，我说你们什么体会？先是一个女孩子说，我在这教了两年了，还不想回去。这里的老师和同学，看到了我的微笑，就明白了中国人是怎么微笑的。说的太好了，微笑体现中国人是善良的。后来我给孔子学院即将出国的老师讲，你们到了外国就是中国读本，中国读本有 13 亿页，但是一个外国人只能读几十页。

撒：也许一个外国人一辈子，就认识你这么一个中国人。但是你们代表中国。

赵：所以请记住你们都是中国读本的一页。（全场鼓掌）

撒：肖婷。

肖婷（应届毕业生）：赵老师，您好。主持人好。我是肖婷，我想继续提问一下，刚刚这个男生提出的，How's China（中国是怎样的）这个问题。因为去年夏天，我也去美国待了三个多月，那时候被问得最多的就是 How's China（中国是怎样的）。

撒：你是哪里人？

肖婷：我是湖南人。

撒：（以湖南口音说）下一回你再出去的时候，你要让那些学过中文的人，全部变成湖南口音。

肖婷：对。

撒：（以湖南口音说）这是你的任务。（全场大笑，鼓掌）不要被他们带跑了，湖南口音多有感染力，那说出来是相当厉害的。

肖婷：对的。我在美国马路上走，有一次一个面容和善的女士停下车，要给我搭一个顺风车。当我放下防备，上了她的车的时候，她问我是哪里来的。知道我是中国人，她就很直接地告诉我，她对中国的感觉是 scared（恐怖的）。其实我们有很多好的东西，我想告诉他们，我们有“舌尖上的中国”，我们有漂亮温柔的湘妹子，我们有名扬世界的万里长城，但是那一刻就被他们的这种反应愣住了。赵老师您作为一个官方的发言人，可能多是从国家的角度，用外交辞令来介绍中国。如果您作为一个普通人，当您走到国外的路上，碰到一个老奶奶问您中国是怎样的，或者一个小孩子他充满好奇地问您中国是怎样的，您会如何回答？

赵：我就会说，您去过中国吗？他一定回答没去过。“我欢迎您去中国！”我会这样说。这是一句，第二句是：“我在中国生活了几十年了，我可丝毫没有你这种恐怖的感觉。”再说：“您说个例子，哪件事情使您有这种感觉？”你再告诉她，那故事是真故事还是假故事，是怎么回事，你应有信心给她解疑释惑。与外国人见面，他有好奇心，他渴望着你给他讲一点中国的故事。外国人对中国的误会往往来自外国的报道，外国的电影。这个时候的回答，不一定要用过分理论的或者政治语言。这就是为什么我说，向世界说明一个真实的中国。（全场鼓掌）

有一位欧洲大使对我说，不理解你们还说是发展中国家！我说，中国有几件好的外衣，如北京、上海。也有几件华丽的外衣，或者是北京奥运会，或者是上海世博会。但是你不知道，我里面的衣服，有旧的，也还可能有点补丁。你到全国走一走就会发现，不全都是华丽的外衣。所以我们在请外国人参观中国的时候，不能只看北京、上海，还要看看西北，看看欠发达的地区。你们有外国留学生的同学，你们应该带着他们看看农村，讲讲西北，这样了解的中国是真的中国。我们有光辉灿烂的一面，也有发展不足的一面，我们是一个很诚实的、很朴实的国家。（全场鼓掌）

陆悦（研二学生）：赵老师您好，我叫陆悦。您也提到孔子学院，现在国外有几百个孔子学院。但是北大有一个学者，有这样一个说法。他说“一百个孔子都抵不上章子怡”，还说对外国人来说，他们对章子怡是耳熟能详，但是对孔子却知之甚少。您是否认同这样一个说法？您觉得是什么原因导致了这种现象？

赵：说当今的知名度，在外国孔子可能不如一个知名的演员，但是如果说对人类文化——不只是对中国文化，对人类文化的贡献，那当然是反过来说才对！他作为教授这样影响学生，他没有说清楚。

撒：我们要这样说，再过一千年，这个世界上认识孔子的人会越来越多。（全场鼓掌）这位同学。

元季松（研二学生）：感谢我们赵哥，为什么叫我们赵老师叫赵哥？他在我的心目中，一直是中国外交的一棵长青树。我们现在的语言发展得非常快，尤其是我们现在的微博，这样的一些新媒体技术的发展，很多的网络词语，不断地发生着，在影响着我们。如果有幸的话，您是不是可以在现场给我们用网络词语说一段话呢？谢谢。（全场鼓掌）

撒：网络词汇，这个可能现在对于您来讲，您是又面临一个“您是外行”。

赵：“神马”。

撒：那都已经过去好几年了，现在时下最流行的。

赵：时下最流行的？！

撒：“高富帅”。

赵：“高富帅”，我知道。

撒：是指什么？

赵：就是指你这样的人。（全场大笑）

撒：错了。

元季松：赵老师，您知道“酱紫”是什么意思吗？“酱紫”。

撒：“酱”是麻辣酱的酱，辣椒酱的酱，“紫”是紫色的紫。“酱紫”，这是个什么物品？

赵：不知道。在向世界说明中国的时候，这种词不能用，因为外国人绝对不懂，有的语言是有寿命的，它的寿命很短。

撒：就是您把它真介绍给外国人了，外国人学了半天很高兴，觉得这个词很地道，到中国来发现过时了。他到哪儿说，人家年轻人都笑话他。（全场笑，鼓掌）所以尽量还是介绍我们这种有生命力的语言。

赵：发言人切忌用那种词儿，在这儿，大家插科打诨说说可以，到真正场合你说这种话，它的表达不精确。

邬文昊（研一学生）：我来自同济大学法学院，我想问的问题是关于独立思考的。在这样一个新媒体的时代，可能说信息不对称，信息损耗。面对这种纷繁复杂的信息，我们要做到独立思考，我们要做好哪一些准备？同时说我们怎样去甄别这样一些信息，而进行这样一个思考？谢谢。

赵：要有自己的思维过程，才有判断，你的大脑不能只做优盘，老存别人东西。这你就没有独立思考，你自己要有程序，听到这样的话，又听到那样的话。比较判断之后，发现有些话说得都不够清楚，或说得对。于是自己提出来一个新的见解，这就是独立思考了，独立思考可不等于与环境隔离。

撒：所以千万别把独立思考当成一个借口，就是我谁的话也不听，谁的话对我来讲都没用，我就走自己的路，没有这样一条属于自己的道路。（全场鼓掌）

邬文昊：听了赵老师的批评我很高兴。

撒：来，张晶。

张晶（哈佛留学生）：赵老师您好，非常感谢您刚才在演讲当中的一句话，就是不惧怕换专业。因为我在接下去出国留学的过程当中，就要换专业了。

撒：你要出国了？

张晶：对的。

撒：去什么地方？

张晶：去美国。

撒：读哪个学校？

张晶：读哈佛。（全场鼓掌）

撒：你们怎么了，哈佛怎么了？你怎么考上的？（全场笑）

张晶：其实申请哈佛非常容易，只要你够 special（特别）。

撒：不要站着说话不腰疼。（全场笑）你的 special（特别）在什么地方？

张晶：也许我感动了他们。我换专业的原因，就是想去实现自己的理想。我发现我在帮助别人的时候，我得到的幸福感远远大于我发的一篇 paper（论文），所以说我在我的简历里面就写了，我非常想要通过公共卫生这样一个专业，去帮助更多需要帮助的人。我更想说的是我们 80 后、90 后，并不像网络上说的那么没有担当，我们也是想要用自己的一份力量，来为我的祖国做一些贡献。也许我的野心可能更大，我想去世界卫生组织。（全场鼓掌）在我今年 5 月去贵州果宝小学支教的时候，学生们对于知识的渴望，对于我们支教老师的喜欢，都让我非常想为他们提供更多的资源。我替西部的小朋友再说一句，就是他们非常渴望支教老师去他们那边，给他们上课，给他们带去外面精彩的世界，谢谢。

撒：所以希望未来在国外学成，有机会归来的话，再带着你的更多的知识和开拓的眼界，再去跟那些孩子们讲讲，属于你的将要经历的那些精彩的故事。

张晶：我会的，谢谢。（全场鼓掌）

易晶：赵老师，因为您每次在记者发布会上，都会对记者提问做一个点评，比如说这个记者，提问提得不清楚，今天的提问都很优秀，那您能不能对我们今天在场的 10 位青年代表的提问做一个点评？

撒：您这会儿应该给他们打分了。

易晶：其实向世界说明中国，可能这个担子都要落在我们青年一代身上，您能不能对整个中国的青年做一个点评呢？

撒：对这个问题您作何感想？

赵：一会儿给我打分，一会儿给他们打分。

撒：她今天的主要问题是关于打分。

赵：前面这几位，首先，临场的“当众感”很棒，没有一个人紧张。没有camera shy（镜头病），在镜头面前很从容，这个是特别值得表扬的，这并不是很容易的。其次，谈问题也都很坦率，也都很真诚，没有那种花言巧语的。

撒：另外就是给年轻人的建议。

赵：你们大学毕业了，这是新学习的开始，绝不是学习的终点，现在世界上这么多的学问，这么复杂，你们刚刚学会了如何学习。你们在走向生活的第一步的时候，会遇到很多你们原来没想到的困难，会说这里工资怎么这么低，会说这里的领导不赏识我，会说这里的同事对我刻薄了，不要老抱怨环境。你到了那个环境，大多数是一个平均的环境，不是特别好或特别差。如果永远是抱怨的话，你自己会失去青春，失去机会。即使我的工资低，即使我的领导不太英明，不太赏识我，我也得努力。因为你抱怨之后，浪费的是你自己，所以大家一定要前进。（**全场鼓掌**）

撒：今天我们的同学们，问题基本上集中在两个方面。一方面就是刚才您说到的语言的力量，怎么来使用语言的力量，来向别人说明一个问题。另一方面，就是怎么通过这样的说明和态度，来向世界说明中国。老师辛苦了，我们感谢您。（**全场鼓掌**）

赵：也感谢大家，我深受感动。谢谢。

撒：今天我们跟赵老师一起，在有限的时间里，分享了很多关于赵老师在工作和研究过程当中的一些感受和体会，最后如果让您给年轻人一句话，告诉今天中国和世界的关系的话，您会怎么说？

赵：中国是世界的重要组成部分，经过30多年的奋斗，中国由世界舞台的较边缘部分，走到了世界舞台的中心，中国好要靠我们大家好，中国成功要靠你们诸位年轻人的成功。

撒：中国走向世界，世界走向中国，这是一个相互交流的过程，不是一个单向的运动，但是在这个过程中，我们也很高兴地看到，今天越来越多的人希望了解中国，越来越多的人开始从语言上、文化上接近这个古老的国家。感谢收看我们今天的节目，再见。（**全场鼓掌**）

点评：

《开讲啦》是由中央电视台综合频道（CCTV-1）和唯众传媒联合制作的中国首档青年电视公开课。每期节目由一位知名人士讲述自己的故事，分享他们对于生活和生命的感悟，给予中国青年现实的讨论和心灵的滋养。

赵启正先生的开讲题目是“我向世界说明中国”。“向世界说明中国”不仅是他作为政府官员的工作职责，也是他作为学者的主要研究领域。还应是每一个中国人的公民职责，对青年人来讲，尤其重要。

公开课现场气氛热烈，主持人与赵先生妙语连珠。为平衡一下，我从学理视界做一归纳和评论。

转行与使命。赵先生多次转行，但使命始终未变，那就是为国家效力。

内行与外行。外行者只要善于学习，就能成为内行。如果再有创新思维，那这样的外行更能发挥其作用。

中国与世界。向世界说明中国，同时也需要向中国说明世界，两者不可分割。

工作与生活。工作习惯与方式不能带到生活中，反之亦然。

爷辈与孙辈。各有其长处，应相互学习。

（察哈尔学会秘书长兼高级研究员、《公共外交季刊》编辑部主任　柯银斌）

请到中国列车上来

（2013年6月13日在北京接受新华社记者采访）

新华社记者（以下简称记）：今年二季度，中国GDP超过日本跃升世界第二后，国际上关于中国已不是发展中国家的声音甚嚣尘上，您对此有何看法？

赵启正（以下简称赵）：中国的GDP增长是中国经济发展的自然结果，但我们要冷静看待这种增长。中国人口众多，从人均水平来看，中国的人均GDP水平目前仅相当于安哥拉、突尼斯等国的水平；从经济结构看，中国的经济结构远未达到发达国家水平，投入产出比相对较低；从科技对经济的贡献率来看，日本主要依靠高技术、高附加值推动经济发展，而中国在很大程度上还是靠劳动力密集型产业的粗放型经济增长模式，高新技术对经济的贡献率不足。通俗点说，我们挣的是"辛苦钱"，日本挣的是"智力钱"。

记：中国和日本这样的发达国家的差距还体现在哪些方面？

赵：从国民素质和受教育程度看，日本成年人或为本科或高中学历，而中国的国民平均受教育年限还不高。从长远看，中国的发展潜力要寄托在国民整体素质的提高上，那么还需要很长时间。到本世纪中叶，中国的人均国内生产总值才有望达到中等发达国家水平。

此外，中国的 GDP 增长也与人民币升值有关。在折合成美元进行比较时，GDP 也会增高。

记：一些西方国家对中国总有各种各样的论调，从最初的“中国崩溃论”到后来的“中国威胁论”，再到现在的“中国责任论”，为什么会出现这些论调?

赵：西方关于中国的几种论调不是一种取代另一种，而是并存的，只是在某个阶段会出现一种声调比较高的论调。造成这些论调此起彼伏的原因，既包括意识形态的隔阂，也包括经济利益的冲突，还有外国传媒的商业利益。

我愿意把中国比作一辆疾驶的列车，“中国列车”不仅很长——有 30 多个省、区、市的车厢，而且乘客很多——56 个民族的 13 亿人。站在路边，甚至站在万里之外观察列车，是看不清楚的，遑论较准确地评论。

事实上，即使身在中国列车上考察中国也非易事，面对中国 30 多个省级行政区发展的不平衡、13 亿人口的贫富不均、各地区地缘文化的差异，要想认识到中国的本质并不容易。然而，一些人只是远远地举着望远镜，或者戴着有色眼镜观察这列火车，还有人甚至只听到火车的声音，就对中国说三道四。不论西方对中国的观察是否准确、是否客观，中国列车还是在呼啸前进，这就证明了中国文化的力量、中国人民的力量和中国制度的力量。

记：那么面对这些声音，中国该如何应对?

赵：首先，中国应该坚持走自己认为正确的道路。中国道路的目标是建立一个和谐的、共同富裕的社会，这是方向。为了实现这个目标，已经证明的正确方法是“摸着石头过河”，也即需要将谨慎与大胆相结合，如果只有谨慎，就不敢前进；如果只有大胆，就是盲动。

其次，中国要主动改善国际舆论环境，增强中国在国际社会的话语影响力，在国际舆论中增加对中国评价的正面因素，开展公共外交是一个重要途径。公共外交是指政府外交以外的各种形式的、面对外国公众表达本国国情的、意在提高外国公众对本国的认知度的国际交流。良好的公共外交可以间接促进外国政府改善对本国的政策。

全国政协正在举行的“21世纪论坛”就是一个重要的公共外交舞台，与会者有来自中国各界的精英，他们能够代表中国的主流民意，能够向外界说明一个真实的中国；论坛也吸引了多位外国政要和知名专家学者参加，我们很愿意倾听他们对当前世界形势和中国作用的期望的分析，这有助于我国和国际社会的相互理解。我想对外国朋友说，在列车下观察中国是看不清中国的，请上车来看！尤其是拜托对中国有研究兴趣的专家学者和媒体记者，摘掉“有色眼镜”，也不只依靠“望远镜”，亲自到列车上来感受中国。我相信，中国列车的轨道是和平发展的轨道，中国在建设和谐社会的过程中也必定对世界的和谐有所贡献。

记：中国的发展令世界瞩目，国外有人将中国的发展道路归结为不同版本的“中国模式”，您对此怎么看？

赵：现在全世界的媒体都在评议“中国模式”，“中国模式”到底是指什么？说法有数种之多，定义也相当不一致，甚至有的带有明显的意识形态倾向。这个概念原本不是中国人提出的，那么，在谈“中国模式”的时候，是在谈哪个定义的“中国模式”呢？如果是指30多年来或60年来，特别是30多年来我们改革开放的理念、思想、实践和实践结果——也包括发展中出现的问题的总括，那我认为叫做“中国道路”或“中国案例”也许更准确，不容易有歧义。

实际上，“中国模式”或“中国案例”是处于“现在进行时”，还在发展中，有很长的路要走。国际形势在变化，中国国内形势也在变化，中国在发展道路上必然也要有新的改革和新的实践，因此并不存在固化的、不变的模式。

中国有许多需要继续改革的问题，诸如东西发展不平衡，南北发展不平衡，贫富不均，教育体制、医疗体制、社会保障不够全面和公正，腐败现象的存在等。中国政府与人民已经看到这些挑战，但应对这些挑战既需要勇气，也需要时间。要解决这些问题，我们只有并行的两条路：一是学习，二是创新。

记：一些国家担心中国输出自己的发展模式，您怎么看？

赵：“模式”一词确有示范或样本的含义，但是我们绝没有推广“中国模式”的打算。至于有的发展中国家参考了中国的某些做法，就像中国参考外国的某些做法一样，在经济全球化的时代也是再自然不过的了，但不是照搬。学习任何国家的做法都要结合本国国情。

记：人们把中国的发展看成是一个圆梦的过程，那么“中国梦”究竟是什么？

赵：一个国家的梦必须由全体民众的梦组成，脱离了多数民众的梦，国家的梦就成了空中楼阁，必然是不能实现的梦。20 世纪前 50 年，中国人的梦就是推翻“三座大山”，建立新中国。1949 年新中国成立后，中国在国际地位、政治地位上与其他国家是平等的。但由于在科学、技术、经济上的落后，中国仍然是一个相对贫穷的国家，这时候的“中国梦”是尽快实现现代化，使人民的生活得到改善。今天，“中国梦”可以被描述得更加具体，就是要在本世纪中叶实现社会的全面小康，同时要力所能及地承担应尽的国际义务。

记：“中国梦”引领着我们走到了世界舞台的中心，中国应如何向世界说明自己？

赵：我借用一位研究中国的外国学者的比喻来回答。这位学者把世界比作一个大社区，中国原来住在郊区，人们并没有太关注他们。突然间，发现中国进入了社区的中心地带，不仅如此，中国这个新邻居还很快地富裕起来了，于是这个街区里的邻居就会有种种猜疑，种种流言就会四处流传。在这种情况下，中国作为一个新来的邻居，就应该敞开大门，邀请周边的邻居来参观，通过和邻居的对话，也许能够帮助这些邻居更好地了解和相信自己。

的确，中国走到世界舞台中心之后，应当向世界说明我们将在家里做什么，将对周围环境做什么。1978 年以前，中国政府的各部门和地方政府没有经常性的新闻发布，现在已经进行了改革。以往我们不太愿意讲故事，或者是讲不好故事，现在我们也开始经常讲故事了，并且要讲真实的故事，讲人家听得明白的故事。

点评：

当中国已经成为世界第二大经济体时，中国面对着的国际舆论又有了新变化。虽然赵启正先生是接受新华社记者的采访，但是，新华社记者所提问题的难度丝毫不亚于一次国际记者的深度采访。看得出来，他是利用这次采访，来回应国际社会的新挑战、新关切。他回答记者的特点可概括为“传真情、正谬误、善比喻”。传真情，即指他在采访中提醒国际社会的有些人要丢掉“望远镜”和“有色眼镜”，到中国发展的列车上来感受真实的中国；正谬误，即指他在采访中，点破了国际间企图用“中国模式”（或“北京共识”）“捧杀”中国的陷阱，非常睿智地提出了“中国案例”；善比喻，即指他在采访中用“第三方”（外国学者）提出的世界大社区形象比喻，来向世界传达“中国是个新来的好邻居”之生动形象。

（孟建）

中国梦不是自私自利的梦

（2013 年 6 月 27 日在上海接受《解放日报》记者采访）

《解放日报》记者（以下简称记）：中国梦令世界瞩目，也令世界好奇。世界迫切想知道中国梦将把中国带向怎样的未来？而这样的中国又将如何影响世界？中国梦具有怎样的国际内涵？

赵启正（以下简称赵）：中国经济的振兴并不意味着中国对世界贡献的全部。一个民族如果老是分享祖先的光荣而没有自己新的贡献的话，那么这个民族就落后了。现在我们有了追求对世界做出贡献的想法，这是中国梦很重要的一个国际内涵。

记：伴随着中国梦成为热门词，对于中国梦的各种误解与质疑也不绝于耳。比如，一些西方媒体将中国梦解读为中国要“称霸”；一些人则认为中国梦是要回到汉唐盛世，是新的“中国威胁”。今天我们为什么要提中国梦？如何化解外界对中国梦的质疑？

赵：中国梦的产生并不是最近突然发生的。可以说，100 多年以来，在推翻封建王朝、抵御帝国主义侵略、建立新中国的过程中都存在着中国梦。今天，我们提中国梦，是在民族已经独立、国家经济总量达到世界第二、已经走到世界舞台中心的背景下展开的。在这种情况下，我们为什么还要提中国梦？我认为主要有两点原因：一是中国的振兴道路尚远，需要数代乃至十几代人的努力。目前，中国人口占全世界人口的20%，而中国的 GDP 却只占全世界 GDP 的 10%，距世界平均值还远，更不要说人均值位列世界前茅了。可见，即使从经济上来说，我们也没有达到应有的高度。二是中国经济的振兴并不意味着中国对世界贡献的全部。在全世界的科学发展中，特别是近代史中，中国贡献甚少，挂在嘴边的往往是四大发明，谈起中国的人文科学，常常谈到的则是前辈圣人。这些都是在分享祖先的光荣。

回过头来看国外的质疑。一个国家发展了，外界必然会关注你，甚至警惕你，这里不全是恶意，有些就是因为不了解真实的中国。在历史上，中国的确做过一些邻国的宗主国，这不是欧洲那种殖民主义，有的外国人将中华民族复兴与其联系起来，这是一种错误联想。我们需要告诉他们我们的观点：今天的时代和历史上是不同的，历史上确有过罗马、西班牙、英国那样的强权政治，有霸权，有世界大战，而今虽然有局部战争，但是世界的主题是和平与发展。今天，一国要争取本国利益，用战争的手段注定是要失败的，只能依靠经济发展和与其他国家的和平相处。我们也要告诉他们中国的事实：从新中国成立到现在，中国的发展与国际利益是共享的、协调的。在全球化的今天，国际环境是本国发展的一个条件。对中国的发展而言，更需要一个和平稳定的外部环境。中国人是爱好和平的，我们讲究“以和为贵”。

至于如何消除“中国威胁论”对我们造成的威胁，关键是恪守原则、讲究方法。首先，要遵循大小国一律平等的原则，承担必要的国际义务。要以实际行动证明我们坚持走和平发展道路，平等对待各个国家。其次，对于国外的一些质疑，要据理说明，解疑释惑，让事实说话。向世界说明中国的真实情况，说明中国的国情、政策，说明我们的成就，也说明我们的不足，避免误会和歪曲积少成多。在说明过程中，成就与缺点都要说，这样才是真实的。假设有七个方面是光彩的成就，三个方面是不足的，如果只说好的方面，人家可能连这“七”都不信了。所以，得“7+3”一块说，这样别人才会觉得你是真实透明的，才会相信你。要消除“中国威胁论”，还需要建立中国信用，就是让人相信中国说话是真实的、真诚的，是说话算话的。

记：与英美等传统大国崛起不同，中国在崛起过程中一直面临着这样一个任务：需要思考并向世界阐述自己想变成一支怎样的全球力量。而如何向世界说明中国梦，可以说是完成这一任务的关键一环。当务之急是，如何让世界认识到，中国梦不只是中国的梦，而是与世界各国人民的美好梦想相通的？

赵：人有人缘，国有“国缘”。若想成为一个有好“国缘”的国家，首先应该是它的文化被世界喜欢，而不是有多少军力，甚至不是有多少GDP。文化不是化石，化石可以凭借其古老而价值不衰；文化是活的生命，只有发展才有持久的生命力。

中国的振兴应该是全面的振兴，尤其是文化的振兴。文化包括民族的价值观和信仰，以及积累的全部知识、生活方式和思维方式。它的进化比起经济来要慢，难以突飞猛进。我们的经济社会发展可以用两个一百年来描述，即建成全面小康的一百年，达到中等发达国家水平的一百年。而文化的进化则是渐进的（欧洲文艺复兴至少用了两个世纪），可谓任重而道远。但是渐进并不意味着我们可以懈怠，可以不努力。

中国文化对世界的影响是中国梦的一部分，一个伟大的国家、民族必须要为世界做贡献，推动人类文明的进步。中国梦不是自私自利的梦，不是只顾自己不顾别人的梦，更不是损人利己的梦。中国梦追求的是中国发展与世界发展同行、中国富裕与世界富裕同行。中国梦的实现有利于世界的发展。无论国家大小，都有追求自己美好梦想的权利。冷战时期的重要人物、英国前首相撒切尔夫人曾说，中国不会成为超级大国，因为它没有提供在全球可以传播的思想。她认为，“今天中国出口的是电视机而不是思想观念”。历史上的那些大国，如罗马、英国、美国，除了强大的经济与军事等硬实力，文化影响力也足够强大。中国无意强权，更无意称霸，中国梦也绝不是帝国主义的梦，但是作为一个拥有5000多年文明史的文化发源地，只出口电视机，不出口电视机播放的内容，即文化思想，肯定是不行的。

在中国梦中，文化的振兴是一个很重要的任务。平时我们所说的文化大发展大繁荣，在我看来，主要是指文化事业的大发展大繁荣。文化的大发展大繁荣是百年任务，需要坚韧的努力。所谓十年树木、百年树人。树人都需百年，何况是作为民族的血脉、灵魂和性格的文化呢？它需要足够的进化过程。

文化只有在国内外传播，才有国内外的影响力。中国文化需要走出去，但我们要避免一种惰性，即所谓“越是民族的，越是世界的”。民族的不会自动成为世界的，在本民族是普及的、优秀的，同时让外国人看得懂和喜欢的才有可能变成世界的。一个民族的文化可能因为其“独特性”而吸引外国人，但它不能只是满足外国人的猎奇心理，要想真正成为世界的，这种文化还必须足够优秀到具备广泛的吸引力。

这里要避免两个误区：一是将全球化等同于西方化，甚至美国化。二是要在经典国学上发展“新国学”。中国梦本身是富有创造性的，而不是回复经典。现在对于中国的发展和未来走向，国际上有不少疑问，这些问题形成了“中国之问”。对于这些问题，不能只用“国学”回答。鲁迅就说过，用《论语》感化不了德国兵，用《易经》咒不翻潜水艇。所以，文化不仅需要传承，需要积淀，还需要建设“新国学”，才能振兴。

记：您曾出版《向世界说明中国》一书，深受国内外读者的欢迎。书中您提出，要有“中国立场，国际表达”，要“选好故事，讲好故事”。今天向世界讲述中国梦，您会选择哪些“故事”？如果我是一个外国人，您现在要向我说明中国梦，您会怎么说？

赵：我们每个人身边的故事就是中国故事。不必刻意用过多哲学语言去描绘，用口语讲最亲切最真实。在与外国人交流中，要讲你自己经历的故事，要讲他们感兴趣的故事。讲故事不需要最后提炼出什么结论，也不要求对方完全认同，只要达到有限共识即可。我曾经打过一个比方，故事就像苹果，不要费了很多劲把苹果做成果酱或维生素 C 药片请别人吃，那口味未必好，别人也未必愿意吃。你就把苹果赠给对方，维生素 C（中国特色社会主义）自在其中了。假如，一个外国人听完了你的故事，说“哦，中国是这样的”，这就够了。至于赞成不赞成是他自己的理解，决不能要求一个外国人很快就和你有相同的认识和见解，这是不可能的，即便是中国人之间也很难做到。

要注意的是，说中国好并不等于说其他国家不好。现在有人拿中国梦与美国梦作比较，然后批评美国梦，这是没有必要的。美国梦由个人而国家，中国梦由国家而个人，这主要跟两国不同的历史有关。近代中国，国家被欺凌，人民生活在痛苦中，没有国家的成功就没有个人的成功，这是显然的事实。而美国没有长期被欺凌的历史，这是其一。其二就是思维方式。比如写信，中国人写地址一般是国家、省市、区县、街道这样下来，而美国人正好相反。我们不能说哪一种顺序更好。各国有不同的梦，这是基于不同历史背景和文化的选择，但好的梦追求的都是国家富强、人民富裕。

如果我要向一个外国人说明中国梦，我会说浦东的故事：孙中山在100 年前曾设想过在那里建设“东方大港”，在那个民族多难时代，他的梦没有可能变成现实。而在今天中国的社会主义条件下，几代人的美好夙愿变成了宏伟的现实。我会讲得具体而生动，也会讲到还没有做好的地方，如高速城市化过程中的社会保障问题等。

记：中国梦是国家的梦、民族的梦，同时也是每个中国人的梦。因此，说明中国梦不只是国家、政府的事，也应当是每个中国人的事。如何发挥公共外交作用，向世界说明好中国梦？

赵：公共外交是对外国公众来说明本国。从前，国际上所谓的公共外交基本上就是政府主导的对外宣传的同义词。然而，随着全球化、信息化的发展，更多国家的公众意识到，国家声誉、地位与本民族利益和个人利益是密切相关的，因此公众、非政府组织就参与了公共外交，在对外交往中主动地表达本国的国情。显然，当代的公众已经不只是公共外交的“受众”，而是成为更加积极参与公共外交的“主体”。

改革开放30多年来，经济高速发展使中国走到了世界舞台的中心，中国发生的事情往往成为世界的事情，世界也成为中国发展不可回避的边界条件。但在此前，中国一直和世界有某种隔绝，外部世界对中国数千年的传统文化感到陌生，甚至神秘。加之冷战思维的残余，影响了西方政治力量和媒体对中国社会制度、经济、文化的观察和评论，以致国际舆论中的中国形象与中国实情严重不符。

公共外交的目的是改善外国公众对本国的态度，进而影响外国政府对本国的政策，公共外交也属于不同文明之间的对话。当不同文明之间缺乏足够的对话或者对话不对称时，则有可能产生重大的误解甚至冲突。中国的公共外交本着求同存异的和谐理念，力求通过不同文明间的对话，说明中国的真实情况，加强各国人民之间的理解，促进人类文明的共同进步和共同繁荣。这与有的国家在公共外交中以打压他国的手段来推销自己的价值观和干涉他国内政的做法有着本质的区别。

中国公众参与公共外交就是讲中国的故事，讲自己身边的事。公众与官员不同，他们较少地说政治话、哲学话。故事承载着真理，离真理很近，往往更容易使人相信。讲故事的时候要“理直气和”，道理不是只靠“辩论”的，而是要让事实说话。哲学性只有和普通事件结合起来才会通俗易懂。

我过去曾说过，存在着一本书叫“中国读本”。这本书有13亿页，每个中国人都是其中一页。一个外国人想认识中国人，他不可能读13亿页，他读其中若干页，可能就会得出结论：这就是中国人了。所以我们每个人要把自己的这一页做好。一个人要经常反省自己的言行，才能知不足而进步，同样一个民族也需要有自我批判的精神。只有这个“读本”中大多数篇章是美丽芬芳的，中国梦才有可能真正实现。

点评：

接到赵启正主任的点评邀请，我颇有些受宠若惊。这篇文章是《解放日报》于2013年在理论版“新论”推出的“中国梦的世界意义”系列访谈中的首篇。我们策划这个选题的立意在于，中国梦的提出，让世界有了观察中国的新视角，但是在现实中，对外讲述中国梦并不是件容易的事。当时，无论是国内还是国外，对中国梦的理解，存在不少偏颇和误区。在考虑访谈人选时，我们第一时间就想到了赵启正主任。这不仅是因为他本人对于这个问题有着长期思考，更在于官员和学者的经历让他的讲述在不乏深度的同时，通俗易懂。

果不其然，访谈让我收获颇丰。“中国梦不是自私自利的梦，不是只顾自己不顾别人的梦，更不是损人利己的梦”，“民族的不会自动成为世界的，在本民族是普及的、优秀的，同时让外国人看得懂和喜欢的才有可能变成世界的”，“一个民族如果老是分享祖先的光荣而没有自己的贡献的话，那么这个民族就落后了”……精彩的观点层出不穷，思维的活跃度让我这个记者有点应接不暇。文章推出后，取得了良好的社会反响。

一次好的访谈是怎样炼成的？除了事先的扎实准备外，对于访谈对象的了解也是不可或缺的。我很荣幸，我所提的问题正对赵主任的“胃口”，让他心甘情愿打开了“话匣子”。有准备、有思考、有互动、有收获，这样才能碰撞出更多的思想火花。

（《解放日报》理论评论部副主任　王珍）

中蒙合作应该是多面的

（2013 年 12 月 24 日在乌兰巴托答记者问[1]）

主持人：赵启正先生刚才介绍了中国开始的新一轮全面和深化的改革。赵启正先生说提问题没有什么限制，现在请大家提问。

记者（以下简称记）：您认为在今后蒙中的经济合作在哪些领域会有新的发展？

赵启正（以下简称赵）：我想在公共基础设施建设方面，如铁路和高速公路，中蒙合作可能有新的发展机会，那种合作是更高级的合作，也是更深入的合作。也可以指望，在服务贸易上有新的发展。在服务贸易中，双方互相吸收的不仅是资金，而且包括技术服务、管理服务，这也是很重要的深入的合作。

记：刚才您介绍中国 GDP 大概占世界的 10%，但是中国对外投资才占全球直接投资的 3%，以后要进一步的增加对外投资，您能不能介绍一下具体是如何增加，想投资在哪些领域？

赵：中国对外投资的动力有国家方面和企业自身两种。首先，国家

1 此次采访是在赵启正率中国共产党代表团访问蒙古共和国时，在蒙古科学院作了题为《中国的新一轮经济起飞》的演说后的答问。在现场的蒙古媒体有：蒙古国家电视台、乌兰巴托电视台、《今日报》、《日报》、《世纪新闻报》等。

方面是外汇储备充分，有 3.6 万亿美元，必须要多样地、灵活地使用，使其能够支持国有和民间企业对外投资所需。其次，中国的产业结构过度地依靠国外市场，有些行业，包括一些高科技行业，有过度的产能，如光伏发电、风电等，这些行业希望向国外转移。企业对外投资的出发点是多种多样的：劳动附加值小的企业为了降低土地和劳动成本，会到成本相对低的国家去；有些企业是为了利用国际销售渠道而和外国企业兼并，在兼并过程中可以获得技术专利。可以说，只要是外国欢迎的某一种投资，而中国又能做到的，符合双方利益就能进行。

记：您刚才也说了要加强对外合作的质量，您可否比较一下西方对蒙古的投资和中国对蒙古的投资还有什么差别，如何继续提升双方经营合作的质量？

赵：经济合作的质量可以从几个角度去看：第一，是否双方都获得合理的利润。第二，是否符合当地公众的利益，比如就业人数的多少，对环境保护的承担和必要的社会责任。我们不如西方的地方，主要体现在高科技方面。中国的科技水平只是中等的，比如说手机、计算机，中国做中等产品还是没有问题的，但是高级产品的发源地还是在美国和欧洲。但是在基础设施方面中国处于国际先进水平，比如说修铁路、公路、桥梁这些方面，这是因为我们的设计和施工队伍一直处在运行当中，就好像奥林匹克运动员一样，每天都在热身中，所以他们的施工水平和速度是国际先进的。

记：中国提出一个丝绸之路经济带项目，我们了解到现在路线是从中国一直到欧洲，还有没有其他路线？

赵：中国提出丝绸之路经济带和海上丝绸之路的战略构想，是建立符合沿线国家的需求，促进沿线国家经济优势互补的新平台。陆路可经过中亚、西亚直至欧洲，海路可经东南亚到欧洲乃至非洲，并且可以有支线，就好像树枝一样，干线之外可以有支线，支线的人可以很快地进入这个通道。丝绸之路经济带涉及的总人口是44亿，市场规模和潜力是空前的。这是推动经济繁荣地区人民友好的一个途径。

蒙古是中国近邻，是友好之邦。我们不必等待丝绸之路，只要双方的铁路和高速公路通畅和高效连接就行。

记：蒙古已有的铁路是俄国标准的。您认为蒙古再修新铁路是应该修俄国标准的，还是修中国标准的？

赵：这得由你们决定。

记：如果两种都修呢？因为我们的矿产品如果出口到中国以外的地区，就需要由我们的矿区用铁路运到中国的一个海港。

赵：好哇！那么，中俄贸易的一部分货流就可以由你们这儿转运了！也有一大笔收入呢！

记：中国的钢铁行业是蒙古煤炭的主要客户。因为中国钢铁行业产能过剩，我们比较担心我们的煤炭业会失去中国的支持。

赵：中国的钢铁业虽有所压缩，但是总需求量还是很大的。中国处于城镇化过程中，还有几十年的大量住宅和基础设施建设任务，这仍旧需要大量建筑用钢材和施工机械。由贵国购买的原煤只占我们进口量的一小部分，只要价格合理，我们不会舍近求远的，而应该优先由你们这儿购买。你们发展煤制气经管道输送到中国也是一个好的出路，我知道我们双方对此都很有兴趣。

记：刚才您提到中国要加快城市化的进程，在蒙古也有这个需要，比如蒙古现在的棚户区也需要改造，在城市规划方面，中国在类似的进程中有没有遇到什么困难，有哪些好的经验？

赵：改造棚户区对政府来说是很艰巨的，也是义不容辞的工作，我们改革开放35年了，一直没有停顿过。我先说资金的来源。市中心区的棚户区地价很高，可以批租给开发商；政府由此得到的土地收入，再加上政府的财政补贴，就可以在城郊建设较原来好得多的新住房补偿给这些家庭。不同的城市动迁的政策会有些不同，要多征求他们的意见，取得尽量多的支持才能实施。对要变成市区的郊区农民，要给他们的子女提供好的教育机会，对他们本人要提供就业培训，帮助他们变成城市人。再有城市改造和如何规划的原则方案也是必需的……（**主持人插话：这个问题够开一个研讨会的**）对！我们全国各地许多年以来，就很多题目开过很多国内和国际研讨会，我们也欢迎蒙古的专家参加。中国和蒙古的合作应当是多方面的！

主持人：由于时间所限，我不得不宣布这次见面会结束了，谢谢赵启正先生，也谢谢参会的各位。

点评：

上面这篇问答有两个看点：一个是涉及经济问题，经常有人在回答时列举大量数据，从统计学角度看十分全面严谨，但是听众往往感到这样的回答过于专业、冗长甚至枯燥多余。赵启正给的数字很少，点到为止。应该考虑到，与会者未必人人都是经济学家，驾驭不了那么多数字。他们与我们主管经济工作的领导不同。领导干部掌握数字是工作需要，但听众不是领导，不会对成堆的数字有兴趣。另一个是我们习惯一张口就一二三，把回答问题当成一个个的小报告，唯恐说的不全面。恐怕许多人都看到过这种情况，每当回答过长时，与会者脸上就露出无奈。赵启正的回答简短精炼，有的回答不到一行，有的甚至仅仅几个字，却不失幽默。可以想象当时会场热烈融洽的气氛。毋庸置疑，提高回答问题的效率也是公共传播的一门学问。

（黄友义）

中国人应该表达好“和”的思想

（2014 年 4 月 23 日在北京接受美国南加州大学安纳伯格新闻学院采访）

问：多年来，您在中国和国外做了多次关于公共外交重要性的演讲，也出版了多部与公共外交有关的专著。在过去这些年里，您认为国际上有哪些关于中国的误解已经消失？哪些还继续存在？

赵启正（以下简称赵）：多年来我在国内外做演说，以阐述中国开展公共外交的必要性，提倡开展公共外交。在中国，我促进很多省、市和县成立了公共外交协会，得到许多地方精英人士——企业家、学者、社会活动家，乃至于艺术家和前官员的积极参与。他们在政治、经济和文化方面有丰富的对外交往经验，也愿意和外国加强沟通，善于对外讲中国的故事。

世界，尤其是西方对中国的误解的消除，是一个缓慢的过程，但有些对中国的误解或偏见已经开始减弱了。如近年来认为“中国控制汇率”的舆论已经减弱了，这主要是基于中国的行动，以及中国通过各种公共外交渠道给予的说明。中国还将继续推动中国汇率市场化。对此，我们还可以有更多的期待。

国外对中国人权问题的指责，除了美国的《国别人权报告》外，其他的指责减少了。在人权改善方面，中国确实做了很多工作，但对外说明远不够充分。中国需要进一步增加自己的透明度，但这需要时间。值得注意的是对于“中国威胁论”的误解还没有降低，反倒有加强的倾向。这和中国与周边国家的领土争端有关，也与当事国的官方和民间对话不够有关。

开展公共外交的效果是明显的。如中国企业家俱乐部，是由中国一流的、成绩卓著的成功大企业家组成。近年来，他们每年都要去欧洲、美国，也有和政府首脑、总统总理直接会面的机会。他们讲述自己企业的故事，表达中国经济发展的趋势，了解在对外投资中还存在哪些障碍因素，因此受到了欢迎。

问：您如何描述美国在中国的主要形象或者说中国人对美国的认识？这种形象或认识在北京、上海等大城市和一些偏远省份有什么区别？

赵：美国是世界上最发达的国家，中国人，不论是城市人还是偏远省份的人，都知道美国很强大，甚至于认为美国是强有力的霸权国家，所以中国人对美国既尊重又警惕。

至于大城市和中小城市的人的区别，当然大城市的人的国际视野更宽阔一些，与美国人、美国大学、美国企业的接触也更多。对于美国和中国的差距，他们看得更清楚。一般来说，大城市的人更关心国际问题，更关心美国的对华政策。中国人愿意和美国平等相处，也就是说要有良好的大国关系。但这种大国关系却并不容易得到中美的共同表达。比如中国提出，中国和美国之间要不冲突、不对抗，要相互尊重，要合作共赢，但这些描述是比较概括和简略的，问到细节，双方就会有不同的意见。今年3月25日，我曾在哈佛大学肯尼迪学院与美国的学者、前官员一起讨论这样一个问题：中美都是大国，都在快速发展中，冲突是否会避免？其实冲突很可能会有，但解决冲突的方法是用对话代替对抗，这样能够很容易取得大家的共识。

中国人注意到，在中国与周边国家的领土争端中，美国明显偏向于与中国有争端的国家。以中日钓鱼岛争端为例，美国多次表态倾向于日本，从而促使日本对中国态度愈加强硬。我们希望美国方面要清楚，钓鱼岛争端绝不只是钓鱼岛本身，这是维持二战后国际秩序的重要标志。同时，日本领导的右翼化、在某些方面对中国进行的威胁，对中日关系乃至东北亚的地缘关系都是有很大的损害。

一般来说，小的城市的舆论见解不会这么深刻。他们也许只是觉得美国经济发达，美国人生活富裕，美国球队不错，好莱坞电影很好。但要说到向美国学习，可能还是大城市的人更崇拜美国。大城市去美国留学的人多，现在很多学生高中毕业就去了。北京和上海的一些中学，在高中三年级专门办出国留学班。这种留学班在中小城市就比较少，一是对中美教育的认识比较肤浅，二是小城市的平均收入可能不足以负担孩子在美国读完四年大学，这是很大一笔花费。所以，中小城市和大城市对美国印象的差异，主要体现在深刻性上。当然，美国人可能并不同意中国大城市对美国的深刻认识，但事实确实存在，这会更容易实现中美关系的进一步发展。

问：您担任上海市副市长时，曾负责开发中国最重要的开发区之一——浦东新区。您当时积极进行高层公共外交活动，接待了外国首脑、跨国公司高管和国际媒体记者。您能跟我们分享一个当时最具意义的例子吗？

赵：我是浦东第一任领导者。在浦东时，我的确接待了许多国家的领导、跨国企业高管及国际媒体，也有很多重要的沟通。

基辛格博士退出政界后，在许多美国跨国公司担任中国问题的顾问。

那段时期他身体比较好，我也在上海，因此我们每年都要见面。他就是通过上海这个窗口来观察中国的经济发展。我们进行过多次深入谈话，有趣的是，他曾经做过这样的评价：浦东建了很多摩天大楼，很多高科技的与外国合作的工厂，但这不是你们最重要的成绩。你们最重要的成绩是能广泛取得外国投资者信任的公共关系。你们的做法是值得加以巩固的，是珍贵的。我回答说，我们接待外国总统也好，接待跨国公司也好，接待国际媒体也好，我们讲的是浦东的故事：浦东明天什么样，我们准备怎么做，浦东的政策是什么等。与国际惯例不符的方面我们可以修改，有时需要签订更加详细的合同，通过完善合同来弥补法律的不全面和政策的不到位。这一点他们是很欣赏的。

例如，美国的 GM 公司坚决要到上海投资，而中国政府非常注重地区平衡。在上海已经有 Volkswagen（大众）的车厂。因此中国政府请 GM 或福特公司考虑到其他城市投资建厂。但从上海的角度来说，我们欢迎他们。上海已经建成了关于汽车的生产、零件供应系统，那么新来的第二家外国公司成本就会降低。最后经过双方共同努力，GM 公司在上海生产很好的别克（Buick）轿车。值得一提的是，在美债危机过后，全世界的 GM 工厂经营都很困难，只有浦东的公司成功营运，而且还有盈余。这是 GM 最得意之处，也是我作为浦东领导者最得意之处。

我很高兴有机会以浦东作为案例来向世界说明中国。我曾经写了一本书，也有英文版等数种外文版，叫《浦东奇迹》，副标题就是“中国经济高速发展的一个案例”，由此可以观察中国为什么和怎么样使中国经济快速发展。

问：2011 年 6 月，南加州大学安纳伯格传播与新闻学院非常荣幸地接待了由您率领的中国政协代表团一行。您当时提到，要在全中国推动公共外交研究，建立公共外交研究中心。现在进展情况如何？取得了哪些成绩？

赵：我很感谢南加州大学安纳伯格新闻传播学院对我们的接待。

我当时说要在中国建立多个公共外交研究中心，我现在说，我建立了两类：一类是在大学建立公共外交研究中心。如中国人民大学将属于新闻学院的公共外交研究中心升格为全校的公共外交研究院，也就是说不只是新闻学院参加，国际经济专业、国际政治专业要参加，乃至艺术学院也要参加。这样能够使公共外交内容更加多样化、区域更加多样化。同时我还在其他大学做演说，鼓励他们成立公共外交研究中心。包括你们很关心的一些中小城市，如九江学院（位于江西省），这是中国大学中比较小的一个，但风景非常优美。我建议他们成立公共外交研究中心或研究院，现在已经成立了，未来还将会有庐山公共外交论坛，到时邀请南加州大学安纳伯格新闻传播学院是理所当然的。请做好准备，带着好的照相机来吧。

同时，我觉得公共外交也要通过各地公众来承担，要成立地方的公共外交协会，以弥补政府承担的公共外交的局限性。公共外交协会的成员有当地的前政要、大企业家、大学者、社会活动家。从上海开始，现在在全国有多个大、中、小城市，甚至县级城市已经成立了 13 个公共外交协会。这些协会很活跃，已经访问了很多国家，也收到一些国家的邀请。我希望他们在对外交流时不要做政治性的描述，而是能够讲自己的故事，讲中国人的生活，普通人的感受，以及中国地方发展的故事。我还会继续推行这个工作，继续去各处鼓励他们做公共外交的研究和实践。

问：在中国众多对外输出中，什么最能诠释中国的全球形象？为什么？

赵：我认为，中国对外形象传播的重要方式或渠道有两个：一个是领袖与国外公众的接触。领袖最容易表达中国的思想、政策，利用这种方式可以增加两国间的友谊和信任感。另一个是民间外交。美国对中国也做了类似的事情。如3月份米歇尔·奥巴马对中国的访问，她管这个叫citizen diplomacy（公民外交）。这就是由（美国）公民承担的对中国的公共外交。同样，中国的主席夫人彭丽媛也在美国接触了美国各界人士，都取得了非常好的效果。这些都可以使中国的整体外交更加完美，弥补政府外交不容易表达或不容易直率表达的事情。我觉得这都是中美之间好的沟通渠道。

中国最重要的一个对外输出就是让别国看到，什么是中国人，中国人是什么样的。因为中国改革开放的时间比较晚，在以前，作为个人，很少有人有能力去外国留学或旅游。这几年，可以说是中国几十年没有的现象出现了，有了大量的留学生和出国旅游者。我也承认，中国人的素质并不整齐，有些中国旅游者在国外的表现不够好，引起了外国人的反感。但是反过来说，收到这种信息，能够促进中国人的文化自觉。

其实，中国人有优秀的文化传统，他们的言行中包含着中国“和”的思想。“和”的发音只有一个音节he，英语中与其意思相近的词有peace（和平）、harmonious（和谐）、kind（和气）等十几个，但没有一个英文单词能够完全对应中文“和”的精神和价值观，这是很不幸的事。为了表达中国人“和”的精神和价值观，我建议创建一个新词——Hehism，如果只用一个音节“he”是不太容易进入英语的。中国人在表达“和”（Hehism）的时候，经常引用孔子的话，而孔子的话是中国古汉语，翻译成英文后，又会跟原意差很多。因此中国应该主动将Hehism的现代意义做一个比较准确的、丰富的阐述。在北京奥运会的开幕式上，有一个由几千人组成的大的中国字，那就是Hehism的词根——和（he）字。

我希望外国人能够了解、理解中国的形象。我在哈佛演说的时候，有人问中国人是不是有一种霸权思想和一种对抗传统？没有！中国人喜欢 Hehism，喜欢和平、友好，不擅长对抗。你看，在运动场，凡是没有隔网的项目，如足球、篮球，更不用说橄榄球，中国一定是不能赢的，但是有隔网的，如乒乓球、羽毛球、网球，中国的竞争力就比较强。归根结底，中国人不喜欢冲撞。不喜欢在足球场上冲撞，难道他会选择在战场上冲撞？所以说判断威胁论是否成立必须基于这个民族是否有侵略历史，是否有霸权主义的历史和他们是否反省。中国的“和”的思想包含着“己所不欲，勿施于人”，这不是和圣经的“要别人怎样对待你，你就怎样对待别人”一样的金科玉律吗？！

问：最后，请您为有志于公共外交研究的同学们提一些建议。

赵：世界上有 200 多个国家，2000 多个民族，6000 多种语言，因此我们必须和谐相处，和谐相处就必须要交流。

随着喷气式大型客机和卫星电视的普及和廉价，随着互联网越来越便捷，随着越来越多的青年能够掌握一门甚至几门外语，我们的地球的确变小了。经济全球化也促使其他方面的全球化。我希望从事公共外交的老师要指导学生们明白公共外交是各国、各民族共同的任务，有了进行公共外交的愿望，就能够克服文化上的障碍，找到文化的共同性，使文化差异不足以阻碍我们成为朋友。

公共外交必是跨文化的交流。我希望学习新闻或其他专业的人，要花一点时间学习外国的文化。特别要留意克服四种障碍：语言障碍、生活习惯或风俗障碍、宗教信仰障碍、意识形态障碍。

冷战已经结束多年，但冷战思维依然存在，完全克服还需要时日，但一定要记住，今天的时代既不是第一次世界大战时代，也不是第二次世界大战时代，而是人们对于和平发展认识提高了的时代，是大家更加向往和平的时代，不是用战争解决问题的时代，而是用对话来解决问题的时代。因此研究公共外交和从事公共外交的人，一定要有国家民族责任感乃至全球责任感。这是一个崇高的事业。

点评：

赵启正先生在本次访谈中表达的核心观点是“建议创建一个新词——Hehism”，即“和”思想、“和”主义。这是中国政府外交、公共外交、对外传播工作的机枢所在，若无统摄性的文化理念和价值理想，跨文化交流便只是器物、事务层面的信息交换和利益协商。这种交换和协商可以达成一时一事的共识，而从根本上看，却缺少精神导引和价值凝结。中国传统文化孕育的和而不同精神，正与今日全球化、多元化时代的主题相契。承认、尊重多样性，同时又基于多样性而追求同一性，这不仅是中国自身走向世界的哲学智慧，也应该成为中国贡献全球的“治世之道”。

（胡百精）

企业的公共外交

（2014 年 7 月 28 日在贵阳参加贵州卫视对话节目《论道》）

主持人：赵先生，是因为您的这本书（指《跨国经营公共外交十讲》）作为缘起来做今天这期节目，大家可能首先会看到这样一个词：公共外交。

赵启正（以下简称赵）：公共外交这个词是一个进口的词（public diplomacy）。事实上我们的周总理早在 1949 年就提出过“人民外交”，而“公共外交”的国际流行是远在其后的。

“公共外交”这个词，也进入了我们的十八大报告中。早期的公共外交就是指一个国家的政府对外国公众解释本国的立场和文化，促进外国公众对本国有一个友好感。到后来发展到不仅仅是政府做主体去说明，特别是在经济全球化的背景下，企业家走到世界各地，他们的所作所为都是在表达本国的文化和立场，这样一种公共外交数量更大，内容更丰富。

主持人：龙先生对跨国公司您也是了解得非常多，尤其对于中国“走出去”的企业，您觉得他们现在在公共外交方面，总体上做得怎么样？

龙永图（前外经贸部副部长，以下简称龙）：我们一直在总结我们的跨国经营为什么不像其他国家走得这么老到这么成熟，没有做好公共外交是一个非常重要的因素。我今天非常高兴和启正一起从他的书来讲起，我觉得把他的视野拉入到跨国经营，而且把他最拿手的搞公共外交的技巧、方法也放到跨国经营的成功的故事、失败的故事当中来看，是一件非常好的事情。

如果说靠我们政府官员来做公共外交的话，那应该是非常有限的，但是如果成千上万的跨国公司都有一点做公共外交的理念，那就比过去有了更大的舞台，而且会使我们中国的对外宣传上一个大的台阶。

（此时插播了一个短片）

赵：由这个短片可以看到这样一个现象，正如龙永图先生刚才说的，我们跨国的经营开始上升了，并且上升得很猛。我们的存量不高，在全世界对外直接投资中，中国只占 3% 多一点，而我们的 GDP 差不多占全世界的 10%，也就是说我们潜力很大。同时我们上升得很快，在 2012 年全世界的对外直接投资下降 17% 的情况下，中国的对外投资增长了 17%。

这两个数字显示出非常有意思的巧合。到了我们“走出去”的时候了。我们现在企业“走出去”，文化“走出去”，同时开始了。

记得在我们举办奥运会之前的前半年开始，国际上有一个攻击中国产品的高潮，从婴儿奶嘴到小孩子的车子，从上海的大白兔奶糖到轮胎。它们为什么攻击我们的品牌呢？一说中国货就是二等品，那你中国是不是二等国家呢？

文化“走出去”和企业“走出去”是同时的，如果我们企业家“走出去”是一流企业家、一流企业、一流品牌，那我们的文化也“走出去”了。不是说只有动漫“走出去”了，小说“走出去”了，才叫文化“走出去”了。

人“走出去”了，文化与人如影随形，其实他的言行就是在传播中国文化，让外国人看到，这就是中国企业家，这就是中国企业，这就是中国了。

主持人：我们的企业在“走出去”的过程中遇到过一些困难，我也注意到赵先生的书里面也进行了一些反思，总结了一些教训。

我们给您书中的关键词做了梳理，放在了大屏幕上。“本分”、“知彼”、“诚信”、“分享”。您特别把“本分”放在前面，说“本分”是基础，怎么理解这个“本分”？

赵：一个企业若在国际上能够走得更远，行得通，取得成功，它有一个先决条件，在本国一定是一个优秀企业，它的本分要求它承担足够的社会责任，对工人要保证他们的收入，对股东的承诺要实现，对环境要保护，对政府的税收要做贡献。如果你只想取得利润，而采取一些不负责任的做法，那就是不本分。这种本分也是一种企业的文化和企业的素质，如果没有这种本分的修养和坚守，走到哪里都不会成功的。

龙：习主席最近讲“打铁还需自身硬”，“走出去”的企业自身要硬，就是启正讲的要本分。比如说东莞有一个非常大的制鞋企业，在埃塞俄比亚投资了一个很大的鞋厂，取得了成功。埃塞俄比亚畜牧业很发达，牛皮很多，我们在那儿做鞋厂，可以充分利用当地的资源，而且给他们创造就业岗位，埃塞俄比亚非常需要中国的这个制鞋厂来投资。

所以我就觉得我们要对国外的投资负责，对国外的政府、经济、民众负责，要把中国比较优秀的企业作为“走出去”的首选，这样他们到了国外，才能够把中国企业的品牌和形象真正带过去，所以现在讲的这个企业“走出去”的基础是要守住企业的本分。

主持人：而且就算本身是个好企业，也需要遵守投资当地的各种规则，因此就有了您说的第二个词——知彼，就是要了解，了解的这个过程也是一个很复杂的过程。

赵：一般认为，企业“走出去”只需要了解对方的企业是什么样的企业，了解外国的投资环境，当地的税收、法律。但是事实上了解这些还不够，还要了解当地的文化，包括当地的人是怎么想的，对于外国投资者是怎么要求的，有哪些习惯虽不是成文法律，但比法律还有力量，这些我们要知道，要遵守。

很简单的，比如说这个企业家接到了订单，在中国他会说，有订单了，大家辛苦吧，加班吧，我们给两倍三倍的工资，好，大家加班了。但是在一些国家，工人们说我们不加班的，我们工作的钱够了，为了享受生活，我们不能牺牲晚上、牺牲周末，你给多少钱我们也不加班。那中国的企业家认为，我要多给点加班费总可以吧？不可以。因此你的订单完不成。像这个完全是文化差异，但是有些我们不知道。

还有的企业很喜欢大家互相讨论我们昨天的工作，哪些对哪些不对，如果员工做错了，请站到全小组的前面做一个简单的分析和检讨。到了美国，说我们不能检讨，这不符合我们的习惯，我们怎么能够站在众人面前说自己的不是呢？工会表示不满意。要尊重工人，怎么办呢？那么就改成站在前面说一说我昨天的新的收获，与大家分享。好了，通过了。这又是一个明显的文化差异的例子。像这些事情是超过了经济领域的范围，超过了法律的范围，但是处处存在。

有些事情在国内理解起来比较简单，到国外同一个词汇内容变复杂了。

比如说刚才主持人提出的诚信的问题，一般来说会理解成诚信就是言必信、行必果，认为说到做到就是诚信了，实际上不仅仅如此。

比如说关于腐败问题，现在在外国也被列入诚信的范畴，如果你在某一个国家经营的时候，你有了行贿的做法，就列为不诚信，就会被记录。而这种反腐的规则有时候不是政府做的，比如国际商会就有反腐败规则，G20 也曾经公布了一个反腐败计划，有的是指导性的，有的是规则性的。

龙：现在 TPP[1] 也在谈反腐败，我们过去一直认为反腐败是国内的

1 TPP 为 Trans-Pacific Partnership Agreement（跨太平洋伙伴关系协议）的英文简称。

事情，实际上它已经成为国际反腐规则的一部分。

主持人：不光是政府的事情，这是商务规则的事情。

赵：它对商业贿赂的定义非常严格。欧洲人跟我说，亚洲人，不只是中国，有送礼的习惯，送礼你们认为一定不是行贿，但是我们认为比如说送礼达到100美元左右就算行贿了。那咱们不知道，一个好好的工艺品送去了，人家说你这个多少钱呐？这不能要。

而且他觉得你将来用这种手段在他们国内运作合资企业的话，整个的合资企业要受到重大损失，因此别人会更加犹豫是否与你合作。所以说，诚信的概念是要遵守法律，以及法律以外的某些非政府组织的指导意见，这是挺复杂的内容。

主持人：好比说要和媒体、工会、教会、社区，甚至各种各样的环保组织打交道。

龙：我们过去企业一出现问题，出现落差，要么就找中国政府、找使馆去解决。实际上很多情况下，特别是有些国家，你越找政府你越有麻烦。比如说华为和美国方面发生了矛盾以后，当时我们提出来是不是政府出面交涉一下，华为的领导人非常智慧，说你们千万不要出面，他们现在就说我们和政府有千丝万缕的联系，我们有政府背景，如果现在政府再出面来干预我们和美国的商业纠纷的话，那你正好将话柄落在人家手上。所以他说千万不要让商务部、让政府干预，我们通过法律途径来解决。

赵：华为也有成功的例子，在印度他们去投标，但是政府议会不放心。我曾在雅加达华为的国际总部，用了半天时间跟他们讨论他们“走出去”的经验。他们在印度是这样说的，既然对我们不放心，那么就请第三国的工程师来检查我们的设备和我们的设计，我们的设计图纸给你看，这里有没有问题。行了，信任感来了，最后成功了呀！

主持人：那不怕泄密吗？把图纸什么的都给人看了。

赵：你没有一点牺牲也是不行的。所谓泄密的，就是我要让你了解给你做的设备。中国企业就得有中国特色，不能像有些 IT 企业卖给我们的东西不全告诉我们，留了一个所谓“后门”，所以我们现在用他们的软件都挺不放心的，我们中国企业要做出样来，这样我们才有国际地位。

所以说不止是付工资要诚信、分红利要诚信，我们的设备也要诚信，我们的设备没有间谍功能。

主持人：要给人留下这样的印象，中国企业就是讲诚信。

龙：我们中国的企业“走出去”，有一个特殊的背景，我们中国的崛起在某种意义上对他们来讲是带有某种意识形态色彩的崛起，他们会认为中国的企业“走出去”，在某种意义上带有中国的某些政治意义和政治战略，所以经常把我们中国企业的国际经营和企业“走出去”泛政治化。这对我们中国企业“走出去”是很不利的，像华为这样的企业，在这方面受的冤枉太多了。

所以对待泛政治化的问题我们不能用政治化的东西来解决，除非特殊的情况，一般的政府都不出面来解决这些问题，而由企业自己去讲清楚相关问题，让别人相信我们是在商言商。华为的老板老跟我讲，他们最讲究的一条就是在商言商，我们不管政治，我们和政治没有什么关系。有一些中国企业没有经验，“走出去”以后经常讲我们和政府有多少关系，这样子把自己越抹越黑。

我们要通过我们的实践来证明，我们的企业“走出去”是没有政治利益的，没有带着政府的使命，确实是商业行为，但是这个需要时间。所以我们中国企业“走出去”有时候会受点冤枉，我觉得也要有点气度，就是准备被冤枉一年两年，准备被冤枉一次两次，三次四次之后就不能被冤枉了，所以这个事情确实有个过程。

赵：刚才龙永图先生说了非常重要的一件事情，就是企业自己要擅长公共外交，不能全靠政府去做。政府去做的主要是政府外交，它不可能对你的企业对你的行业有那么专业的了解，它只能做原则交涉，你自己是那个企业的，你就可以说得入情入理，所以不能指望政府去替代你，即使政府想替代你它都有困难。

比如说曹德旺谈汽车玻璃，汽车玻璃里头有多少学问呢？汽车玻璃有几十种，前面的和侧面的受力和视觉都不一样，动车组的玻璃和汽车玻璃又不一样，各种玻璃的市场情况也不一样。企业家本人的专业背景会使沟通产生较好的效果，而如果让政府去说，甚至是抗议一下，效果会适得其反。

主持人：会不会让企业觉得更加的畏惧？说你看我要把各方面都摆平，这个简直是不可能完成的任务嘛。

赵：只是经验不够，只要有几次锻炼就行。也有的时候，由于你投资不为当地公众所理解：中国人买我们这么大一个公司，会不会影响我们国家的安全，会不会影响环境保护？媒体发问了，而此时我们企业家往往没这方面经验，到电视台去表达自己非经济领域的事情怎么说，有些怯场，这是需要学习和培养的。

龙：实际上他们就是要学会和不同的主体来宣传自己的企业。比如说我们的企业家在中国，长期以来习惯于在国内跟政府打交道，比如说跟政府要地，跟政府要一些优惠政策。所以到了国外也马上找政府，实际上很多外国政府根本不管这些事儿。但是工会很重要，议会很重要，一些环保的组织很重要，当地的社区很重要，甚至教会很重要。你都得要把你在这儿搞投资项目，为何不会损害你的环境，会给当地带来什么样的利益等问题讲清楚。议会有议会的关节，工会有工会的关节，媒体有媒体的关节。咱们这些企业家就习惯单打一地和政府打交道。

美国代表团到北京来谈判的时候，谈文化开放的问题。涉及电影的开放，出版的开放问题，美国好莱坞一大批的影视方面的企业和美国代表团共同在中国打听消息。除了和我们打交道，他们每天还要把这样一些情况和他们的工会代表沟通。

所以你把公共外交的话题摆出来了，这的确非常重要。对于我们怎么样做好充分的准备，怎么样把自己的项目分解成各种各样的说辞，并针对不同的情况，解释自己企业的合理性。这样才能得到各方的支持。

主持人：刚才两位都谈到华为，其实像华为这种大企业，在国外有时候也会受到很多不公平的待遇。但是他们这两年也不再沉默了，比如说从 2011 年开始，华为和美国的 IDC 公司（交互数字公司）就在打一个知识产权方面的官司，而且是从美国打到中国，跨过太平洋，华为最后打赢了。这是不是也说明我们的企业其实在遇到一些不公正待遇的时候，我们有很多的武器，最后法律武器其实也是非常必要的。

龙：我觉得法律的武器是最有用的，是解决你在国外所碰到的一些麻烦和纠纷最有用的手段，因为我们的企业习惯于我们国内的政商环境，有什么问题就找政府，所以说我们的企业在这方面还不够成熟。

在国外，解决问题的根本办法，就是要通过法律的程序，所以我们的企业应当越来越多地拿起法律的武器。事实上，有很多企业正在这样做。比如你讲的华为的例子，还有我们很多企业在国外遇到反倾销的指控时都是通过法律的程序去解决的。用法律程序解决问题，虽然会费许多时间、精力和经费，但是我们可以树立起我们中国企业遵纪守法的好形象。

赵：这几年我们很多企业有勇气了。

企业家也不要觉得我孤立无援，从国内公众的情绪来说，都希望中国的公司在国际上争光。我觉得应当请好的律师事务所帮忙，国际上有很多专业的跨国经营的律师事务所，现在中国也开始有这样的律师事务所了。他们非常专业，有打国际官司的经验。你看有些电影，警察一来，就说你可以不说话，你说话就是证据。我们的企业家也是一样，你不要随便说话，说话就等于上堂的证据了，你要说话就要符合法律规范。但要求一个企业家这么全面也很难，所以应当有专门的法律顾问和固定聘请的律师事务所，这样就比较有利了。

主持人：那从这个意义上说，我们能给企业什么样的支持？给企业家什么样的支持？

赵：我觉得大家要做贡献，中国有很多的国营大企业家和民营大企业家，他们"走出去"很成功，他们应该把他们的经验说出来或写出来。

我们大学老师他们理论上很透彻，他们应该把这些案例提炼、总结。现在我们请一些大学，比如说上海的同济大学，请他们办一个高新培训班，专门搜集我们成功的经验，向开始进入世界市场的企业做培训，这个培训不仅有大学老师，还有各方面的官员参与，永图就是首席教授。还有一些外国的，比如英国，对中国友好的48家集团，20世纪50年代就成立了，对中国贸易很有经验，他们的副总裁就跟我说，你们的企业"走出去"还是缺了点什么。缺什么呢？他们说缺少知名品牌。企业的品牌和国家的品牌是密切相关的。日本前首相中曾根曾说，在国际场合我的左脸是索尼，右脸是日立，这两个牌子做好了，我就光彩。

龙：就像启正讲的，我们希望"走出去"的企业多给准备"走出去"的企业讲讲他们的经验教训，这些对我们企业"走出去"很有帮助。他们是亲历了他们自己的这样一些过程。要解决水土不服的问题就要了解国外的情况，也要了解国外的情况有什么不同，这样才能有的放矢地解决一些问题。

（现场的专家组开始评议）

朱煦（资深媒体人）：我想，是否可以这样理解，我们企业正处在这样一个发展阶段，就是过去30年更擅长于做广告，但是不太擅长去做沟通，这是一个现实。

我记得您说过一句话，中国要向世界说明自己，就是说明中国，而对于企业来讲就相当于它要去说明企业，可是说明企业是说明什么呢？是告诉人说我特有能力挣钱，还是通过自己的努力让人觉得我挺有文化的？你从文化企业实际上是可以达到文化中国的。

您刚才讲到训练班，我就在想，训练班可能能够解决一时的方法问题，但是理念的养成，可能需要很长的时间，30年是一个不短的时间，那接下来是不是还需要30年？

赵：你说得特别好，文化的进步是很慢的，不会突飞猛进。人的信仰、语言、生活、风俗习惯，哪能突然一下变了呢？文化的进步、好习惯的养成，培训班只是帮个小忙，不能彻底解决问题。一个人除了他本人的经历之外，在人格修养上，在广义的文化的熏陶上，要有相当的进步，再加上所需要的公共外交本领，就容易取得成功了。

宋晓阳（中国传媒大学副教授）：培训班像刚才朱老师说的，那只是技巧性的层面，而回归到文化的基本理念，需要很长的培养过程，如何让他能够在这种发展过程当中变成一种真正的自觉，而不是被动的接受？那么我们现在可能要做的事情就是给它一些更多的垫脚石，而不是让它面对更多的绊脚石。

赵：绊脚石呢，从中国政府角度来说，现在是越来越少了，因为我们党的十八届三中全会明确地说，鼓励企业和个人作为"走出去"的主体。这句话什么意思？所谓政府的审批，政府的种种门槛，或者没有了，或者降低了。同时国营的银行在融资方面政策逐渐放开了，所以这都变成垫脚石了，而不是绊脚石。

现在绊脚石多在国外了，因为我们难以搬走他们的这种绊脚石。但是政府在谈判，在谈判中比如说碰到一些协定，比如，跨太平洋伙伴关系协议，将来还有跨大西洋的投资和服务贸易问题，这个是政府在前面开路，就是龙永图们在前面，把这个绊脚石给拨拉开。但这也不容易，现在并不是说我们政府想做就做得了，还要看我们的争取和外界的态度，这一定是要依靠多方面解决的。

主持人：我们企业在“走出去”的过程当中，其实每一步都是公共外交的过程，这也是彰显中国大国形象的过程，那么他们如何在遵守所在国的各项规则、各项法律情况之下，讲好我们的中国故事?

龙：我觉得也不要特别刻意地强调出去搞跨国经营，如果投资成功了，就是讲好了。不要以为找媒体来宣传一下我们中国怎么样，搞一个什么新闻发布会来介绍一下就可以了。

赵：我曾经做过一个演说，讲的是“你身边的故事，就是中国的故事”。不是像我们发言人那样做那种专业性的，不需要满口的政治术语和哲学语言。

讲故事就用平常的话，生活中的话，自己行业的话，朴实而亲切。

我常用一个比喻：我送给你一个大苹果，苹果里头有维生素C，那维生素C就是中国特色，你不必把它做成苹果酱，或者提炼成维生素C的药片给他，这多费劲呐，另外别人或许也不敢吃。

不是刻意地去编中国故事，是随时的自然的表达，只有把你原生态的苹果给人家，人家吃了，能吸收多少就是多少。不能要求他的看法跟你一样。

主持人：这是一个长期的过程。

龙：所以我们不要给跨国经营企业更多的政治色彩，比如说教育他们，你们是代表中国去的，你们在国外的一言一行都是代表中国的形象。

这些我们每个人记在心里就行了。就要像李娜单飞一样，在全世界打球，自己赚自己的钱，成功了，中国故事就讲好了。所以我觉得这些东西都是水到渠成，一种潜移默化的过程。

主持人：谢谢赵先生、龙先生和各位专家，谢谢。

点评：

企业公共外交是近几年赵启正关注比较多的一个领域，他深入国内企业调研，与外国企业家交流，举办演讲，发表文章，出版书籍，接受采访，为普及企业公共外交知识，提高企业公共外交本领，可谓呕心沥血。他甚至推动许多省、市成立了公共外交协会。

越来越多的中国企业走出国门，今后海外投资还将继续增加，这必将让中国企业的公共外交行为更加重要。在这次访谈中，他讲述了国外公司如何开展公共外交，列举了国内成功的案例，进行了文化对比，指明了企业公共外交的努力方向，凡是用心的企业家都会受益多多。真诚希望有更多的人能够像赵启正那样，普及公共外交理念，亲自实践公共外交，指导外向型企业和机构从事公共外交，让中国这个人口大国、文化大国和贸易大国也成为公共外交大国。

（黄友义）